BASICS DER ÖKONOMIE

Axel Stommel

BASICS DER ÖKONOMIE

Herrschende Lehren auf dem Prüfstand

Band 1: Wirtschaftspolitik, Staat und Steuern

BÜCHNER-VERLAG
Wissenschaft und Kultur

Axel Stommel
BASICS DER ÖKONOMIE
Herrschende Lehren auf dem Prüfstand
Wirtschaftspolitik, Staat und Steuern (Band 1)
ISBN (Print) 978-3-96317-129-1
ISBN (ePDF) 978-3-96317-642-5

Satz und Umschlaggestaltung: DeinSatz Marburg
Bildnachweis Umschlag: pixabay.com | Alexas_Fotos (https://pixabay.com/de/puzzle-letztes-teil-zusammenfuegen-3223941)
Druck und Bindung: Totem.com.pl, Inowrocław, Polen
Die verwendeten Druckmaterialien sind zertifiziert als FSC-Mix.

Bibliografische Informationen der Deutschen Nationalbibliothek:
Die Deutsche Nationalbibliothek verzeichnet diese Publikation in der Deutschen Nationalbibliografie, detaillierte bibliografische Angaben sind im Internet über https://dnb.de abrufbar.

www.buechner-verlag.de

»Wer nichts weiß, muss alles glauben.«
Marie von Ebner-Eschenbach

»Ich bin fast 18 und hab keine Ahnung von Steuern,
Miete und Versicherungen.
Aber ich kann 'ne Gedichtanalyse schreiben. In 4 Sprachen.«
Naina K. *auf twitter*

»Ganz viel Mathematik, wenig Wirtschaft.«
Diplom-Ökonom Ricardo M.
im Rückblick auf sein Studium

Inhalt

Vorwort

Wirtschaft ist existenziell; sie ist das Gravitationszentrum der Politik. Trotzdem ist das Wissen über Wirtschaftsdinge erstaunlich unterentwickelt. Die Lage der Wirtschaftswissenschaft ist sogar miserabel:

- An den Universitäten werden die Klagen über den »Elfenbeinturm der Wirtschaftswissenschaft« und die »defizitäre wirtschaftswissenschaftliche Ausbildung« immer lauter; Studierende der Ökonomie protestieren seit Jahren wie in keinem anderen Hochschulbereich gegen die unkritische, realitätsferne Lehre, die ihnen als ökonomische Theorie vorgesetzt wird.[1]
- Sogar Vertreter der wissenschaftlichen Ökonomik diagnostizieren gelegentlich selber »ein systematisches Versagen der ökonomischen Zunft.«[2] Bei solch selbstkritischen Statements handelt es sich allerdings um Ausnahmeerscheinungen; nach einer kurzen Phase der Verunsicherung im Anschluss an die globale Wirtschaftskrise von 2007 ff. dominiert im Kreise der etablierten Standardökonomie wieder ganz eindeutig die Haltung, alle Probleme mit dem Realitätsgehalt und der Akzeptanz der herrschenden Lehre souverän zu ignorieren.
- »Wer braucht noch BWLer?« fragt das Wirtschaftsmagazin »Wirtschafts-Woche« besorgt in einer Titelstory, berichtet umfänglich über die tiefe »Sinnkrise« der Betriebswirtschaftslehre und untersucht, »warum Gründer, Manager und Unternehmen am beliebtesten Studienfach der Deutschen zweifeln«. Der Bericht gipfelt in der Feststellung: »Was Betriebswirte heute lernen, können Maschinen bald besser.«[3]
- An Wirtschaftsschulen und Ausbildungsstätten schließlich fragt man sich: »Woran liegt es, dass weder die Lehrer aus der ökonomischen Lehrbuchwissenschaft noch die Schüler aus ihren Schulbüchern etwas darüber lernen können, *wie die Wirtschaft wirklich funktioniert*?« Mit diesem vielleicht sperrigen, aber ins Schwarze treffenden Titel wurde in der wei-

test verbreiteten wirtschaftspädagogischen Fachzeitschrift eine Debatte über die allgemeine Ahnungslosigkeit in Wirtschaftsfragen eröffnet.[4]
- 80 % der Bundesbürger schließlich halten die Wissenschaft von der Ökonomie für komplett entbehrlich, da ohne erkennbaren Nutzen. So jedenfalls war es in der vom Deutschen Bundestag herausgegebenen Wochenzeitung »Das Parlament« zu lesen.[5]

Auch wenn sich die dazugehörige Wissenschaft also in einem besorgniserregenden Zustand befindet: Die Ökonomie berührt nicht irgendeinen Randbereich des Lebens. Sondern Wirtschaft prägt unser Leben wie wenig sonst.

Es beginnt schon vor der Geburt. Die Wahrscheinlichkeit, jemals das Licht der Welt zu erblicken, hängt von vielen Faktoren ab. Dazu gehören manche Zufälle, aber auch die wirtschaftliche Lage: In guten Zeiten ist die Wahrscheinlichkeit im Allgemeinen höher als in wirtschaftlich schwierigen Zeiten; sie ist hoch in Ländern, in denen die eigenen Kinder ihre Eltern vor Altersarmut schützen müssen, weil kein leistungsfähiges Sozialversicherungssystem existiert; mit funktionierender Rentenversicherung sinkt sie.

Und die Prägung endet erst mit dem Tode: Reiche leben länger – im Schnitt zurzeit rund zehn Jahre länger als ihre armen Jahrgangskameraden. Dazwischen prägt Wirtschaft das Leben erst recht: Ob wir zuversichtlich in die Welt schauen oder ängstlich und bedrückt, den Bund der Ehe eingehen oder lieber doch noch warten, gemäßigte oder radikale politische Vorstellungen entwickeln sowie entsprechende politische Vereine und Parteien unterstützen oder nicht – das alles wird zu einem erheblichen Teil von der wirtschaftlichen Lage bestimmt, in der wir leben, sowie von den Erwartungen, die wir in den jeweiligen Lagen entwickeln. Insofern gilt Walter Rathenaus Wort: »Wirtschaft ist unser Schicksal«. Weniger pathetisch, im nüchternen, eher rauen Ton der Gegenwart hat US-Präsident Bill Clinton denselben Sachverhalt bekanntlich wie folgt zur Sprache gebracht: »It's the economy, stupid/Es ist die Wirtschaft, du Dummkopf«.

Statistiker haben diese und ähnliche Zusammenhänge immer wieder in Zahlenreihen erfasst. Berühmte Ökonomen wie Keynes, Schumpeter und andere haben die Zusammenhänge beschrieben und begründet. Besonders eindrucksvoll hat Bertolt Brecht sie in seinem »Lied von der belebenden Wirkung des Geldes« besungen. Wirtschaft also prägt uns und unser Leben wie wenig sonst.

Wir alle tun deshalb gut daran, uns ein Basiswissen darüber zu verschaffen, »wie die Wirtschaft funktioniert«. Ohne konkretes, ökonomisches Basiswissen nämlich muss jeder alles glauben, was man ihm zu Wirtschaftsfragen erzählt – Unkundigen kann man leicht einen Bären aufbinden; nie können sie sicher sein, dass man ihnen kein X für ein U vormacht in Fragen, deren Beantwortung für sie und uns alle in der Gesellschaft bedeutend, mitunter sogar entscheidend ist.

Wie aber gelangt man zu einem soliden ökonomischen Basiswissen, wenn schon Hochschulen und Schulen dieses Ziel so regelmäßig verfehlen? Welche Wege kommen in Betracht?

Nicht die ausgetretenen, breiten, klassisch-neoklassischen Wege, jene, die mit Bedürfnis, Knappheit, Preisen beginnen und in Gleichgewichten, den theoretischen, modellierten, enden. Sie führen erwiesenermaßen nicht ans Ziel. Makroökonomisches Terrain mit einer integrierten Betrachtung von Wirtschaft, Gesellschaft und Politik etwa wird von der herrschenden Neoklassik gar nicht erst betreten. Das ist dieser Lehre eine leere Stelle, terra incognita: unbekanntes, streng gemiedenes Land.

Dass sie das Ziel eines soliden ökonomischen Basiswissens verfehlen, gilt jedoch auch für jene dieser Tage erst mühsam wieder freigelegten Pfade, welche der Geschichte der ökonomischen Lehrmeinungen folgen. Gemeint sind die »pluralen«, »heterodoxen« wirtschaftswissenschaftlichen Ansätze, die sich in jüngster Zeit zaghaft und vereinzelt an den Hochschulen als Alternative zur herrschenden Neoklassik entwickeln. Ihre pluralen, teilweise interdisziplinären, heterodox verschlungenen, langen und steilen Pfade können von Fortgeschrittenen mit Gewinn begangen werden. Für Einsteiger, die nach Basiskenntnissen und Erkenntnissen streben, enden sie dagegen allzu oft in den Irrungen und Wirrungen des Unverstands; nicht selten führen sie dazu, das gesamte Erkenntnisfeld von Wirtschaft und Wirtschaftspolitik fortan wegen erwiesener Undurchdringlichkeit zu meiden.

Die klassische, marxistische Alternative schließlich, der Weg von der Ware als »Keimzelle der Gesellschaft« über Wert, Mehrwert, Profit zu Akkumulation und Krise, ist voller Tücken; nicht wenige von denen, die diesen Weg derzeit überhaupt erkunden, bleiben erfahrungsgemäß in eher philosophischen Räsonnements über die Warengesellschaft, ihre Werte, Preise, Transformationen und Verkehrungen hängen; das Gebiet der Makroökonomie bekommen sie allenfalls noch verschwommen aus der Ferne zu Gesicht.

In Anbetracht dieser Sachlage kamen die Schriftleitung der eingangs erwähnten wirtschaftspädagogischen Zeitschrift und der Autor dieses Buches überein, in einer Beitragsserie »Basics der Ökonomie – Stationen auf dem Wege zur ökonomischen Alphabetisierung« vorzustellen. Die Serie sollte erfolgversprechende Möglichkeiten jenseits der vorfindlichen Wege zur Diskussion stellen. Schließlich besteht Handlungsbedarf, denn es ist schlicht nicht akzeptabel, dass unsere Jugendlichen in Bezug auf grundlegende ökonomische Kenntnisse und Erkenntnisse ihre Schulen weiterhin durchweg so verlassen, wie sie hereingekommen sind – als »ökonomische Analphabeten« (Pierre Bourdieu). Deshalb die Reihe »Basics der Ökonomie« als Angebot an ihre Lehrer.[6]

Bei den Basics handelt es sich um konkrete Fragen zu grundlegenden Aspekten des wirtschaftlichen Alltags und ihre jeweils überschaubare Beantwortung. Ihr Ziel ist es, die Grundstrukturen verständlich zu skizzieren, auf denen Wirtschaft und Wirtschaftspolitik aufbauen, die sie skelettartig durchziehen und zusammenhalten. Die Basics stellen gewissermaßen Basisstationen zur Erschließung einzelner ökonomischer Gebiete dar. Anders als bei den vorfindlichen, üblicherweise begangenen Wegen liegt der Einstieg in die Basics nicht auf mikroökonomischem, einzelwirtschaftlichem Gebiet, nicht bei Bedürfnissen, Gütern und Preisen, sondern beim Wirtschaftskreislauf. Der hier gewählte Ausgangspunkt liegt demnach auf dem Gebiet der Makroökonomie.

Damit führt der hier eingeschlagene Weg – wiederum im Gegensatz zu den beschriebenen, vorfindlichen – umgehend mitten an die »überaus wichtige makroökonomische Front« (Joseph Stiglitz), dorthin, wo die wirtschaftspolitischen Weichen für die ganze Gesellschaft gestellt werden. Von diesem Ausgangspunkt aus leiten die Basics Station für Station durch wesentliche Gebiete der Ökonomie. Das vorliegende Buch stellt eine überarbeitete und erweiterte Fassung dieser Basics dar; es richtet sich an alle, die an ökonomischen Grundfragen und Grundlagen interessiert sind.

Die Fragen und Analysen der Basics sind durchweg höchst konkret. Sie überlappen sich des Öfteren. Außerdem enthalten sie zahlreiche Vor- und Rückverweise sowie gelegentliche Wiederholungen. Das ist unvermeidlich und hilfreich zugleich, weil Zusammenhänge plastischer erscheinen, wenn sie wiederholt sowie von verschiedenen (Frage-)Stellungen aus betrachtet werden. Das macht sie leichter begreifbar. Zugleich prägen sie sich besser ein. Zusätzlich können sie sich vernetzen. In ihrer Gesamtheit fügen sich die Basics allmählich mosaikartig zu einem begreifbaren Bild von den Grundelementen und den Grundzügen unserer Wirtschaftsgesellschaft zusammen.

Die gesamten Basics sind in vier Themenkreise/Abschnitte geordnet, die wie folgt nacheinander behandelt werden:

A – Wirtschaftspolitik, Staat und Steuern,
B – Umwelt, Kostenwahrheit und Kalkulation,
C – Wachstum, Unternehmensziele und Preisbildung,
D – Gehalt, »Lohnnebenkosten« und soziale Sicherung.

Abschnitt A wird im vorliegenden Band behandelt; die Teile B, C und D sind Gegenstand weiterer, in Arbeit befindlicher Ausführungen.

Der Weg beginnt also, wie gesagt, auf makroökonomischem Gebiet, durchstreift im zweiten Abschnitt ökologisches und betriebswirtschaftliches Terrain, führt im dritten in die Mikroökonomie, um im letzten Abschnitt zum makroökonomischen Ausgangsterrain zurückzukehren. Auf allen Abschnitten bieten sich laufend günstige Gelegenheiten, herrschende Lehren genauer zu besichtigen sowie ihre Leistungen kritisch zu überprüfen. Leser, deren Interesse für Wirtschaft und Wirtschaftspolitik über die Basics hinausgeht, finden in den umfangeichen Anmerkungen am Ende der jeweiligen Stationen weiterführende Hinweise und Anregungen. Anders als hier im Vorwort gehen die dortigen Anmerkungen über reine Quellenangaben und Belege hinaus. Damit bilden die Anmerkungen regelmäßig so etwas wie eine weitere, allerdings immer nur punktuell einsehbare Ebene der Analyse.

Zu dem besagten, sich allmählich zusammenfügenden Bild von der gegenwärtigen Wirtschaft bzw. Wirtschaftspolitik gelangt man freilich nur, wenn »man einen Schritt zurücktritt… Es ist ein wenig wie ein Spiel, bei dem die überzeugendsten Argumente gewinnen. Eigentlich wie immer, nur dass dieses Spiel ein paar Etagen tiefer stattfindet. Dort, von wo aus eine Idee, eine Theorie, ein Mo dell, eine Ideologie ihren Anfang nimmt. Hier ist es noch am einfachsten, Irrwege frühzeitig zu erkennen. Oder eben sich darüber klar zu werden, ob die tradierte Lehrmeinung den Annahmen einer globalisierten, kapitalmobilen industriellen Massenproduktion genügt.«[7]

So jedenfalls hat CHRISTIAN MAYER scharfsinnig die in den *Basics* gewählte Methode beschrieben. Auf der Grundlage seiner langjährigen Erfahrung als Chef-Volkswirt der Konferenz der Vereinten Nationen für Handel und Entwicklung (UNCTAD) bemerkt HEINER FLASSBECK ganz allgemein: »Manchmal hilft es, seinen gesunden Menschenverstand zu bemühen, anstatt sich auf die Ratschläge von sogenannten Experten zu verlassen.«[8]

Bei allem gilt selbstverständlich: Über Basics lässt sich streiten wie über alle anderen Erklärungen auch, die auf dem Markt der Ideen angeboten werden. Und das ist gut so. Denn

> »[d]as Gleiche läßt uns in Ruhe, aber der Widerspruch ist es, der uns produktiv macht.«
>
> JOHANN WOLFGANG VON GOETHE

Weiterführende Bemerkungen zum Vorwort

1 So berichten z. B. CARLA COBURGER/PATRICK KLÖSEL, Wider das Einheitsdenken – Plädoyer für Pluralismus in der Wirtschaftswissenschaft, in: Blätter für deutsche und internationale Politik, 62. Jahrgang, Nr. 7/2017, S. 99–104.

2 Exemplarisch: THOMAS LUX im Handelsblatt vom 6.10.2009.

3 Wirtschaftswoche, Nr. 43/2017 vom 14.10.2017.

4 Wirtschaft und Erziehung, 68. Jahrgang, Nr. 6/2016, S. 207–214. Verfasser des Artikels ist der Lehrbuchautor PETER ENGELHARDT.

5 Das Parlament vom 19.12.2016, S. 14.

6 Mit »Lehrern«, »Wirtschaftswissenschaftlern« u. a. sind stets alle Geschlechter gemeint. Ich bin zuversichtlich, den Lesern dieses Buches ständige, ermüdende Umständlichkeiten wie »und den Leserinnen«/»und die Wirtschaftswissenschaftlerinnen« u. a. ersparen zu können, zumal sich die Angehörigen des dritten Geschlechts bei diesen weiterhin unvollständigen Korrektheiten erst recht ausgeschlossen fühlen müssen.

7 CHRISTIAN MAYER, Der Wirtschaftslehrer als Dekonstrukteur – Von vernachlässigten Axiomen, Sonderfällen und Widersprüchlichkeiten bei der neoklassischen Angebotsfunktion, auf dem Arbeitsmarkt und bei den komparativen Kostenvorteilen, in: Wirtschaft und Erziehung, Nr. 3/2016, S. 105.

8 HEINER FLASSBECK war von 2003 bis 2012 Chefvolkswirt der UNCTAD sowie von 1998 bis 1999 Staatssekretär im Bundesministerium der Finanzen.

Wirtschaftspolitik, Staat und Steuern

»Und nichts beeinflusst den Wohlstand einer Nation und ihrer Menschen stärker als die Wirtschaftspolitik.«
Joseph Stiglitz[1]

Der vorliegende Band umfasst 17 Basics sowie drei Exkurse. Alle Basics liegen auf dem Gebiet der Makroökonomie; sie befassen sich also mit dem Wirtschaftskreislauf, seinen Schlüsselgrößen und wie man ihn wirtschaftspolitisch steuern und gestalten kann.

Das erste Basic bietet nebenbei die Gelegenheit zu einer ersten orientierenden Vorausschau über weite Teile des gesamten Streckenabschnitts.

Im letzten, dem 17. Basic, fließen die konzentrierten Ergebnisse der vorangehenden Basics zusammen. Sie können dort noch einmal – gewissermaßen im Rückspiegel – betrachtet werden.

1 Joseph Stiglitz, Europa spart sich kaputt – Warum die Krisenpolitik gescheitert ist und der Euro einen Neustart braucht, München 2016, S. 93.

BASIC 1
Die schwäbische Hausfrau und der Staat: Bei wem bestimmen die Einnahmen die Ausgaben? Und bei wem sollte es gerade anders herum sein?

Wer wen bestimmt – und wo

Im Privathaushalt sollen die Einnahmen die Ausgaben bestimmen:

Einnahmen → Ausgaben.

Der Grund: Der Privathaushalt beziehungsweise die schwäbische Hausfrau müssten sich sonst verschulden. Das ist teuer und beschränkt die künftigen Ausgaben.[1]

Im Staatshaushalt sollte es genau umgekehrt sein: Die Ausgaben bestimmen die Einnahmen:

Einnahmen ← Ausgaben.

Der Grund: Der Staat muss die öffentlichen Aufgaben auf jeden Fall erfüllen, also gerade auch in schlechten Zeiten – Bildung, Sicherheit, Infrastruktur und vieles mehr je nach Kassenlage geht nicht, das wäre kontraproduktiv. Wenn es schon wirtschaftlich bergab geht, darf man nicht auch noch Bildung, Sicherheit und Infrastruktur hinterherschicken und dem Wirtschaftskreislauf weitere Mittel entziehen. Ökonomie-Nobelpreisträger Joseph Stiglitz: »Dämpft der Staat die Nachfrage, sinkt die Wirtschaftsleistung – es sei denn, die Lücke wird durch etwas anderes geschlossen. So einfach ist das.«[2] Wenn es schon bergab geht, gibt es jedoch, vom Staat abgesehen, nichts und niemand, der bereit und in der Lage ist, Nachfragelücken zu schließen, erst recht nicht die Lücke, die ein Rückzug des Staates zusätzlich aufreißt. Deshalb gilt es – genau umgekehrt –, durch verstärkte staatliche Ausgaben in Bildung, Sicherheit, Infrastruktur und manches mehr dem Niedergang materiell und finanziell Einhalt zu gebieten und die Wende einzuleiten.

»Wer zu hohe Ausgaben hat, soll einfach weniger ausgeben«: Dieser gern zitierte Lehrsatz der privaten Hauswirtschaft führt folglich nicht aus der ökonomischen Krise heraus, sondern tiefer in die Krise hinein. Er weitet die ökonomische zu einer politisch-ökonomischen Krise aus, macht aus der

Wirtschafts- eine Staats- und Gesellschaftskrise. Das müsste seit der verhängnisvollen Wirtschaftspolitik von Reichskanzler BRÜNING, die dem NS-Regime den Weg bereitet hat, sowie seit KEYNES' Wirtschaftstheorie allgemein bekannt sein; Griechenland und die EU von heute sprechen dieselbe, klare Sprache. Stattdessen muss der Staat gegebenenfalls seine Einnahmen an die Ausgaben anpassen, indem er die, die es zu tragen vermögen, die Vermögenden nämlich, stärker besteuert. Staatliche und private Haushaltsführung unterscheiden sich folglich grundlegend: *Beim Staat bestimmen die Aufgaben die Ausgaben, und die Ausgaben bestimmen seine Einnahmen.* So sollte es jedenfalls sein.

Dass die Ausgaben die Einnahmen bestimmen, gilt beim Staat generell, also keineswegs nur in der Krise, sondern in schlechten wie in guten Zeiten gleichermaßen. Art und Umfang der öffentlichen Aufgaben ihrerseits werden von der Gesellschaft bestimmt. Die öffentlichen Aufgaben wachsen mit zunehmender gesellschaftlicher Komplexität – Schule, z. B., ist erst vor rund 200 Jahren zur öffentlichen Aufgabe geworden, und seitdem ist diese Aufgabe selber beständig gewachsen sowie immer komplexer, letztlich aufwendiger geworden. Mit den Aufgaben wachsen beim Staat folglich im Laufe der Zeit die Ausgaben; in ihrem Gefolge wachsen die Einnahmen, die benötigt werden, um die Aufgaben zu erfüllen.

Armer Staat, reiche Kreditgeber

Tatsächlich wird der deutsche Staat allerdings seit längerem nach Hausfrauenart regiert. »Wir müssen mit dem auskommen, was reinkommt«, verkündet unsere Kanzlerin immer wieder; man »kann nicht auf Dauer über seine Verhältnisse leben. Das ist der Kern der Krise.«[3] Auf überschießende Ausgaben reagiert unser Staat einseitig mit – obendrein verfehlten – Einsparungen (zum Beispiel bei Bildung, Infrastruktur, öffentlichen Einrichtungen), hilfsweise damit, sich das fehlende Geld bei den (gering besteuerten) Vermögenden direkt oder indirekt über Banken zu leihen. Er reagiert also mit einer *Kombination aus Sparen* (vorrangig in sozialen Bereichen sowie bei der Bildung) *und Verschulden* (bei Banken und Vermögenden).

Das ist ein schwerer Fehler. Er bewirkt, dass die deutsche Bevölkerung mehrheitlich seit Jahren *unter* ihren wirtschaftlichen Verhältnissen lebt. Außerdem befreit der sparende, sich verschuldende Staat die Vermögenden dadurch nicht nur von weiteren Steuerzahlungen. Sondern der sich verschuldende Staat befreit die Vermögenden gleichzeitig aus ihrem Anlagenotstand, hilft ihnen bei der Sicherung und leistungslosen Mehrung ihres Vermögens. *Denn die vertrauenswürdigen Schuldner bilden den Engpass auf den Finanzmärkten*; Kapital, das gewinnbringende Anlagen sucht, ist im Überfluss vorhanden.

Bester Schuldner aber ist und bleibt der Staat. Denn bei diesem Schuldner bürgen all seine Bürger für all seine Schulden. Die Existenz der Staatsbürger kann auch nicht wie die Existenz von Wirtschaftsunternehmen durch eine einfache Löschung im Handelsregister beendet werden. Außerdem wachsen die bürgenden Bürger ständig nach. Obendrein kann sich dieser Schuldner, der Staat, nicht ins Ausland absetzen, um sich seinen Zahlungsverpflichtungen zu entziehen. Für den vermögenden Geldbesitzer gilt deshalb: »Nicht nur ist die Armut des Staates sein Reichtum, sondern sie bietet ihm zugleich eine ideale Gelegenheit, diesen [Reichtum – AS] gewinnbringend zu investieren.« So Wolfgang Streeck, Direktor emeritus am Max-Plank-Institut für Gesellschaftsforschung.[4] *Der arme Staat ist der Reichen Schatz.*

Wer nicht investiert, verliert: Austeritätspolitik und die Einheit von Sparen und Verschulden

Sparen (bzw. dasselbe, fachwissenschaftlich ausgedrückt: »Austeritätspolitik«) heißt hier, öffentliche Aufgaben, sprich öffentliche Investitionen in die Zukunft zu begrenzen, um privaten Reichtum zu schonen.

Verschulden heißt hier, ausgewählte, unabdingbare öffentliche Aufgaben, sprich Investitionen in öffentliche Güter der austeritär-sparsamen, einnahmearmen Haushaltsführung zum Trotz doch noch zu finanzieren, nämlich um den Wirtschafts- und Gesellschaftsbetrieb nicht sehenden Auges und insofern mutwillig zu gefährden. Sparen und Verschulden sind deshalb keine Gegensätze. Sondern die beiden ergänzen sich und treten regelmäßig als Paar auf – hier kommt zusammen, was zusammengehört. *Solche Sparpolitik treibt den Staat in die Schulden.* Zusätzlich eröffnet die Sparpolitik vermögenden Anlegern sichere Anlagemöglichkeiten, nicht zuletzt auch für ihre ersparten Steuern. Es geht also geradezu darum, *den Staat in die Schulden zu sparen.*[5]

Wenn und wo immer dagegen in der herrschenden, neoliberalen Wirtschaftspolitik Sparen ohne Verschulden auftritt, also solo und damit blind gegenüber den öffentlichen Aufgaben, wird es gar noch unwirtschaftlicher. So derzeit in Deutschland: Die Schwarze Null des Bundeshaushalts wird damit erkauft, dass die Infrastruktur weiter verfällt – Brücken zum Beispiel (2.500 sind marode und 38.500 aktuell sanierungsbedürftig[6]) sowie tausende von Schulen und Hochschulen. Von der mangelhaften Personalausstattung der Schulen, der Polizei, der Justiz, der Ordnungsämter, all der kommunalen Behörden sowie der unterentwickelten digitalen Infrastruktur soll lediglich in einer Fußnote die Rede sein.[7]

Die Ausbildung unserer Jugend in überfüllten, maroden Klassen- und Hörsälen, die Straßensperrungen und Fahreinschränkungen des Personen- und Güterverkehrs oder eine überforderte Gerichtsbarkeit, zum Beispiel, kosten heute schon. Morgen kosten sie noch mehr: *Wer nicht investiert, verliert.*

Deutschland wird seit Jahren auf Verschleiß gefahren: In dieser Feststellung stimmen ausnahmsweise alle überein, die sich mit der Materie beschäftigen – vom etablierten Wirtschaftsforschungsinstitut bis zur örtlichen Handwerkskammer. Exemplarisch der Präsident des Zentralverbandes des Deutschen Handwerks und Präsident der Handwerkskammer zu Köln, HANS PETER WOLLSEIFER: Es ist »keine Frage, dass wir Nachholbedarf bei Investitionen haben. Unsere Infrastruktur fahren wir vielfach auf Verschleiß, für Bildung sollte Geld ausgegeben werden, vor allem auch für die berufliche Bildung. Wenn der Staat hier mehr macht, ist das nicht nur gut für die Konjunktur und den Arbeitsmarkt, sondern auch für den sozialen Zusammenhalt in unserem Land.«[8]

Um es nochmals zu betonen: Bei den angemahnten staatlichen Investitionen geht es zunächst nicht um neue, um Erweiterungsinvestitionen, sondern es geht zunächst schlicht und einfach darum, den Verzehr der wirtschaftlichen Substanz, sprich den Verfall aufzuhalten. Zunächst geht es also lediglich um Ersatzinvestitionen. Muss der öffentliche Sektor verkümmern, damit die Schwarzen Nullen der öffentlichen Haushalte in jenen modrigen Tiefen verharren können, in denen sie seit Jahren gehalten werden?

Wenn die Einnahmen eh schon unzureichend sind, dann ist die Kombipackung aus Sparen und Verschulden vorteilhafter, genauer: weniger nachteilig als das einfache Sparpaket. Sparen & Verschulden ist also besser als ein schwarznulliges, »reines« Sparen allein. (Wobei in diesem Fall »besser« schlechter ist als gut; es ist lediglich besser als schlecht, also weiterhin unzureichend.)

Zwei grundverschiedene Schwarze Nullen: die aufgaben- und einnahmenbestimmte Null

Die Schwarze Null ist deshalb nur dann ein Zeichen guter Haushaltsführung, wenn das ausgeglichene Staatsbudget eine *aufgabengerechte Ausgabenhöhe* erreicht (»auf- bzw. ausgabenbestimmte Null«).

Eine »einnahmenbestimmte Null«, d. h. eine Schwarze Haushaltsnull, deren Lage einseitig von der Höhe der Staats*einnahmen* bestimmt wird, ist dagegen nicht nur mangelhaft, sondern ungenügend, um es in Schulnoten auszudrücken. Die Aufgaben passen sich nun mal nicht an die Einnahmen an. Folglich ist es umgekehrt richtig: Die regulären Einnahmen des Staates müssen an seine Aufgaben und die dafür erforderlichen Ausgaben angepasst werden. Wie noch im Einzelnen darzustellen sein wird, ist diese Anpassung in einem reichen Land wie Deutschland über weite Strecken möglich, ohne dass irgendjemand zu Schaden kommt (weiter ausgeführt in →*Basics 2 ff.*). Eine permanente Schuldenfinanzierung dagegen kam selbst für den großen John Maynard Keynes, den Vater alles deficit spendings, nicht in Frage – führt sie doch auf Dauer in schwere wirtschaftliche und gesellschaftliche Turbulenzen (→*Basics 4, 14*).

Aber immerhin: Die Vorteilhaftigkeit des Kombipacks aus Sparen und Verschulden im Vergleich zum reinen Sparen ist ersichtlich, auch wenn in der Rezession bereits gleichbleibende Schulden genügen, um die Schuldenquote des Landes zu erhöhen und seine Schuldentragfähigkeit zu senken. Solch tragische Schauspiele mit laufend wachsenden Schulden, wie sie dieser Tage in Griechenland und Italien, Spanien und Portugal, Irland und Belgien zur Aufführung gelangen, werden an dieser Stelle jedoch nicht weiter verfolgt – zeigen sie letztlich doch nichts anderes als die eh schon erwiesene sowie von den Wählern instinktiv korrekt erfasste, grundsätzliche Überlegenheit der schuldenfreien Finanzierung staatlicher Aufgaben bzw. Ausgaben (→*Basics 4, 10*).

Fazit: Über ausgabenbestimmte Steuern zu aufgabengerechter Steuerung

Der Unterschied zwischen der Ökonomie der schwäbischen Hausfrau und der des Staates besteht nicht darin, dass der Hausfrauen-Haushalt aus eigenen Einkünften auszugleichen ist und der Staatshaushalt nicht. Sondern der Unterschied besteht in der Frage, wie der Ausgleich herzustellen ist: durch Angleichung der Ausgaben an die Einnahmen oder umgekehrt. Sparen auf

Kosten von Investitionen insbesondere in öffentliche Güter, sich verschulden zugunsten von Investitionen oder investieren aus eigenen, nämlich Steuermitteln? So lautet die Frage beim Staat.

In der Verkennung der je besonderen, gegenläufigen Beziehungen zwischen Einnahmen und Ausgaben im Privathaushalt und beim Staat (wer bestimmt wen, E → A oder E ← A?) hat die verfehlte, austeritäre Politik des Sparens und Verschuldens ihren Ausgangspunkt; erst recht so die verfehlte Politik des reinen, schwarznulligen Sparens: Auch sie hat hier ihren Ausgangspunkt. Nicht, dass die Schuldenbremse eingehalten und der Staatshaushalt ausgeglichen wird, ist deshalb zu kritisieren, sondern gegebenenfalls sein Umfang: dass der Staatshaushalt zu klein geraten ist/dass die Null zu tief liegt, einseitig bestimmt von unzureichenden Einnahmen anstatt von den staatlichen Aufgaben und den dazu erforderlichen Ausgaben. Grundsätzlich, d. h. »im Normalbetrieb« braucht der Staat ausgabenbestimmte Steuern, um in die Lage zu kommen, die wirtschaftliche Entwicklung aufgabengerecht zu steuern. Für ihn lautet deshalb die Devise denkbar einfach: *Über ausgabenbestimmte Steuern zu aufgabengerechter Steuerung.* Besondere Notlagen wie Naturkatastrophen und Konjunktureinbrüche bilden dazu jene Ausnahmen, welche die Regel periodisch bestätigen (*→Basics 12, 13*).

Ausgeglichene Haushalte auf niedrigem Niveau, sprich tiefliegende, einnahmebestimmte Nullen, verschieben dagegen lediglich das Defizit aus dem Staatshaushalt in die Infrastruktur, die Bildung, die soziale und öffentliche Sicherheit – und manches mehr.[9]

Neben der ökonomischen bleibt dabei auch die soziale und politische Bedeutung guter öffentlicher Güter auf der Strecke. Körperliche und soziale Sicherheit, leistungsfähige Kinderbetreuungs-, Bildungs- und Freizeiteinrichtungen, intakte Dienste, Notdienste und Infrastrukturen sind neben persönlichen Beziehungen die entscheidenden Gründe dafür, dass die Menschen in Skandinavien in internationalen Vergleichen regelmäßig als die meist entspannten, höchst zufriedenen, bestens mit ihren heimischen Gemeinschaften verbundenen, mit einem Wort: als die glücklichsten Gesellschaften dieser Welt abschneiden – allen Wettern und dem langen, dunklen nordischen Winter zum Trotz. Eine vergleichsweise hohe, sozial abgestimmte Besteuerung nehmen sie dafür einsichtig in Kauf. *Gute öffentliche Güter sind also verantwortlich für eine höchst bedeutsame Leistung: die Identifikation mit Kommune, Staat und Gesellschaft.*

Über diesen Sachverhalt sehen hartgesottene Vertreter der austeritären Sparpolitik regelmäßig mit gelassener Interessiertheit hinweg; wo immer möglich, folgen sie der althergebrachten Wiener Handlungsanweisung, die da lautet: Nicht mal ignorieren.

Anhang: Deutschland im internationalen Vergleich
a) Investitionsquoten 2003–2015

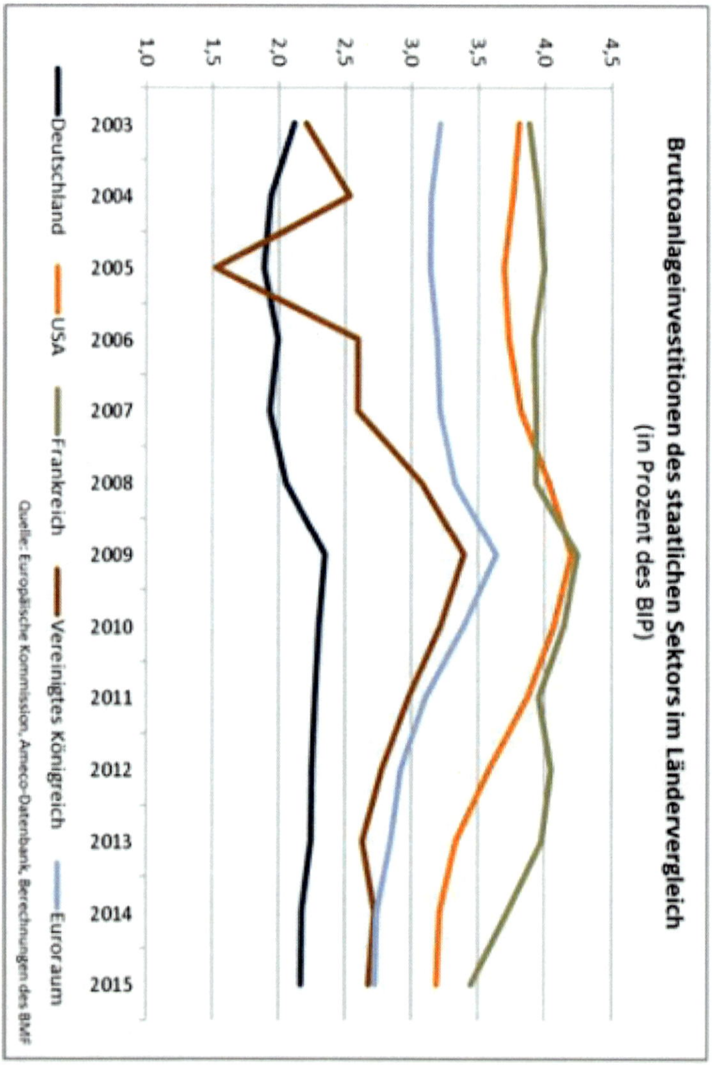

Abb. 1: Bruttoanlageinvestitionen

Der deutsche Staat spart sich seit Jahren seine Investitionen; mit weniger als 2,5 % Bruttoanlageinvestitionen am Bruttoinlandsprodukt lebt er permanent von der Substanz. Das Vorhandene zu verwalten, erscheint zwar zunächst kostensparend, aber am Ende wird es richtig teuer – spätestens dann, wenn man feststellt, dass man vor einiger Zeit den Anschluss verpasst hat.

Mit etwas Abstand sind solche Sachverhalte übrigens besser zu erkennen. In der Schweiz z. B. hat man es schon bemerkt; unter der fetten Überschrift »Drittweltland Deutschland« vermerkt die Basler Zeitung (vom 18.8.2017) süffisant: »Die Schweiz täte gut daran, Deutschland künftig als Drittweltland einzustufen, insbesondere wenn es dort um Infrastruktur und Verkehrspolitik geht. Die Schweiz muss sich deshalb überlegen, ihr Entwicklungshilfebudget aufzustocken…«

b) Öffentlicher Dienst

Ausgaben für das Personal des öffentlichen Dienstes (in % des BIP): Deutschland im Vergleich zum skandinavischen und kontinentaleuropäischen Durchschnitt (ohne DE)

	1995	2000	2005	2010	2016
Deutschland	8,7	8,2	7,9	7,9	7,5
Skandinavischer Durchschnitt (DK, FI, IS, NO, SE)	14,5	13,3	13,7	14,1	14,2
Kontinentaleuropäischer Durchschnitt (AT, BE, FR, NL, SL)	11,5	11,0	11,2	11,7	11,2
Darunter Österreich	11,8	11,0	10,9	11,1	10,7
Notwendige deutsche Mehrausgaben, um das jeweilige Referenzniveau zu erreichen (in Mrd. €)					
Skandinavisches Niveau	115,5	108,4	135,3	161,0	211,2
Kontinentaleuropäisches Niveau	57,1	60,1	75,5	98,6	117,2
Österreichisches Niveau	67,4	63,5	71,3	85,1	103,4

Quellen: (1) Personalausgaben: Eurostat, Staatseinnahmen, -ausgaben und Hauptaggregate [gov_10a_main]; Update vom 27.04.2017; (2) Bruttoinlandsprodukt in laufenden Preisen: Eurostat, GDP and main components (output, expenditure and income) [nama_10_gdp]; Update vom 16.06.2017

Abb. 2: Ausgaben für das Personal des öffentlichen Dienstes
Entnommen: Cornelia Heintze, Öffentlicher Dienst zwischen fortgesetzter Auszehrung und Renaissance, Manuskript 2017, S. 20. (Die Autorin war u. a. Lehrbeauftragte für Statistische Methoden an der Freien Universität Berlin sowie Stadtkämmerin in Delmenhorst.)

Weiterführende Bemerkungen und Belege zu Basic 1

1 Die Möglichkeiten zur Steigerung der Einnahmen sind im Privathaushalt jedenfalls eng begrenzt und werden größtenteils nicht vom Haushalt selber bestimmt, sondern von äußeren Umständen (offene Stellen, berufliche Fähigkeiten, familiäre Situation, Gesundheit, Alter u. a.).

2 JOSEPH STIGLITZ, Europa spart sich kaputt – Warum die Krisenpolitik gescheitert ist und der Euro einen Neustart braucht, München 2016, S. 262.

3 So ANGELA MERKEL auf dem Evangelischen Kirchentag, wie die Berliner Zeitung vom 14.11.2012 berichtet, sowie bei vielen, weiteren Gelegenheiten, namentlich auf dem Parteitag der CDU in Stuttgart 2009. Gleich zu Beginn ihrer vierten Amtsperiode stellt ihr frisch ernannter Wirtschaftsminister, PETER ALTMAIER, in einem seiner ersten Interviews in demselben Sinne unmissverständlich klar: Es gilt, »dauerhaft einen ausgeglichenen Bundeshaushalt vorzulegen, auf Steuererhöhungen zu verzichten und die Sozialabgaben unter 40 Prozent der Bruttolöhne zu halten.« (In: Der Spiegel vom 4.4.2018.)

4 WOLFGANG STREECK, Gekaufte Zeit – Die vertagte Krise des demokratischen Kapitalismus, erweiterte Ausgabe, Frankfurt/M. 2015, S. 157.

5 Die Staatsschuldenquote der großen Industriestaaten ist unter der Herrschaft neoliberaler Sparsamkeit drastisch gestiegen: Der sparsame Staat wurde in die Verschuldung getrieben, Sparsamkeit und Verschuldung wurden in dieser Zeit zum Paar, wie die nachfolgende Tabelle zeigt:

Abb. 3: Entwicklung der Staatsschuldenquote 1975–2013
in Prozent des Bruttoinlandsproduktes

Land	*Quote 1975*	*Quote 2013*
USA	38	über 100
Deutschland	20	75
Großbritannien	20	80
Frankreich	18	knapp 100
Japan	30	240

Es war also gerade nicht die keynesianische Periode der Wirtschaftspolitik von den Nachkriegsjahren bis in die frühen 1970er, in der die Staatsverschuldung in den am weitesten entwickelten Staaten drastisch gestiegen ist, obwohl doch gerade in dieser Periode die hohen Ausgaben für den Wiederaufbau der im Zweiten Weltkrieg zerstörten Infrastruktur sowie für die Wohlfahrt breiter Bevölkerungsschichten zu bewältigen waren. Sondern es ist die nachfolgende, neoliberal-austeritäre Periode der staatlichen Sparsamkeit, in der sich die Staaten flächendeckend drastisch verschulden – aus dieser Sparsamkeit erwächst Verschuldung; wie gesagt: Sparen und Verschulden kommen zueinander und werden zum Paar, zu Sparen & Verschulden. Der einfache, einsichtige Grund lautet: Die ausgabenfreudige keynesianische Wirtschaftspolitik hatte zum einen schlicht und einfach für entsprechende Einnahmen gesorgt, namentlich über progressive Besteuerung der Einkommen mit Sätzen bis über 90 % wie in den USA; zum anderen hatte diese Wirtschaftspolitik produktive Investitionen angeregt.
Die nachfolgende, neoliberale Politik besorgt dagegen die fortschreitende

»Entlastung« von Unternehmen und Vermögenden. Damit regt sie Finanz-»Investitionen« an sowie, ab 1980, die Herausbildung einer eigenen Finanz-»Industrie« einschließlich der dazugehörigen Finanzmärkte; den zunehmend verschuldeten Staat treibt sie systematisch in die Hände seiner vermögenden Gläubiger. So gesehen, ist austeritäre Sparpolitik sogar nur unzureichend als ein »Sparen & Verschulden« zu begreifen.
Vielmehr ist diese Sparpolitik zu verstehen als ein *»Sparen, um den Staat zu verschulden«* und in die wirtschaftliche Ohnmacht zu treiben. Übrigens bedurfte es noch einer Reihe von Jahren, bis die anfangs libertären, zunehmend autoritär-populistischen Staatsverächter der US-amerikanischen Tea-Party-Bewegung dies offen als politisches Ziels verkündeten – »to starve the beast/das Monster auszuhungern« fordern sie seit 2009 lautstark und aggressiv.
Für weitere Ausführungen zu diesem Themenbereich siehe *→Basic 15; außerdem Basics 4 sowie 7–10.*

6 Gemäß Der Tagesspiegel vom 23.9.2016. Marcel Fratzscher, der Präsident des Deutschen Instituts für Wirtschaftsforschung (DIW), hat errechnet: »Der Nettowert des Staatsvermögens, inklusive Straßen, Brücken, Land und anderer Infrastruktur, ist seit dem Jahr 2000 um fast 500 Milliarden Euro gesunken.« (Marcel Fratzscher, Öffentliche Geldverbrennung, in: Handelsblatt vom 10.1.2017.) Die öffentlichen Investitionen hätten jedoch nicht nur auf unveränderter Höhe verweilen, sondern zusammen mit der wachsenden Wirtschaft steigen müssen, und zwar nach Angaben des DIW um etwa jenen Betrag, um den das öffentliche Vermögen gesunken ist; die öffentliche Investitionslücke beträgt demnach in Deutschland Ende 2016 rund eine Billion, sprich: 1.000 Milliarden Euro.
Friedhelm Hengsbach SJ, der Doyen der katholischen Wirtschafts- und Soziallehre, hat folgende Werte ermittelt: »Das öffentliche Nettovermögen, als ›staatliches Reinvermögen‹ definiert, ist 1991 bis 2011 von knapp 800 Milliarden Euro auf 11,5 Milliarden Euro geschmolzen. Dieser Vermögensabbau ist verursacht durch eine rückläufige Investitionstätigkeit des Staates, den Wertverlust der öffentlichen Infrastruktur, den Verkauf öffentlichen Vermögens an Private, durch höhere Sozialausgaben und die Finanzierung des Aufbaus Ost. Dem Schrumpfen des öffentlichen Vermögens stehen die beträchtlichen Zuwächse des Nettovermögens der privaten Haushalte gegenüber… *Öffentliche Armut korrespondiert mit einem exzessiv zugelassenen und geförderten privaten Reichtum.*« (Friedhelm Hengsbach, Teilen, nicht töten, 2. Aufl., Frankfurt/M. 2015, S. 26, Hervorhebung AS.)

7 *Hier jedoch in exemplarischer Ausführlichkeit*, damit einige Aspekte öffentlicher Armut in unserem reichen Land nicht nur als nackte Zahlen, sondern möglichst lebensnah-konkret erfassbar werden. Deshalb nachfolgend eine Passage mit Ausschnitten aus Hauptstadtmedien, jeweils innerhalb kurzer Zeitspannen zusammengetragen.
Rechtssystem: »Ein funktionierendes Rechtssystem ist nicht mehr vorhanden.« Diese Aussage bezieht sich nicht auf ein fernes Entwicklungsland, sondern auf Deutschland, und sie stammt vom Berliner Oberstaatsanwalt Ralph Knispel (in: Abendschau des rbb-Fernsehens vom 17.10.2017). Demgemäß wurden 2016 z. B. vor Ort 5.600 Wirtschaftsstrafverfahren aus Personalmangel eingestellt. Das alleine sind 5.600 Fälle, in denen der Staat schulterzuckend hin-

nimmt, dass Täter straflos und Geschädigte ohne Schadenersatz bleiben. »Statt Menschen werden Verfahren eingestellt, 70 Prozent der Taten kommen nicht vor Gericht. Die Einstellung ist die Methode der Wahl für einen Staats- oder Amtsanwalt, um sich zu entlasten und wenigstens die wichtigsten Sachen verfolgen zu können. Diese werden aber immer komplexer... Staatsanwälte sitzen zum Teil zu dritt in Einzelbüros... Zudem droht ein Nachwuchsproblem.« (Der Tagesspiegel vom 24.4.2018) Mangels Personals kann die Justiz kriminell erworbene Vermögen nicht einziehen: »Täter behalten die Beute.« (Ebd., 31.8.2018). Das Wort »Staatsversagen« findet schrittweise Eingang in den aktiven Wortschatz der Bürger. Dazu passt, dass kein einziger jener Banker, die mit hoher krimineller Energie Kollegen, Anleger und Aufsichtsbehörden im Rahmen der Eurokrise getäuscht und den deutschen Staat um mindestens 40 Milliarden Euro geschädigt haben, hinter Gitter gekommen ist – übrigens absurderweise im Gegensatz zu wiederholten Schwarzfahrern.

Bei Kapitalverbrechen wie Mord, Raub und Erpressung sieht es nicht besser aus: Die Vereinigung der Berliner Staatsanwälte und das Präsidium des Landgerichts informieren den Justizsenator schriftlich, dass »eine tat- und schuldangemessene Ahndung von Straftaten nicht mehr zu erwarten« ist, worauf der Angeschriebene in sonderbarer Logik zu beruhigen versucht: »Die räumlichen und personellen Probleme sind seit langem bekannt.« (Berliner Zeitung vom 23. sowie vom 24.10.2017)

Polizei: Und die vorgelagerte Instanz, die Polizei? Weil es nicht möglich ist, erforderliche Unterlagen in digitaler Form zu übermitteln, »müssen die Beamten eine Million Seiten Papier kopieren... Zudem müssen aus Datenschutzgründen Seite geschwärzt werden – per Hand, mit Tipp-Ex und Edding. ›Die Kollegen müssen teilweise noch Karteikarten schreiben... Bildlich gesprochen, schreiben unsere Ermittler mit Kreide an Höhlenwände‹«, vermerkt ein Vertreter vom Bund Deutscher Kriminalbeamter. (Berliner Zeitung vom 12.10.2017)

Es gelingt kaum noch, geeigneten Nachwuchs für die Polizei zu gewinnen: »In diesem Jahr musste die Bewerbungsfrist dreimal verlängert werden, weil sich nicht genügend geeignete Kandidaten fanden. ›Junge Leute mit Qualität gehen woanders hin‹«, berichtet der Landesvorsitzende des Bundes Deutscher Kriminalbeamter der Berliner Zeitung (vom 4.11.2017). Was soll man tun, wenn zwei von drei Polizeischülern den Deutsch-Test nicht bestehen? Man schafft den Test ab (Der Tagesspiegel vom 26.6.2018). Das ist praktisch, denn an der – ohnehin schon skandalträchtigen – Berliner Polizei-Akademie fehlen aktuell 50 Lehrer (Tagesspiegel vom 26.6.2018). Die Berliner Zeitung ergänzt am selben Tag: »... es kommt zu massivem Unterrichtsausfall, die Unterbringung ist mangelhaft und das Einstellungsverfahren untauglich.«

»Die Polizei werde außerdem von kriminellen arabischen Clans und organisierter Kriminalität unterwandert. Davon weiß auch der Landeschef der Deutschen Polizeigewerkschaft zu berichten.« (Berliner Zeitung vom 7.11.2017) »Die Polizei kann sich nicht einmal selbst schützen – Schon wieder zwei Einbrüche auf Sicherstellungsgelände bekannt... Eine Unterwanderung der Polizei ist gar nicht notwendig, wenn jeder Kriminelle ohnehin in die Polizeigebäude hineinspazieren und sich an Daten und Beweismittel bedienen kann.« (Ebd., 15.11.2107).

Georg Schertz, Berliner Polizeipräsent a. D., hat die Mutter der Misere ermittelt: »Die Personalausstattung ist der Grund allen Übels.« (Ebd., 14.11.2017)
Schule: In Dresden, tief im Südosten der Republik, übernehmen Mütter den Unterricht: »Lehrer waren krank, es gab keinen Ersatz, alles brach zusammen. An manchen Schulen sind ein Drittel und mehr Quereinsteiger am Werk.« (Berliner Zeitung vom 13.11.2017) Aus Bremerhaven, hoch im Nordwesten, berichtet die taz ein paar Tage zuvor (am 4.11.2017), dass sich gleich mehrere Schulen wegen Lehrermangels gezwungen sehen, »für ganze Klassen den Unterricht an einem Wochentag komplett zu streichen«. Die gesetzliche Schulpflicht gilt offensichtlich nur noch für die Eltern; der Staat jedenfalls entbindet sich eigenmächtig von seiner ihm lästig gewordenen Pflicht. Rückbau in der »Bildungsrepublik Deutschland«!
Zwischen der Nordsee und dem Sachsenland liegt Berlin, die Hauptstadt. Dort sind es 56 %, die als nicht ausgebildete Seiteneinsteiger in den Grundschulen eingestellt werden; um die verbliebenen Fachpädagogen nicht auch noch zu verlieren, werden die Seiteneinsteiger obendrein ohne Anleitung an die schwierigen Schulen geschickt, die ausgebildeten Pädagogen dagegen in die eher unproblematischen. Das berichtet die Berliner Zeitung am 11.11.2017, rechtzeitig zum Auftakt der närrischen Saison. Mathematik-Unterricht bei einem Mathematik-Lehrer? In weniger als 50 % der Fälle, also eher die Ausnahme als die Regel. In anderen Fächern sieht's kaum besser aus. Dabei gilt schon jetzt: »84 Prozent der Befragten bezeichnen den Zustand der Berliner Schulen als schlecht bis sehr schlecht.« (Ebd., 17.11.2017) »Die Deutsche Gesellschaft für Erziehungswissenschaft (DGfE) warnt ›mit großer Beunruhigung‹ vor den ›unabsehbaren Folgen‹ des verstärkten Quereinstiegs im Grundschulbereich.« (Der Tagesspiegel vom 10.11.2017)
Als Konsequenz boomen Privatschulen; Reich und Arm gehen immer früher getrennte Wege. Im Übrigen fehlen an den Grundschulen laut Bertelsmann-Stiftung bundesweit 1,5 Millionen Ganztagesplätze. (Ebd., 14.11.2017) Die Berliner Schulverwaltung wirbt – kein Witz! – mit dem Spruch »Unterrichten statt Kellnern« um zusätzliche Lehrer. (Ebd., 9.6.2018, S. 1) Derweil verrotten Schulbauten; aufgebrachte Eltern fragen: »›Wann und wie werden die bekannten, gravierenden Mängel beim Brand- und Arbeitsschutz behoben[...]? [...]Wann werden die hygienischen Mindeststandards zumindest in den Toilettenbereichen[...] gewährleistet?‹« (ebd., 22.6.2018) Infolge von Wasserschäden in diversen öffentlichen Gebäuden, darunter das Schulamt Mitte, sind die »Einschulungsakten für das kommende Schuljahr von Schimmel befallen und können deshalb nicht eingesehen werden«, den Eltern können deshalb keine Schulbescheide erteilt werden. (Ebd., 19.6.2018) Und die Hochschulen? Machen wir es kurz: »Berliner Universitäten sind marode.« (Ebd., 17.7.2018, S. 1)
So viel zu den Zuständen im Jahre zehn nach Ausrufung der »Bildungsrepublik Deutschland« durch die deutsche Bundeskanzlerin (auf der Dresdner Bildungskonferenz).
Erziehung/Altenpflege/Ärzte: »Die Kita-Not in den Innenstadt-Bezirken ist groß«, außerdem beschäftigen Berliner Kitas »zu wenig Erzieher und unterlaufen damit den offiziell festgelegten Betreuungsschlüssel. [...] Ein Erzieher muss deshalb deutlich mehr Kinder betreuen, oft müssen Gruppen zusammengelegt werden.« (Ebd., vom 9.6.2018) »Dem kürzlich verabschiedeten Nationalen Bil-

dungsbericht zufolge fehlen bis 2025 deutschlandweit etwa 300.000 (! AS) Erzieher.« (Ebd., vom 28.6.2018)
Auf Jugendämtern müssen Hilfesuchende mitunter ein geschlagenes Jahr auf einen Termin warten, der alsdann jedoch durchaus kurzfristig wieder abgesagt werden kann wegen plötzlicher »personeller Engpässe«. Mitarbeiter von Berliner Jugendämtern haben schon weiße Bettlaken als Zeichen der Kapitulation und Überlastung aus ihren Amtsfenstern gehängt; daraufhin wurden die Öffnungszeiten für den Publikumsverkehr verkürzt. Eine Jugendamts-Mitarbeiterin klagt: »Wenn eine Kinderschutzmeldung kommt, können wir ihr oft erst nach Tagen oder sogar Wochen vor Ort nachgehen. Dabei muss man eigentlich direkt nach der Meldung hinfahren, im schlimmsten Fall kommt ein Kind ernsthaft zu Schaden. Auch bei Prozessen vor Gericht kommen [gemeint: erscheinen, AS] wir trotz Anwesenheitspflicht kaum noch [...]« (Ebd., vom 12.7.2018) Schutz des Kindeswohls? Befolgung gerichtlicher Anordnungen? Selbstverständlich, es sei denn, das kostet Geld und/oder Zeit.
Altenpflege? Erschreckend! Der Tagesspiegel titelt: »UN besorgt über Pflege in Deutschland – Sozialrat der Vereinten Nationen sieht Defizite bei sozialen Menschenrechten« (21.12.2018). Währenddessen zeichnet sich auch ein großflächiger Ärztemangel aufgrund unzureichender Medizin-Studienplätze ab; Ärzte aus dem Ausland, gerne übrigens aus Entwicklungsländern, werden zu Lasten der dortigen Versorgung abgeworben. Aber es reicht nicht: »Manchmal müssen Rettungswagen in Berlin an vier bis fünf Krankenhäusern vorbeifahren, weil es dort keine freien Kapazitäten mehr gibt.« Mehrere Patienten haben solche Stadtrundfahrten nicht überlebt. (Berliner Zeitung vom 16.3.2018)
Kultur: »Zahlreiche Kulturstätten der Hauptstadt sind vom Verfall bedroht. Darunter die Berliner Philharmonie, der Friedrichstadtpalast, das Stadtmuseum, die Volksbühne, das Konzerthaus und die Gedenkbibliothek«, berichtet Der Tagesspiegel (am 27.7.2017) und fährt fort: Benötigt werden 435 Millionen Euro, im Haushalt sind 20 vorhanden; damit werden »kurzfristige Probleme behoben, etwa nach starken Regenfällen«; des Weiteren wurden davon »die Kronleuchter im großen Saal des Konzerthauses saniert und wieder aufgehängt.« Recht so: Auch wieder aufhängen, wenn's saniert ist!
Behörden: Sie sind chronisch unterbesetzt; Sanierungsaufträge können oft selbst dann nicht vergeben werden, wenn die Mittel bereitstehen, weil das Personal für die Auftragsvergabe fehlt. »Lediglich 18 Prozent der verfügbaren Mittel konnten abgerufen werden«, meldet die Berliner Zeitung am 21.6 2018. Die jahrzehntelange Unterbesetzung im öffentlichen Dienst hinterlässt tiefe Spuren, und zwar nicht nur bei der Auftragsvergabe. *Besonders betroffen: die Steuerfahndung (→Basic 10)!* Die beiden *Tabellen* im Anhang von Basic 1 zeigen, wie weit Deutschland als verlässlicher Träger der roten Laterne dem internationalen Standard hinterherhinkt.
Soweit der Schnelldurchgang zu exemplarischen Aspekten *staatlichen Versagens im Zeichen eines einnahmenbestimmten, schwarznulligen Sparens.*
Perspektiven einer Politik der einnahmenbestimmten Haushaltsführung: Die Missstände breiten sich schleichend aus und die Menschen gewöhnen sich zunächst schleichend an die Zustände – bis dann irgendwann der berühmte Tropfen kommt, der das Fass zum Überlaufen bringt. Dann werden brave Mitbürger

plötzlich scharen-, womöglich massenweise zu Wutbürgern, und treue Wähler der Mitte verwandeln sich in aggressive Systemverächter – das wohlvertraute Parteienspektrum erodiert, die ständig zunehmende Quantität schlägt um in eine neue Qualität. Dass Wutbürger ihren Zorn nicht gegen hochkomplexe Systeme und Strukturen richten, sondern gegen Naheliegendes, leicht Verständliches, vorzugsweise gegen personalisierbare, vermeintliche oder tatsächliche Quellen ihres Übels wie z. B. Migranten, liegt in der Natur der Sache.
Für den besagten Überlauf-Tropfen allerdings gilt, dass weder der Ort noch der Zeitpunkt seines Auftretens vorab exakt bestimmt werden können. *Alarmierend ist die Entwicklung deshalb jedoch umso mehr.*
(Zur Prognostizierbarkeit sowie zur plötzlichen Dynamik sozioökonomischer Entwicklungen s. →*Basic 16.*)

8 Hans Peter Wollseifer, »Uns ist jeder willkommen, der sich engagieren möchte«, in: Berliner Zeitung vom 19.8.2017, S. 6.

9 Übrigens kommt dieser Tage schon eine Institution wie die Bertelsmann-Stiftung (in ihrer Studie zur Höhe öffentlicher Investitionen vom 6.2.2017) zu dem Ergebnis, der Staat dürfe keineswegs nur zur sparsamen, ausgeglichenen Haushaltsführung gesetzlich verpflichtet werden, sondern auch zu ausreichenden Investitionen. Bemerkenswert ist daran, dass auch eine solche Institution ein Sparen, um sich zu verschulden, als Gefahr benennt und die Abkehr vom einnahmenbestimmten, schwarznulligen »reinen« Sparen in Verbindung mit einer Verpflichtung zur auf- bzw. ausgabenbestimmten Schwarzen Null fordert – ohne allerdings die vorliegende, klare Begrifflichkeit zu verwenden sowie ohne zu verraten, woher die zusätzlichen Einnahmen kommen sollen, die für die angemahnten Investitionen benötigt werden: Das Wort »Steuern« meiden die Stiftungsleute aus Gütersloh wie der Teufel das Weihwasser.

BASIC 2
Sind Steuern »Gift für die Wirtschaft«? Und was stimuliert den Wirtschaftskreislauf?

»Steuern sind Gift!« So hört man es immer wieder, landauf, landab. Dadurch wird es nicht richtig.

Die sofortige Wandlung von Staatseinnahmen in Staatsausgaben

Der moderne Staat gibt umgehend aus, was er einnimmt. Gewöhnlich sogar noch ein bisschen mehr. Auf seine Ausgaben ist Verlass, auch in Zeiten der Schuldenbremse. Allenfalls hindert ihn sein chronischer Mangel an qualifiziertem Personal vorübergehend daran, verfügbare Mittel umgehend auszugeben. Aber das holt er nach.

Folglich geht dem Wirtschaftskreislauf durch Steuern grundsätzlich keine Kaufkraft verloren. Die gesamtwirtschaftliche Nachfrage wird durch Steuereinnahmen lediglich in Maßen verschoben – weg von privaten hin zu öffentlichen Gütern und Leistungen. In Anbetracht der eklatanten Unterversorgung mit öffentlichen Gütern und Leistungen ist eine solche Umschichtung, für sich genommen, alles andere als ein Drama. Sie ist vielmehr dringend geboten, und zwar aus wirtschaftlichen und sozialen Gründen gleichermaßen – seit Jahrzehnten schon leiden wir unter *öffentlicher Armut trotz privaten Reichtums*; an den teilweise jämmerlichen Zustand der öffentlichen Dienste und Einrichtungen (→*Basic 1*) haben wir uns schon fast gewöhnt.

Steuern im Wirtschaftskreislauf: zwei grundverschiedene Fälle

Betrachtet man Steuern im Wirtschaftskreislauf näher, so sind zwei Fälle zu unterscheiden.

Fall 1. Die Steuern belasten die Geringverdienenden. In diesem Fall sinkt zwar deren Nachfrage nach privaten Gütern und Leistungen (die Unvermögenden *wollen zwar noch konsumieren, aber sie können nicht mehr*). Jedoch:

An die Stelle ihrer ausfallenden, privaten Nachfrage nach privaten Gütern tritt staatliche Nachfrage nach öffentlichen Gütern wie z. B. Bildung, Straßennetz, Sicherheit. Unter dem Strich geht dem Wirtschaftskreislauf dadurch kein Cent verloren. Allerdings *finanzieren* in diesem Fall *die Unvermögenden die öffentlichen Güter*, also diejenigen, die es am wenigsten vermögen.

Fall 2. Die Steuern belasten die Vermögenden. Deren Nachfrage sinkt nicht, die Vermögenden können und werden immer noch konsumieren, soviel sie wollen: Steuern berühren lediglich den Stand ihres Vermögens. Sie berühren nicht ihr Leben. MARTIN WINTERKORN etwa, der Ex-VW-Chef und mit rund 1,5 Millionen Euro Monatsgehalt ein Spitzenverdiener, sowie Erbinnen wie SUSANNE KLATTEN, die Großaktionärin aus der Quandt-Dynastie, werden nicht deshalb auf ein zweites Frühstücksei, ein drittes Auto oder ein viertes Ferienhaus verzichten, weil ihre Steuern erhöht worden sind. Andererseits leisten sie sich kein zusätzliches Ei, Auto oder Haus, wenn ihre Steuern gesenkt werden. Denn sie *können zwar noch konsumieren, aber sie wollen nicht mehr.* Wie gesagt: *Steuern berühren ihr Konto, nicht ihr Leben.*[1]

Der Multiplikatoreffekt des ausgeglichenen Haushalts: Steuern als Medizin

Folglich gilt: Im zweiten Fall erhöht die zusätzliche staatliche Nachfrage die gesamtwirtschaftliche Nachfrage; die deflatorische Lücke, der »letzte Grund« aller Schwächen des Wirtschaftskreislaufs, schwindet (ausführlich: →*Basic 12*).

Hier genügt die Feststellung, dass *Steuern für Vermögende Mittel, die dem realwirtschaftlichen Kreislauf entzogen waren, dem realwirtschaftlichen Kreislauf wieder zuführen.* Auf diese Weise wird verhindert, dass dieses Geld in den Finanzsektor abfließt und für Zwecke der Spekulation eingesetzt wird (ausführlich: →*Basic 15*).

Solche Steuern stärken demnach die Konjunktur und die Wirtschaft. Sie sind *Medizin für den Wirtschaftskreislauf,* nicht Gift; mit Hilfe dieser Steuern wird dem Kreislauf gewissermaßen Eigenblut zugeführt. JOSEPH STIGLITZ drückt den Zusammenhang wie folgt in reiner, bildloser Sachlichkeit aus: »Wenn man eine Steuer einführt und die daraus resultierenden Einnahmen ausgibt, [...] wächst die Wirtschaft. Der konjunkturanregende (expansive) Effekt der Ausgaben ist größer als der konjunkturdämpfende (kontraktive) Effekt der Steuer. Und werden die Ausgabenbereiche gut gewählt – z. B. das Bildungswesen, nicht das Militär – und ebenso die Steuern – zum Beispiel auf

Vermögende –, dann kann der ›*Multiplikatoreffekt des ausgeglichenen Haushaltes*‹ groß sein.«[2]

Solange der Staat auf die Zufuhr entsprechender Steuermittel verzichtet, bleibt ihm nur folgende Wahl:

- entweder die *laufende Hinnahme von Kreislaufschwächen* in Gestalt von chronischen und periodischen Wirtschaftskrisen (ausführlich: →*Basic 12 f.)* oder
- die Zufuhr von fremdem Blut, sprich: die Kreditaufnahme, also *Verschuldung*, oder
- die *Flucht in ständige Exportüberschüsse* (ausführlich: →*Basic 14*) oder
- eine *Kombination* aus alledem: der aktuelle, deutsche Fall.

Nachteile unterlassener Besteuerung

Gegenüber der Zufuhr von Eigenmitteln durch leistungsfähigkeitsgerechte Besteuerung ist die zuletzt genannte Operation, die Verschuldung, Gift für den Kreislauf. Sie hat schwere Schädigungen zur Folge. Zwei seien genannt:

1. Die Mittelzufuhr aus Verschuldung ist nicht nachhaltig. Es müssen nämlich, sofern und soweit eine direkte oder indirekte Staatsfinanzierung über die Notenbank ausgeschlossen wird (→*Basic 4*), dem Wirtschaftskreislauf laufend Werte wieder entzogen werden für die Verzinsung und Tilgung der aufgenommenen Kredite, um sie den vermögenden Kreditgebern zuzuführen: Die Schulden von heute sind die gesteuerte Umverteilung von heute und morgen – sowie von übermorgen, sofern die Schulden über neue Verschuldung und/oder andauerndes Wachstum (bzw. gezielte Inflation) »getilgt« werden (→*Basic 4/Exkurs 4*).
   Ein solches Wachstum um der Schulden willen ist nicht nur ökologisch ein Unding. Vielmehr verschärfen beide, Wachstum und schuldbedingte, gesteuerte Umverteilung, die deflatorische Lücke (→*Basic 12*), verschärfen also genau das Problem wieder, welches durch die Kreditaufnahme entschärft worden war. Zusätzlich sinkt die »Schuldentragfähigkeit« des Staates: Die Lösung hat keinen Bestand, sondern wird zum Problem. Wie noch zu zeigen sein wird, finanzieren sich die Werte, die dem Wirtschaftskreislauf für die Bedienung der Kredite entzogen werden, nämlich keineswegs regelmäßig selber über kreditinduzierte staatliche Mehreinnahmen – Staatskredite wirken anders als Unternehmenskredite (→*Basic 4*).

2. Der Staat begibt sich ohne Not in die Abhängigkeit der Fremdblutspender, sprich: der Kreditgeber bzw. der »Finanzmärkte«, wie es so schön anonymisierend heißt. Ratingagenturen, obwohl in privatem Eigentum befindlich und diesem verpflichtet, bringen ganze Regierungen reihenweise zu Fall (bislang in der EU z. B.: die irische, portugiesische, spanische, griechische, slowakische, slowenische, rumänische, belgische, litauische, lettische, zypriotische...). In Italien reichte sogar die bloße Drohung, die staatliche Kreditwürdigkeit werde herabgestuft, um Berlusconi von heute auf morgen aus dem Amt des Ministerpräsidenten zu vertreiben – *es war das verlorene Tripel-A, nicht Bunga-Bunga und die Mafia!* (Dass weite Teile der Bevölkerung zuvor jahrelang gegen diese Karikatur eines Staatsmannes Sturm gelaufen waren, war dagegen von durchschlagender Wirkungslosigkeit.)

Aktuelle Wirtschaftspolitik und ihre Folgen

Bedauerlicherweise verzichtet jedoch nicht nur der deutsche Staat permanent darauf, das gute und preiswerte Stärkungsmittel, die leistungsgerechte Besteuerung, einzusetzen. Stattdessen greift er beständig zur teuren, schlechten Wirkstoffkombination, der Verschuldung und dem einseitigen Sparen. Ein Grund dafür lautet: Angesichts der vorherrschenden wirtschafts- und steuerpolitischen Ahnungslosigkeit weitester Wählerkreise sind Sparen und Verschulden für Politiker gleich welcher Couleur schlichtweg einfacher erhältlich als Mehrheiten für die Erhöhung *bestimmter* Steuern. Von der ständigen Versuchung zu Steuersenkungsversprechen vor Wahlen soll erst gar nicht die Rede sein.

Ein weiterer Nachteil unterlassener Besteuerung: In Deutschland zum Beispiel sind die Haushaltsnettoeinkommen des obersten Zehntels von 1999 bis 2007 um 14,5 % gestiegen, und zwar *nach* Steuern. Das unterste Zehntel verlor währenddessen 8,7 %. Im Zuge der Finanzkrise von 2008 ff. hat sich diese Entwicklung sogar noch dramatisch verschärft: Die Reichen werden immer reicher, die Armen immer zahlreicher. Die Bewertungsgewinne der Vermögensbesitzer im Gefolge der seitherigen, ultra-lockeren Geldpolitik etwa sind »spektakulär« (Marcel Fratzscher[3]); das Vermögen speziell der hiesigen Milliardäre hat sich seit dem Ausbruch der Finanzkrise verdreifacht (Stand 2016). Gleichzeitig erhalten Durchschnittsverdiener inflationsbereinigt weniger als noch zur Jahrtausendwende.

Diese Polarisierung, die das gesellschaftliche Gefüge zersetzt, ist im Übrigen keine deutsche Spezialität, sondern weltweit überall dort zu beobachten, wo sich reiche Staaten verschulden. Führend in dieser Entwicklung sind, wie so oft, die USA. JOSEF STIGLITZ zufolge ist das mittlere Einkommen eines männlichen Vollzeitbeschäftigten dort heute niedriger als vor 42 Jahren; in demselben Zeitraum hat sich die Wirtschaftsleistung fast versechsfacht.[4]

Folglich gilt: Auf seinem Weg in die verschuldete Enthaltsamkeit schürt der verarmte, abgemagerte (»schlanke«) Staat die sozialen Spannungen, namentlich die von morgen. Kommenden Generationen vererbt er nämlich nicht nur Rückzahlungs- und Zinsverpflichtungen, also Schulden, sondern auch Rückzahlungs- und Zinsansprüche in exakt derselben Höhe, also Vermögen: Den Schuldenbergen entsprechen centgenau riesige, rechtsverbindlich vereinbarte staatliche Umverteilungsprozesse – weg von den Steuer- und Gebührenlastträgern, hin zu den vermögenden Staatsanleihe-Zeichnern. Nicht nur, dass die Schulden von heute grundsätzlich die Steuern von morgen sind. Sondern die Schulden der einen, der Staatsbürger, sind das Vermögen der anderen, der Staatsgläubiger; gesamtwirtschaftlich gilt:

Vermögen = Schulden sowie

Zinsaufwand = Zinsertrag (gezahlte Zinsen gleich erhaltene Zinsen).

Auch dazu später mehr (→*Basics 4, Exkurs 4*).

Die unterschätzte Last der Schulden

Hier sei lediglich abschließend erwähnt, dass – zumal in Anbetracht der derzeit niedrigen Zinssätze – die kumulierte Last der Schuldenberge in den verschiedenen öffentlichen Haushalten (Gebietskörperschaften, Parafisci und Sondervermögen) systematisch unterschätzt wird. Für Deutschland wird sie überwiegend mit über zwei Billionen Euro beziffert (Stand 2017).

Für die *Dienstbarkeiten*, die aus den Schulden erwachsen, gilt dasselbe; sie werden sogar regelmäßig schlicht und einfach übersehen bzw. ignoriert. Der Schuldendienst konfisziert jedoch nicht nur einen großen Teil der staatlichen Einnahmen. Sondern er verhindert naturgemäß zugleich entsprechende Ausgaben, verhindert Investitionen zugunsten der Gesellschaft, darunter vor allem zugunsten ihrer ärmeren Teile, jener Teile, die besonders auf staatliche Leistungen angewiesen sind. Im Ergebnis werden die sozialen Spannungen weiter vorangetrieben.

Steuerfinanzierte staatliche Ausgaben dagegen, die entsprechend der wirtschaftlichen Leistungsfähigkeit bemessen werden, stärken den Wirtschaftskreislauf wie eine Medizin, und zwar regelmäßig ohne die beschriebenen sozioökonomischen Nebenwirkungen und Folgen. Außerdem entsprechen sie den Vorgaben des Grundgesetzes (Artikel 20, Absatz 1) und entsprechenden Vorschriften in den Verfassungen der Bundesländer.

Zusätzlich entsprechen sie den Geboten politischer Vernunft. Denn die Privatvermögen in den reichen Ländern, also auch in Deutschland, sind mindestens dreimal so groß wie die Staatsschulden.[5] Es war übrigens eine der führenden, privatwirtschaftlichen Unternehmensberatungen, die Boston Consult, die 2013 angesichts eben dieses Größenverhältnisses von mindestens drei zu eins darauf hinwies, dass die gesamten europäischen Staatsschulden mit einer einmaligen, 30-prozentigen Abgabe auf die großen europäischen Privatvermögen auf einen Schlag getilgt werden können.[6]

Fazit

Fürs Erste genügt es festzuhalten: Eine zügige Tilgung unserer Staatsschulden sowie ein Verzicht auf neuerliche Kreditfinanzierungen der Staatsaufgaben stellen kein quantitatives ökonomisches Problem dar, sondern ein politisches. Dabei sind Tilgung und künftige, grundsätzliche Steuerfinanzierung von den Vermögenden regelmäßig ohne Verlust an Lebensqualität zu verkraften.

Allgemein gilt bekanntlich: Man muss nicht alles haben, um reich zu sein; es genügt, dass nichts fehlt.

Weiterführende Bemerkungen und Belege zu Basic 2

1 Für vermögende Unternehmen gilt prinzipiell dasselbe: Sie sitzen auf ihren angehäuften Gewinnen und wissen nicht wohin damit. Bei Apple beispielsweise sind es wohl rund 250 Milliarden US-Dollar. Ihre Investitionsentscheidungen fällen die Unternehmensleiter in Abhängigkeit von künftig zu erwartenden Gewinnen; der jeweilige Steueranteil daran ist keine entscheidende Größe, zumal er als Anteil in festem Verhältnis an die Gewinne gekoppelt ist, die Gewinne folglich niemals aufzehrt. Sind in näherer Zukunft mangels absehbarer Nachfrage keine nennenswerten Gewinne zu erwarten, so werden die Unternehmensleiter, statt zu investieren, die Dividenden, also die Gewinnausschüttungen an die Unternehmenseigentümer, erhöhen; oder sie werden eigene Aktien zurückkaufen, um den Kurs in die Höhe zu treiben, oder in sonstige Finanzanlagen ausweichen – oder schlicht abwarten (mehr dazu: →*Basic 15 sowie Abschnitt D*).

Im Übrigen gilt: Unternehmen gehören Personen; Unternehmensgewinne und Unternehmensvermögen schlagen sich letztlich immer als Gewinne und Vermögen derjenigen Personen nieder, denen die Unternehmen gehören. Damit schließt sich der Kreis, denn für diese Personen gilt von einem bestimmten Punkt an das zuvor Gesagte wieder unmittelbar: Steuern berühren ihr Konto, aber nicht ihr Leben.

2 Joseph Stiglitz, Europa spart sich kaputt – Warum die Krisenpolitik gescheitert ist und der Euro einen Neustart braucht, München 2015, S. 238 f., Hervorhebung AS. »Multiplikatoreffekt« bedeutet im vorliegenden Zusammenhang, dass eine steuerfinanzierte Ausgabe von einem Euro eine Erhöhung des Bruttoinlandsproduktes um mehr als einen Euro zur Folge hat.
In der öffentlichen Diskussion ist dagegen oft die Rede davon, dass Steuersenkungen zu mehr Wachstum führen und dem Staat am Ende höhere Steuereinnahmen bescheren. Steuer*senkungen* also sollen es sein, denen ein Multiplikatoreffekt innewohnt. Leider ist eine derartige Entwicklung »in der Realität jedoch äußerst selten dokumentiert«, kommentiert Victor Gaspar vom Internationalen Währungsfonds (IWF) diese Vorstellung höflich, aber bestimmt. (Berliner Zeitung, 27.10.2017, S. 5) In Deutschland beispielsweise haben sich die Unternehmensgewinne seit Mitte der neunziger Jahre verdoppelt, die Nettoinvestitionen hingegen sind gefallen: nichts da mit Wachstumsschub und Steuermehreinnahmen. Eine detaillierte Betrachtung dieses Fragenkomplexes erfolgt in →*Basic 4*.

3 So Marcel Fratzscher in der Berliner Zeitung vom 18.04.2015, S. 10.

4 S. Stefan Kaufmann, Trumps Luftschlösser, in: Berliner Zeitung vom 1.11.2016.

5 So nachzulesen z. B. in der Berliner Zeitung vom 15.10.2016.

6 Daniel Stelter, Boston Consulting Group, fordert Schuldenschnitt und Vermögensabgabe – Erklärung vom 20.4.2013, www.diapod.de/cms/?m=20130421.

BASIC 3
Sparen, sparen, sparen? Ist das die Devise, wenn der Staatshaushalt ins Defizit gerät? Gibt es keine Alternative?

»Es gibt nur ein Rezept: Sparen, sparen, sparen.«
Bild-Zeitung[1]

»Belgien hat versprochen, die Neuverschuldung im kommenden Jahr unter die Marke von drei Prozent zu drücken. Dafür muss die Regierung im nächsten Haushalt mehr als elf Milliarden Euro sparen, mithin ein Zehntel des Budgets.«
Berliner Zeitung[2]

»Schuldenmachen oder Sparen: Was hilft der Wirtschaft in der nächsten Krise wirklich?«
Frankfurter Allgemeine Sonntagszeitung[3]

»Die Wahl besteht zwischen zwei Formen der Verdammnis: Sparen und Rezession oder Zahlungsunfähigkeit und Rezession. Unsere Daten zeigen, dass der Weg mit Sparprogrammen schneller aus der Rezession führt.«
Carmen Reinhart
vom Peterson Institute for International Studies[4]

Ein unbemerktes Tabu

Sie scheint wie durch die Natur der Sache vorgegeben: die Wahl zwischen Schuldenmachen und Sparen. Und weil sich Schuldenmachen gemeinhin von selbst zu verbieten scheint, erscheint Sparen wie selbstverständlich als die einzig übrigbleibende, die richtige Wahl. Also sparen, sparen, sparen! So hört und liest man es andauernd und überall – kurz und bündig in der Bild-Zeitung, eher beiläufig in einer seriösen Variante, mit ausdrücklichem Krisenbezug in einem der Flaggschiffe der deutschen Journalistik, komplizierter und scheinbar tiefgründig, auf umfangreichen, komplizierten Berechnungen fußend aus dem Munde der angesehenen Konjunkturforscherin, einer internationalen »Star-Ökonomin«.

Einnahmeverbesserungen werden nicht einmal mehr bedacht, geschweige denn ernsthaft in Betracht gezogen. Sie sind nahezu unbemerkt zum Tabu geworden – *diese* Alternative entschwindet unter derlei Dauerberieselung allmählich heimlich, still und leise aus dem Reich unserer Sinne.

Darüber wird Sparen praktisch »alternativlos«, wie unsere Kanzlerin zu sagen pflegte (bis eine Partei auftrat, die sich das Wort »Alternative« gerade deshalb zu ihrem Namen erkor). Straßen und Brücken müssen demnach, wie bereits dargestellt, in Teilen dem Verfall preisgegeben werden, ebenso Schulen, Bildung, Kultur, Rechtspflege und mancherlei mehr (→*Basic 1*).

»Das kann der Staat nicht mehr leisten«, heißt es seit den achtziger Jahren des vorigen Jahrhunderts, ganz so, als ob die ganze Gesellschaft immer ärmer würde.

Die Alternative

Es gibt sie aber, die vernünftige Alternative. Sie lautet: Bei einem Haushaltsdefizit von drei Prozent wie dem erwähnten, belgischen werden die Staatseinnahmen entsprechend erhöht. Wir haben also durchaus eine Wahl. Was ist wahlentscheidend?

Entscheidend müsste wohl die Frage sein, welcher Weg unsere gemeinsame sozio-ökonomische Entwicklung besser fördert:

- Sparen (»Austeritätspolitik«), das heißt staatliche Investitionen zurückstellen bzw. ganz aufgeben (zum Beispiel Bildung und Rechtspflege durch verstärkte Unterfinanzierung noch weiter verkommen lassen, Behinderten und Hartz IVlern die Förderung kürzen und die Inklusion verwehren)? Also dem Wirtschaftskreislauf weitere Mittel entziehen? Obwohl die bereits entstandene, hiesige Investitionslücke vom Deutschen Institut für Wirtschaftsforschung (DIW) schon auf 1 Billion Euro veranschlagt wird?[5]
- Oder die Einnahmen soweit verbessern, dass z. B. Bildung und Rechtspflege wieder leistungsfähig, Behinderte und Hartz IVler inkludiert und gleichzeitig die ökonomischen Kreisläufe gestärkt werden?[6]

Für die attraktive Alternative der Einnahmeverbesserung sind jedoch nicht »die Steuern« zu erhöhen, wie es völlig undifferenziert allenthalben heißt, sondern lediglich einzelne, bestimmte Steuern. Steuern nämlich sind ein äußerst differenziertes Gebilde, die übliche, pauschalisierende Rede von »den Steuern« signalisiert geradewegs ökonomisches Analphabetentum. Darauf wird noch zurückzukommen sein (→*Basics 5 ff.*).

Die erwähnten, nachhaltigen Verbesserungen sind nämlich dann möglich, wenn der Staat diejenigen Steuern erhöht, welche die Vermögenden belasten. Denn solche Steuern füllen die deflatorische Nachfragelücke im

System,[7] indem sie Mittel, die dem Wirtschaftskreislauf entzogen sind, dem Wirtschaftskreislauf wieder zuführen: *»Die Kunst besteht darin, nicht den Konsum der privaten Haushalte, sondern ihre Ersparnisse zu senken und zum Staat umzuverteilen.«* (Werner Kamppeter)[8]

Die Kunst, der Charme und die Popularität des Umverteilens

Dieses Kunststück ist technisch recht einfach; seine Schwierigkeiten sind politischer Natur. Denn dieses Kunststück ist ohne die Unterstützung einer wirtschaftlich halbwegs aufgeklärten Bevölkerung nicht zu bewältigen. Den Schulen kommt hier eine herausragende Bedeutung zu.

Politiker nämlich betrachten sich regelmäßig weniger als Treiber. Vielmehr suchen sie mehrheitlich den Weg des geringsten Widerstandes; allzu viele muss man zum Jagen tragen. Daher ist es ihnen in der Regel viel lieber, wenn sie sich vom Willen der jeweils (Laut-)Stärkeren, Aktiven treiben lassen können, mit ihnen übereinstimmen. Ihr diesbezügliches Harmoniebedürfnis jedenfalls ist riesengroß. Die Reichen aber sind die Einflussreichen, und zwar von Hause aus, ohne allzu großen Organisationsaufwand. Warum sollten sie ihren Einfluss nicht wahrnehmen?

Sobald dem Staat aber das Kunststück der Umverteilung vom überschüssigen, privaten hin zum unterbemittelten öffentlichen Bereich gelingt, leistet er zugleich einen elementaren Beitrag zum sozialen Frieden. Spielraum jedenfalls ist da: »Millionäre könnten 100 Milliarden aufbringen«, verriet unlängst Gert Wagner als zeitweiliger Direktor des Deutschen Instituts für Wirtschaftsforschung (DIW) in aller Öffentlichkeit.[9] Selbst die Organisation für wirtschaftliche Zusammenarbeit und Entwicklung (OECD) sowie der Internationale Währungsfonds (IWF) bringen seit jüngster Zeit entsprechende, mahnende Worte zu Gehör. Demgemäß forderte IWF-Chefin Christine Lagarde z. B. auf der IWF-Jahrestagung 2016 in Washington die Regierungen der reichen Länder nachdrücklich auf, »mehr für Arbeitnehmer mit mittleren und unteren Einkommen zu tun«. Speziell Deutschland, so stellte sie fest, müsse »mehr investieren«.[10]

Während man mit der Sparalternative also alles verschlechtert, vor allem die deflatorische Nachfragelücke vergrößert, erreicht man mit der Einnahmeverbesserung glatt vier Ziele auf einen Streich, nämlich eine Stärkung

- der Zukunftsfähigkeit durch Investitionen in Bildung, Infrastruktur, Forschung, Entwicklung u. a.,

- des Wirtschaftskreislaufs und
- des sozialen Friedens.

Zusätzlich nimmt man Luft aus dem aufgeblähten Finanzmarkt (→*Basic 15*).

Denn die Staatsverschuldungen einerseits und die dank unzureichender Besteuerung übergroßen, anlagesuchenden Vermögen andererseits bilden die Grundlage für das adipöse Wachstum des Finanzmarktes und die Basis für seinen spekulativen Überbau.

Wir haben die Qual der Wahl!

Um den national begrenzten Horizont kurzzeitig zu verlassen: In Anbetracht der Armut, die rund ein Drittel der Weltbevölkerung erfasst hat, gelingt Entwicklungspolitik sogar nur über eine Erhöhung der öffentlichen Investitionen in Gesundheit, Wohnen, Bildung, Infrastruktur und wirtschaftliche Entwicklung. Von einer Änderung der Handelsbeziehungen abgesehen,[11] kommen zu ihrer Finanzierung jenseits einer progressiven Besteuerung von Einkommen, Vermögen und Unternehmensgewinnen, Devisen- und Finanztransaktionen lediglich weniger gesittete Mittel in Betracht, als da sind: Enteignung, Revolten, Raub, (Bürger-)Krieg, Migration und Völkerwanderungen, Mord und Totschlag. Wer die zuletzt genannten Mittel vermeiden will, muss das Erstgenannte wählen: »Steuern sind der Preis, den wir für eine zivilisierte Gesellschaft zahlen müssen.« So der für seine Aphorismen berühmte 32. Präsident der USA, Franklin D. Roosevelt.[12]

Donald Trump, als 45. einer von Roosevelts Nachfolgern im Weißen Haus, hat übrigens verstanden, *wie ungemein populär die Vorstellung einer sach- und leistungsfähigkeitsgerechter Besteuerung ist* – sie ist einfach, naheliegend, in ihrer Gradlinigkeit für jeden sofort einsichtig und vollständig überschaubar. In seinem Wahlkampf sprach Trump deshalb wiederholt davon, dass Vermögende wie er stärker besteuert werden müssen. »Mein Steuerplan«, so verkündete er, »wird mich selber ein Vermögen kosten.«[13]

Fazit

Mit Steuern steuern lautet das Gebot der Stunde: »Kann es sein, dass der Kampf um Steuern – um Verteilung unter den Bedingungen zunehmend schrumpfenden Wachstums zu organisieren – sozusagen die Front der Zukunft ist?«[14]

***

Die Frage gibt Anlass, unser Steuersystem genauer zu betrachten. Das erfolgt relativ ausführlich in den →*Basics 5 ff.* Vorher jedoch gilt es, genauer zu untersuchen, was den Staatskredit vom Unternehmenskredit grundlegend unterscheidet. Dieser Aufgabe dient →*Basic 4*.

Im Nachgang zum vorliegenden, dritten Basic soll jedoch zunächst noch ein nahliegender, kritischer Einwand behandelt werden.

Und die Verschwendung? Ein naheliegender, nachträglicher Einwand

Er lautet: Zweifellos gibt es überall auch unsinnige, verschwenderische Staatsausgaben, z. B. für Brücken, die ins Nirgendwo führen, oder für sinnwidrige Unterstützungsleistungen wie z. B. die Subventionen für den Diesel und den extrem klimaschädigenden Flugverkehr – das gehört doch eingespart und eingestellt! Es gibt also ein Einsparpotenzial!

Der Einwand ist berechtigt. Aber er geht an der hier behandelten Frage vorbei. Denn dieses Einsparpotential besteht unabhängig von der Haushaltslage, muss also immer und überall zu heben versucht werden.

Die Erfolge werden allerdings wohl nie vollständig sein. Das erzwingt sowohl die Dynamik der Organisationen als auch die Natur des Menschen. Außerdem beträgt die Misswirtschaft des Staates, soll man dem Bundesrechnungshof glauben, etwa ein Prozent aller öffentlichen Ausgaben.[15] Staatliche Misswirtschaft wird also von der Misswirtschaft im Bereich der privaten Unternehmen und Banken mit Sicherheit locker übertroffen.

Privatwirtschaftliche Misswirtschaft ist jedoch als »Betriebsgeheimnis« auf das Strengste geschützt, ist tabu. Demgemäß wird diese Form der Misswirtschaft von keinem Rechnungshof untersucht und nicht öffentlich zur Sprache gebracht.

Von den Geldvernichtungen durch Banken wie der Münchner Hypo Real Estate soll deshalb auch hier erst gar nicht die Rede sein.

Weiterführende Bemerkungen und Belege zu Basic 3

1 Vom 21.11.2011.
2 Vom 2.12.2011.
3 Vom 22.10.2017.
4 Carmen Reinhart, Sparprogramme führen schneller aus der Rezession, in: Berliner Zeitung vom 27.2.2011. Auf Carmen Reinhart und die Daten, die sie

zusammen mit Kenneth Rogoff, dem zeitweiligem Chef-Ökonomen des Internationalen Währungsfonds, ihrer Argumentation zugrunde gelegt hat, wird in →*Exkurs 16* im Detail eingegangen.

5 Quelle: Wie →*Basic 1*, Anmerkung 6.

6 Schuldenmachen, die weitere Möglichkeit, wird an den folgenden →*Basics 4/ Exkurs 4* einer eigenen, genauen Betrachtung unterzogen.

7 Die »deflatorische Lücke« bzw. »Nachfragelücke« ist, wie gesagt, zentraler Begriff in →*Basic 12*; Näheres dort.

8 Werner Kamppeter, Internationale Finanzkrisen im Vergleich, in: Friedrich-Ebert-Stiftung, Hrsg., Internationale Politikanalyse, Bonn 2011, S. 25.

9 In: Berliner Zeitung vom 15.10.2011.

10 Christine Lagarde gemäß Markus Sievers, IWF-Chefin prangert Ungleichheit an – Gewinne aus Globalisierung sollen fair verteilt werden, Berliner Zeitung vom 7.10.2016.

11 Ein Beispiel für das Gemeinte: Seit jeher gestattet die EU afrikanischen und anderen Entwicklungsländern lediglich den zollfreien Import von Rohwaren; auf weiterbearbeitete, »veredelte« Produkte werden so gut wie ausnahmslos Zölle erhoben. Folglich bleiben die afrikanischen u. a. Länder Rohstofflieferanten, auf ewig unterentwickelt. So traurig es für tchibo, Eduscho & Co. einschließlich ihrer Beschäftigten in Hamburg sein mag, aber wer Migration bekämpfen will, muss den Produzenten von Kaffebohnen gestatten, auch selber Kaffee zu rösten und in der EU frei von Diskriminierungen, und das heißt hier schlicht und einfach: zollfrei zu verkaufen. Statt Kaffee zu rösten, könnten die Angestellten von tchibo & Co. sicherlich auch wichtige Aufgaben z. B. in Öffentlichen Diensten (→*Basic 1*) erfüllen.
Ausführlicher, aber trotzdem sehr übersichtlich wird das Thema behandelt bei Gabriel Felbermayr, Ein Schaf unter Wölfen? Die Europäische Union und der Freihandel, in: Aus Politik und Zeitgeschehen - Beilage zur Wochenzeitung »Das Parlament«, Nr. 4–5/2018, S. 18–23.

12 Verbürgt unter: https://www.zitate.eu/author/roosevelt-franklin-delano?page=3, zuletzt aufgerufen am 20.6.2018.

13 S. Ben Schreckinger/Nick Gass »Trump: My Tax Plan is Going to Cost Me a Fortune«, 9.11.2015, www.politica.com/story/201509/donald-trump-2016-tax-plan-214139.
Dass der Kandidat seinen Steuerplan nach erfolgreicher Wahl nicht mehr erwähnt hat, steht auf einem anderen Blatt, dem internationalen Verzeichnis der gebrochenen Wahlversprechen. Dieses Verzeichnis ist schon sehr alt und lang; in Bezug auf die neue Eintragung des Donald Trump ist entscheidend, dass Trump seinen Plan unter einem Feuerwerk anderer, eingehaltenen Versprechen wie Einreisesperren für bestimmte Nationalitäten und Waren, Rüstungspolitik, spektakuläre Treffen mit ehedem Verfemten wie den nordkoreanischen, chinesischen und russischen Machthabern u. a. erfolgreich aus dem Rampenlicht zurück ins Dunkel des Vergessens geschoben hat. Hut ab vor dieser auf Anhieb gelungenen, waghalsigen politischen Verschiebe-Leistung!

14 Diese treffliche Frage stellte MATTHIAS GREFFRATH im Anschluss an einen Vortrag von THOMAS PIKETTY am 7.11.2014 im Berliner Haus der Kulturen der Welt.

15 »Laut Bundesrechnungshof beschränkt sich die ›Misswirtschaft‹ [des Staates] aber auf ein Prozent aller öffentlichen Ausgaben.« (DIERK HERSCHEL, Die Reichen sollen zahlen, in: Süddeutsche Zeitung vom 27.5.2013)

BASIC 4
Produktive Unternehmen und Staat
Bei wem rentieren sich Kredite? Was rechtfertigt eine Staatsschuldenbremse? Mit einem Nachtrag zur Attraktivität der Schwarzen Null

Nachdem mit dem Verhältnis zwischen der schwäbischen Hausfrau und dem Staat in →*Basic 1* die Ansicht der (neoklassischen) Mainstream-Ökonomie zur wirtschaftspolitischen Rolle des Staates betrachtet wurde, steht nun die klassische Alternative zur näheren Untersuchung an: die Auffassung der (unorthodoxen, vorwiegend neokeynesianischen) Nebenstrom-Ökonomie. Dabei geht es im Wesentlichen um die Frage, wann und für wen Schulden etwas Gutes sind, und was daraus folgt.

Die kritische Analyse der Alternative nimmt vergleichsweise viel Platz bzw. Zeit in Anspruch. Aber – dies sei vorweg versichert – die hier investierte Zeit rentiert sich.

Die Analyse beginnt mit einer kurzen, strukturierenden Vorüberlegung zu den staatlichen Einnahmequellen.

Steuern oder Schulden? Die Einnahmequellen des Staates

Der Staat hat Aufgaben, die Aufgaben verursachen Ausgaben und die Ausgaben erfordern Einnahmen. Dieser Dreisatz gilt unverändert seit den Ursprüngen der Staatenbildung zur Zeit der alten Ägypter.[1] Aus diesem Grund werden beim Staat die Einnahmen durch die Ausgaben bestimmt: Einnahmen ← Ausgaben, nicht umgekehrt wie beim Privathaushalt. So hieß es, leicht verkürzt, in →*Basic 1*.

Welche Einnahmequellen stehen dem Staat zur Verfügung?

Es sind im Wesentlichen drei:[2]

A) Eigenfinanzierung aus *Steuern* (bzw. Gebühren, Beiträgen und Zöllen[3]),

B) Fremdfinanzierung aus *Verschuldung*, d. h. Kreditaufnahme »auf den Finanzmärkten«, sprich bei vermögenden Anlegern,

C) *Geldschöpfung*, d. h. »Verschuldung« bei der staatlichen Zentralbank, die das erforderliche Geld aus der Münzprägeanstalt, der Notenpresse bzw. aus dem Computer schöpfen kann, schöpfen darf und schöpfen soll.[4]

Und in welchem Verhältnis stehen die Einnahmequellen zueinander?

Einerseits *ergänzen* sie sich: Fehlende Steuereinnahmen, A, können ergänzt werden durch B, Verschuldung (und/oder C, Geldschöpfung). Andererseits stehen die drei Einnahmequellen *in Konkurrenz* zueinander, *ersetzen und verdrängen* sich gegenseitig: Ausreichende Steuerfinanzierung macht Verschuldung bzw. Geldschöpfung zwecks Staatsfinanzierung überflüssig; umfangreiche Kreditfinanzierung ersetzt ausreichende Steuerfinanzierung – allerdings nur mehr schlecht als recht, wie noch im Einzelnen zu sehen sein wird.

Kurz: *A ergänzt und verdrängt B* (und C), *B macht dasselbe mit A* (und C). C schließlich entlastet A und B.[5]

Wirtschaften und Kredite aufnehmen wie ein Unternehmer? Die alternative Lehre vom fremdfinanzierten Staat

Bekanntlich besteht der ökonomische Mainstream darauf, dass der Staat mit dem auskommt, was er über vorfindliche Steuern, also über A, einnimmt, und lobt staatliche Haushaltsdisziplin und Sparsamkeit. Wie bereits kritisch vermerkt (→*Basic 1*), überträgt die Standardökonomie die Haushaltsregeln der schwäbischen Hausfrau auf den Staat, und zwar auf Kosten notweniger Investitionen. Mit dem Einwand, dass verliert, wer nicht investiert, beschäftigt sich die Standardökonomie nicht.

Außerhalb der neoklassischen Standardökonomie gibt es jedoch gerade deshalb einen anschwellenden, alternativen Nebenstrom in Gestalt von Ökonomen, Journalisten, Gewerkschaftern und anderen, die nachdrücklich und eloquent fordern, der Staat möge zumal in Zeiten niedriger Zinsen einen großen, mindestens jedoch einen größeren Teil seiner Aufgaben unbekümmert durch verstärkte Kreditaufnahme, also über B finanzieren. Anders als die Standardökonomen beherzigen die alternativen Nebenstromler mithin den Grundsatz, dass verliert, wer nicht investiert.

Als einer ihrer dezidiertesten und profiliertesten Vertreter hat sich der US-amerikanische Ökonomie-Nobelpreisträger Paul Krugman weltweit Gehör verschafft. Krugman argumentiert wie folgt: »Man kann vernünftigerweise sagen, dass die Weltwirtschaft jetzt zum Teil daran krankt, dass die Staaten nicht hoch genug verschuldet sind. […] Warum? Zum einen deshalb, weil die Verschuldung eine Möglichkeit bietet, für nützliche Dinge zu zahlen, und das sollten wir verstärkt tun, wenn der Preis stimmt. Die Vereinigten

Staaten leiden an einer deutlichen Schwäche der Straßen-, Eisenbahn- und Wassersysteme und dergleichen, und die Regierung kann Gelder zu historisch niedrigen Zinsen aufnehmen. Dies ist also eine wirklich gute Zeit, Kredite aufzunehmen...«[6]

Diesseits des Atlantiks tritt – beispielsweise – HEINER GANSSMANN seinem prominenten Kollegen mit folgendem Plädoyer entschlossen zur Seite: »Bedenklich ist die Aufnahme von Krediten dann, wenn die Zinsbelastungen höher sind als die – erwarteten – Einkommenszuwächse. Und das gilt für Staaten ebenso wie für Privatpersonen. Gegenwärtig liegen die Zinssätze bei null, die erwartete Wachstumsrate des BIPs [des Bruttoinlandsproduktes, AS] ist zwar schwach, aber positiv, und es herrscht kein Mangel an staatlichen Aufgaben, die öffentliche Investitionen erfordern, vor allem in Infrastruktur, Innovationen und Bildung. Unter diesen Umständen ist die Verweigerung von defizitfinanzierten Investitionen und *das Streben nach der schwarzen Null* nichts als *fiskalischer Sadismus.*«[7]

Für den Staat soll also gelten: Nicht sparen auf Kosten von Investitionen, sondern – zumal bei Niedrigzinsen – beherzt aus neuen Krediten investieren. Auch der Deutsche Gewerkschaftsbund (DGB), um es bei einem dritten Beispiel zu belassen, stimmt engagiert zu und beklagt: »In Zeiten von Niedrigzinsen investiert jeder kluge Privathaushalt: Immobilien werden energetisch saniert, langlebige Güter werden angeschafft. Nur der Staat unternimmt nichts.«[8]

All das klingt stark und überzeugend. Hier werden die Staatsaufgaben ernst genommen; die aufgabenbestimmte Null wird durch aufgabenbestimmte Verschuldung ersetzt. Der Stein der Weisen scheint gefunden; zumindest in Zeiten niedriger Zinsen liegt die große Alternative zur herrschenden, neoklassischen Sparpolitik scheinbar direkt vor unseren Füßen. Man muss sie nur aufheben. Eine verblüffend einfache Lösung! Die Ökonomen und Wirtschaftspolitiker des Mainstreams sehen im Lichte dieser Betrachtung alt aus, wie »lauter schwarze Nullen«, wenn nicht gar wie »fiskalische Sadisten«, um mit HEINER GANSSMANNS mächtigen Worten zu sprechen.

Aber ist das auch zu Ende gedacht? Wird hier nicht übersehen, dass der Staat von Natur aus anders rechnen und wirtschaften muss als Privathaushalte und Unternehmen? Und wo bleibt die Investitionsfinanzierung aus sach- und leistungsfähigkeitsgerechter Besteuerung? *Eine Steuer-Option jedenfalls verschwindet bei beiden, den Standardökonomen und ihren Kritikern, gleichermaßen aus dem Gesichtskreis – Sparen* oder *Verschulden, heißt hier die ausschließliche Alternative, etwas Drittes gibt es bei beiden, den Mainstreamlern und den Nebenstromlern, noch nicht einmal in Gedanken.*

Der Sachverhalt gibt Anlass, Eigenarten und Klippen des schuldenfinanzierten Weges B und sein konkurrierendes Verhältnis zu Weg A, der Steuerfinanzierung, näher zu betrachten.

(Möglichkeiten der Steuerfinanzierung in Details dagegen sind Gegenstand der darauf folgenden →*Basics 5 ff.*; Möglichkeiten der Geldschöpfung durch die Zentralbank, die Alternative C, kommen in →*Basic 15* zur Sprache.)

Zum Verhältnis von Gläubigern und Schuldnern im Allgemeinen

Für alle Kredite trifft zu, dass Gläubiger und Schuldner wechselseitig voneinander abhängig sind. Ist der Schuldner zahlungsunfähig, verliert der Gläubiger sein zeitweilig überlassenes Vermögen in Höhe der Schuld. Es gilt: Vermögen = Schulden.

Aber – und da endet schon die strenge Logik der mathematischen Gleichung – die Vorzeichen sind verschieden: Plus beim Vermögen, Minus bei den Schulden; die Vorteile liegen beim Gläubiger, denn er ist es, der über den Schuldner weitgehend bestimmen kann, nicht umgekehrt. Die Macht des Gläubigers über seinen Schuldner kann weit über das rein Finanzielle hinausgehen.

Bei privatwirtschaftlichen Unternehmen ist dieses Machtgefälle grundsätzlich kein Problem, denn dort herrscht weitgehende Interessenharmonie zwischen Gläubiger und Schuldner beim Umgang mit dem Kredit: Beide sind gleichermaßen an seinem möglichst profitablen Einsatz interessiert – der Kreditgeber ist zufrieden, wenn Rückzahlung und Verzinsung des Kredites vertragsgemäß erfolgen, und der Kreditnehmer ist zufrieden, wenn er über seine Kreditverpflichtungen hinausgehende, zusätzliche Gewinne aus der kreditfinanzierten Investition erwirtschaftet. Für beide rentieren sich die Schulden in der Regel (und Unternehmen finanzieren sich daher völlig zu Recht nicht nur über Eigenkapital, sondern auch über Fremdkapital).

Beim Staat und seinen Schulden ist das jedoch ganz anders.

Besonderheiten von Staatsschulden I: Staatsschulden finanzieren sich nicht selber, sondern aus gesteuerter Umverteilung

Der Staat ist kein produktives Unternehmen, er wirtschaftet weder gewinnorientiert noch mit dem Ziel, einen möglichst hohen Haushaltsüberschuss zu generieren. Vielmehr ist der Staat in streng ökonomischer Betrachtung ein an Gesamtwirtschaft und Gemeinwohl orientiertes kosten-, genauer: ausgabendeckendes Unternehmen in des Wortes ursprünglicher Bedeutung.

Demgemäß ist es dem Staat aufgegeben, nicht höchste Gewinne, sondern Einnahmen in Höhe seiner Ausgaben zu erzielen (→*Basic 1*). Aus diesem Grunde darf er nicht und wird auch tatsächlich nicht Kredite zum Zwecke der Gewinnerzielung aufnehmen und einsetzen. Sondern er muss und wird gegebenenfalls Kredite für politisch bestimmte, nicht unmittelbar profitable Zwecke verwenden (Infrastruktur, Forschung und Innovation, [Rechts-]Sicherheit, Daseinsvorsorge, soziale Befriedung…). Über seine Investitionen entscheidet er also nach politischen, nicht nach renditewirtschaftlichen Gründen.

Mit anderen Worten: Der Staat verfolgt andersartige Ziele als die Privatwirtschaft. Aus diesem Grund wirtschaftet und rechnet er von Grund auf anders als private Unternehmen. Demzufolge gelten für den Staat und seine Betriebe die allgemeinen, auf Rendite und Investorenschutz ausgerichteten Grundsätze ordnungsmäßiger Buchführung und Rechnungslegung gerade *nicht*. Für den Staat gelten stattdessen besondere, eigene, gemeinwohl- bzw. aufgabenorientierte Berechnungs- bzw. Bewertungsgrundsätze und Rechenverfahren.[9] Ihre Aufgabe ist es u. a., sicherzustellen, dass staatliches Handeln und Verwalten zu minimalen Kosten und *insofern wirtschaftlich* erfolgt. Während »wirtschaftlich« in der unternehmerischen Alltagspraxis »rentierlich«, »profitabel«, »gewinnmaximierend« meint, bezeichnet es beim Staat lediglich »kostenbewusst«, »kostenminimierend«, »mit bestmöglichem Preis-/Leistungsverhältnis«. (Mehr zu Kostenminimierung und Gewinnmaximierung in → *Abschnitt C*.)

Während in der Privatwirtschaft demnach die Erlöse aus der unter Renditegesichtspunkten kalkulierten Investition regelmäßig die Investition alsbald schon selber finanzieren, gilt dies für jene Einnahmen, die der Staat in Gestalt zusätzlicher Steuereinnahmen zu gegebener Zeit aus seinen Investitionen erzielt, grundsätzlich gerade *nicht*. Und weil der Staat der Privatwirtschaft nicht die gewinnbringenden Geschäftsfelder wegnehmen soll und darf, *sollen sich seine Investitionen sogar ausdrücklich* nicht *in überschaubarer Frist selbst finanzieren.* Sobald sie es dennoch tun, sind sie für den Staat prinzipiell tabu. Dann sind sie vielmehr der Privatwirtschaft als Geschäftsfeld zu überlassen.[10]

Das Interesse der Staatsgläubiger lautet dagegen unverändert: Sicherheit & Rendite; Staatsgläubiger unterscheiden sich in dieser Hinsicht nicht von Privatgläubigern. Die Interessen der vermögenden Gläubiger und die Aufgaben des staatlichen Schuldners gehen also auseinander, das Zins- und Tilgungsinteresse der vermögenden Gläubiger muss mit Hilfe von Einnahmen befriedigt werden, die der Staat *außerhalb* des zugrundeliegenden Kreditgeschäftes erzielen muss. D. h. der Staat muss die erforderlichen Mehreinnahmen zumindest überwiegend bei anderen Staatsbürgern über zusätzliche Steuereinnahmen generieren und an die Kreditgeber transferieren. Ergo: In Ermanglung eigener, kreditgenerierter Erträge muss *der kreditfinanzierte Staat beständig umverteilen zum Nutzen seiner Kreditgeber, und zwar über Steuern und andere Wertströme sowie möglichst unmerklich.*[11]

Besonderheiten von Staatsschulden II: Staatsschulden machen den Staat zum Gesteuerten

Die Gläubiger haben daher allen Grund, darauf zu achten, dass dies auch geschieht. Das heißt, sie haben allen Grund, ihren Einfluss auf das Handeln ihrer staatlichen Schuldner in Bund, Ländern und Gemeinden geltend zu machen, um ihre Tilgungen und Renditen in Form von Zinsen oder entsprechenden Ersatz- bzw. Ergänzungsleistungen aus anderen Quellen als der kreditfinanzierten Investition zu sichern. Und der staatliche Schuldner, der arme, abhängige, wird sich beugen müssen.

Demgemäß warnte Joschka Fischer, damals grüner Vize-Kanzler, seine noch regierungs-unerfahrenen Parteifreunde eindringlich: »Ihr wollt doch wohl keine Politik gegen die Finanzmärkte machen!« Das Schalten und Walten der »Troika« im überschuldeten Griechenland erteilt hierzu weiteren eindrucksvollen Anschauungsunterricht – die gewählten Regierungen, ja sogar das griechische Parlament mussten ihre Souveränität an die kreditgebenden »Institutionen« (EZB, IWF und EU-Kommission) abtreten. Seit dem 12.6.2015 dürfen wirtschaftspolitische Fragen im griechischen Parlament nur dann überhaupt noch auf die Tagesordnung gesetzt, also von den gewählten Vertretern des Volkes überhaupt noch erörtert werden, wenn und soweit die kreditgebenden »Institutionen« dazu ihre Erlaubnis erteilt haben. Griechenland ist eine Schuldenkolonie geworden, genauer: ist die Kolonie der Gläubigerbanken und -institute geworden, welche die Sicherung ihrer Ansprüche »ihren« jeweiligen nationalen Regierungen »übertragen« haben.[12]

Grundsätzlich gilt: Der Schuldendienst ist die letzte Position im staatlichen Haushalt, die zur Disposition steht. Und damit es weitergeht, gilt: Kreditwürdigkeit, das internationale, privat organisierte »Rating«, ist das Erste, was gesichert werden muss. Die »Bedienung« der Staatsgläubiger, der Zwang, es ihnen recht zu machen, sprich ihr Vermögen zu schützen und zu mehren, gerät zum hintergründigen, verdeckten A und O des Regierungshandelns – *Rating über alles!* Demgemäß gilt, wie bereits erwähnt, für das jähe Ende des schier unsäglichen Silvio Berlusconi als italienischer Ministerpräsident: *Es war das verlorene Tripel-A, nicht Bunga-Bunga und die Mafia.*[13]

Außerdem kann – Griechenland lässt grüßen – eine über viele Jahre behutsam und in aller Ruhe langsam abseits der öffentlichen Wahrnehmung aufgebaute Staatsverschuldung über Nacht zum größten, alles überlagernden Staatsproblem werden, nämlich immer dann, wenn »die Märkte«, sprich: Kreditgeber plötzlich zu der Überzeugung gelangen, besser keine weiteren Kredite mehr zu vergeben, weil ihnen die Tragfähigkeit weiterer oder auch bloß erneuerter Staatschulden – aus welchen Gründen auch immer – auf einmal zweifelhaft erscheint. Demgemäß ist spätestens seit Gründung der Bank of England im Jahre 1694 zu beobachten, dass der Aufstieg kreditgewährender finanzwirtschaftlicher Institutionen einhergeht mit der Beschränkung souveräner Macht. Denn unter allen Kämpfen um die Dominanz – gleich ob in Informationstechnologie, Flugzeugindustrie, Gentechnik, Rinderzucht oder Kohleförderung – gibt es einen Kampf, den kein unzureichend besteuernder Staat verlieren darf: den Kampf um Kredit, ums Geld der Anleger.

Ergebnis: Bei hinreichend fortgeschrittener Verschuldung wird der Staat von seinen Kreditgebern abhängig wie der Süchtige von seinen Dealern. Der Ersatz von Steuern durch Kredite *beinhaltet letzten Endes den Verzicht auf sachgerechtes staatliches Steuern.*

Probleme der Berechnung und Zurechnung, Tilgung und Verzinsung von Staatsschulden

Der Einsatz des Kredits wirft also keine Rendite für den in Rede stehenden Kreditnehmer selber, den staatlichen Investor, ab, sondern bestenfalls Anteile an kreditinduzierten Einkommenszuwächsen bei privaten Unternehmen und

Haushalten in Gestalt von staatlicherseits weitergeleiteten Steuermehreinnahmen. Dabei ist jedoch zu beachten, dass die Einkommenszuwächse, die auf staatliche Investitionen zurückzuführen sind, bei den Privaten

- zum einen höchst unterschiedlich und unvorhersehbar (a) sowie
- zum anderen, sofern überhaupt, nur mit erheblicher zeitlicher Verzögerung (b) anfallen.

Demzufolge sind die Steuermehreinnahmen nicht berechenbar, und zwar weder in ihrer Höhe noch in Bezug auf die Zeiträume ihres Anfallens. Sie sind sogar noch nicht einmal den jeweiligen Investitionen zurechenbar: *Bei den Steuereinnahmen vereinigen sich Unberechenbarkeit, Unzurechnungsfähigkeit und zeitliche Unbestimmtheit.*

a) Zur Einheit von Unberechenbarkeit und Unzurechnungsfähigkeit

Um mit der Unzurechnungsfähigkeit zu beginnen: Wie hoch ist der in den Steuereinnahmen dieses Jahres enthaltene Betrag, der auf eine bestimmte Investition X des Vorjahres, eine andere Investition Y des Vorvorjahres usw. zurückzuführen ist? Wie hoch ist der Betrag, der nicht auf diese eine, sondern auf jene andere Investition des Vorjahres, Vorvorjahres usw. zurückzuführen ist?

Niemand wird es jemals erfahren. Steuern sind Abgaben ohne Anspruch auf individuelle Gegenleistung. Einzelnen Leistungen bzw. Investitionen können deshalb genauso wenig bestimmten Steuereinnahmen zugeordnet werden wie, umgekehrt, alle Steuereinnahmen auf bestimmte Staatsausgaben zurückgeführt werden können. Das aber ist unerlässlich, wenn man à la Krugman, Ganssmann u. a. berechnen will, ob beim Staat »die Zinsbelastungen höher sind als die – erwarteten – Einkommenszuwächse« aus jeweiligen Investitionen. Unternehmer dagegen können das ohne Weiteres; sie errechnen den Beitrag, den einzelne Waren (bzw. Leistungen) in jeweiligen Abrechnungsperioden zu ihren jeweiligen Gesamterlösen beisteuern, denkbar einfach wie folgt:

Umsatz Ware X = Absatz Ware X mal Stückpreis Ware X
(bei Leistungen entsprechend).

Steuermehreinnahmen sind also nicht *zu*rechenbar zu ihren Verursachern – schade. Sind sie dann aber nicht wenigstens *be*rechenbar?

Sorry, aber das geht auch nicht. Zur Unzurechnungsfähigkeit kommt die Unberechenbarkeit hinzu. Konkret: Wie hoch sind die Einkommenszuwächse, die bei privaten Haushalten und/oder Unternehmern aus guter bzw. verbesserter innerer Sicherheit, Justiz und Grenzschutz anfallen, wie hoch diejenigen, welche aus guten Theatern samt gut erhaltenen Theaterbauten, aus erhaltenen oder neu geschaffenen Grünflächen, Schwimmbädern und Radwegen, sprich aus öffentlichen Investitionen in das wirtschaftliche und gesellschaftliche Leben und seine Qualität entstehen? Wie hoch sind die Zuwächse aus universitärer Grundlagenforschung, und bei wem sowie wann fallen sie an? Wie hoch sind *alsdann* die Steuermehreinnahmen aus diesen Zuwächsen, und wann fallen sie an? Und die Steuer-Zuwächse aus dem kreditfinanzierten Ankauf und Betrieb von Militärjets, obendrein gewöhnlich weitgehend aus ausländischer Produktion?

Städtische Parks beruhigen die Nerven ihrer vielen, lebenslangen Nutzer; den Einkommen von Nervenärzten und pharmazeutischer Industrie schaden sie. Kommunale Radwegenetze drängen den Kfz-Verkehr zurück, schonen Atemluft, Ressourcen, Umwelt und fördern die Gesundheit; damit beeinträchtigen sie jedoch – über Ärzte und Pharmaindustrie hinaus – die Einnahmen von Kfz-/Mineralöl-/Energiewirtschaft und schmälern diverse Steuereinnahmen (namentlich: Umsatz-, Mineralöl-, Körperschaft-, Einkommen- und Gewerbesteuer). Eine leicht anziehende Nachfrage nach Fahrrädern nebst ihren Reparaturen vermag die Ausfälle im Kfz-und Mineralölsektor nicht annähernd zu kompensieren; dasselbe gilt für den Nettoeffekt aus Radwegebau und -unterhalt einerseits sowie aus erspartem Kfz-Wegebau und -unterhalt mitsamt Ampelanlagen, Parkplätzen, Tankstellen etc. andererseits. Urteile im jahrelangen Strafprozess gegen Frau Zschäpe vom Nationalsozialistischen Untergrund (NSU) verschaffen den Hinterbliebenen keine nennenswerten Einkommenszuwächse, sondern – hoffentlich – Linderung ihrer Schmerzen und Seelenfrieden. All das nur zum Beispiel.

Der größte staatliche Investitionsposten, Investitionen in soziale Sicherheit, speziell in die Grundsicherung bedürftiger Bürger, erhöht zwar deren Einkommen, verschafft dem Staat aber nur bescheidene Rückflüsse, d. h. nur bescheidene, keinesfalls rentierliche Steuermehreinnahmen.[14]

Und weiter, konkret: Wenn der Staat sozialen Wohnungsbau nach Art eines Unternehmers kalkuliert, muss er ihn einstellen sowie vorhandene Wohnungsbestände privatisieren – so wie er es in den Nachwendejahren getan hat, als die »Systemkonkurrenz« plötzlich weggebrochen war. Das hat dem Land die derzeitige Mietwohnungsmisere mit ihrem erheblichen sozialen Sprengstoff beschert. Der Staat darf also gerade nicht wie ein privater Unternehmer rechnen, sondern er, der Staat, muss in den Wohnungsbau gerade deshalb investieren, weil die Kosten von einzelnen Bevölkerungsteilen auf Dauer *nicht* aufgebracht, gerade *nicht* erlöst werden können, so dass aus unternehmerischer Sicht ein vernichtendes Urteil über das Wohnungsbau-Projekt zu fällen ist: *»Das rechnet/das rentiert sich nicht«*. Erst wenn die Privaten dieses Urteil gefällt haben, ist der Staat mit seiner eigentümlichen, anderen Rechnung am Zuge; im Falle von Wohnungsnot ist er dann zur Investition in den sozialen Wohnungsbau gehalten – erst dann, wohlgemerkt, einerseits; andererseits gerade deshalb und genau dann.[15]

Sofern die zusätzlichen, weil sozialen Kosten des sozialen Wohnungsbaus in Form des nicht erlösbaren Teils der Kostenmieten dagegen ordentlich über ein progressives Steuersystem generiert werden, kann der soziale Nutzen bzw. der gesellschaftliche Ertrag gerade des betriebswirtschaftlich nicht erlösten Kostenteils zwar erheblich sein. Trotzdem bleibt er unkalkulierbar:

- Mit wie viel Euro soll das etwaig bessere Aufwachsen des oder der möglichen Kinder im eigenen Zimmer/in eigenen Zimmern berechnet werden? Mit wie viel Euro ein womöglich aufgrund relativer Zufriedenheit erst gar nicht in Erwägung gezogenes radikal-nationalistisches Wählervotum?
- Heinrich Zille hatte schon darauf hingewiesen: »Man kann einen Menschen mit einer Wohnung genauso erschlagen wie mit einer Axt«. Wie hoch sind die womöglich eingesparten Ausgaben für Gesundheits-, Schul- und Sozialdienste, in extremen Fällen für Polizei, Justiz und Justizvollzug? Im Falle ersparter Arztrechnungen mindern die Mehrausgaben, wie gesagt, sogar die späteren Steuereinnahmen, allerdings auch nur vermutlich, weil nicht kalkuliert werden kann, wie das Geld aus den ersparten Arztrechnungen von der Krankenkasse bzw. von der Familie alternativ verwendet wird.
- Wie hoch ist jener Anteil an den heute eingehenden Steuereinnahmen, der auf die seinerzeitige Förderung eines bestimmten sozialen Wohnungsbauprojektes zurückzuführen ist? Wie hoch ist der Anteil, der nicht auf dieses, sondern auf jenes Projekt zurückzuführen ist usw.?

Fragen über Fragen, auf die es keine Antworten gibt. Vom Grundsatz her kalkulierbar sind immer nur die Kosten öffentlicher Investitionen, nicht ihre Leistungen/Erträge/Renditen in Sinne von Steuermehreinnahmen.

Dabei ist ganz allgemein zu beachten, dass sich der bekannte Multiplikator zusätzlicher staatlicher Investitionen[16] nicht auf den Staatshaushalt bezieht, sondern auf das Volkseinkommen bzw. das Bruttoinlandsprodukt; die auf den Bund, die Länder und Kommunen entfallenden Steuermehreinnahmen bilden davon nur einen Teil. Kurz gesagt: Kreditfinanzierte Staatsinvestitionen sichern dem staatlichen Investor auch bei wirksamen Multiplikatoreffekten keineswegs sein Vermögen im Sinne der Fähigkeit, seine anschwellende Schuldenlast zu bedienen und zu tilgen. Sondern erhöhte Schulden (einschließlich der mit ihrer Hilfe finanzierten, erhöhten Investitionen) erhöhen seine Abhängigkeit. Dass die Steuereinnahmen mit anziehender Konjunktur wachsen, steht außer Frage. Fraglich ist, ob bzw. in wie weit die wachsenden Einnahmen den Staat aus seinen bereits weitergewachsenen und konsolidierten Abhängigkeiten wieder befreien. Zweifel sind jedenfalls gut begründet.

Staatliche Aufgaben über Steuern statt über Kredite zu finanzieren, ist deshalb auf jeden Fall

- erstens billiger,
- weist zweitens weniger schädliche Verteilungswirkungen auf und
- beeinträchtigt drittens die Autonomie des staatlichen Handelns nicht.

Und dann noch dies: Kreditfinanzierung verhindert eine sach- und leistungsfähigkeitsgerechte Anpassung der Besteuerung an die staatlichen Aufgaben und die dazugehörigen Ausgaben (dazu ausführlicher: →*Basics 6 ff.*): Warum gegen Steuerwiderstände ankämpfen, solange dem Staat dasselbe Geld von den Finanzmarktakteuren als Kredit bereitwillig, ja freudig angedient wird? Kreditfinanzierung begründet nur allzu leicht weitere Kreditaufnahmen.

Obendrein ist bei staatlichen Investitionen zu beachten, dass die privaten Einkommenszuwächse, die sie gegebenenfalls generieren, vor allem bei denjenigen anfallen, die an der Spitze der Einkommens- und Vermögenspyramide stehen. D. h. sie fallen vor allem also gerade dort an, wo die Möglichkeiten zur Steuergestaltung, -vermeidung und -hinterziehung besonders groß sind (→*Basics 7 f.*).

b) Zur zeitlichen Unbestimmtheit

Damit zum anderen Faktor, zur Zeit. Kosten der Kreditbedienung fallen umgehend an; etwaige steuerliche Mehreinnahmen aus den etwaigen, durch staatliche Investitionen generierten privaten Einkommenszuwächsen dagegen nur mit abermaligen, unterschiedlichen Verzögerungen. Die Inkubationszeit für Bildungsinvestitionen beispielsweise beträgt nicht selten 20 Jahre und mehr; erst danach kann damit gerechnet werden, dass allmählich erste Renditen bei privaten Nutznießern der öffentlichen Bildungsinvestitionen anfallen. Und abermals danach erst kann der Staat gegebenenfalls zum Zuge kommen und einen Teil jener privaten Renditen besteuern, d. h. zu sich hin steuern. Die Kredite, die er zur Finanzierung der entsprechenden Bildungsinvestitionen aufgenommen hatte, werden zu diesem Zeitpunkt längst bedient, getilgt bzw. mehrfach erneuert worden sein.

Auch in dieser Hinsicht unterscheiden sich *Einnahme*zuwächse aus staatlichen Investitionen grundlegend von den Erträgen bzw. *Einkommens*zuwächsen aus privatwirtschaftlichen Investitionen. Nehmen ist etwas anderes als Kommen; ersteres verlangt Aktion, letzteres bloße Duldung. Einkommenszuwächse fallen schon nach kurzer, spätestens mittlerer Frist an; sie müssen deshalb auch nur kurz-, höchstens mittelfristig vorfinanziert werden. Wo immer demgegenüber nicht kurz- bzw. mittelfristig mit ausreichenden Erträgen zu rechnen ist wie z. B. in der Grundlagenforschung, da werden die Investitionen privatwirtschaftlich gerade *nicht* durchgeführt. Sondern sie werden dem Staat als Aufgabe übergeben, um nicht zu sagen: zugewiesen. Weil's sich nicht rechnet, nicht rentiert, muss er's machen. *Das staatliche Aufgaben- und Tätigkeitsfeld liegt also gesetzmäßig da, wo die fraglichen, die unberechenbaren und unzurechnungsfähigen Erträge beheimatet sind, jene, die frühestens spät, d. h. nach langer Zeit anfallen – sofern überhaupt.*

c) Zwischenergebnis

Den in der Privatwirtschaft geläufigen Zusammenhang zwischen Kreditfinanzierung, Kostenerwirtschaftung und kalkulierbarer Rendite gibt es beim Staat *gerade nicht.*

Die eingangs exemplarisch wiedergegebenen Handlungsanleitungen von Krugman, Ganssmann u. a. (»Bedenklich ist die Aufnahme von Krediten dann, wenn die Zinsbelastungen höher sind als die – erwarteten – Einkommenszuwächse. Und das gilt für Staaten ebenso wie für Privatpersonen«) verkennt den wirtschaftlichen Sachverhalt in erschreckendem Umfang. Man mag diesen Kritikern der Standardökonomie zugutehalten, dass die Unterscheidung zwischen privaten Ein*kommens*zuwächsen und staatlichen Ein*nahme*zuwächsen im Kanon des gemeinen Alltagswissens nicht enthalten ist, erst recht nicht die Grundzüge unternehmerischer Kalkulation. Bei ordentlichen Professoren, zumal bei einem Träger des Ökonomie-Nobelpreises wie Paul Krugman sollte man ein Mindestmaß an fachlichen Kenntnissen und Erkenntnissen jedoch erwarten können.[17] Was man tatsächlich vorfindet, wirkt verstörend.

Daher: Der wohlgemeinte Rat der kritischen Ökonomen, der Staat möge endlich einfach nur ordentlich kalkulieren wie ein gewöhnlicher Unternehmer, verkennt die Sachlage so elementar, dass man es kaum glauben mag.

Zinsersatz- und sonstige Leistungen oder: Die multiple Indienstnahme des Staates

Bei dieser Lage der Dinge bleibt dem staatlichen Schuldner nichts anderes übrig, als die benötigten Mittel für Schuldentilgung plus Rendite zugunsten seiner vermögenden Gläubiger wie folgt zu generieren: entweder

- über weitere Steuern, Gebühren und Beiträge bzw. Zölle oder
- über weitere Kredite oder
- über sonstige, nachfolgend ohne Anspruch auf Vollständigkeit aufgelistete prozess- bzw. ordnungspolitische Zinsergänzungs- bzw. Zinsersatzleistungen oder
- über eine Kombination aus alledem.

Dabei nutzen die kreditgebenden wirtschaftlichen und finanziellen Eliten ihrerseits ihre gegenüber dem Schuldenstaat erworbene Macht verständlicherweise dazu, *»Einfluss auf die Regeln zu nehmen, nach denen die Wirtschaft ›spielt‹«*, um Robert B. Reich, den Arbeitsminister unter US-Präsident Clinton, zu zitieren.[18] Andere nennen es »die Gesetzgebung kapern«.[19]

Wer oder was ist für derartige Einflussnahmen besonders geeignet?
Zum einen sind es

- die Regeln der Finanzwirtschaft ganz allgemein (→ *Basic 15*) sowie
- die privatwirtschaftliche »Vereinnahmung der öffentlichen Infrastruktur« (Michael Hudson)[20] bzw. die Privatisierung von möglichst allem, was Gewinn bringen kann.

Aktuell ist dabei z. B. an die Bundesautobahnen zu denken, die sich auf dem Wege einer Privatisierung durch die Hintertür befinden; des Weiteren beispielsweise an private Berechnung, Erhebung, Einzug und Abrechnung von Straßenbenutzungsgebühren (Toll Collect)[21], die Beendigung der Netzneutralität durch Einführung vorrangiger, kostenpflichtiger Datenströme im Internet; die Übergabe kommunaler Wohnungsbaugesellschaften, Schulgebäude/Schulbau u. ä. in private Hand, generell Privatisierungen im Bereich der Daseinsfürsorge (Wasser- und Stromversorgung, Gesundheitsdienste), der Entwicklungshilfe sowie mancherlei mehr[22].

Speziell die Bundesautobahnen sowie Schulneubauten werden zurzeit schon mal als Pilotprojekte einer Finanzierung in »öffentlich-privaten Partnerschaften/öpP« getestet, welche den privaten Kapitalgebern horrende Verzinsungen von sieben und mehr Prozentpunkten über dem allgemeinen Zinssatz sichern[23] – gegen den Mehrheitswillen der Bevölkerung und gegen den dezidierten Rat des Bundesrechnungshofes, der öpP-Finanzierungen als bis zu 40 % teurer und damit als in höchstem Maße unwirtschaftlich brandmarkt.[24]

Anstatt die Infrastruktur sachgerecht aus Steuern entsprechend dem wirtschaftlichen Leistungsvermögen zu finanzieren, geht es hier letzten Endes darum, möglichst die gesamte Infrastruktur in ein gewinn- bzw. zinsbringendes Anlagefeld für Vermögende zu verwandeln, in eine neue, eigene »Anlageklasse« – eine traumhafte Doppel-Perspektive für Vermögende, ihre Anlagesorgen einerseits und ihren Steuervermeidungsdrang andererseits![25]

Zum anderen sind es

- Steuer- und Subventionsregelungen, darunter der Verzicht auf wirkungsvolle Maßnahmen gegen Steuerflucht (→*Basic 11*) sowie der Verzicht auf die Einführung einer Finanzumsatzsteuer (→*Basic 15*),
- »Strukturreformen« unterschiedlichster Art, bevorzugt als »neue Regeln«, besonders gerne auch für den Arbeitsmarkt (→*Abschnitt D*) sowie, speziell in Deutschland,
- die umgehende, möglichst geräuschlose staatliche Übernahme jener uneinbringlich gewordenen Bankschulden, welche aus der Finanzierung der nationalen Außenhandelsüberschüsse stammen, mit der Folge, dass die Gewinne der Exportwirtschaft in Staatsschulden umgewandelt und letztlich von den nationalen Steuerzahlern gesichert und aufgebracht werden[26] (→*Basic 14*),
- die weitgehende, mittelbare Indienstnahme von Geldpolitik und Zentralbank (→*Basic 15*),

die sich für die besagte »Einflussnahme auf die Regeln, nach denen die Wirtschaft ›spielt‹«, besonders eignen.

Auf dem Weg zurück in eine Tribut-Ökonomie

All diese wirtschaftspolitischen Projekte stellen schönes Anschauungsmaterial für die besagten »Strukturreformen« als ordnungs- bzw. prozesspolitische Zinsersatzmaßnahmen dar; mit ihrer Hilfe werden beteiligten Unternehmen Gewinne als Ergebnis von Einflussnahme und Macht zugespielt, so dass sie ihre Gewinne nicht mehr unbedingt auf hergebrachte Art und Weise als Lohn für produktive Leistungen erwirtschaften müssen.

Solche Änderungen in Regelwerken, Handlungsabläufen und -automatismen bewirken und sichern auf Dauer die einträglichsten Wertetransfers von der staatlichen Gemeinschaft zur privaten Wirtschaft überhaupt; den Wert der direkten Zinszahlungen des staatlichen Schuldners übertreffen sie bei Weitem. Wir erleben mithin die schleichende Umwandlung der produktiven in eine *Tribut-Ökonomie.* Die dauerhafte Verschuldung des Staates ist ein entscheidender Schritt auf diesem Wege, denn Verschuldung schafft die idealen Voraussetzungen, schafft gewissermaßen Bau- bzw. Umbaufreiheit.

Zur erforderlichen, nebenhergehenden *politisch-ideologischen Absicherung* dieser wirtschaftpolitischen, »strukturreformerischen« Praxis dient beispielsweise die in ihrer langfristigen Bedeutung regelmäßig unterschätzte Praxis, die Schulen unter dem Druck von klammen Kassen und Lehrermangel dem Einfluss von Unternehmen sowie den von ihren Verbänden erstellten Lehr- und Lernmitteln, Fortbildungen, Vorträgen, Workshops und dergleichen auszusetzen; des Weiteren sind hier »Geschenke« zu erwähnen wie etwa die der Lidl-Stiftung, die der TU München 20 Professoren der Betriebswirtschaftslehre spendiert.[27]

Zu allem Überfluss haben Lobbyisten in einem Staat leichtes Spiel, der, um zu sparen, zusätzlich nach aktuellem, deutschem Muster seine Verwaltung austrocknet (→*Basic 1*). Unter diesen Umständen werden betroffene Wirtschaftsunternehmen und -verbände mitunter sogar ausdrücklich von Seiten des Staates darum »gebeten«, in unterbesetzten Ministerien und Verwaltungen mit eigenem, von den entsendenden Unternehmen gestelltem und entlohntem Personal »auszuhelfen« und bei der »beschleunigten Ausarbeitung« neuer Gesetzesvorhaben und Projekte »mitzuwirken«.[28] So wurde es jedenfalls schon mehrfach aus verschiedenen Bundesministerien berichtet; die Unternehmen werden also vom armen, »schlanken«, abgemagerten Staat nachgerade dazu ersucht, die Regeln so zu ändern, wie es ihnen gefällt/»as you like it« (William Shakespeare).

Das ist das Klima, in dem Entwicklungen wie der Diesel-Betrug sowie der damit einhergehende Realitätsverlust trefflich gedeihen; in diesem Klima werden sie heimisch bzw. »systemisch«: Zu glauben, man könne jahrelang und weltweit in Millionenstückzahl Betrugssoftware einbauen, ohne dass es jemals irgendjemandem irgendwo auf der Welt auffällt, ist schlagender Ausdruck eines hochgradigen, kaum noch vorstellbaren Realitätsverlustes. Zwar konnte niemand vorhersagen, wo und wann genau der Betrug auffliegen würde – dass er auffliegt, war jedoch so vorhersehbar wie das Amen in der Kirche: Die böse Notwendigkeit erscheint als Zufälligkeit, ganz so, wie es im sozialen Leben üblich ist (ausführlich dazu: →*Exkurs 16*).

Auf EU-Ebene ist die Verflechtung von Wirtschaft und Politik sogar noch weiter fortgeschritten. Es gilt die Regel: Je weiter entfernt die Entscheidungsebene, desto uneinsichtiger die Vorgänge und desto enger und ungestörter die Kumpanei. Brüssel ist es gelungen, innerhalb kurzer Frist Washington als Welthauptstadt des Lobbyismus die Stirn zu bieten.[29]

Währenddessen warten am Horizont schon die »regulatorische Kooperation« und das Investor-Staat-Streitschlichtungsverfahren ISDS, auf Deutsch: das Sonderklagerecht für internationale Konzerne gegen all jene demokratisch beschlossenen Gesetze, welche ihre zukünftigen Gewinne beeinträchtigen könnten, obendrein vor *privater* Schiedsgerichtsbarkeit[30]; außerdem warten schon die »Negativlisten zur Liberalisierung«[31], wie sie in TTIP, CETA, TISA, JEFTA vorgesehen sind – allesamt Geschichten aus dem sozioökonomischen Tollhaus, diese prozess- und ordnungspolitischen Zinsersatz-, Zinsergänzungs- und Zinssicherungsleistungen: *»Wahn. Wahn. Überall Wahn.«* (RICHARD WAGNER[32])

Polarisierung von Einkommen und Vermögen

Mit all dem soll übrigens *nicht* behauptet werden, die beschriebenen Fehlentwicklungen seien einzig und alleine auf staatliche Verschuldung zurückzuführen. Aber der Schuldenstaat begünstigt die beschriebenen Übel, macht alles sehr viel leichter, sofern er sie denn nicht schon selber erzwingt.

Und dann noch das: *Kreditfinanzierte Investitionen* sind, wie bereits dargestellt, *teurer als steuerfinanzierte.* Denn steuerfinanzierte Investitionen sind weder zins- noch zinsersatzbelastet. Sie begründen auch keine neuen politischen Abhängigkeiten, Einflussnahmen, Regeländerungen und sonstige Dienstbarkeiten. JOSEPH STIGLITZ: *»Die Macht, Kredite zurückzuhalten, wird zur Macht, ein Land dazu zu zwingen, de facto seine wirtschaftspolitische Souveränität abzugeben…«*[33] Griechenland dient aktuell als Blaupause.

Dessen ungeachtet, bleibt – dies sei einschränkend wiederholt – die kreditfinanzierte staatliche Investition zwar wohl schon immer noch besser als die unterlassene, die eingesparte Investition. Aber hier gilt einmal mehr: Besser ist schlechter als gut.

Im vorliegenden Fall ist besser sogar lediglich besser als ganz schlecht. Denn die multiple Indienstnahme des Schuldenstaates läuft auf eines hinaus: Sie *polarisiert die Verteilung der Einkommen und Vermögen,* und zwar ständig sowie in einem Ausmaß, welches keine Gesellschaft auf Dauer verkraftet. Kreditfinanzierte staatliche Investitionen und ihre Folgen sind ein wahrer, weitgehend geräuschlos arbeitender Umverteilungsmotor. Und zwar mit der schon erwähnten, doppelten Wirkung:

- zum einen nimmt staatliche Verschuldung den Druck von ihrer Alternative, der Einnahmefinanzierung durch sach- und leistungsfähigkeitsgerechte Besteuerung der Vermögenden (mehr dazu: →*Basics 6 ff.*),
- zum anderen bietet Staatsverschuldung in ein und demselben Vorgang den steuerlich verschonten Vermögenden die stets gesuchten, sicheren Anlagemöglichkeiten für ihr geschontes Vermögen (→*Basics 1 ff.*); zusätzlich fördert sie auf diesem Wege das unmäßige Wachstum des Finanzsektors (→*Basic 15*).

Deshalb gilt es festzuhalten: Verschuldung, B, ersetzt und verdrängt A, eine sach- und leistungsfähigkeitsgerechte Besteuerung; B lebt auf Kosten von A sowie zum Schaden von Wirtschaft und Gesellschaft. Verschuldung ist die weit unterlegene staatliche Finanzierungsalternative – *von »guten Schulden« kann beim Staat grundsätzlich keine Rede sein.* (Zu den Ausnahmen: →*Basics 12 f.*)

Wer steuert wen?

Die vorangegangenen Feststellungen gelten prinzipiell, also auch dann, wenn die Europäische Zentralbank (EZB) die Kreditzinsen in einem verzweifelten Kraftakt zur Stützung überschuldeter Staaten gegen Null treibt.[34] Mit ihrer Maßnahme nämlich trägt die *EZB ihren Teil dazu bei, eine sach- und leistungsfähigkeitsgerechte Besteuerung zu ersetzen und eben dadurch zu verhindern.*[35] Stattdessen entsteht im Zuge dieser Entwicklung eine weitere, über die gewöhnliche Abhängigkeit des Schuldners von seinen Gläubigern hinausgehende Abhängigkeit des Schuldenstaates, nämlich jetzt zusätzlich von der Geld- und Zinspolitik seiner (bzw. im Fall der Euroländer: *ihrer aller* zudem weitgehend autonomen) Zentralbank.

Dabei gibt es in Anbetracht der riesigen, in der Gesellschaft brachliegenden Vermögen für die Gesellschaft bzw. für den Staat als ihren Handlungsbevollmächtigten eigentlich überhaupt keinen Grund, sich zu verschulden: Die Mittel sind überreichlich in der Gesellschaft vorhanden (→*Basics 2, 6–11*);

sie müssen nur aktiviert, d. h. wieder in den realwirtschaftlichen Kreislauf eingespeist werden.

Jene staatliche Verschuldung von 60 % des Bruttoinlandsproduktes beispielsweise, welche die Europäische Union als dauerhaft tragbar definiert hat,[36] kann deshalb umgehend in einem einmaligen Akt ausgelöst werden. Kein Unternehmen nimmt Fremdkapital auf, wenn es über Eigenmittel im Überfluss verfügt. Ganz im Gegenteil kauft es in diesem Fall sogar eigene Aktien zurück (steuerrechtlich oder finanztechnisch bedingte Ausnahmen bleiben außer Betracht). Der Staat aber soll permanent Fremdkapital aufnehmen, obwohl Eigenmittel verfügbar sind? Die zuvor als fehlerhaft erkannte Gleichbehandlung von Staat und Unternehmen: Hier ist sie tatsächlich einmal angebracht. Über den hektischen sowie heftig umstrittenen geldpolitischen Maßnahmen der Zentralbank entschwindet die Einsicht in einfachste Sachverhalte.

Die verteilungspolitischen Konsequenzen der staatlichen Verschuldung jedenfalls sind gravierend. Sie werden jedoch sowohl von der Standardökonomie als auch von ihren pluralen, insbesondere neokeynesianischen Alternativen schlicht übersehen. Wolfgang Streeck z. B. ist nur ein »einziger Ökonom [bekannt], der auf diesen Zusammenhang aufmerksam gemacht hat«, und das auch nur »affirmativ«, d. h. weitere Verschuldung befürwortend.[37]

Hinzu kommt eine erhöhte, zinsunabhängige Labilität: Bekanntlich schwindet die Krisenresistenz von Unternehmen in dem Maße, wie sie mit Fremd- statt mit Eigenkapital finanziert sind, und zwar prinzipiell unabhängig von aktuellen Zinssätzen. Auch in dieser Beziehung unterscheidet sich der Staat nicht von den Unternehmen: *Staaten, die ihre Ausgaben über Kredite finanzieren, sind fremdfinanziert. Mit zunehmender Fremdfinanzierung sinkt die Krisenresistenz des Staates genauso wie die der Unternehmen.* Die Aussage gilt prinzipiell unabhängig von je aktuellen Zinshöhen.

Die alternativen bzw. oppositionellen Nebenstromler fordern dagegen ausdrücklich, die im Maastricht-Vertrag fixierte 60 %-Grenze für Staatsschulden zu ignorieren. Was soll an ihre Stelle treten: eine 120, eine 240 %-Grenze? Oder gar keine Grenze mehr? (Letzeres wäre konsequent, denn nur die grenzenlose Verschuldung befreit dauerhaft und prinzipiell von den Mühen einer ordentlichen Steuerfinanzierung, und die Modern Monetary Theory liefert ihnen dafür die bislang fehlende, »wissenschaftliche« Begründung.)

Niemand weiß es; was an die Stelle der 60 % treten soll, verraten die engagierten Kämpfer gegen die Schwarze Null leider nicht. Und das, obwohl doch schon ein bloßer Verzicht auf erweiterte Verschuldung ohne die Hilfe von Inflation und/oder kräftiges, dauerhaftes Wirtschaftswachstum ganz offensichtlich überall ständig erneuerte, vor sich hergeschobene Altschulden mit all ihren Lasten und Abhängigkeiten zur Folge hat!

Ist es wirklich für Wissenschaft, Politik und Medien so schwer zu verstehen, dass der verschuldete Staat den Finanzmärkten unterworfen ist, jenen Finanzmärkten, die prinzipiell einzig und allein er, der Staat, regulieren kann und muss? *Wer steuert wen?* ROLF E. BREUER, ehemaliger Vorstandssprecher der Deutschen Bank und aus den Kirch-Prozessen als Freund offener Worte gerichtsbekannt, hat es verstanden: »Je höher die Staatsverschuldung, desto mehr sind die Staaten dem Urteil der Finanzmärkte ausgesetzt.«[38]

Kein Vorsprung durch Finanzierungstechnik

Die Verhältnisse stehen auf dem Kopf: Die Finanzmärkte steuern und regulieren den Schuldenstaat und nehmen Einfluss auf die Regeln, nach denen die Wirtschaft »spielt«, um ROBERT REICHS Formulierung noch einmal zu bemühen. *Wer auf anti-austeritäre, »wachstumsorientierte«, sich andauernd selbst finanzierende, staatliche Verschuldung setzt, setzt auf etwas, was es nicht gibt.* Das ist Voodoo-Ökonomie.

Zugleich übersieht er etwas, was es gibt: die vermehrten Abhängigkeiten des verschuldeten Staates nämlich. Das ist Blindheit vor dem Feind. Das kann auf Dauer nicht gutgehen – *mangels aufgabengerechter, ausgabendeckender Steuereinnahmen wird der Staat steuerlos, zum Schuldenstaat, ergo zum Gesteuerten.* Das wirft eine nicht ganz unwichtige Frage auf. Sie lautet: *Von wem wollen wir regiert werden, wer soll die Entwicklung steuern – die gewählte Regierung oder die Finanzmarktakteure?*

Im Übrigen ist die hier verhandelte Politik noch nicht einmal kurzfristig erfolgreich. Die USA liefern dafür den jüngsten Beleg, und das, obwohl Staatsverschuldung für das Leitwährungsland USA eine erheblich geringere Bedeutung besitzt als für den Rest der Welt. Zwar sind die USA nach der globalen Krise ab 2010 durch lockere öffentliche Schuldenpolitik besser aus der Krise heraus und zu mehr Wachstum gekommen als die Staaten der EU, dabei allerdings zum Preise von vielen prekären Arbeitsplätzen. Aber was und wem hat's genützt? Ganz platt und direkt gefragt: Welche sozialen Spannungen dieses zerrissenen Landes wurden dadurch gemildert? Welchem ignoranten, autoritären, unberechenbaren, vom Militärischen besessenen, obendrein ungehobelten Plutokraten haben die weiterhin abgehängten, sozio-ökonomisch frustrierten, überwiegend weißen US-Bürger daraufhin zur Präsidentschaft verholfen?

Zu konstatieren ist kein Vorsprung, sondern »[d]ie Krise der USA: Instabilität durch kreditbasiertes Wachstum bei steigender Ungleichheit.« (Gustav Horn/Till Van Treek)[39] Um einen einschlägigen Werbespruch zu bemühen: Von so etwas wie einem »Vorsprung durch Technik«, genauer: Finanzierungs- bzw. Verschuldungstechnik kann keine Rede sein.

Zwar steht außer Frage, dass die Steuer- und Verschuldungspolitik des Staates nicht die einzige Erklärung für seine Indienstnahme durch mächtige Privatinteressen darstellt; die Beschäftigungsmacht der Unternehmer, personale Verflechtungen, Weltanschauungen, neoliberale wirtschaftstheoretische Lehren und Überzeugungen sowie das verbreitete ökonomische Unwissen beispielsweise spielen ebenfalls bedeutende Rollen – so, wie gesellschaftliche Prozesse überhaupt, so ist auch die Indienstnahme des Staates nicht monokausal zu erklären. Aber die Verschuldung ist unter den vielen ein herausragendes Erklärungsmoment. Denn nur Staatsverschuldung kann den Staatsbankrott zur unmittelbaren Folge haben. Die »Bedienung« der Staatsgläubiger, der Zwang, es ihnen recht zu machen, gerät darüber zum hintergründigen, verdeckten A und O des Regierungshandelns, wie es zuvor festgestellt: Der Staat ist eingepfercht; er wird sich hüten, die Hand zu beißen, die ihn füttert.[40]

Außerdem ist daran zu erinnern, dass die Gefahr staatlicher Überschuldung mit wachsender Staatsschuldenquote wächst, denn das bedeutet, dass die Wachstumsrate der Verschuldung die Wachstumsrate des Bruttoinlandsprodukts übertrifft. Der Grund für die wachsende Überschuldungsgefahr liegt auf der Hand: Die Dinge entwickeln sich so, weil, wie zuvor ausgeführt, erhöhten staatlichen Schuldenständen weder automatisch rechtzeitig erhöhte noch überhaupt einigermaßen verlässlich berechenbare Fähigkeiten zur Schuldenrückzahlung gegenüberstehen. Diese Feststellung gilt prinzipiell unabhängig vom Zinssatz der staatlichen Schuld; hohe Zinsen verschärfen das Problem.

Aus diesem Grund verlangt die Verschuldung Inflation und Wachstum, genauer: ein Wachstum, dessen distributive Effekte die Wachstumseffekte für weite Bevölkerungskreise aufsaugen, wie es in den letzten 40 Jahren überall in den entwickelten Volkswirtschaften dieser Welt zu beobachten ist – staatliche Verschuldung wirkt als eine perfekte, geräuschlose Umverteilungsmaschine und macht Wachstum zum ständigen Gebot (*→Exkurs 4).*[41]

Und schließlich diese höchst unangenehme Wahrheit: Sogar HITLER wurde zu einem beträchtlichen Teil in seinen mörderischen Krieg getrieben: Um der Staatspleite zu entgehen, sah er sich praktisch gezwungen, seine mit Mefo-Wechseln finanzierte, also schuldenbasierte Wirtschafts- und Sozialpolitik mit Hilfe von geraubten Reichtümern fremder Völker und »Rassen« auszulösen.[42] Dass diese Rechnung nicht aufgegangen ist und das NS-Regime infolgedessen auch nichts mehr auslösen musste, ist – ganz pathetisch – ein Segen für die ganze Menschheit.

Rekapitulation

»Ein Staat sollte sich nicht wie die schwäbische Hausfrau verhalten, sondern wie ein modernes Unternehmen – das sich seine Bilanz ansieht und Schulden macht, wenn die Renditen der Investitionen, die es (kredit-)finanziert, höher als die Kapitalkosten sind.«[43] In diesem ernst gemeinten Rat, der, wenn auch in unterschiedlichen Formulierungen, so doch inhaltsgleich in Abgrenzung zur neoklassischen Standardökonomie und -politik von einem breit gemischten, transatlantischen Chor der Anti-Austeritären *unter Einschluss mehrerer Ökonomie-Nobelpreisträger* vorgetragen wird, sind Richtiges und Falsches eng verbunden:

- Richtig ist, dass der Staat keinen Privathaushalt führt und deshalb auch nicht wie eine schwäbische Hausfrau wirtschaften darf, wie es die Mainstream-Ökonomen verlangen.
- Falsch ist, dass der Staat ein produktives Unternehmen ist und deshalb wie ein Unternehmen wirtschaften sollte oder auch nur könnte, wie es die Nebenstrom-Ökonomen fordern.

Der Staat ist nämlich weder Privathaushalt noch produktives Unternehmen. Sondern er ist etwas Eigenartiges, Drittes mit besonderen, eigenen Aufgaben, Existenzbedingungen und arteigener Kalkulation. (Übrigens kennt man derlei von Spaziergängen im Dunkel der Nacht – was keine Katze ist, muss nicht Hund sein, auch wenn's vier Beine hat und einen Schwanz.)

Und so ist denn auch der Staat ein Drittes, das – und darauf kommt es hier an – grundsätzlich keine Renditen aus seinen Investitionen erwirtschaftet, ganz abgesehen davon, dass dem Staat rentierliche Investitionen gesetzlich, wenn nicht gar per Verfassung untersagt sind.[44]

Demgemäß kommen die Renditen staatlicher Investitionen in der wirtschaftlichen Wirklichkeit nicht dem staatlichen Investor, sondern unterschiedlichen Privaten (Haushalten und Unternehmen) zugute. Der Staat kann lediglich auf einen späten, immer unsicheren *Anteil* an diesen Renditen in Form von Steuern hoffen. Kalkulierbar ist dieser Anteil nicht; er ist nicht einmal einzelnen Investitionen zurechenbar – hier paart sich Unberechenbarkeit mit Unzurechnungsfähigkeit. Dasselbe in der Sprache der betrieblichen Kalkulatoren: Kostenträger sowie Umfang und Eingangszeiträume möglicher Erlöse sind unbestimmt. Die angeratene Investitionskalkulation »wie ein modernes Unternehmen« ist angesichts dessen beim Staat schon vom Ansatz her ausgeschlossen.

Der wirtschaftspolitische Rat an den Staat, es dennoch zu tun, mag gut gemeint sein. Aber gut gemeint ist, wie allgemein bekannt, nicht gut gemacht. Der Ratschlag legt nicht nur eine gediegene, satte Ahnungslosigkeit der professoralen Experten in simpelsten, grundlegenden Kalkulationsfragen bloß. Sondern – mehr noch – der Rat offenbart schier unglaubliches, *fundamentales Unverständnis für die Stellung des modernen Staates und seine Aufgaben im Gesellschaftsgefüge.*

Politisch orientiert die daraus erwachsende Aufforderung zu bedingter, offener Neuverschuldung auf einen ebenso gefährlichen wie aussichtslosen Weg. Darüber – dies ist wohl das Schlimmste – gerät die eigentliche, die »ordentliche« Alternative, jene, die verlangt, die ordentlichen, gewöhnlichen Staatsaufgaben ordentlich über gewöhnliche Steuern zu finanzieren, unversehens ins dunkle Abseits. »Die im Dunkeln sieht man nicht«, heißt es in der Dreigroschenoper. Außerdem hört man nichts von der ordentlichen, dem Staate eigenen Finanzierung, man hört nicht einmal mehr ihren Namen.

Darüber gerät sie völlig in Vergessenheit, und ihre gesamte Existenz verliert sich im Dunkeln. Der gut gemeinte Ratschlag schlägt bzw. erschlägt, und zwar letztlich nichts Geringeres als die ordentliche Finanzierung aus Steuern: »Die Rückkehr des investierenden Staates ist allerdings nur durch das Ende der ›Schwarzen Null‹ zu erreichen«, tönt es in diesem Sinne mitunter sogar in resolut-absolutem Widersinn.[45] Höhere Staatsverschuldung finanziert sich eben gerade nicht selbst. Sondern gewöhnlich nährt sie sich selbst – *über den teuren, gefährlichen Verzicht auf eine sach- und leistungsfähigkeitsgerechte Besteuerung sichert sie ihre beständige Existenz, gerne auch ihr wachsendes Volumen* (*→Basics 7 ff.*).

Absehbar und insofern kalkulierbar ist lediglich, dass kredit- statt steuerfinanzierte Investitionen die Handlungsspielräume des Staates einengen, ja dass er in zunehmender kreditärer Abhängigkeit langsam, aber sicher verarmt und seinen sozioökonomischen Aufgaben immer weniger gerecht zu werden vermag: Ohne aufgabengerechte Steuereinnahmen verliert der Staat seine gesellschaftlichen Steuerungsfähigkeiten, wird steuerlos – *der defizitäre Staatshaushalt ist es, welcher die Gesellschaft, allem voran der Sozialpolitik, dem Diktat der leeren Kassen sowie den Staat dem Diktat derer unterwirft,* welche die staatlichen Kassen mit ihren obendrein regelmäßig verzinslichen Darlehen immer wieder notdürftig vorübergehend aufzufüllen sich bereit zeigen – *oder aber eben auch mal gerade nicht.*

Es ist, mit anderen Worten, die robust wachsende Abhängigkeit des staatlichen Investors von seinen Kreditgebern, den »Finanzmärkten«, welche den Finanzakteuren die Tore öffnet zur multiplen Indienstnahme des verschuldeten Staates in Gestalt diverser Zins-, Zinsergänzungs-, Zinsersatz- und anderen geldwerten prozess- und ordnungspolitischen Leistungen, darunter in vorderster Reihe steuerliche Vergünstigungen verschiedenster Art (→*Basics 5 ff.*) sowie Deregulierungen des Finanzsektors selber (→*Basic 15*). All das wirft die nicht ganz unwichtige Frage auf, von wem wir letztlich regiert werden wollen bzw. wer die Entwicklung steuern soll: die gewählte Regierung oder die Finanzmarktakteure?

Schließlich wächst mit wachsenden Verschuldungspyramiden, gleich ob staatlich oder privat aufgetürmt, das Risiko, dass das ganze Finanzsystem wieder einmal zusammenbricht. Historische Hochrisiko-Beispiele gibt es seit der holländischen Tulpenzwiebelkrise von 1637 genug; das jüngste Beispiel stammt aus den Jahren 2008 ff. Auch dazu später mehr (→*Basics 12 ff.*). Derzeit »ist laut Internationalem Währungsfonds der globale Staatsschuldenberg auf das Rekordhoch von 164 Billionen Dollar gewachsen. Das entspricht 225 Prozent der Weltwirtschaftsleistung.«[46]

Der Rat, benötigte Einnahmen regelmäßig über Verschuldung statt über Steuern zu akquirieren, ist letztlich so abwegig und verständnislos, dass man nur staunen kann. Zur Macht der Unternehmen über die produktiven Investitionen soll die Macht der Unternehmen über den Staat und seine Finanzierung mutwillig hinzugefügt werden?

Demgemäß ist es zumindest ein Denkfehler, Schwarze Nullen und Schuldenbremsen als Ausdruck einer Sparpolitik aufzufassen. Nochmals: Tatsächlich sagen Schwarze Nullen und Schuldenbremsen nur, dass der Haushalt ausgeglichen ist, sagen nur, dass die Ausgaben den Einnahmen entsprechen. *Über die Höhe der Ausgaben und Einnahmen, darüber, ob der Haushalt schwindsüchtig, sachangemessen oder verschwenderisch ist, sagen Schwarze Nullen und Schuldenbremsen prinzipiell nur dies eine: nichts.*

Die Opposition zur Standardökonomie führt in dieselbe Sackgasse wie die Standardökonomie selber. Die Unterschiede zwischen Spar- und Verschuldungspolitik (bzw. zwischen austeritärer und antiausteritärer Ökonomie) erweisen sich bei genauerer Betrachtung als erstaunlich gering.

Fazit

Eine Schuldenbremse ist wirtschafts- und sozialpolitisch gleichermaßen zu fordern; ein defizitärer Staatshaushalt ist grundsätzlich unwirtschaftlich und unsozial. Sicherzustellen ist »lediglich«, dass die Bremse auf einer Höhe installiert wird, die den Staat und die Gesellschaft nicht steuerlos und weitgehend investitionslos zurücklässt, unfähig, seine spezifischen Aufgaben zu erfüllen – sicherzustellen ist die *aufgabenbestimmte Null* (→*Basic 1*). Die Feststellung gilt nicht im Falle besonderer, dringender Anlässe wie Naturkatastrophen und Konjunktureinbrüchen; die sind mittelfristig von der Schuldenbremse ausgenommen (→*Basic 12 f.*).

Der Rat der unorthodoxen Nebenstromökonomie, der Staat möge sich verhalten wie ein produktives Unternehmen, bringt gegenüber dem Rat der orthodoxen Mainstream-Ökonomie, der Staat möge sich verhalten wie eine schwäbische Hausfrau, keine entscheidenden Vorteile – beide führen gleichermaßen ins Abseits. Der Staat ist weder das eine noch das andere. Er sollte deshalb auch nicht so tun, als ob er das eine wäre oder das andere. Der Unterschied auf dem Weg ins Abseits besteht lediglich in der Seite: Das eine Abseits liegt links vom Wege, das andere rechts. Beide Varianten verhindern eine ordentliche wirtschaftspolitische Steuerung durch den Staat.

In ihrer ganzen, offensichtlichen Gedanken- und Bedenkenlosigkeit kann die unterlassene Unterscheidung zwischen Staatskredit und Unternehmenskredit seitens der alternativen Nebenstromökonomie letztlich wohl auch als Ausfluss jenes kurzen Denkens verstanden werden, für das der große Keynes, von dem die Nebenstromler überwiegend inspiriert werden, selber berühmt wurde – »in the long run we are all dead/langfristig sind wir alle tot« lautet sein wohl meistzitierter Ausspruch.

Doch zurück ins Leben. Ja, so wird es wohl sein. Aber wird es auch so gesehen? Diese zumal in einer Demokratie nicht ganz belanglose Frage ist Anlass für einen Nachtrag. Um das Ergebnis vorwegzunehmen: Staatsverschuldung wird »von den Menschen draußen im Lande«, wie Helmut Kohl zu sagen pflegte, grundsätzlich im Ergebnis richtig beurteilt, wenn auch mit falscher Begründung (aus rein privater Sicht nämlich – wie sollte es auch anders sein?). Anders herum gesagt: Auch wer noch niemals etwas von einem Multiplikatoreffekt des ausgeglichenen Haushalts, vom Unterschied zwischen staatlichen Einnahmen und privaten Einkommen und dergleichen gehört hat, kann durchaus wirtschaftspolitisch grundsätzlich richtig liegen. Selbst wenn er sonst wenig weiß, weiß er nämlich aus seiner Lebenserfahrung, dass ihm, dem einfachen Bürgern, ein verschuldeter Staat nicht gut tut. Eine staatliche Schuldenbremse wird er deshalb als im eigenen Interesse liegend beurteilen und begrüßen.

Nachtrag zur unerschütterlichen Attraktivität der Schwarzen Null: Staatsschulden im Urteil der Wähler

Fakt ist: Wirtschaftliche Grundkenntnisse sind bei der wählenden Bevölkerung grundsätzlich weder vorhanden, noch ist ihr Auftauchen auf absehbare Zeit zu erwarten. Naina K. brachte es, wie bereits eingangs wiedergegeben, dieser Tage auf den Punkt, per Twitter und mit bundesweitem Echo: »Ich bin fast 18 und hab keine Ahnung von Steuern, Miete und Versicherungen. Aber ich kann 'ne Gedichtsanalyse schreiben. In 4 Sprachen.«[47]

Auf Basis dieses ökonomischen Bildungsgrades, gewissermaßen eines ökonomischen Analphabetentums, bleibt die Schwarze Null auf absehbare Zeit bei »den Menschen draußen im Lande« gleichsam instinktiv ein entscheidendes Qualitätsmerkmal solider, erfolgreicher Finanz- und Wirtschaftspolitik, und zwar im vorschnellen, kenntnisfreien Schluss vom bescheidenen, eigenen Budget auf das des Staates. 77 % der deutschen Bevölkerung sprechen sich gegen weitere staatliche Verschuldung aus.[48] Überspitzt gesagt: Was für den Gläubiger die erwartete Rendite, ist für den gewöhnlichen Wähler die einigermaßen glaubwürdig versprochene Schwarze Null: eine selbstverständliche Voraussetzung der Wahl bzw. des Engagements. Der gemeine Wähler ahnt und fühlt, dass Verschuldung zu seinen Lasten und die seiner Nachkommen geht, er spürt, dass es nur die Reichen sind, die sich einen armen Staat leisten können.

Speziell in Deutschland kommen die Inflationserfahrungen hinzu, die sich tief in das kollektive Gedächtnis eingebrannt haben, sowie eine Sprache, in der »eine Schuld haben« und »schuldig sein« Synonyma bilden, sprich über ein und dieselbe Bedeutung verfügen. »[U]nd vergib' uns unsere Schuld, wie auch wir vergeben unseren Schuldigern«, heißt es dementsprechend beispielsweise in einem seit Jahrhunderten immer wieder von Neuem millionenfach verbreiteten und rezitierten Text. Schulden sind für deutschsprachige Menschen sowohl von Haus aus als auch von klein auf eindeutig negativ besetzt.

Demzufolge wählt der nachdenkliche deutsche, österreichische und deutsch-schweizerische Zeitgenosse eher keine Politiker, die für erhöhte Verschuldung zumal in Zeiten guter Konjunktur eintreten. Wer dagegen als Finanzminister einen Haushaltsüberschuss präsentieren kann, dem ist allgemeine Beliebtheit sicher; die nächste Wahl hat er schon halb gewonnen. Die Erkenntnis, dass er seinen Überschuss womöglich nur deshalb vorweisen kann, weil er über die Einnahmen des Staates wacht wie weiland ALBERICH über den Schatz der Nibelungen und demgemäß sogar bestens begründete Ausgaben bzw. Investitionen ohne Rücksicht auf Verluste abwehrt: Diese Erkenntnis setzt Kenntnisse voraus, die kaum je gegeben sind. Aus diesem Grund ist eine Schwarze Null allemal ein glänzendes Argument.

Fragen wie diejenige, über welche Steuern die öffentlichen Aufgaben finanziert werden sollen, spielen für den Bürger genauso wenig eine Rolle wie die alten, aufgelaufenen Staatsschulden; die Altschulden stehen schließlich, da bereits vorhanden, nicht zur Wahl, sind mithin auch nicht abwählbar, sondern sind eine jener Gegebenheiten, mit denen man sich im Leben abzufinden hat. Also Augen und Ohren zu, zumal das Thema hochnotpeinliche, persönliche Aspekte aufweist (→*Exkurs 4*)!

Steuerfragen im Detail hingegen spielen für den gewöhnlichen Bürger regelmäßig deshalb keine Rolle, weil er nur *die* Steuern kennt und dabei durchgängig einzig und alleine an *eine* denkt: an die Lohn- bzw. Einkommensteuer.[49] Deren Anteil am Gesamtsteueraufkommen beträgt rund 30 %; die öffentliche Steuerdebatte wird hierzulande geradezu ausnahmslos auf Basis der Logik »ein Teil ist das Ganze, 30 % sind 100 %« geführt, wie noch zu zeigen sein wird (→*Basic 5*).

Die Schwarze Null ist folglich fest begründet. Demgemäß verkündet BODO RAMELOW von der Partei »Die Linke« in seiner Antrittsrede als thüringischer Ministerpräsident zu diesem Thema genau dasselbe wie Bundeskanzlerin

Angela Merkel von der CDU wenige Wochen später in ihrer Neujahrsansprache, nämlich eine Politik der strikten Haushaltsdisziplin verfolgen und demgemäß ohne neue Schulden auskommen zu wollen. Und die Grünen und die SPD? »Ministerpräsident Wilfried Kretschmann (Grüne) hält nichts davon, die Schuldenbremse für die Länder zu lockern«, meldet Die Welt[50]. Schließlich will auch er wiedergewählt werden; da verbietet sich jedes Schuldenmachen, erst recht im Schwabenland; sobald er die Schuldenbremse auch nur in Frage stellt, hat er schon verloren.

Und die SPD, in NRW z.B.? Sie wird nicht müde, genau dasselbe zu versichern. Sodann die kurzzeitigen Jamaika-Koalitionäre, also CDU, CSU, Grüne und FDP: An der Schwarzen Null sind sie nicht gescheitert, ganz im Gegenteil: »Alle für schwarze Null«, »[i]n der Haushaltspolitik haben sich die Streithähne überraschend schnell geeinigt. Obwohl die schwarze Null bei den Grünen nicht gerade populär ist, bekennen sich nun alle zum Ziel, keine neuen Schulden aufzunehmen«, meldet die Tagespresse schon in den ersten Tagen der Sondierung.[51] Sogar für eine Differenzierung zwischen einer Schuldenbremse für den Bund (begrüßenswert, weil der Bund den Zugriff auf die einträglichen Steuerarten hat) und die Länder (abzulehnen, weil den Ländern dieser Zugriff fehlt, sodass sie nur mit der Vernachlässigung ihrer Aufgaben reagieren können) gibt es absolut keine Grundlage. Das ist nämlich schon zu kompliziert. Alle entscheidenden Landes- und Bundespolitiker haben das klar erkannt und bekennen sich uneingeschränkt dazu, keine neuen Schulden machen zu wollen.

Und ihre Nachfolger werden es parteiübergreifend genauso machen. Denn sie alle werden dazu bei Strafe des Stimmen- und Mandatsentzuges gezwungen: *Wer in der Arena der Politik zumal in Zeiten guter Konjunktur mehr Schulden fordert oder gar verspricht, der begeht politischen Selbstmord.*

Die Schuldenbremse ist und bleibt demnach zwar nicht in der praktischen Politik, wohl aber in der deklamierten, programmatischen politischen Auseinandersetzung auf absehbare Zeit unangreifbar.[52] Jene überwiegend sich links-alternativ verstehende Nebenstrom-Ökonomen, die den Kampf gegen die Schwarze Null ohne Unterlass fordern, wenn nicht gar als ihr Markenzeichen auf die Fahnen geschrieben haben, rufen letztlich zum politischen Selbstmord auf. Zu den Umverteilungswirkungen ihrer propagierten Verschuldungspolitik schweigen sie. *Im Ergebnis* – und das zählt – lenken diese Ökonomen von der Notwendigkeit einer aufgaben- und leitungsfähigkeitsgerechten Besteuerung genauso ab wie jene Kollegen, die sie so heftig kritisieren (wenn sie sie nicht sogar wie Heiner Ganssmann als »lauter schwarze Nullen« verspotten): B ersetzt bzw. verdrängt A, wie eingangs dargelegt, und zwar *in beiden Konzepten*, dem kritisierten des Mainstreams und dem seiner Kritiker im Nebenstrom.

Tatsächlich gilt es jedoch zu verbreiten, dass es die einseitig interessenbeladene, permanente staatliche *Steuerbremse* (Details →*Basic 10*) ist, die aufgegeben werden muss: Tatsächlich gilt es zu erkennen, dass es eine *weder sach- noch leistungsfähigkeitsgerechte Besteuerung ist, welche die Gesellschaft mit mangelhaften Investitionen weitgehend steuerlos zurücklässt.*

Die »Menschen draußen im Lande« spüren es also durchaus richtig, wenn sie die alternativökonomische, vulgärkeynesianische Botschaft von den guten Staatsschulden à la Krugman, Ganssmann u. a. nicht zur Kenntnis nehmen. Reinhold Hedtke bemerkt verwundert: »Die Deutschen sind ökonomisch dumm, aber erfolgreich, wenn man Einkommen, Vermögen, Arbeitslosigkeit, Produktivität oder Exportüberschüsse als Maßstab gelten lassen will. Seltsam. Mag sein, dass die Deutschen ihre Zeit nicht mit dem dummen Wissen verschwenden, das ihnen manche Ökonomen aufdrängen wollen.«[53] Im Übrigen war es schon Paul Feyerabend ganz allgemein aufgefallen: *Die Unkundigen wissen mitunter besser Bescheid als die Experten.*[54]

Überhaupt: Wie viel Expertentum ist erforderlich, um zu erkennen, dass ein Schuldner nicht über seinen Gläubiger bestimmen kann und dass demzufolge nur ein Staat, der nicht selber als Schuldner dem Finanzmarkttreiben unterworfen ist, dem Treiben eben dieser Finanzmärkte Regeln und Grenzen setzen kann, wie sie zwingend geboten sind und mit großen Mehrheiten gefordert werden (→*Basic 15*)? Wie viel Expertentum braucht's für die Erkenntnis, dass ein Gesteuerter einen schlechten Steuermann gibt? Auch wenn der Staat nur selten der bessere Unternehmer ist, so ist er es doch, der, wenn überhaupt, den besseren Ordner bzw. Kontrolleur stellt. Wer, wenn nicht er?

Dass es in der Alltagspolitik für Politiker viele überaus praktische Möglichkeiten gibt, Schuldenbremsen heimlich zu umgehen, z. B. durch die skandalösen öpP-Finanzierungen, durch Auslagerungen in Schattenhaushalte, Privatisierungen, notfalls auch durch offen ausgewiesene Neuverschuldung als Notmaßnahme, sei sie tatsächlich krisenbedingt oder nur behauptet, steht der vorangegangenen Feststellung nicht entgegen. Der Berliner Senat plant eine Landesgesellschaft für Schulneubau, »um künftig die Schuldenbremse umgehen zu können«, liest man ganz unverblümt in der Lokalpresse.[55] Diese Möglichkeiten sind jedoch ein Thema für sich.

Abschließend eine auf den ersten Blick womöglich (bloß) pädagogisch anmutende Frage: Wie will man eigentlich junge Menschen dazu anhalten, solide zu wirtschaften, wenn der Staat sogar in Zeiten andauernd guter Konjunktur dazu aufgerufen wird, sich einfach weiter zu verschulden? Nehmen wir doch zur Kenntnis, dass der sogenannte gemeine Wähler klare Vorstellungen davon besitzt, was die Grundlage von Staat und Gesellschaft bildet: Arbeit und Rechtschaffenheit, Steuern und Beiträge. Schuldenmachen gehört nicht dazu. Ob privat oder vom Staat, spielt keine Rolle.

PS: Noch lange über sein Ausscheiden aus dem Amt des Bundesfinanzministers hinaus war der Vater der seit grauen keynesianischen Vorzeiten erstmals wiedererreichten Schwarzen Null, Wolfgang Schäuble, der Kassenwart von der einen Partei, in allen Umfragen der mit Abstand beliebteste Politiker im ganzen deutschen Land. Erst im Juni 2018 werde er in dieser Position kurzzeitig von Olaf Scholz abgelöst, seinem Amtsnachfolger aus der anderen Partei. Warum und warum gerade dann? Die Antwort liegt auf der Hand: Scholz hatte es soeben Schäuble nachgemacht und eine Schwarze Null in den Haushalt eingebracht.

Weiterführende Bemerkungen und Belege zu Basic 4

1 Staaten sind im Laufe der Menschheitsgeschichte im Gefolge öffentlicher Aufgaben entstanden, d. h. sie sind entstanden, um Aufgaben zu bewältigen, die nur noch gemeinschaftlich erfüllt werden können. Dazu gehört namentlich die Bewässerung der Felder durch den Bau von Bewässerungssystemen in Ägypten und Mesopotamien. Zum Kanalbau mussten Teile der Bevölkerung von der Feldarbeit freigestellt werden. Damit sie trotzdem weiterhin leben konnten, musste der Staat die Kanalbauer mit Lebensmitteln, Kleidung u. a. versorgen. Die öffentlichen Aufgaben verursachten mithin staatliche Ausgaben. Um sie zu decken, brauchte der Staat Einnahmen: Steuern.
Sieht man davon ab, dass die damalige Naturalform der Steuerabgaben durch die Geldformabgelöst ist, so hat sich an diesem Zusammenhang bis zum heutigen Tag nichts Entscheidendes geändert: →*Basic 1*. Staat und Steuern gehören untrennbar zusammen: ohne Steuern kein Staat und ohne Staat keine Steuern. Verändert hat sich lediglich der Umfang dessen, was unter jeweiligen historischen Bedingungen als öffentliche Aufgabe erkannt und deshalb entsprechend definiert, d. h. in der Regel gesetzlich als Aufgabe und damit als Grund für Ausgaben fixiert wird (→*Basic 2*).
Im Übrigen wird bereits an dieser Stelle deutlich, dass es im Wesentlichen nur Naturkatastrophen, Krisen und Kriege, die »schrecklichen Drei«, sind,

die den Staat dazu zwingen, erforderliche Steuereinnahmen zunächst durch Kredite zu ersetzen. Denn die schrecklichen Drei treten im Allgemeinen kurzfristig, überwiegend sogar plötzlich auf und zwingen den Staat ebenso plötzlich dazu, zusätzliche Aufgaben zu übernehmen. In diesen Fällen können die erforderlichen zusätzlichen Ausgaben nicht umgehend, d. h. plötzlich, gewissermaßen von heute auf morgen durch erhöhte Steuern aufgetrieben werden: Steueranpassungen und Steuereinzug sind – zumal in einer Demokratie – ein langwieriger Prozess. Zur Überbrückung müssen Kredite dienen, die es nichtsdestoweniger so bald wie möglich mit Hilfe angepasster Steuern abzulösen gilt. Es handelt sich also letztlich um Kassenkredite, d. h. um Kredite zur Deckung eines kurzfristigen Finanzierungsengpasses. Ausführlich dazu: →*Basic 13*.

2 Weitere staatliche Einnahmequellen wie Privatisierungserlöse, d. h. Erlöse aus dem Verkauf öffentlichen Eigentums, Bundesbankgewinne, Gewinnabführungen öffentlicher Betriebe u. ä. bleiben als vergleichsweise unbedeutende Sonder- bzw. Einmalfälle außer Betracht, ebenso Einnahmen aus kriegerischen Eroberungen u. ä.

3 Kleines Glossar: *Steuern* sind Abgaben ohne Anspruch auf individuell zurechenbare Gegenleistungen, *Gebühren* sind prinzipiell kostendeckende Abgaben für bestimmte, individuell zurechenbare öffentliche Leistungen, *Beiträge* sind dasselbe ohne Kostendeckung, *Zölle* sind Steuern auf Importe.

4 Dass die Zentralbank Geld in dem Umfang, wie es für die Versorgung der wachsenden Wirtschaft erforderlich erscheint, schöpfen *soll*, unterscheidet sie von den übrigen Banken, die allesamt ohne Verpflichtung auf öffentliche Belange das so wichtige öffentliche Gut namens Geld schöpfen *können und dürfen*. Speziell für die EZB gilt, dass ihr jede Staatsfinanzierung aus Geldschöpfung untersagt ist. Demzufolge müsste die Finanzierungsalternative C, »Verschuldung« bei der Zentralbank, für Euroländer ausfallen.
Tatsächlich vollzieht die EZB jedoch genau diese Staatsfinanzierung auf dem Umweg über die privaten Banken: Die EZB gibt den Banken Kredite, damit die Banken diese Kredite mit zeitlicher Verzögerung sowie unter Berechnung eines lukrativen Zinsaufschlages an Euro-Staaten weiterreichen. Einzelheiten brauchen hier nicht zu interessieren, wohl aber das Bundesverfassungsgericht und den Europäischen Gerichtshof, die sich mit der Frage beschäftigen müssen, ob diese bauernschlaue Staatsfinanzierung über Bande sowie zum Frommen der Banken, für letztere übrigens ganz ohne jedes Risiko und insofern ein bombensicheres Geschäft, zulässig sein soll oder nicht. Die Urteilsbildung zieht sich nun schon jahrelang hin…

5 Allerdings nur vorübergehend, denn leichtfertige, anhaltende Geldschöpfung bzw. »Geldversorgung« führt zu einer Inflation, die sich keineswegs immer verlässlich auf den Finanz- bzw. Vermögenssektor beschränken lässt. Inflation, zumal eine beschleunigte, entfaltet jedoch auf Dauer ähnlich gefährliche verteilungspolitische Wirkungen wie Staatsverschuldung; als galoppierende Inflation führt sie sogar zum weitgehenden Zusammenbruch von Wirtschaftsrechnung und Wirtschaftskreislauf. Damit gefährdet sie die Gesellschaft bis aufs Äußerste. C bietet mithin keine attraktive, dauerhafte Alternative.

Selbst da, wo es tatsächlich gelingen sollte, C nur kurz und in begrenztem Umfang einzusetzen, um brachliegende Kapazitäten wieder in den Wirtschaftskreislauf zu integrieren, weist C den gravierenden Nachteil auf, progressive Besteuerung, A, zu ersetzen. Außerdem: Wo liegen die Grenzen für diese federleichte, scheinbar aufwandslose Staatsfinanzierung, welche die Modern Monetary Theory (MMT) propagiert? Wer garantiert, dass die Grenzen eingehalten werden? Und wie wirksam ist dieser Ansatz am Ende überhaupt? Lebt er nicht von systematischen Übertreibungen?
Letztlich handelt es sich bei der MMT wieder einmal bloß um eine hochriskante Strategie zur Umgehung einer sach- und leistungsfähigkeitsgerechten Besteuerung. C ist und bleibt A prinzipiell unterlegen.

6 In: New York Times vom 21.8.2015; Übersetzung AS. Der Artikel stellt die Quintessenz von Krugmans ausführlichem Werk mit dem unbekümmerten Titel Vergeßt die Krise! Warum wir jetzt Geld ausgeben müssen, Frankfurt/New York 2012, dar.

7 Heiner Ganssmann, Lauter schwarze Nullen – Deutschlands fatale Rolle in der europäischen Schuldenkrise, in: Le Monde diplomatique, deutschsprachige Ausgabe, Nr. 3/2015, S. 3 f., Zitat: S. 3, Hervorhebung AS.
Hierzulande gehören des Weiteren beispielsweise die Memorandum-Gruppe »Alternativen der Wirtschaftspolitik« mit ihrem langjährigen Sprecher, Rudolf Hickel, zu bedingten Befürwortern vermehrter staatlicher Kreditfinanzierung. (Die Gruppe erstellt seit Jahren Memoranden in Form von Alternativgutachten zu den jeweiligen Jahresgutachten des regierungsamtlichen Sachverständigenrates zur Begutachtung der gesamtwirtschaftlichen Entwicklung; der Verf. gehört zu jenen Unterzeichnern, in deren Namen das erste Memorandum am 27.4.1978 am damaligen Regierungssitz Bonn der Öffentlichkeit vorgelegt wurde.)

8 Ausführlich: »In Zeiten von Niedrigzinsen investiert jeder kluge Privathaushalt: Immobilien werden energetisch saniert, langlebige Güter werden angeschafft. Nur der Staat unternimmt nichts. Dabei zahlt der Bund selbst für längerfristige Kredite gar keine Zinsen. Es besteht die historische Chance, die marode öffentliche Infrastruktur *zum Nulltarif* zu modernisieren und die Grundlage für Wachstum und ein intaktes Gemeinwesen zu schaffen. Das wäre vernünftig und gerecht – gerade gegenüber zukünftigen Generationen. Selbst die Schuldenbremse erlaubt es der Bundesregierung im Jahr 2015 noch 22 Milliarden Euro Schulden aufzunehmen. Doch Finanzminister Schäuble will stattdessen die Verschuldung schneller zurückfahren, als es die Schuldenregeln vorschreiben. *Derzeit hindert Schäuble nur eins an einer zukunftsorientierten Politik für Wohlstand und Wettbewerbsfähigkeit: Das selbst geschaffene Dogma der ›Schwarzen Null‹.*« (Schwarze Null: Investitionsbremse für Deutschland, in: DGB, Hg., klartext 14/2015, S. 2, Hervorhebung AS)

9 Für die öffentliche Verwaltung und ihre Betriebe gelten die Grundsätze ordnungsmäßiger *öffentlicher* Buchführung und Rechnungslegung bzw. die International Public Sector Accounting Standards (IPSAS). Und zwar gelten sie dort im Gegensatz zu den International Accounting Standards/International Financial Reporting Standards (IAS/IFRS) der Privatwirtschaft. IPSAS und IAS/IFRS unterscheiden sich vor allem in ihren Zielstellungen: Während die

öffentlichen IPSAS grundsätzlich an der Sicherung von Nachhaltigkeit und Generationenschutz (im Sinne intergenerativer Gerechtigkeit) ausgerichtet sind, sind die IAS/IFRS der Privatwirtschaft in Hinblick auf Investorenschutz bzw. den Gläubigerschutz des Handelsgesetzbuches konzipiert.

Zur Bedeutung des öffentlichen Sektors: Gemäß einer Schätzung der Wirtschaftsprüfungsgesellschaft KPMG gibt es aktuell in Deutschland rund 15.000 öffentliche Wirtschaftsbetriebe. Sie befinden sich größtenteils in kommunalem Eigentum (lediglich 108 sind in Bundesbesitz, darunter 46 Firmen ohne Geschäftstätigkeit). Öffentliche Betriebe erfüllen Aufgaben vorwiegend im Bereich der Daseinsfürsorge (Bau und Verwaltung von Sozialwohnungen, Wasserver- und Abwasser-/Abfallentsorgung, Feuerwehr, kommunale Mobilität, Gesundheitsdienste/Krankenhäuser, Kultur, Bildung u. a.). Ihre Aufgaben erfüllen die Öffentlichen prinzipiell mit dem der Privatwirtschaft fremden Mittel bloßer Kostendeckung; Gewinnerzielung ist diesen Betrieben grundsätzlich untersagt (gelegentliche Ausnahmen sind gewöhnlich historisch begründet und bestätigen die Regel; mehr dazu: →*Abschnitt B*). Auf Grund ihrer fundamentalen Andersartigkeit entzieht sich die öffentliche Verwaltung mit ihren Betrieben zwangsläufig einer privatwirtschaftlichen, renditefokussierten Wirtschaftsrechnung und Kalkulation.

Über aktuelle Tendenzen und Probleme der öffentlichen Wirtschaftsrechnung informiert kompakt und engagiert ARNIM GOLDBACH (European Public Sector Accounting Standards – EPSAS – Anspruch und Wirklichkeit, in: Wirtschaft und Erziehung, Nr. 5/2017, S. 185–192.)

Zu dem *Problem*, die *jeder Wirtschaftsrechnung*, gleich ob IPSAS oder IAS/IFRS, zugrunde liegt, nämlich weiche Zahlen zur Grundlage harter Entscheidungen machen zu müssen, s. AXEL STOMMEL, Die Reichen, die Banken, die Schulden und wir – Wirtschaft verstehen, Bad Homburg 2012, S. 205–245. Die Zahlen der Buchführung unterscheiden sich nämlich grundlegend von den Zahlen der Mathematik: die Zahlen der Buchführung sind weich, die Zahlen der Mathematik hart; die Grundgleichung aller Mathematik, 1 = 1, gilt in Buchführung/Rechnungswesen gerade *nicht*.

In der Buchführung repräsentiert eine Eins vielmehr ein ziemlich breites, von Fall zu Fall unterschiedliches, im Detail unbekanntes Spektrum von Werten. Bei den Werten der Buchführung handelt es sich nämlich um Werte, die von interessierten Subjekten bewertet werden, also um bewertete Werte. Trotzdem wird so getan, als wären es richtige, meint: mathematische Zahlen, und man rechnet mit ihnen entsprechend den harten Regeln der Mathematik. Und das ist auch gut so. Aber man darf darüber nicht vergessen, dass alles Wirtschaftsrechnen ein *hartes Rechnen mit weichen Zahlen* ist – Präzision ist Illusion: s. AXEL STOMMEL, ebd., sowie →*Basic 16/Exkurs 16.*

10 Die Feststellung gilt nicht für Gebühren, für Beiträge gilt sie nur eingeschränkt. Gebühren erlauben deshalb prinzipiell eine exakte, betriebswirtschaftliche Kosten- und Leistungsrechnung, wenn auch mit dem nicht ganz unerheblichen Unterschied, dass Gebühren lediglich kostendeckend, nicht gewinnbringend zu kalkulieren sind: Die für Ausstellung von amtlichen Ausweispapieren erforderlichen Investitionen z. B. sind in diesem Sinne prinzipiell kalkulierbar. Für Beiträge, die mit Kostenanteilssätzen erhoben werden wie z. B. Beiträge zur

Erstellung von Anliegerstraßen, gilt dasselbe; für andere Beiträge gelten weitere Einschränkungen. Im Verhältnis zu den Steuereinnahmen stellen Gebühren und Beiträge insgesamt allerdings schon fast zu vernachlässigende Größen dar.

11 Die Finanzierungsalternative C, Geldschöpfung, wird der Übersichtlichkeit halber außer Betracht gelassen. Wie bereits erwähnt, kann sie jedoch zur Alternative A, Steuerfinanzierung, und B, Verschuldung, ergänzend und ersetzend hinzutreten.

Dass die Kreditgeber u. U. namentlich über ihre Einkommensteuer einen Teil für die Bedienung der Kredite selber aufbringen, ist nicht entscheidend. Entscheidend ist, dass der andere Teil hinreichend groß ist. Demgemäß erben zwar die Kinder der Kreditgeber gleich wie alle anderen Kinder die Schulden ihrer Vorgänger, aber nur sie erben gleichzeitig die ungleich höheren Zins- und Tilgungsansprüche ihrer erblassenden Vorfahren (→*Exkurs 4*).

12 »Seit Beginn der Unterstützung Griechenlands durch europäische Bürgschaften regiert in Athen nicht nur die Regierung, sondern auch die Troika. Die Delegationen von IWF, EZB und Kommission prüften regelmäßig die Gesetzentwürfe der Regierung, änderten sie ab, verlangten Nachbesserungen im Text oder bei der Implementierung und wurden so zu einer Art Über-Regierung Griechenlands. Dies führte zur absurden Situation, dass (ungewählte) Beamte (gewählten) griechischen Ministern en détail vorschrieben, wie Gesetze auszusehen hätten und welche Regelungen akzeptabel seien.« (Christos Katsioulis, Operation gelungen, Patient komatös, in: Friedrich-Ebert-Stiftung, Hrsg., Journal Internationale Politik und Gesellschaft vom 16.6.2015, S. 3)

Demgemäß heißt es im Brief des griechischen Finanzministers Euklid Tsakalatos an den Vorsitzenden der – informellen – Euro-Gruppe, Jeroen Dijsselbloem, vom 23.12.2016: »Ich weiß, dass Entscheidungen über die finanziellen Folgen im Einklang mit unseren Verpflichtungen aus dem Memorandum of Understanding mit den Institutionen diskutiert und vereinbart werden müssen. Vor allem werden wir [...] mit den Institutionen [...] die Nutzung der verfügbaren budgetären Spielräume vereinbaren.« (Übersetzung AS) So war es schon immer: Kolonien müssen liefern, die Kontributionszahlungen sind abzustimmen.

Ende 2017 schickten die Kreditgeber übrigens neue Anweisungen nach Athen: ein Gesamtpaket von 1500 Seiten mit 400 Gesetzesänderungen in den Bereichen Steuern, Arbeit und Energie, darunter die 12. Rentenkürzung seit 2010. Egal, wen die Griechen in die Regierung wählen: Sie werden es ausführen, womöglich gar befürworten (müssen).

13 Soll sagen: Es waren nicht sex and crime, die ihm zum Verhängnis wurden, sondern die Absenkung der Kreditwürdigkeit um ein Stufe. Auf Englisch geht es übrigens noch kürzer, wenn auch ohne Kriminalitäts-Bezug: »Not the bed but the spread/Nicht das Bett, sondern die Spanne (d. h. der Zinsaufschlag auf italienische Staatsanleihen) war's.« S. a. →*Basic 2*.

14 Soweit aus seinen Zahlungen unmittelbare Steuermehreinnahmen, etwa als Umsatz- und Verbrauchsteuern, erwachsen, mindern sie den Investitionseffekt bzw. erhöhen die erforderlichen staatlichen Investitionsbeträge, sodass in beiden Varianten netto = 0 zu verzeichnen ist. Mittelbare Steuermehreinnahmen aus der zusätzlichen Nachfrage der Grundgesicherten bleiben naturgemäß weit hinter dem

zurück, was als Grundsicherungsinvestition ausgegeben wurde, während über die Höhe möglicher Multiplikatoreffekte nur spekuliert werden kann.

15 An dieser Stelle tritt übrigens etwas anderes, Wichtiges, so deutlich erkennbar hervor, dass wenigstens am Rande darauf hingewiesen werden soll. Es geht um den Tatbestand, *dass der Sozialstaat auf absehbare Zeit der Nationalstaat ist.*
Der Sozialstaat nämlich finanziert sich aus Steuern und Abgaben. Ist eine internationale Besteuerung mit je regionalen Zuweisungen und Finanzausgleichen in nächster Zeit überhaupt denkbar? Ist es bloßer Zufall, dass bisher keine nennenswerten steuer- bzw. sozialpolitischen Regelungen in Brüssel bzw. Straßburg entstanden sind? Ganz im Gegenteil musste man ständig beobachten, wie dort Tarifautonomie und Sozialstandards auf den Altären der »vier wirtschaftlichen Grundfreiheiten« (freier Verkehr von Waren, Dienstleistungen, Kapital und Personen), der »Harmonisierung des EU-Binnenmarktes« und einer vagen EU-Wirtschaftspolitik geopfert wurden.
Es ist schon schwer genug, auf nationaler Ebene konkrete sozialpolitische Maßnahmen durchzusetzen. In übernationalen Verbänden ist es zumindest auf absehbare Zeit ein Ding der Unmöglichkeit. Dies ist im Übrigen auch ein Erklärungsmoment dafür, warum sich übernationale Verbände bei den vermögenden Eliten im Allgemeinen großer Beliebtheit erfreuen. Ausführlicher: →*Basic 11.*

16 Kleines Glossar: Als *Multiplikator* wird seit Keynes der Umstand bezeichnet, dass sich die gesamtwirtschaftliche Nachfrage im Gefolge einer zusätzlichen Staatsausgabe um mehr als die zusätzliche Staatsausgabe erhöht, weil die erhöhte Staatsausgabe private Einnahmen erhöht und weitere, um die Sparquote geminderte, zusätzliche private Ausgaben zur Folge hat.

17 Zu Entstehungsgeschichte, Zweck und Hintergründen des Nobelpreises für Ökonomie, der im Gegensatz zu den übrigen Nobelpreisen gerade nicht auf Alfred Nobel zurückzuführen ist und der stattdessen eigentlich »Preis der schwedischen Reichsbank« heißen müsste, s. →*Exkurs 17, Anm. 19.*
Beiläufig: An keiner Stelle von Paul Krugmans bereits erwähntem, einschlägigem Werk »Vergeßt die Krise! Warum wir jetzt Geld ausgeben müssen« wird geklärt, wer mit dem »Wir« im Titel gemeint ist: Der Autor und seine Kollegen an der Princeton-Universität? Seine Nobel-Preisträger-Kollegen, soweit sie noch leben? Das US-amerikanische Volk bzw. seine Administration? Die Völker dieser Welt?
Die Bürger der USA insgesamt können eigentlich nicht gemeint sein, denn die stecken ausweislich der geläufigen statistischen Erhebungen zu einem erheblichen Teil bereits bis zum Hals in Schulden (ihre Regierung sowie viele andere auf dieser Welt bekanntlich auch). Ein Team um Lindsay Pool von der Northwestern University in Chicago hat ermittelt, dass in den USA darüber hinaus jeder vierte Einwohner über 51 Jahren, darunter also durchaus auch Bessergestellte, den Großteil seines Wohlstands seit Jahren einbüßt, und zwar unabhängig von jeweiligen Konjunkturlagen. (Süddeutsche Zeitung am 4.4.2018, S. 14)
Die anderen Wir-Gruppen aber sind, von den freilich ebenfalls überwiegend hoch verschuldeten Völkern dieser Welt abgesehen, eindeutig zu klein, um ganze Volkswirtschaften herauszureißen – Krugman lässt seine Leser im zentralen Punkt ratlos. Allerdings werden es wahrscheinlich in Anbetracht der Vielzahl seiner Worte nicht alle bemerken.

18 Robert B. Reich, Land ohne Hoffnung? Die USA und der Teufelskreis aus Geld und Macht, in: Blätter für deutsche und internationale Politik, Nr. 9/2016, S. 53.

19 S. in diesem Sinne z. B. When Big Business dominates policymaking and threatens our rights: Corporate Capture in Europe, https://www.alter-eu.org/cororate-capture-in-europe. (»Alter« ist das Akronym für Alliance for Lobbying Transpirancy and Ethic Regulations.)

20 Michael Hudson, Die neue Schuldknechtschaft und der Siegeszug der Finanzoligarchie, in: Blätter für deutsche und internationale Politik, Nr. 11/2016, S. 81.

21 Bei Toll Collect »verdienen sich auf Kosten der Bürger ein paar Konzerne eine goldene Nase… Toll Collect hat das Verkehrsministerium bei den Vergütungen und den Abrechnungen in den letzten Jahren klar über den Tisch gezogen. Seit über zehn Jahren streitet der Bund mit Toll Collect vor privaten Schiedsgerichten über große Milliardenbeträge. Das ist ein Stück aus dem Tollhaus.« So der Haushalts-Experte der Partei Die Grünen, Sven-Christian Kindler, in der Berliner Zeitung vom 15.8.2017. (Der Vertrag zwischen dem Bund und Toll Collect umfasst 17.000 der Geheimhaltung unterworfene Seiten; kostenträchtige bzw. einträgliche juristischen Streitigkeiten sind programmiert.)

22 So – z. B. – die »Deutsche Wohnen«, ein Immobiliengigant mit 110.000 Wohnungen allein in Berlin. Als börsennotierte Aktiengesellschaft ist sie nur ihren Aktionären verpflichtet, nicht den Mietern. Die besagten Wohnungen waren zuvor Eigentum kommunaler Wohnungsbaugesellschaften gewesen. Als das Land Berlin, hochverschuldet, finanziell fast handlungsunfähig war, hatte das Land die Wohnungen im Paket verkauft, übrigens mit Zustimmung einer dezidierten Mieterpartei, welche die damalige Koalitionsregierung mitbestimmte – *Schulden zwingen letztlich alle in die Knie.*

Die »Deutsche Wohnen« meldete übrigens dieser Tage ihren Aktionären Milliardengewinne (s. Bericht der Berliner Zeitung vom 14.3.2017). Umworbene ausländische Anleger lockt sie mit dem Versprechen, die Mieten ihrer Berliner Immobilien von 6 €/m² in Kürze auf 11–12 €/m² anzuheben. Der Hintergrund: 69 % der Berliner Haushalte werden aufgrund ihrer bescheidenen Einkünfte berechtigt sein, eine öffentlich geförderte Wohnung zu beziehen; öffentliche Gelder werden also, als »Wohngeld« getarnt, an die »Deutsche Wohnen« fließen – *auch eine interessante Zinsersatzleistung*. Trotzdem mehrt sich die Zahl der Rentner und anderer, die »sich arm wohnen«.

Währenddessen schreitet die Privatisierung der Infrastruktur weiter voran. In 48 Stunden passieren 13 Grundgesetzänderungen den Deutschen Bundestag, um der Allianz, Axa, Munich Re, Ergo, der R+V Versicherung, HUK, dazu Hochtief und andere namhafte Bauunternehmen, also der crème de la crème der deutschen Versicherungs- und Bauwirtschaft, ein neues, gewinnträchtiges Arbeitsfeld »Bundesfernstraßen« *mit steuerlich garantierten Gewinnraten* zu erschließen (sowie den Staatshaushalt kurzfristig zu entlasten und die Schuldenbremse zu umgehen).

Privatisierung außerhalb des Privatrechts heißt insofern das neue, wohldurchdachte Spiel! Im Übrigen sind es unter anderem Privatisierungen der beschriebenen Art, die dazu geführt haben, dass der Wert des öffentlichen Nettovermögens in Deutschland zwischen 1970 und 2016 von 28 auf 12 Prozent des Bruttoinlandproduktes gefallen ist. Die Kombination aus derartigen vollen oder teilweisen Privatisierungen und wachsender Einkommensungleichheit schlägt sich alsdann als wachsende Vermögensungleichheit nieder.

23 »öpP« steht für öffentlich-private Partnerschaft, auf Englisch PPP, Public Private Partnership, und bezeichnet eine Zusammenarbeit von öffentlicher Hand und privaten Unternehmen bei der Finanzierung, Errichtung und Instandhaltung sowie beim Betrieb der Infrastruktur. Bei öpP planen, finanzieren, bauen, betreiben und verwerten private Firmen Schulen, Krankenhäuser, Wasserbetriebe, Verkehrswege und andere Einrichtungen der Daseinsvorsorge. Die Privaten tun dies mit öffentlichem Geld; die Eigenkapitaleinlage der Privaten beträgt in der Regel nicht mehr als zehn Prozent. Die Investition wird, zuzüglich einer Rendite, vom öffentlichen Auftraggeber in Raten zurückgezahlt. öpP-Projekte haben stets die Form lang laufender, kreditähnlicher Rechtsverträge. »Lang« bedeutet 25 bis 30 Jahre, gelegentlich auch 40 bis 50 Jahre. Eine ordentliche Kündigung ist zumeist nicht vorgesehen.
Für diverse, bisherige öpP-Projekte gilt: Allein die Zinsen für die Banken übersteigen die Bausummen. Die privaten »Partner« rechnen damit, ihr Eigenkapital in 30 Jahren fast zu verzehnfachen. Falls sich die privaten Traumrenditen nicht einstellen, wird der öffentliche »Partner« zur Kasse gebeten. Die auf die Bauvorhaben aufgenommenen Kredite sind eine Handelsware – Gläubigerbanken können ihre Forderungen verkaufen, z. B. an internationale Hedgefonds, die sich auf diesem Wege in die Klage gegen den jeweiligen Staat als den besten aller Schuldner (→*Basic* 1) einkaufen.
Außerdem ist die Vorstellung illusorisch, dass die jeweiligen Objekte nach Ablauf der jeweiligen Projektfristen zur freien, öffentlichen Verfügung stehen werden. Denn im Zuge der öpP wird öffentliche Verwaltung weiter abgebaut, weil Verwaltung und Betrieb während des Projektzeitraumes ja den privaten »Partnern« überlassen wird. Nach Ablauf der Projektzeiten wird dieses Personal mitsamt Verwaltungserfahrung und technischem Know-how fehlen; es wird weder in simulierenden Vorläufen allmählich wieder aufgebaut werden können noch gar plötzlich zum Übergabetag aus dem Boden zu stampfen sein, sodass Anschlussverträge mit den Privaten unausweichlich werden. Kurz: Das Ganze hat trotz zeitlicher Befristung Dauercharakter.
Deshalb nochmals: »Wahn. Wahn. Überall Wahn.« (RICHARD WAGNER)

24 S. Bundesrechnungshof, Gutachten des Bundesbeauftragten für Wirtschaftlichkeit in der Verwaltung zu Organisationsformen und Finanzierungsvarianten für die Bundesfernstraßen vom 30.11.2016. Die Finanzierungskosten, nicht etwa die Erstellungskosten stellen in der Regel den größten Kostenposten in derartigen Projekten.

25 Die deutsche Bundesregierung ist in dieser Entwicklung eine treibende Kraft. Anlässlich eines Kongresses »Global Solutions« verlautet einer ihrer Minister in einem längeren Zeitungsbeitrag: »90 Milliarden Dollar müsste die Weltgemeinschaft nach Schätzungen der UN jährlich investieren, damit alle Menschen in Würde leben können […] das ist eine enorme Summe. Und doch nur ein Bruchteil der [zuvor genannten, AS] Spekulationsgewinne. Klar ist: Mit öffentlichen Mitteln allein ist diese Summe nicht zu stemmen. Wir brauchen pri-

vate Investitionen« Und weiter: »Mit weniger als 0,05 Prozent der weltweiten Finanzanlagen könnte die jährliche Finanzierungslücke für Infrastrukturinvestitionen geschlossen werden [...] Deswegen erarbeite ich derzeit ein Entwicklungsinvestitionsgesetz. Damit setzen wir neue Anreize für private nachhaltige Investitionen in Afrika und sichern die Risiken eines solchen Engagements.« (Gerd Müller, Finanzmärkte müssen Menschen dienen, in: Der Tagesspiegel vom 26.5.2018, S. 6)
Mit Verlaub: Es müssten also nach des Ministers Angaben einzig und alleine die *Spekulations*gewinne weggesteuert werden, um die Summe, die für ein würdevolles Leben aller Menschen dieser Erde benötigt wird, mühelos öffentlich zu »stemmen«. Für öffentliche Hilfe zur afrikanischen Entwicklung müssten nach des Ministers eigenen Aussagen ebenfalls keine Unsummen ersteuert werden, sondern lediglich ganze 0,05 Prozent der weltweiten Finanzanlagen. So etwas erscheint diesem christsozialen Minister von vornherein ausgeschlossen, schlichtweg undenkbar. Stattdessen gilt seine Fürsorge den vermögenden Anlegern, die, wie es weiter in seinem Text heißt, »angesichts der niedrigen Zinsen händeringend nach lohnenden Anlagemöglichkeiten« suchen. Ihnen neue Anlagefelder zu eröffnen, widmet er sein Streben. Wer dient wem? Und auf wessen Kosten?

26 »Die deutschen Steuerzahler glauben, dass sie außerordentlich großzügig gegenüber Griechenland gewesen sind, indem sie dem Land immer neue Kredite gewährt haben. Doch sie unterliegen einer Illusion. Denn tatsächlich haben sich die deutschen Steuerzahler nicht gegenüber Griechenland großzügig gezeigt, sondern gegenüber ihren eigenen Banken.« (Jeffrey Sachs, Der Tod durch Schulden, in: Süddeutsche Zeitung vom 2.8.2015; der Autor ist Institutsleiter an der New Yorker Columbia-Universität). Dasselbe schon ein paar Jahre zuvor sowie ausführlicher z. B. bei Axel Stommel, Die Reichen, die Banken, die Schulden und wir, Bad Homburg vdH 2012, S. 16–35.

27 S. Bericht der Süddeutschen Zeitung vom 20.12.2017.

28 Heraus kommen Argumentationen und Entwürfe, die nahtlos mit den Regelungsinteressen der höchst interessierten Entsender übereinstimmen, welche die Kosten des abgestellten Personals großzügig übernehmen. Ein Beispiel: Rund 100 Seiten des Abschlussberichts der Europäischen Agentur für Lebensmittelsicherheit (Efsa) aus dem Jahre 2015 zu den Krebsgefahren des Pflanzenschutzmittels Glyphosat des Herstellers Monsanto, und zwar eindeutig die »umstrittensten Kapitel, [...] sind quasi Wort für Wort von einem Monsanto-Bericht aus dem Jahre 2012 übernommen.« (Frankfurter Rundschau vom 16.9.2017)
Übrigens funktioniert der Austauschprozess auch anders herum: Regierungsbeamte arbeiten im Sonderurlaub als Lobbyisten für Unternehmen und Wirtschaftsverbände – teilweise in Leitungstätigkeiten und über Jahre hinweg. Die regierungskritische Organisation Lobbycontrol berichtet z. B., wie vor vier Jahren ein hochrangiger Beamter sich hat beurlauben lassen, um, »[a]nstatt in der Behörde Akten zu studieren, [...]seitdem beim Volkswagen-Konzern für's internationale Lobbygeschäft zuständig [zu werden] – als Leiter ›Konzern Außenbeziehungen International‹ (inzwischen Leiter ›Internationale und Europäische Politik'). Anfang 2018 übernahm der beurlaubte Außenamtsmitarbeiter dann sogar kommissarisch den Posten des Cheflobbyisten der Volkswagen Gruppe,

nachdem der frühere Regierungssprecher Thomas Steg im Zuge des Abgasskandals über die umstrittenen Affenversuche gestolpert war[...]Die Bundesregierung sieht darin kein Problem; die Lobbyarbeit eines Staatsdieners bei VW beispielsweise sei ›in besonderem Interesse der Bundesregierung.‹« (https://www.abgeordnetenwatch.de/blog/2018-05-02/siemens-daimler-volkswagen-die-tatigkeiten-von-regierungsbeamten-der-wirtschaft#pk_campaign=nl20180506, veröffentlicht am 2.5.2018)
Der Fall mag extrem sein; ein Einzelfall ist er nicht. Unternehmen und Interessenverbände mit solchen Urlaubsbeschäftigten brauchen jedenfalls später nur noch durchzuklingeln, wenn sie im Ministerium ein Anliegen vertreten haben möchten.

29 Für weitere Ausführungen s. z. B. Axel Stommel, Die Reichen, die Banken, die Schulden und wir, Bad Homburg vdH 2012, S. 58 f. Deshalb hier lediglich folgendes Beispiel: »Die ›Big Four‹, das sind die vier großen europäischen Steuerberatungs-Unternehmen KPMG, Ernst & Young, PricewaterhouseCoopers (PwC) und Deloitte. Bekannt sind die ›Big Four‹, weil sie Konzernen dabei helfen, bei der Steuer zu tricksen. Sie machen ein Geschäft daraus, das Geld multinationaler Konzerne vor den Steuerbehörden zu verstecken. Dabei agieren sie schamlos und versprechen wie PwC, dass nur jeder vierte Steuertrick als ungesetzlich eingestuft wird.
Eine Studie der Organisation Corporate Europe Observatory (Ceo) zeigt nun, dass ausgerechnet diese ›Big Four‹ von der EU als Berater in Steuerfragen bezahlt werden. Und zwar mit Millionenbeträgen. Sie werden von den EU-Institutionen als seriöse Partner in Sachen Steuerrecht betrachtet. So bezahlt sie die EU-Kommission für Analysen und Studien zu Steuerfragen. Während die ›Big Four‹ gute Geschäfte damit machen, den Konzernen beim Steuertricksen helfen, sollen sie der EU-Kommission helfen, genau das zu verhindern.
Jahr für Jahr erhalten die ›Big Four‹ von der EU-Kommission Aufträge in Millionenhöhe. Zuletzt erhielten KPMG, PwC und Deloitte Anfang 2018 einen Auftrag in der Höhe von mehr als 10 Millionen Euro. Sie sollten eine Studie zum Thema ›Steuern und Zölle‹ erstellen. Worum es in dieser Studie genau geht, sagt die EU-Kommission nicht. Dabei hatten EY, PwC und Deloitte erst 2014 zum selben Thema einen Auftrag über 7 Millionen Euro erhalten. Insgesamt soll die Europäische Kommission mehr als 100 Millionen Euro für die Expertise der ›Big Four‹ bezahlt haben – allein im Jahr 2016.
Daneben haben die ›Big Four‹ Netzwerke und Organisationen etabliert, über die sie auf die Politik der EU Einfluss nehmen können. Auf diesem Weg beeinflussen sie die Institutionen der EU zusätzlich ideologisch.« (Fabian Steinschaden, Schlimmste Steuertrickser erhalten Millionen-Beraterhonorare der EU, in: Kontraste.at, eingestellt am 13.7.2018, https://kontrast.at/eu-zahlt-beraterhonorare-an-grosse-steuersteuertrickser/, zuletzt aufgerufen am 7.10.2018)

30 Mit anderen Worten: »Das sogenannte Investor-Staat-Schiedsverfahren (Isds) erlaubt es Unternehmen, Staaten zu verklagen, wenn diese Rechtsvorschriften erlassen, die sich negativ auf ihre erwarteten Gewinne auswirken – *unabhängig davon, in welchem Ausmaß diese Gewinne dadurch entstehen, dass andere geschädigt werden.*« (Joseph Stiglitz, Europa spart sich kaputt – Warum die Krisen-

politik gescheitert ist und der Euro einen Neustart braucht, München 2016, S. 508, Hervorhebung AS.)

31 Demgemäß sollen alle wirtschaftlichen Tätigkeitsfelder, die nicht in diesen Listen ausdrücklich aufgeführt sind, der staatlichen Regulierung auf ewige Zeiten entzogen sein. Da künftige Tätigkeitsfelder naturgemäß heute noch nicht erfasst sind, sind in der Zukunft keine weiteren Aufnahmen, folglich auch keine weiteren Ausnahmen mehr möglich – was immer jemals Gewinn zu bringen verspricht, soll der staatlichen Regelung ein für alle Mal entzogen sein.

32 Die Meistersinger, 2. Akt., (Hervorhebung im Original durch die Anweisung »forte«).

33 Joseph Stiglitz, Europa spart sich kaputt…, S. 157, Hervorhebung AS.

34 Wie lange ihr das jeweils gelingt, ist übrigens eine offene Frage. Fest steht, dass die Zeit begrenzt ist. Dazu Mervyn King, von 2003 bis 2013 Chef der britischen Zentralbank: Augenblicklich liegt es an der Europäischen Zentralbank (EZB), »den Euroraum zusammenzuhalten, indem sie insbesondere die Zinsen für die hochverschuldeten Länder Südeuropas niedrig hält. Dabei kommt mir immer ein Bild in den Sinn. Es gibt doch diese Hochseilartisten, die auf einem Seil zwischen zwei Häusern balancieren. Das gelingt diesen Leuten, weil der Weg kurz ist. Im Falle der EZB ist die rettende Seite aber einfach nicht in Sicht […][Die EZB steht] vor einer fast unlösbaren Aufgabe […] Kurzfristig kann Geldpolitik durchaus ein Instrument sein, um Verwerfungen zu verringern. Aber sie allein kann die Welt nicht ins Gleichgewicht bringen.« (Mervyn King im Gespräch mit Dennis Kremer, in: Frankfurter Allgemeine Sonntagszeitung vom 11.6.2017, S. 31)

35 Die EZB verlagerte auf diesem Wege die Vermögensentwertungen, welche aufgrund öffentlicher und privater Überschuldung notwendig geworden waren, weg von den Besitzern großer Vermögen hin zu anderen Wirtschaftsteilnehmern, namentlich zu Lebensversicherten. An die Berechnungen der Boston Consult sei erinnert, wonach eine 30-prozentige, europaweite Abschreibung auf Vermögen erforderlich war, um wieder zu einer realistischen Bewertung zu gelangen (→*Basic 2, Anm. 6*). Fragen von Verwertung und Entwertung spielen eine zentrale Rolle in der Entwicklung der Konjunkturen und Krisen (→*Basics 12 f.*).

36 S. Vertrag über die Arbeitsweise der Europäischen Union, Artikel 126, in Verbindung mit dem Protokoll Nr. 12 über das Verfahren bei einem übermäßigen Defizit, Artikel 1, zweiter Spiegelstrich.

37 »Der, soweit ich sehen kann, einzige Ökonom, der auf diesen Zusammenhang aufmerksam gemacht hat, ist Carl Christian von Weizäcker, auch wenn und vielleicht gerade weil er ihn affirmativ wendet.« (Wolfgang Streeck, Gekaufte Zeit – Die vertagte Krise des demokratischen Kapitalismus, erweiterte Ausgabe, Frankfurt/M. 2015, S. 157). Auf eine weitere, von Streeck unbemerkte Schrift sei hingewiesen, in der die verteilungspolitischen Konsequenzen deutlich sowie ausdrücklich *nicht* affirmativ thematisiert werden: Axel Stommel, Die Reichen, die Banken, die Schulden und wir, Bad Homburg, 2012, passim, bes. S. 31 ff.

38 Rolf E. Breuer, Die fünfte Gewalt, zitiert nach Wolfgang Streeck, Gekaufte Zeit…, S. 167.

39 Gustav Horn/Till van Treek, Ungleichheit und außerwirtschaftliche Ungleichgewichte – Eine keynesianische Krisenerklärung, in: Fritz Helmedag/

Jürgen Kromphardt, Hrsg., Nachhaltige Wege aus der Finanz- und Wirtschaftskrise, Marburg 2011, S. 21. (Gustav Horn gründete 2005 und leitet seitdem das Institut für Makroökonomie und Konjunkturforschung der gewerkschaftsnahen Hans-Böckler-Stiftung.)

40 Linke Kritiker der Schwarzen Null seien in diesem Zusammenhang auf eine von ihnen im Allgemeinen mehr oder weniger geschätzte Autorität hingewiesen, Karl Marx nämlich. In »Die Klassenkämpfe in Frankreich« analysiert Marx, wie die »Finanzaristokratie«, sprich: Bankiers und Börsenspekulanten von der Staatsverschuldung profitieren. (S. Karl Marx, Die Klassenkämpfe in Frankreich 1848–1850, in: Marx-Engels-Werke, Band 7, Berlin 1960, S. 64–94)

41 Am Rande sei nochmals daran erinnert, dass Inflation, zumal beschleunigte, das ergänzende und/oder alternative Mittel zum Schuldenabbau darstellt: C kann A und B ersetzen, aber ein ausgiebiges, anhaltendes C ist gefährlich, weil Inflation, zumal eine beschleunigte, ähnlich gefährliche verteilungspolitische Wirkungen wie Staatsverschuldung entfaltet; als galoppierende Inflation gar führt sie zum weitgehenden Zusammenbruch von Wirtschaftsrechnung und Wirtschaftskreislauf. Damit gefährdet sie die Gesellschaft bis aufs Äußerste. C bietet mithin keine wirkliche, dauerhafte Lösung.

42 S. Götz Aly, Schulden, Volk und Raubkrieg, in: Berliner Zeitung vom 1.9.2015, S. 4.

43 So befremdlicherweise sogar Joseph Stiglitz, Europa spart sich kaputt – Warum die Krisenpolitik gescheitert ist und der Euro einen Neustart braucht, München 2016, S. 302.

44 Von den oben in Anm. 10 genannten Ausnahmen wird abgesehen.

45 So, exemplarisch, Marc Saxer, Linke Heimat – Wie die Progressiven den Begriff Heimat für sich besetzen sollten, in: Internationale Politik und Gesellschaft vom 5.3.2018.

46 Stefan Kaufmann, Risse im globalen Aufschwung, in: Berliner Zeitung vom 19.6.2018, S. 6.

47 Mit der über weite Strecken sachwidrigen Ausrichtung des Schulunterrichts und seinen Hintergründen habe ich mich an anderen Stellen systematisch auseinandergesetzt, so in Axel Stommel/Margot Stommel, Betong oder die orthografische Standortsicherung – Deutschland, deine Rechtschreibung, Hamburg 1998, und Axel Stommel, Handlungsorientierter und traditioneller Unterricht – Aus dem Labyrinth der Unmittelbarkeit, Rinteln 1995.
Die Direktbank INGDiBa sowie die Zeit-Akademie der gleichnamigen Wochenzeitung nehmen das ökonomische Vakuum des Schulunterrichts zum Anlass, um gemeinsam einen Video-Ratgeber »Das Einmaleins für Ihre Finanzen« wahlweise als DVD- oder als Online-Seminar auf den Markt zu bringen. (S. Die Zeit vom 14.6.2018, S. 12)

48 Quelle: Befragung der Friedrich-Ebert-Stiftung zur »Zukunft des Wohlfahrtsstaates«, wiedergegeben in: Steffen Mau/Jan-Ocko Heuer, Wachsende Ungleichheit als Gefahr für nachhaltiges Wachstum – Wie die Bevölkerung über soziale Unterschiede denkt, herausgegeben von der Friedrich-Ebert-Stiftung, Bonn 2017, S. 10. (Lediglich 20 % befürworten weitere Kreditaufnahmen, 3 % äußern keine Meinung.)

49 Diese Feststellung gilt übrigens für Wirtschaftswissenschaftler und Wirtschaftsberater genauso: Selbst Experten vom Format eines Joseph Stiglitz und höchste Berater der DGB-Gewerkschaften wie Dierk Hirschel reden und schreiben undifferenziert von bzw. über »*die* Steuern«.

50 Vom 16.09.2014.

51 So die taz/die tageszeitung gleich zu Verhandlungsbeginn am 24.10.2017 sowie die Berliner Zeitung zum Verhandlungsende am 18.11.2017. Bekanntlich kam es am Ende jedoch zu einer Neuauflage der Großen Koalition, in der nun allerdings die SPD den Finanzminister stellt – in diesem Punkt ohne jede Auswirkung: »Der neue SPD-Finanzminister Scholz setzt auf die schwarze Null – wie sein Vorgänger Schäuble.« (Süddeutsche Zeitung vom 3.4.2018, S. 17)

52 Zwar mag zutreffen, dass der Begriff »Schuldenbremse« in den 40-er Jahren des vergangenen Jahrhunderts in der ultraliberalen Mont-Pélerin-Gesellschaft (James Buchanan, Friedrich von Hayek u. a.) eingeführt worden ist, um die Staatsausgaben zu begrenzen, und zwar unabhängig vom gesellschaftlichen Bedarf, um den Staat ganz allgemein zurückzudrängen respektive auszuhungern, wie es die Tea-Party-Anhänger später offen fordern (»Starve the beast!«). Deswegen den griffigen Terminus »Schuldenbremse« bedingungslos abzulehnen ist jedoch ein kapitaler Fehler.

53 Reinhold Hedtke, Keine Ahnung von Wissen, veröffentlicht am 18.3.2013 bei der Initiative für eine bessere ökonomische Bildung (iboeb), https://www.iboeb.org/keine-ahnung-vom-wissen.

54 S. Paul Feyerabend, Wider den Methodenzwang, Frankfurt/M. 1986.

55 Berliner Zeitung vom 2.3.2017.

EXKURS 4
Ins Quellgebiet der schuldenbasierten Umverteilung. Belasten Staatsschulden künftige Generationen? Was sagen die führenden Köpfe aus Wissenschaft, Politik und Medien dazu?

Die Finanzierung regulärer Staatsaufgaben über Kredite ersetzt die leistungsfähigkeitsgerechte, und das heißt zumal unter den gegenwärtigen Verhältnissen: progressive Besteuerung[1] im Umfang der aufgenommenen Schulden. Kreditfinanzierung entlastet damit diejenigen, die an der Spitze der Einkommens- und Vermögenspyramide stehen. Zugleich bieten sie ihnen gute Anlagemöglichkeiten. Beides sind schwere Nachteile mit weitreichenden Folgen für Wirtschaftskreislauf, Finanzsektor, soziale Stabilität und staatliche Steuerungsfähigkeit. In diesen Sätzen lassen sich wichtige Ergebnisse der vorangegangenen Untersuchung zusammenfassen.

Soweit staatliche Verschuldung in der allgemeinen, öffentlichen Diskussion beklagt wird, wird jedoch über etwas ganz anderes geklagt, nämlich darüber, dass Staatsschulden die nachfolgenden Generationen belasten. Diese Klage ist sogar ein Gemeinplatz, gilt als Binsenweisheit.

Es lohnt sich, der Klage nachzugehen, den Gemeinplatz aufzusuchen und die Binse aufzuschnüren. Was ist dran an der behaupteten Lastenverschiebung? Schon nach kurzer Wegstrecke, gleich hinter dem übernächsten Absatz, entpuppt sich die Behauptung als Ausfluss einer naheliegenden, halben und insofern besonders heimtückischen, um nicht zu sagen: verlogenen Wahrheit.

Zahlungen verschwinden nicht im Schwarzen Loch: Belastungen = Begünstigungen

Die Klage über die Belastung kommender Generationen durch die Staatsschulden von heute also ist durchaus sachlich begründet. In die Irre führt die Selbstverständlichkeit »lediglich« deshalb, weil die Aussage unvollständig ist. Damit wird sie zu einer klassischen Halbwahrheit, ergo zur Irrlehre. Begeben wir uns also entschlossen auf eine kurze Suche nach dem Vollständigen, dem wahren Ganzen.

Die Zins- und Tilgungszahlungen des Staates verschwinden nämlich nicht in einem Schwarzen Loch. Vielmehr überweist der Staat im Rahmen seines Schuldendienstes Teile seiner Steuer- und sonstigen Einnahmen an seine Kreditgeber, und zwar ohne weitere Umstände, d. h. umgehend, wort- und klaglos. Als umstandslose Verwaltungspraxis tritt der Vorgang, d. h. die Verbindung zwischen Staatseinnahmen und ihrer Verwendung im »Schuldendienst« nicht öffentlich in Erscheinung. Sie wird deshalb auch öffentlich nicht wahrgenommen. Gleichwohl gilt für jede dieser Zahlungen:

Zins- u. Tilgungszahlungen aus Steuer- und sonstigen Einnahmen	=	*Zins- u. Tilgungsgutschriften auf den Konten der Staatsgläubiger/Kreditgeber*

Tatsächlich handelt es sich bei der obigen Gleichung lediglich um eine besondere Ausprägungen der bereits in →*Basic 4* erwähnten ökonomischen Grundgleichung, die da lautet: Vermögen = Schulden; sie ist hier lediglich zu lesen als

Schulden = Vermögen.[2]

Es werden also ständig vermittels der staatlichen Verwaltung geräuschlose, nicht ersichtliche Umverteilungsprozesse mit einer ganz bestimmten Ausrichtung vollzogen:

- *weg von* den vielen Schuldnern des Kredits, welche die Mittel für die Tilgung und Verzinsung der Schulden über ihre Steuern und sonstige Abgaben laufend bereitstellen – also weg von den vielen Staatsbürgern,
- *hin zu* den wenigen Kreditgebern des Staates, welche den Rechtsanspruch auf Tilgung und Verzinsung der Kredite vertraglich erworben haben – also hin zu den vermögenden Gläubigern.

Um eine alte Weisheit der Börsianer zu bemühen: *Das Geld ist nicht verloren, es liegt jetzt nur auf anderen Konten.*

Dabei entspricht die Summe der Belastungen durch Zins- und Tilgungszahlungen zu jedem Zeitpunkt centgenau der Summe der Begünstigungen durch Zins- und Tilgungsgutschriften:

Belastungen = Begünstigungen.

Diese Gleichung wird solange laufend erfüllt, bis die Kredite getilgt sind. Und weil Staatskredite de facto ständig erneuert werden, finden diese einseitig ausgerichteten Umverteilungen *zeitlich unbegrenzt* statt, gewissermaßen in Ewigkeit.[3] Eine offizielle Defizit-Grenze von 60 % des Bruttoinlandsprodukts z. B., die im Übrigen ziemlich beständig überschritten wird, beinhaltet eine ständig erneuerte sowie – mit wachsendem Bruttoinlandsprodukt – eine ständig absolut wachsende Staatsverschuldung.

Das aber heißt im Ergebnis: *Entscheidend an den Staatsschulden sind die Umverteilungswirkungen* innerhalb *der jeweiligen Generationen,* nicht *ihre Wirkungen auf das Verhältnis* zwischen *den Generationen.*

Allerdings verpflichten die Schulden von heute dadurch, dass sie regelmäßig erneuert werden, künftige Generationen schon heute dazu, künftig genau dasselbe zu tun wie ihre Vorfahren, die Heutigen, nämlich beständig innerhalb ihrer eigenen, künftigen Generation umzuverteilen – weg von den vielen steuerzahlenden Schuldnern, hin zu den wenigen kreditgebenden Gläubigern.

Deshalb kurz: *Die Schulden des Staates schreiben die Umverteilungsprozesse von unten nach oben* innerhalb *der jeweiligen Generationen fest* und fixieren sie in erheblichem Ausmaß über Generationen hinweg.[4]

Die Belasteten erscheinen als die Begünstigten: Von der besonderen Heimtücke halber Wahrheiten

Von genau diesem Sachverhalt andauernder Umverteilung innerhalb jeweiliger Generationen lenkt die scheinbar selbstverständliche Vorstellung von der Belastung künftiger Generationen durch heutige Schulden ab, mehr noch: Die Vorstellung blendet die je gegenwärtigen Umverteilungsprozesse aus und lässt die Tatsachen hinter einer anderen, emotional ergreifenden Erzählung verschwinden.

Als Folge der Vorstellung von den Staatsschulden als Last *künftiger* Generationen erscheinen nämlich diejenigen, die *heute* schon im Ausmaß ihrer Besteuerung an den Zins- und Tilgungslasten beteiligt sind, als Begünstigte,[5] genauer: als Nutznießer einer Schuldenpolitik, die sie vermeintlich zu einem erheblichen Teil auf fremde Kosten leben lässt, obendrein ausgerechnet auf Kosten ihrer eigenen Kinder und Kindeskinder. *Belastete als nutznießende Begünstigte zumal ihrer eigenen Nachkommen:* Die Verhältnisse erscheinen reichlich verkehrt, und zwar in des Wortes ursprünglicher Bedeutung – upside down, wie es im Englischen heißt.

Hinzu kommt, dass es allen rechtschaffen Denkenden sowie all jenen, die sich selber achten, ausgesprochen peinlich ist, auf ihrer Kinder und Kindeskinder Kosten zu leben. Wer mag so etwas hören, wer soll sich so etwas eingestehen?

Aus diesem Grund plagt die Belasteten, denen der Glaube eingeredet wird, sie wären die Begünstigten, ein schlechtes Gewissen. Sie müssen sich als *arme Sünder* begreifen. Von all dem zu reden ist ihnen, den gewöhnlichen, steuerzahlenden Bürgern, ziemlich unangenehm. Außerdem verbietet es ihnen ihre materielle Lage tatsächlich zu einem großen Teil, Abhilfe in Gestalt erhöhter Steuern zu verlangen. Hinzu kommt, dass ihnen durchweg nicht geläufig ist, dass es auch so etwas wie Steuern nur für Vermögende gibt (→*Basics 7 ff., bes. 8* mit der systematischen Unterscheidung von »Steuern für Vermögende« und »Steuern für Unvermögende«). Also fordern sie als arme Sünder auch nichts dergleichen, schweigen lieber betreten und schauen schlechten Gewissens weg – Unangenehmes verdrängt man bekanntlich gerne.

Außerdem trifft ökologisch zu, was ökonomisch grundfalsch ist, nämlich dass wir in den entwickelten Ländern des Nordens, wenn auch in unterschiedlichem Ausmaß, so doch insgesamt geradezu ausnahmslos über unsere Verhältnisse leben (Arme weniger, Reiche umso mehr; weiter ausgeführt in →*Abschnitt B*). Das durch die Grenzen der Natur bestimmte Ökologische vom Ökonomischen an dieser Stelle sauber zu trennen und sachgerecht zu bedenken, ist ohne ökonomische Basiskenntnisse kaum möglich.

Allgemein verbreitetes, betretenes, wortloses Ausweichen ist deshalb eine weitere, gleichsam natürliche, menschliche Reaktion; das gesamte Themenfeld »Steuern und Staatsschulden« wird nicht weiter bedacht, sondern weitgehend unbewusst, aber trotzdem aktiv gemieden und beschwiegen, wo immer es möglich ist.

In diesem geistigen Vakuum lassen sich die in der staatlichen Verschuldung angelegten Umverteilungsprozesse, obwohl von vielen auf-, aber nur wenigen dargebracht, ungestört in aller Ruhe durchziehen.[6]

Einmal mehr zeigt sich: Halbe Wahrheiten sind die heimtückischsten unter allen Unwahrheiten. Denn weil sie nichts als die reine Wahrheit enthalten, sind sie perfekt getarnt.

Ja, es ist wahr:

- Heutige Schulden *belasten künftige* Generationen (3).

Genauso wahr ist aber auch:

- Dieselben Schulden *belasten* zunächst einmal, sowie vordringlich, die *heutige* Generation (1).
- In ein und demselben Akt *begünstigen* sie ein kleines Segment der *heutigen* Generation (2).

- Außerdem werden sie später dasselbe Segment in *künftigen* Generationen *begünstigen* (4).

Die ganze Wahrheit besteht also aus vier Teilen, wobei die Teile (1) und (2) die vordringlichen, weil gegenwärtigen, sind. Die Teile (3) und (4) kommen später an die Reihe. Ein einzelnes, zumal nachrangiges Teil herauszugreifen und als Einziges, folglich Ganzes, hinzustellen, ist Desorientierung pur: Das Einzelne ist nicht das Einzige. Teilwahrheiten also sind der nachgerade ideale Rohstoff für die Produktion besonders glaubhafter Lügen. Richtig ist vielmehr: »Das Wahre ist das Ganze.«

Diese Feststellung stammt nicht aus der Bibel, sondern von HEGEL.[7]

Zur Verbreitung der falschen Lehre von der intergenerativen Belastungsübertragung

Der Sachverhalt wirft zwei Fragen auf:

1. Wer verbreitet die Halb- bzw. Viertelwahrheit von der Lastenverschiebung auf Kinder und Kindeskinder, obwohl es doch wahrlich nicht schwer ist, die Sache zu Ende zu denken und die ganze Wahrheit auszusprechen bzw. zu verkünden?
2. Warum bleibt das banale Wissen darum, dass Zahlungsausgänge immer auch Zahlungseingänge sind (ZA = ZE), beständig geheim?

Zur ersten Frage: Es sind die üblichen Verdächtigen aus Wissenschaft, Politik und Medien, ihre jeweils führenden Vertreter voran, welche die irreführende Botschaft vorzugsweise beiläufig als vermeintlich pure Selbstverständlichkeit in der Öffentlichkeit platzieren. Als herausragende Beispiele seien zitiert

- jener Wirtschaftswissenschaftler, der sich hierzulande des mit Abstand höchsten Ansehens erfreut, HANS-WERNER SINN (im Ökonomen-Ranking der Frankfurter Allgemeinen Zeitung hat er 2013, 2014 und 2015 unangefochten Platz eins belegt;[8] die britische Zeitung The Independent hat ihn 2011 gar unter die zehn einflussreichsten Menschen eingereiht, welche die Welt im Berichtsjahr verändert haben),
- unsere Kanzlerin (ANGELA MERKEL ist vom US-Magazin Forbes gleich siebenmal hintereinander zur »mächtigsten Frau der Welt«, ergo zur einflussreichsten, ausgerufen worden[9]),
- die Neue Zürcher Zeitung (als Qualitätszeitung mit internationaler Geltung und besonderer, sprichwörtlich schweizerisch-solider Finanzkompetenz).

Nachfolgend die Expertisen dieser Spitzeninstitutionen, von ihnen gerne im Vorübergehen präsentiert.

a) Hans-Werner Sinn: »Mit den [Staats-]Schulden werden die zukünftigen Generationen be- und nicht entlastet.«[10]

Man beachte die Worte: »*Die* zukünftigen Generationen«, also alle miteinander werden bei Sinn jeweils ausnahms- und unterschiedslos »be- und nicht entlastet«. Sie werden also gerade nicht zu einem Teil belastet und zu einem anderen Teil begünstigt.

Tatsächlich sind aber beide Bewegungen bzw. Wirkungen zu registrieren und theoretisch zu erfassen, also zwei Bewegungen auf einmal, nicht nur eine. Solch gegenläufige, spiegelbildliche Beobachtung scheint den führenden deutschen Wirtschaftswissenschaftler (intellektuell? ideologisch?) zu überfordern, solch ein Zwei-auf-einmal muss ihm wohl analytisch zu komplex sein. Oder äußert sich der Vielgerühmte am Ende womöglich wider besseres Wissen? Ist ihm die Gleichung »Belastungen = Begünstigungen« wirklich unbekannt? Die Frage muss erlaubt sein, auch wenn sie nicht beantwortet werden kann. Denn niemand außer Sinn selber kennt die Antwort, und er selber wird sie sinnigerweise wohl kaum preisgeben.

Dass sich die Frage stellt, wird übrigens deshalb regelmäßig übersehen, weil die Behauptung von der einseitigen Belastung, wie gesagt, vorzugsweise en passant fällt, also lediglich im Vorübergehen – im vorliegenden Fall in einem Artikel über die Zukunft der EU: Das Augenmerk wird auf anderes gerichtet, das vermeintlich Selbstverständliche kann währenddessen unbemerkt, weil unbedacht passieren. Es handelt sich um einen altbewährten Trick der Zauberer auf den Jahrmärkten.

b) Angela Merkels schlichte Expertise lautet: »Deutschland hat seit vielen Jahren über seine Verhältnisse gelebt«; der Verzicht auf neue Schulden ist »der beste Beitrag zur Generationengerechtigkeit, den wir für die Jungen, die Kinder und Enkel leisten können«; ein ausgeglichener Haushalt ist »Generationengerechtigkeit pur«.

Mit derlei Ansprachen wartet unsere Kanzlerin seit vielen Jahren im Parlament, auf Kirchentagen, in Neujahrsbotschaften, Wahlkampfreden, auf Weltwirtschaftsforen, Klimagipfeln u. ä. auf; die ausgewählten Worte platzierte sie in ihre Rede auf dem 2. Ökumenischen Kirchentag in München am 16.5.2010, in ihren Wahlkampfauftritt in Freiburg im Breisgau am 21.9.2017 sowie in der Haushaltsdebatte des Deutschen Bundestages am 16.5.2018.

Um es nochmals und mit den Worten eines anderen zu betonen: Die Wirkmacht der von Sinn und der Kanzlerin jeweils beiläufig in ihre Reden eingeflochtenen Themenschnipsel zur Generationenproblematik beruht eben gerade darauf, »daß sie nicht bewußt als Theorien aufgefaßt, sondern von den meisten Menschen als unmittelbar einleuchtende Wahrheiten angesehen werden, die als stillschweigend angenommene Voraussetzungen fungieren.« Diese Erkenntnis über den geschilderten, herrschaftstechnischen Gauklertrick stammt von Friedrich von Hayek[11] (um diesem Autor wenigstens einmal uneingeschränkt zuzustimmen).

c) Schließlich die Neue Zürcher Zeitung: »Die Tendenz moderner westlicher Staaten zur stetigen Schuldenaufnahme erklärt sich auch damit, dass dadurch die Kosten für Staatsausgaben auf künftige Generationen abgewälzt werden können. Letztere können typischerweise nicht mitreden, wenn über fremdfinanzierte Staatsprojekte und entsprechende Schuldenaufnahme entschieden wird. Traurig, aber wahr: Der moderne Wohlfahrtsstaat, wie wir ihn heute kennen, beruht in hohem Masse auf Kostenüberwälzung auf künftige Generationen.«[12]

Eine Kommentierung dürfte sich nach dem zuvor Gesagten erübrigen.[13] Dass die Feststellung öko*l*ogisch zutrifft, sei wiederholt. Nur: So ist sie nicht gemeint; die NZZ meint es öko*n*omisch.

Zur zweiten Frage: Die Antwort darauf, wieso es gelingt, die ganze, einfache Wahrheit allzeit geheim zu halten, ist eingangs sowie in →*Basic 4* bereits zur Sprache gekommen. Sie stammt von Naina K. und ist höchst übersichtlich. Sie lautet, wie erinnerlich: »*Ich bin fast 18 und hab keine Ahnung von Steuern, Miete und Versicherungen. Aber ich kann 'ne Gedichtsanalyse schreiben. In 4 Sprachen.*«

Von alleine kommt man nun eher nicht darauf, dass Belastungen zugleich Begünstigungen sind, eine untrennbare Einheit bilden: Das liegt zu nahe, ist zu einfach. Aber wenn's einer einem einmal sagt – kann auch ein Lehrer sein, warum nicht? –, dann versteht man's erstens auf Anhieb und zweitens für den Rest seines Lebens.

Eine überzeugende Erklärung bietet demnach der Sachverhalt, dass unsere Schüler in Bezug auf ökonomische Basiskenntnisse unsere Schulen durchweg so verlassen, wie sie hineingekommen sind: als ökonomische Analphabeten – an die im Vorwort bereits zitierte, deprimierende und alarmierende

Feststellung aus der Fachzeitschrift für die Lehrer an Wirtschaftsschulen sei erinnert, der zufolge »...weder die Lehrer aus der ökonomischen Lehrbuchwissenschaft noch die Schüler aus ihren Schulbüchern etwas darüber lernen können, ›wie die Wirtschaft wirklich funktioniert‹«. Für unsere Schüler und ihre Lehrer gilt MARIE VON EBNER-ESCHENBACHS Aphorismus gleichermaßen[14]: »Wer nichts weiß, muss alles glauben.«[15]

Außerdem ist zu glauben bekanntlich weniger anstrengend als selber zu denken. »Sapere aude/Habe den Mut, dich deines Verstandes zu bedienen«, erklärte IMMANUEL KANT 1784 zum Leitspruch der Aufklärung.

Fazit

Staatsschulden verdrängen progressive Besteuerung – die Pflicht zur Steuerzahlung wird für Vermögende weitgehend ersetzt durch das Recht, Darlehen zu gewähren bzw. bei gegebener Interessenslage auch: zu verweigern – mit all ihren bereits erwähnten mächtigen, die Kreditgeber ermächtigenden, den Staat entkräftigenden Konsequenzen.

Zusätzlich begründen Staatsschulden Zins- und Tilgungslasten. Dabei entspricht die Summe der Belastungen durch Zins- und Tilgungszahlungen *einerseits* cent- und zeitgleich der Summe der Begünstigungen durch Zins- und Tilgungsgutschriften: Belastungen = Begünstigungen. *Andererseits* umfasst die Anzahl der Belasteten die Gesamtheit der Steuerzahler eines Landes, während die Zahl der Begünstigten, der Staatsdarlehensgewährer, überschaubar ist.

Im Zusammenspiel bewirken beide Momente, dass Staatsschulden über Generationen hinweg als ein höchst effizientes, unmerkliches und deshalb allgemein übersehenes Instrument zur fortlaufenden, staatlich organisierten Umverteilung von Einkommen und Vermögen *innerhalb* jeweiliger Generationen funktionieren – nämlich weg von den vielen Steuer-, Gebühren- und Beitragszahlern eines jeweiligen Jahres hin zu den wenigen Staatsgläubigern desselben Jahres. Zusätzlich verpflichten Staatsschulden regelmäßig künftige Generationen schon heute dazu, künftig genau dasselbe zu tun wie ihre Vorfahren heute, nämlich innerhalb ihrer Generation von unten nach oben umzuverteilen.

Im Übrigen stellt die für Unkundige glaubhaft verbreitete, halbwahre Lehre, Staatsschulden würden kommende Generationen belasten, und das schlechte Gewissen, das sie hervorruft, ein weiteres Erklärungsmoment für die in →*Basic 4* analysierte Attraktivität der Schwarzen Null dar.

Zum weiteren Vorgehen

Nach diesem kurzen Abstecher in das naheliegende Gebiet der Generationenökonomie und der staatsschuldenbasierten Umverteilung geht es wieder zurück zum Hauptgang der Untersuchung.

Eine besonders gravierende Auswirkung der Staatsschulden, so hieß es mehrfach, besteht darin, dass Kreditfinanzierung die Alternative einer ordentlichen Staatsfinanzierung über Steuern verdrängt, und zwar faktisch und ideell, d. h. im Bewusstsein der gewöhnlichen Steuerzahler. Der Sachverhalt gibt Anlass, sich mit dem Thema »Steuern« ausführlicher zu beschäftigen. Zu diesem Zweck gilt es zunächst, sich einen Überblick über das Steuersystem insgesamt zu verschaffen.

Diesem Zweck dient →*Basic 5*.

Weiterführende Bemerkungen und Belege zum Exkurs 4

1 Progressiv ist eine Besteuerung, wenn der prozentuale Anteil der Abgaben mit wachsender Besteuerungsgrundlage zunimmt. Progressiv ist demnach z. B. die Einkommensteuer in der Erhebungszone zwischen Grundfreibetrag und Spitzensteuersatz. Für nähere Ausführungen und Beispiele s. →*Basics 7 ff.*

2 Die Reihenfolge ist gemäß der mathematischen Logik gleichgültig. Nicht so jedoch gemäß der menschlichen Psychologik: Im Kontext der Umverteilung von den Steuerzahlern als Schuldnern zu den Kreditgebern als Gläubigern ist der Zusammenhang als »Schulden werden zu Vermögen«/»Schulden => Vermögen«/»Schulden = Vermögen« leicht nachvollziehbar. Nicht so jedoch bei umgekehrter Reihenfolge.
Bei den Zinsen muss es übrigens, genau genommen, Aufwand = Ertrag heißen, nicht Schulden = Vermögen. Der Unterschied ist im vorliegenden Zusammenhang jedoch belanglos.

3 Ein paar Zahlen zur Veranschaulichung, als erstbeste ziemlich willkürlich aus der Tagespresse herausgegriffen: Der brandenburgische Landesrechnungshof kritisiert: »Die Verschuldung des Landes [ist] zu hoch. ›Selbst bei Beibehaltung einer jährlichen Tilgung von 180 Millionen Euro würde der Abbau aller Altschulden des Landes rund 100 Jahre dauern‹, hieß es. Sollte das Zinsniveau um einen Prozentpunkt steigen, bedeute dies auf mittlere Sicht höhere Ausgaben von ebenfalls 180 Millionen Euro im Jahr [! AS]. Nach Angaben des Bundes der Steuerzahler lasten auf dem Land 20 Milliarden Euro Schulden.« (Berliner Zeitung vom 28.11.2017)

4 Auch hier ein paar Zahlen zur Dimension der in Rede stehenden Beträge: Bei einer zulässigen Verschuldung von 60% des Bruttoinlandproduktes gemäß Maastricht-Vertrag werden beständige, erhebliche Geldflüsse von Arm nach Reich festgeschrieben; das Bundesfinanzministerium plant demgemäß beispielsweise für 2018, durch den Verkauf von Bundeswertpapieren in Höhe

von 183 Mrd. Euro den Vermögenden Steuern in entsprechender Höhe durch erneute Verschuldung zu *ersparen*; darüber hinaus werden den Vermögenden im selben Jahre um 172 Mrd. Euro aus Tilgungszahlungen *bereichert*. (Zahlen gemäß Der Tagesspiegel vom 17.12.2017)
Im Land Berlin, gemäß dem Diktum eines seiner Regierenden Bürgermeister über Jahrzehnte hinweg »arm, aber sexy«, sollen währenddessen Steuereinnahmen zur vermehrten Tilgung von Altschulden verwendet werden. D. h. mit anderen Worten: Erhöhte Steuereinnahmen werden sozusagen postwendend an die vermögenden Besitzer von Staatsschuldtiteln weitergereicht. Für die Jahre nach 2018 »seien Überschüsse in dreistelliger Millionenhöhe zu erwarten.« Es »sei daher eine Tilgung am Kreditmarkt im Umfang von 495 Millionen Euro vorgesehen. Das sei nötig, so [der Berliner Finanzsenator] Kollatz-Ahnen: ›Wer etwas Schlechtes in der Tilgung sieht, der macht aus Erfolgen Niederlagen.‹« (Finanzsenator fordert mehr Tilgung, in: Der Tagesspiegel vom 20.12.2017)
Im Übrigen gibt es sogar ein eigenes Gremium, das zwar öffentlich kaum wahrgenommen wird, aber trotzdem wirksam darüber wacht, dass Tilgungsbeträge nicht umgewidmet und anderweitig ausgegeben werden. Es handelt sich um den so gut wie unbekannten, schön bürokratisch-unverständlich benannten »Stabilitätsrat von Bund und Ländern gemäß Grundgesetz, Artikel 109 a«.
Zugegeben: Für manchen Vermögenden sind die in Rede stehenden Beträge eher unbedeutend. Nicht so jedoch für den Wirtschaftskreislauf (→*Basic 2*), für die soziale Balance im Land sowie für die Handlungsfähigkeit des Staates. Letzteres sogar vor allem.

5 Hinzu kommen diejenigen, deren staatliche Unterstützungsleistungen infolge schuldenbedingter Ausgaben eingeschränkt bzw. unzureichend ausgeweitet werden.

6 An anderer Stelle habe ich die Entwicklung a) der Staatsschulden und b) der Nettogeldvermögen in Deutschland im Zeitraum von 1991 bis 2009 in Diagrammen wiedergegeben. Die Kurvenverläufe sind fast identisch, d. h. die Nettogeldvermögen sind mit derselben Geschwindigkeit gestiegen wie die Staatsschuld; bei entsprechender Skalierung kann man die Diagramme geradezu deckungsgleich übereinander legen. (S. Axel Stommel, Die Reichen, die Banken, die Schulden und wir – Wirtschaft verstehen, Bad Homburg 2012, S. 31 f.)
Dabei sind die Nettogeldvermögen allerdings rund dreimal so hoch wie die Staatsschulden – auch darin erweist sich, dass die Schulden sofort restlos tilgbar sind mit Hilfe der Nettogeldvermögen, die daraufhin zwar um ein Drittel abnehmen, aber immer noch reichlich Volumen aufweisen.

7 G.W. F. Hegel, Phänomenologie des Geistes, Vorrede.

8 S. z. B. http://www.faz.net/aktuell/wirtschaft/wirtschaftswissen/f-a-z-oekonomen ranking-politik-2014-13136171.html, zuletzt aufgerufen am 20.11.2017.

9 »Rangliste ›Forbes‹ kürt Merkel zur mächtigsten Frau der Welt - zum siebten Mal in Folge« (Meldung in: Spiegel online am 2.11.2017).

10 Hans-Werner Sinn in: The European – Das Debatten-Magazin vom 7.11.2017, http://www.theeuropean.de/hans-werner-sinn/13034-professor-hans-werner-sinn-warnt-eindringlich… Dass jemand, der es so weit nach vorne ins Rampenlicht gebracht hat wie Hans-Werner Sinn, in anderen Zusammenhängen

sehr wohl Beachtliches zu sagen hat, darf über dem hier Dargestellten nicht vergessen werden – von nix kütt nix, wie der Kölner sagt. Demgemäß wird auf den gefeierten Autor an anderen Stellen durchaus auch noch zustimmend zurückzukommen sein, so z. B. in →*Basic 14*. Man muss bei SINN also immer peinlich genau differenzieren, ob's Sinn ist oder Unsinn (oder ein Zwischending).

Im vorliegenden Fall ist die Einordnung einfach: SINN sagt Unsinn.

11 FRIEDRICH VON HAYEK, Recht, Gesetzgebung und Freiheit, Band 1: Regeln und Ordnung, München 1980, S. 100.

12 Schulden sind gut, zu hohe Schulden sind schlecht: Neue Zürcher Zeitung/NZZ-online vom 4.11.2017.

13 Stattdessen sei eine Frage gestellt: Muss die Neue Zürcher Zeitung mit ihrer überdurchschnittlich hoch gebildeten Leserschaft nicht einen »shitstorm« bzw. Waschkörbe voller kritischer Leserbriefe mit Klagen über inkompetente, halbwahre Wirtschaftsartikel bzw. unseriöse Meinungsmache fürchten? Nein, muss sie nicht. Ihre Methode ist tausendfach im journalistischen Alltag erprobt und bewährt: Cosi fan tutte/so machen's alle; das fällt niemandem auf. Außerdem hat man als NZZ-Leser ja auch kaum etwas gegen die Darstellung einzuwenden. Unauffälliges, zudem Wohlgefälliges ist der Kritik gleich zweifach enthoben.

14 MAIRE VON EBNER-ESCHENBACH, Gesammelte Schriften, Berlin 1899, S. 21. Auch HENRY FORD hatte in diese Richtung gedacht; folgender Ausspruch wird ihm zugeschrieben: »Eigentlich ist es gut, dass die Menschen der Nation unser Banken- und Geldsystem nicht verstehen.« Seine daran anschließende Befürchtung ist jedoch überängstlich: »Würden sie es nämlich, so hätten wir eine Revolution noch vor morgen früh.« (Das Zitat ist verbürgt unter https://londomonaki.wordpress.com/2013/11/22/zitat-von-henry-ford/, zuletzt aufgerufen am 10.9.2018.)

15 *Zusätzliche Details.* Damit niemand behaupten kann, es sei übersehen, womöglich gar verschwiegen worden, sei es eigens erwähnt: Der Tatbestand, dass jeder (inländische) Staatsgläubiger auch Staatsbürger und insofern steuerzahlender Schuldner seiner eigenen Kredite ist, führt zwar dazu, dass jeder Gläubiger einen bescheidenen Teil der Zins- und Tilgungsbeträge vermittels eigener Steuerzahlungen letztlich an sich selber und seine Gläubigerkollegen zahlt. Im Gegensatz dazu sind es jedoch ausschließlich die Staatsgläubiger, denen die Zins- und Tilgungsbeträge aller übrigen Steuer-, Beitrags-, Gebühren- und Abgabenzahler gutgeschrieben werden. Daher gilt für die vermögenden Gläubiger des Staates: *Unterm Strich lohnt es sich* (und zwar reichlich). Außerdem sei darauf hingewiesen, dass es vielfach ausländische Staatsbürger sowie institutionelle Anleger (Kapitalsammelstellen, Pensionsfonds u. a.) sind, die in inländische Staatsschuldpapiere »investieren«. Auch diese Feststellung ändert jedoch nichts Entscheidendes an den vorangegangenen Ausführungen: Institutionelle Anleger zahlen aus an personale Anleger. Zum fundamentalen Unterschied zwischen Investieren und »Investieren« s. →*Basic 15*.

BASIC 5

Die Steuern im Überblick oder: 30 = 100 Eine Magical Mystery Tour durch's Wunderland der Steuern. Welche Eindrücke bleiben hängen?[1]

Als Erstes gilt es, sich einen Überblick über das Gelände und seine einzelnen Teile zu verschaffen: Wer ist die Größte im ganzen Land? Wer gehört zu den Übersehenen, Verstoßenen & Vertriebenen? Abb. 4 zeigt das Terrain in der Totalen.

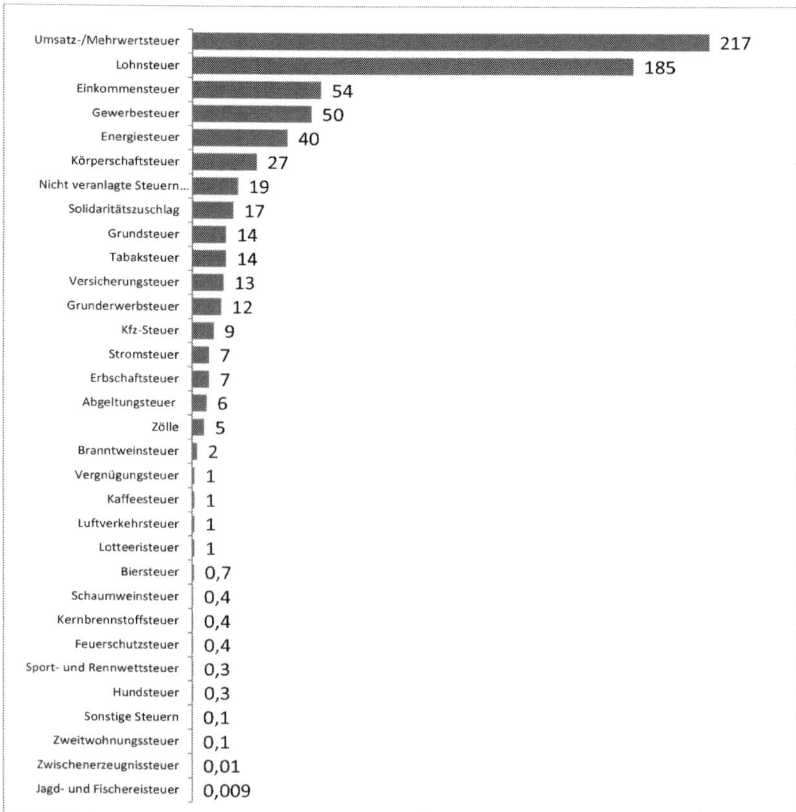

Sonstige Steuern: 0,1; Gesamteinnahmen: 706 (Differenz rundungsbedingt)
Quelle: Bundesministerium der Finanzen/Globus 11655

Abb. 4: Balken, Balken an der Wand – sagt mir, wer ist die Größte im ganzen Land?[2] *Steuereinnahmen von Bund, Ländern und Gemeinden 2016, in Milliarden Euro*

Ein kurzer Blick aufs Ganze genügt, um zu erkennen: Die größte, einträglichste von allen ist die Umsatzsteuer. Fahren wir näher ran, um erste Ausschnitte mit womöglich interessanten, auffälligen Details zu erkennen.

Umsatzsteuer: ergiebig, aber unsozial ...

Im Alltagsleben ist die Umsatzsteuer unter dem Namen »Mehrwertsteuer« bekannt. Sie ist der Shooting Star unter Deutschlands Steuern, denn sie hat im Weltkriegsjahr 1916 einmal mit einem Satz von 0,5 % angefangen und ist danach ständig erhöht worden. Seitdem sie 2005 entgegen allen dezidierten Wahlversprechen plötzlich von 16 auf 19 % angehoben wurde, hat sie die anderen Steuern hinter sich gelassen. Seitdem ist sie die ergiebigste von allen.

Allerdings ist die ergiebigste eine besonders unsoziale Steuer, denn die Umsatzsteuer belastet Geringverdiener stark, während sie Spitzenverdiener schont. Geringverdiener nämlich geben alles aus, was sie verdienen. Dazu sind sie gezwungen. Oft verschulden sie sich, müssen sich gar verschulden für kaum abwendbare, womöglich lebensnotwendige Konsumausgaben. Sie unterwerfen mithin prinzipiell ihr gesamtes Einkommen der Umsatzsteuer (im Falle der Verschuldung sogar noch mehr als 100 % ihres Einkommens). Ausgenommen sind lediglich umsatzsteuerbefreite Ausgaben.

Besonders hart werden deshalb die Obdachlosen zur Steuer herangezogen, denn bei ihnen entfallen die einzigen umsatzsteuerbefreiten Ausgaben von Bedeutung, die für Miete, Bank- und Wertpapiergeschäfte; jeder Cent, den sie erhalten, wird ausgegeben und dabei umsatz- sowie zusätzlich hoch verbrauchbesteuert, und zwar Letzteres überdurchschnittlich stark (mit Tabak- und Alkoholsteuern; die Lebensumstände von Obdachlosen machen entsprechende Ausgaben nachvollziehbar[3]). Im Ergebnis können die Wohnungslosen – es sollen 2017 in Deutschland über eine Million Menschen gewesen sein[4] –, was ihren kumulierten persönlichen Steuersatz[5] angeht, locker mit so manchem Spitzenverdiener mithalten.

Wer dagegen 100.000 Euro und mehr im Monat verdient, gibt nur einen Bruchteil davon für Konsumzwecke aus. Er unterwirft demnach auch nur diesen Bruchteil seines Einkommens der Umsatzsteuer. Sein persönlicher Umsatz- und Verbrauchsteuersatz[6] ist folglich niedrig. Es gilt die Regel: *Die Masse füllt die Kasse.*

… sowie riesig, aber ständig übersehen

Glaubt man der erdrückenden Mehrheit unserer Politiker, Ökonomen und Journalisten, so gibt es freilich gar keine Umsatz- bzw. Mehrwertsteuer, sondern nur eine einzige, nennenswerte Steuer: die Lohn- bzw. Einkommensteuer[7]. Seit eh und je wird so argumentiert, als wären Steuern = Einkommensteuer. Hier eine Kostprobe.

»Wir haben 86 Millionen Deutsche und 26 Millionen Steuerzahler.«
CHRISTIAN LINDNER *als Generalsekretär der* **FDP**[8]

»Steuersenkungen sind sinnlos, denn 24 Millionen Menschen zahlen keine Steuern.«
THORSTEN SCHÄFER-GÜMBEL, *stellvertretender Vorsitzender der* **SPD**[9]

»Zehn Prozent der Wohlhabendsten bringen immerhin 55 Prozent der Steuereinnahmen ein.«
ANGELA MERKEL, *Bundeskanzlerin und Vorsitzende der* **CDU**[10]

»Wer wenig verdient, kann wenig Steuern sparen. Jeder dritte Beschäftigte zahlt heute gar keineSteuern mehr.«
DIERK HIRSCHEL *als Chefökonom des DeutschenGewerkschaftsbundes* (**DGB**)[11]

»Wir müssen auch an all jene denken, die überhaupt keine Steuern zahlen.«
ULRICH SCHNEIDER, *Hauptgeschäftsführer des* **Paritätischen Wohlfahrtsverbandes**[12]

»Der Steuerfreibetrag […] führt dazu, dass Geringverdiener keine oder kaum Steuern zahlen.«
ALEXANDER PETRING, **Wissenschaftszentrum Berlin für Sozialforschung**[13]

»Auch die Armen, die keine Steuern zahlen, genießen die öffentlichen Güter.«
OTFRIED HÖFFE, **Philosophie-Professor,**
Verfasser von »Politische Gerechtigkeit – Eine philosophische Einführung« in derzeit 4. Auflage erschienen, im Interview zum Thema »Steuern und Gerechtigkeit«[14]

So kommt es, »dass das obere Fünftel der Steuerpflichtigen satte 70 Prozent zum Gesamtsteueraufkommen beiträgt. Das untere Fünftel steuert hingegen nur rund 0,2 Prozent bei.«
MARIE-CHRISTINE OSTERMANN *in der konservativen Tageszeitung* **»Die Welt«**[15]

»Steuern werden ausschließlich nach der Leistungsfähigkeit erhoben – und dazu noch progressiv.«
ULRIKE HERRMANN *in der grün-alternativen* **»taz/die tageszeitung«**[16]
(die Autorin leitet die Wirtschafts- sowie die Meinungsredaktion der taz)

»Kleines Einkommen steuerfrei«
Titel einer häufig in Schulen und Presse verwendeten GLOBUS INFOGRAFIK
mit der Quellenangabe
»Statistisches Bundesamt«[17]

»Eine faire Verteilung der Steuerlast gehört zu den Pfeilern unseres Rechtsstaates. Wer wenig verdient, zahlt keine oder wenig Steuern, wer dagegen mehr verdient, zahlt mehr Steuern.«
Arbeitsgemeinschaft Jugend & Bildung e. V. in Zusammenarbeit mit dem
Bundesministerium der Finanzen[18]

Die Liste lässt sich mühelos mit weiteren, ähnlichen Aussagen namhafter und weniger namhafter Persönlichkeiten aus Wissenschaft, Medien und Politik verlängern sowie monatlich aktualisieren. Hinzu kommen ahnungslose Unbedachtheiten wie die der Berliner Zeitung[19]: Ihren Aufmacher über einen Beschluss des Bundeskabinetts zur Senkung des Grundfreibetrages in der Einkommensteuer versieht sie mit folgender Schlagzeile: Kabinett »senkt die Steuern«. *Die* Steuern heißt: sämtliche, alle, ausnahmslos. Tatsächlich ging es jedoch nur um eine einzige (und bei dieser wiederum lediglich um eine von mehreren Stellschrauben, den Grundfreibetrag nämlich). Eine merkwürdige Verwechslung von Einzahl und Mehrzahl – eine Unterscheidung, die doch gewöhnlich mühelos gelingt. Der Fehler signalisiert grundlegende Unsicherheiten in Steuerfragen in der Redaktion dieser Hauptstadtzeitung, um nicht zu sagen: Er signalisiert steuerkundliches Analphabetentum. Oder vielleicht doch – horribile dictu/grausig, es auszusprechen – tendenziöse, regierungsfreundliche Berichterstattung? Nein, das kann nicht sein.

Last, not least die Süddeutsche Zeitung, eines der beiden Flaggschiffe des deutschen Qualitätsjournalismus: In ihrer Pfingstausgabe 2013 publizierte sie ein umfangreiches, farbig bebildertes Dossier zur »Geschichte der Steuern«[20]. Die Umsatz-/Mehrwertsteuer fand in der ganzen Geschichte keine Erwähnung; noch nicht einmal ihr Name tauchte auf. Wohl aber das Nilometer und seine Bedeutung für die Steuerbemessung im alten Ägypten, beispielsweise.

Diese Stoffauswahl bzw. diese Schwerpunktsetzung ist äußerst verwunderlich, weil die Umsatzsteuer nicht nur die größte unter den Steuern ist, sondern auch über nichts weniger als »Omnipräsenz« (deutsch: Allgegenwart) verfügt, eine im Allgemeinen nur höchsten, übernatürlichen Wesen zugeschriebene Fähigkeit: Umsatzsteuer entrichtet man frühmorgens beim Brötchenkauf, tagsüber bei der Busfahrt und spätabends beim Kneipenbier; die Zahlungen beginnen mit der ersten Windel und enden mit dem letzten Hemd (dem auf der Bahre). Auch die Verfasser des Dossiers entrichten diese Steuer tagein, tagaus ohn' Unterlass. Wollten sie durch gediegene Information über Altes, längst Vergangenes vom Neuen, Aktuellen, leider Unsozialen ablenken? Noch mal nein. Das kann nicht sein. Also Zoom zurück.

Die Basis der Steuerdebatte: Steuern gleich Einkommensteuer bzw. 100 = 30

Dank der einleitenden Grafik wissen wir es jetzt besser als die Experten aus Wirtschaft, Wissenschaft, Politik & Journalistik: Es gibt nicht nur die Einkommensteuer. Die macht lediglich rund 30 % der Steuereinnahmen aus. Festzuhalten ist hier aber auch: Unsere Politiker, Journalisten, Fachwissenschaftler etc. betrachten regelmäßig 30 % als 100 %; *die öffentliche Steuerdebatte wird hierzulande geradezu ausnahmslos auf Basis der Gleichung 100 = 30 geführt.* Das Ganze also ist ein Teil und umgekehrt: Ein Teil ist das Ganze.

Insofern die Einkommensteuer, das Teil, im Gegensatz zur Umsatz-/Mehrwertsteuer zwar keineswegs durchgängig zu Recht, aber trotzdem glaubhaft für sich in Anspruch nimmt, die wirtschaftliche Leistungsfähigkeit der Besteuerten zu berücksichtigen, kommt diese Verwechslung von Teil und Ganzem einer sei es fahrlässigen, sei es beabsichtigten Irreführung über den sozialen Charakter unseres gesamten Steuersystems gleich. Denn Obdachlose beispielsweise zahlen zwar keine Einkommensteuer. Trotzdem werden sie besteuert – besonders hart sogar.

Die beiden herausragenden Steuern, jene, die zusammen knapp zwei Drittel der Staatseinnahmen einbringen, sprich Umsatzsteuer und Lohn-/Einkommensteuer, sind genauere Betrachtungen wert. Das erfolgt in den nächsten →*Basics 6 f.*

Schwindsüchtige und vertriebene Steuern neben einer »nicht mal ignorierten« Riesenart

Zuvor jedoch noch kurz zu einer schmächtig-kleinen sowie zu einer vertriebenen Art. Bei der kleinen, bescheidenen handelt es sich um die *Erbschaftsteuer;* im obigen Zahlenbild findet man sie vermutlich noch nicht einmal auf Anhieb. Sie rangiert unter »ferner liefen«, ist fast schon bloße Bagatellsteuer: Obwohl in Deutschland gemäß Statistischem Bundesamt Jahr für Jahr Beträge von über 200 Milliarden Euro vererbt werden (Tendenz stark steigend), ist der Ertrag aus Erbschaftsteuer mit 6,3 Mrd. Euro arg bescheiden; ihr Beitrag zum Staatshaushalt entspricht 0,9 %. Die Steuer auf Erbschaften erbringt jedenfalls deutlich weniger als etwa die Steuer auf Tabak, Kraftfahrzeughaltung oder elektrischen Strom.

Bei der ausgetriebenen Art handelt es sich um die *Vermögensteuer*. Aufgrund eines Kabinettsbeschlusses der Regierung KOHL wird Vermögensteuer seit 1997 in Deutschland nicht mehr erhoben. Da vertrieben, erscheint diese Steuer auch nicht in der Grafik. Seit 1997 bleiben Vermögen hierzulande demzufolge gänzlich unbesteuert – wir stehen vor einer Ursache dafür, dass die soziale Ungleichheit in Deutschland größer ist als in irgendeinem anderen Land der Euro-Zone. Dass das Grundgesetz (Artikel 106, Absatz 2) die Vermögensteuer als pure Selbstverständlichkeit behandelt, mag dem zwar theoretisch entgegenstehen. Nicht aber faktisch.

Ganz groß und allgegenwärtig dagegen also ist die Umsatzsteuer: Dass es ausgerechnet diese Steuerart ist, die regelmäßig »nicht mal ignoriert wird«, wie man in Wien zu sagen pflegt, muss, wenn man es mit etwas Abstand und in Ruhe bedenkt, höchst verwunderlich erscheinen – so verwunderlich, dass Ihr Begehren, liebe Leserin/lieber Leser, dafür eine nachvollziehbare Erklärung zu erhalten, verständlich und legitim ist. Denn hier geht es nicht mehr lediglich um jenen sprichwörtlichen Elefanten, der zwar im Raume steht, den aber alle geflissentlich übersehen. Sondern dieser Elefant wird übersehen, obwohl ihn alle mehrmals täglich füttern!

Die verlangte Erklärung für dieses einzigartige Phänomen liegt am nächsten →*Basic 6* bereit.

Fazit

Steuern üben einen erheblichen Einfluss auf die sozioökonomische Entwicklung aus: *Steuern steuern.*

Trotzdem trifft man überall auf unglaubliches Unwissen über Steuern, ihre Wirkungen und ihr System. Diese Feststellung gilt sogar für Spitzenvertreter aus Wirtschaft und Wissenschaft, Philosophie, Medien & Politik einschließlich der Kanzlerin höchstselbst.

Es lohnt sich deshalb, das System der Steuern genauer zu betrachten.

Zum weiteren Vorgehen

Wenn man das obige Fazit zusammen mit den Erfahrungen und Ergebnissen aus den zurückliegenden vier Basics betrachtet, gewinnt es weiter an Bedeutung. Denn, um an JOSEPH STIGLITZens Worte zu erinnern: »Nichts beeinflusst den Wohlstand einer Nation und ihrer Menschen stärker als die Wirtschaftspolitik.«[21] Wirtschaftspolitik aber ist, wie erörtert, zunächst einmal Steuerpolitik: Seine Steuereinnahmen sind es, die dem Staat jene Handlungsspielräume verschaffen, die er zur aktiven, zielgerichteten wirtschaftspolitischen Steuerung, ja überhaupt zum Regieren benötigt: *Regieren heißt steuern.* Die Steuern verdienen es daher, näher untersucht zu werden.

Auf das angekündigte Umsatzsteuer-Basic 6 folgen fünf weitere Basics zu Steuerfragen, bevor mit →*Basic 12* makroökonomisches Kerngebiet erreicht wird, nämlich das Gebiet der wirtschaftlichen Entwicklung in Konjunkturen und Krisen. Insgesamt sieben Steuer-Basics mögen auf den ersten Blick als viel, womöglich zu viel, erscheinen. Aber, es sei wiederholt: Ohne ausreichende Steuern keine gesamtwirtschaftliche Steuerung – die so überaus wichtige »makroökonomische Front« (STIGLITZ) müsste aufgegeben werden.

Aus diesem Grund also zunächst ein längerer Gang durch das Reich der Steuern. Es wird sich übrigens schon bald herausstellen, dass es sich um ein überraschend interessantes, abwechslungsreiches Gebiet mit ausgesprochen spannenden, eindrucksvollen Streckenabschnitten handelt.

Weil sie dort laufend auf bestes Rohmaterial für ihre schöpferische, verdienstvolle Arbeit stoßen, *ist das Gelände sogar für Satiriker von Interesse.*

Weiterführende Bemerkungen und Belege zu Basic 5

1 »Magical Mystery Tour« heißt der Titelsong des gleichnamigen Doppelalbums des Liverpooler Quartetts THE BEATLES aus dem Jahre 1967. Das Werk markiert den Höhepunkt ihrer psychedelischen, von Drogenexperimenten begleiteten Schaffensperiode. Damit stellt es die ideale musikalische Untermalung für jenen tranceähnlichen Zustand bereit, in den, wie sich schon eine Seite später zeigen wird, die verschiedensten Teile der Gesellschaft schlagartig verfallen, sobald sie das Reich der Steuern betreten.

2 Frei nach Gebrüder GRIMM (Aschenputtel).

3 »Papst FRANZISKUS findet, auch Obdachlosen, die jeden Cent in Alkohol investieren, sollte man Almosen nicht verweigern. Wenn ein Schluck Wein das

einzige Glück sei, das sie im Leben hätten, ›dann ist auch das gut‹, sagte das Kirchenoberhaupt.« (Berliner Zeitung vom 1.3.2017)

4 Diese Zahl schätzt die Bundesarbeitsgemeinschaft Wohnungslosenhilfe, mit stark steigender Tendenz, gemäß einem Bericht der Berliner Zeitung vom 11.1.2018. Die explodierenden Mietpreise in deutschen Ballungsräumen treiben immer mehr Menschen in die Wohnungslosigkeit. Eine amtliche Statistik gibt es darüber jedoch nicht (übrigens im Gegensatz zur Anzahl der bezirklichen Bienenstöcke z. B.).
Zwar ist der besonders steile Anstieg in den letzten beiden Jahren auf den Zustrom mittelloser Migranten zurückzuführen. Sie haben das Problem jedoch lediglich verschärft, nicht geschaffen. Ursache ist die gegenläufige Entwicklung von Mieten und verfügbarem Einkommen. Dazu passt, dass sich die Anzahl der Rentner, die im reichen Deutschland Lebensmittelhilfe bei den Tafeln erbitten müssen, im letzten Jahrzehnt verdoppelt hat. S. hierzu auch →*Basic 4, Anm. 22.*

5 Persönlicher Steuersatz in Prozent = persönliche Steuerzahlungen einer Periode, geteilt durch persönliches Bruttoeinkommen derselben Periode, mal 100.

6 Persönlicher Umsatz- und Verbrauchsteuersatz in Prozent = persönliche Umsatz- und Verbrauchsteuerzahlungen einer Periode, geteilt durch persönliches Bruttoeinkommen derselben Periode, mal 100.

7 Zur Begrifflichkeit »Lohn- bzw. Einkommensteuer«: →*Basic 7.*

8 Am 9.5.2010 in der TV-Sendung »Anne Will«.

9 In: Berliner Zeitung vom 22.12.2008.

10 In: Deutschlandfunk, 20.9.2012. Die Kanzlerin verwechselt die Einkommensteuer mit den Steuern insgesamt, nimmt also wieder einmal das Teil als Ganzes, die halbe Wahrheit als ganze Wahrheit. Tatsächlich macht die Einkommensteuer, wie aus der Eingangsstatistik ersichtlich, jedoch lediglich knapp 30 Prozent der Steuereinnahmen aus. Folglich schrumpft der von der Kanzlerin genannte Beitrag der Wohlhabendsten von 55 % auf rund 16 %. Die Reichsten zehn Prozent tragen insoweit also nicht mit 55, sondern lediglich mit 16 % zu den Steuereinnahmen bei. D. h. das einkommensstärkste Zehntel der Bevölkerung übernimmt gemäß den Aussagen der Kanzlerin knapp ein Achtel der gesellschaftlichen Steuerlast.
Immerhin. Aber reicht das? Ist das schon der entlastende Beweis für jene »faire Verteilung der Steuerlast«, die »zu den Pfeilern unseres Rechtsstaates« gehört, wie das Finanzministerium weiter unten (Anm. 18) verkünden lässt? Dieser Frage wird in →*Basics 7 ff.* auf alsdann breiterer Datenbasis nachgegangen.

11 In: Berliner Zeitung vom 31.10.2009.

12 Am 23.6.2017 auf der öffentlichen Veranstaltung »Gestaltende Finanzpolitik« der Friedrich-Ebert-Stiftung in Berlin.

13 In: Friedrich-Ebert-Stiftung, Hg., WISO Diskurs, März 2011, S. 3.

14 In: SZ.de vom 22.6.2013.

15 Vom 16.11.2011.

16 Vom 4.4.2004. Ulrike Hermann ist auch als Autorin verbreiteter ökonomischer Sachbücher hervorgetreten.

17 TB-0057 (18.07.2005).

18 In: Finanzen und Steuern 2002, S. 10.

19 Vom 7.11.2011, S. 1.

20 Vom Nilometer zum Bierdeckel – Eine Geschichte der Steuern, Texte und Recherche von Silke Bigalke, Süddeutsche Zeitung vom 18./19./20.5.2013, S. 27 f.
21 Joseph Stiglitz, Europa spart sich kaputt – Warum die Krisenpolitik gescheitert ist und der Euro einen Neustart braucht, München 2016, S. 93.

BASIC 6
Das Märchen von der Mehrwertsteuer
Wer erzählt es? Und für wen wird das Märchen wahr?

Die Umsatzsteuer ist die ertragreichste Steuer. Außerdem ist sie allgegenwärtig. Trotzdem wird sie regelmäßig übersehen: So hatte es am Ende von →*Basic 5* geheißen.

Dabei ist die Umsatzsteuer nicht nur ihrer Größe wegen ein schwerer Brocken. Sondern auch aufgrund ihres strukturellen Aufbaus. Damit er begreifbar wird, muss der Brocken kleinteilig zerlegt werden. Das erfordert längere, gerade anfangs strapaziöse Betrachtungen hier vor Ort. Das Volumen der Umsatzsteuer und ihre Bedeutung für Alltagsleben und Wirtschaftskreislauf rechtfertigen den Aufwand jedoch. Außerdem gehört es einfach zur sozioökonomischen Grundbildung, über die größte Einnahmequelle unseres Staates einigermaßen Bescheid zu wissen.

Die Erkenntnisse, die am Ende der Untersuchung warten, werden wieder einfach und eingängig, übersichtlich und grundlegend.

Namen und Einzugsverfahren

Betrachten wir zunächst Namen und Einzugsverfahren dieser Steuer. Bei ihren Namen beginnt bereits die Verwirrung. Allgemein wird die Umsatzsteuer »Mehrwertsteuer« gerufen, ihr gesetzlicher Name lautet jedoch »Umsatzsteuer«. Im zugrunde liegenden Gesetz, dem Umsatzsteuergesetz, taucht der Begriff »Mehrwertsteuer« nicht auf.

Um es vorweg zu nehmen: Ihr Rufname, Mehrwertsteuer, ist zu 100 % irreführend und ideologisch; ihr gesetzlicher Name, Umsatzsteuer, nur zu 75 %. Die Mehrwertsteuer wird Umsatzsteuer genannt, weil sie auf jeder Handels- oder auch Umsatzstufe, die eine Ware (oder Dienstleistung) auf dem Weg von der Produktion zum Endverbraucher durchläuft, als Steuer vom neu hinzugekommenen Wert (genauer: vom neu hinzugekommenen Rechnungsbetrag, also vom Preis) erhoben wird. In Fachkreisen spricht man deshalb auch von einer Nettoallphasen-Umsatzsteuer.

Nehmen wir das Beispiel einer Uhr und rechnen wir anstelle der gültigen 19 der Einfachheit halber mit einem Umsatzsteuersatz von 20 %:

- Ein Lieferer L liefert einem Produzenten P Rohstoffe für die Uhrenproduktion zum Preis von 30 € je Uhr; L stellt P deshalb eine Rechnung aus über den Warenwert (30 €) + Umsatzsteuer (20 % von 30 € = 6 €); P begleicht diese Rechnung, indem er 36 € an L überweist.
- Die von ihm produzierte Uhr verkauft P an den Händler H für 80 € Produktionspreis + 16 € Umsatzsteuer; der H zahlt 96 € an den P.
- Ein Endverbraucher E kauft H die Uhr ab; H verlangt und erhält von E 100 € Handelspreis + 20 € Umsatzsteuer.

Dasselbe im Bild:

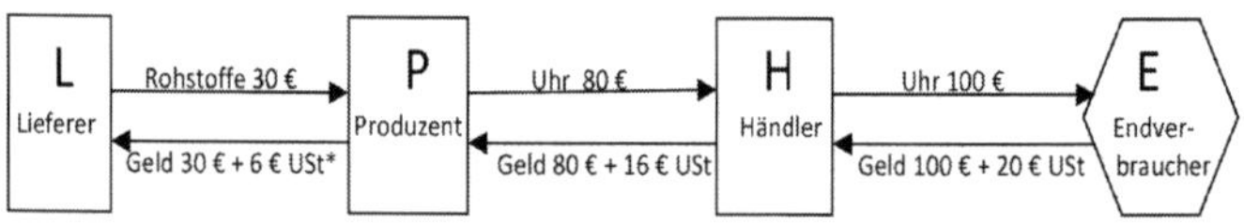

*USt = Umsatzsteuer

Im Schaubild sowie im zugrunde liegenden Beispiel werden der Übersichtlichkeit halber lediglich zwei gewerbliche Umsätze in Höhe von 30 € + 80 € = 110 € netto (d.h. ohne Umsatzsteuer) benötigt, um die Ware herzustellen, vor Ort zu schaffen und den Endverbraucherumsatz in Höhe von 100 € netto zu generieren. In Wirklichkeit sind in einer hoch entwickelten Volkswirtschaft wie der deutschen jedoch mehr und höhere gewerbliche Umsätze erforderlich, um einen Endverbraucherumsatz hervorzubringen, nämlich Umsätze in Höhe des durchschnittlich etwa Dreifachen der Endverbraucherumsätze. Dementsprechend sind in der wirtschaftlichen Wirklichkeit mehrere Lieferer L, mehrere Produzenten P (Produzenten von Vorprodukten und Betriebsmittel zum Beispiel), mehrere Dienstleister (Transporteure, Banken und Versicherungen z.B.) sowie unter Umständen mehrere Händler (Groß- und Einzelhändler, Außenhändler) beteiligt. Am Prinzip ändert sich dadurch jedoch nichts. Es wird nur unübersichtlicher.

Abb. 5: Ware und Umsatzsteuer auf dem Weg von der Produktion zum Verbraucher

Die Umsatzsteuerzahlungen haben bisher der Lieferer, der Produzent und der Händler in Empfang genommen: der Lieferer 6 € von P, der Produzent 16 € von H, der Händler 20 € von E. Lieferer, Produzent und Händler müssen diese Beträge ans Finanzamt abführen. *Aber, und das ist entscheidend:* Dabei dürfen sie diejenigen Umsatzsteuerbeträge, die sie selber gezahlt haben, *als »Vorsteuer« von dem abzuführenden Betrag abziehen.*

- L überweist demnach 6 € ans Finanzamt, denn er hatte keine Vorlieferanten, also auch keine Vorsteuer.
- P überweist jedoch nicht jene 16 €, die er vom H erhalten hat, sondern 16 € minus jener 6 €, die er an L gezahlt hat; er überweist demnach 10 € ans Finanzamt. Dieser Betrag entspricht einer Steuer auf den »Mehrwert« (richtig: Mehrpreis), den die Uhr auf seiner Wirtschaftsstufe erhalten hat, nämlich 50 € (P hatte die Uhr für 80 € verkauft und Rohstoffe für 30 € eingekauft; 20 % von 50 € sind 10 €).
- H schließlich macht es ebenso, d. h. er überweist nicht jene 20 € Umsatzsteuer, die er von E erhalten hat, sondern lediglich 20 € abzüglich jener 16 €, die er selber an P gezahlt hat. Er überweist also 4 € ans Finanzamt.

Beim Finanzamt kommen folglich an: 6 € von L, 10 € von P und 4 € von H, zusammen 20 €. Dieser Betrag entspricht exakt dem Steuer-Betrag, den der Endverbraucher E an den Händler H gezahlt hat.

Das aber heißt: Beim Finanzamt bleibt ausschließlich die Umsatzsteuer des Endverbrauchers. *Für die Unternehmer, die Lieferer, Produzenten und Händler ist die Mehrwertsteuer keine Steuer, sondern ein »durchlaufender Posten« – soll sagen: Es bleibt nichts hängen, weder im Plus noch im Minus.* Denn die Umsatzsteuer, welche die Unternehmer gezahlt hatten, durften sie als Vorsteuer von ihren Überweisungsbeträgen abziehen; nur den überschüssigen Rest von jener Umsatzsteuer, die sie von ihren jeweiligen Kunden erhalten haben, mussten sie abführen. Kurz: Was sie an Umsatzsteuer *bezahlen*, erhalten sie zurückerstattet bzw. verrechnet; was sie an Umsatzsteuer *erhalten*, müssen sie ans Finanzamt abführen – *für die Wirtschaft ist die Umsatzsteuer eine Märchensteuer.*

Unter den Beteiligten gibt es nur einen einzigen, der die entrichtete Umsatzsteuer nicht vom Finanzamt als Vorsteuer zurückerstattet bzw. verrechnet bekommt. Das ist der private *Endverbraucher. Für ihn wird das Märchen von der Umsatzsteuer wahr.*[1] In Wahrheit ist die Umsatzsteuer deshalb eine *allgemeine Preissteuer für Endverbraucher* bzw. sie ist *die Allgemeine Endver-*

brauchssteuer. (Als solche steht sie im Gegensatz zu den besonderen Endverbrauchssteuern beispielsweise auf Kaffee, Strom und Vergnügungen). Einzig und allein die Endverbraucherpreise bestimmen demnach die Höhe der staatlichen Umsatzsteuereinnahmen, und ausschließlich Endverbraucher tragen die gesamte Last dieser Steuer.

Und weiter: Die Umsatzsteuer ist lediglich eine Steuer auf den *letzten* Umsatz. Alle vorherigen Umsätze sind nur formal besteuert; materiell sind sie steuerfrei. Für alle Vorstufen gilt, was Elvis Presley schon gesungen hat: »Return to sender/zurück an Absender«. Außerdem ist die Umsatzsteuer keine Steuer auf irgendeinen Mehrwert; überhaupt ist sie keine Wertsteuer, sondern eine Preissteuer, genauer: eine Steuer auf den Endverbraucherpreis.

Erste Zwischenfrage zum gesicherten Verständnis:
Angenommen, ausschließlich der Händler H müsste Umsatzsteuer auf seinen Warenpreis berechnen, alle anderen, hier also Lieferer L und Produzent P, würden komplett aus dem System der Umsatzsteuer herausgenommen: Wie hoch wären dann die Mindereinnahmen des Staates?
Antwort:
€ 0,00 (in Worten: null-Komma-nix).
Sicherheitshalber noch einmal. Bisher sind ans Finanzamt zu zahlen:

- 6 € vom Lieferer L, 10 € vom Produzenten sowie 4 € vom Händler; 6 + 10 + 4 = 20.
- Bei der neuen Regelung würde der Händler 20 € direkt ans Finanzamt überweisen.

Für das Finanzamt (und für den Endverbraucher E) gilt: 20 = 20, alt = neu, gehüpft wie gesprungen.
Auch beim Händler würde sich finanziell nichts ändern, denn H muss jetzt gar nichts mehr an P überweisen:

- bisher musste H 20 € überweisen, nämlich 16 € an P sowie 4 € ans Finanzamt, 16 + 4 = 20;
- jetzt überweist H die 20 € ans Finanzamt.

Auch für H gilt demnach: 20 = 20, alt = neu. Für alle anderen gilt: 0 = 0.

Das Leben wäre sogar viel einfacher, denn sowohl der Lieferer als auch der Produzent hätte mit der Umsatzsteuer nichts mehr zu tun; kein Lieferer und kein Produzent müsste noch Umsatzsteuer einziehen, überweisen, mit dem

Finanzamt abrechnen usw. Insofern ist die Märchensteuer doch noch eine Last auch für die Unternehmer. Fiskalisch liefe das neue Verfahren also auf ein und dasselbe hinaus: 20 = 20; dabei würde dasselbe jedoch mit erheblich geringerem Aufwand erreicht. Die *Abb. 6 a* und 6 *b* veranschaulichen den Sachverhalt.

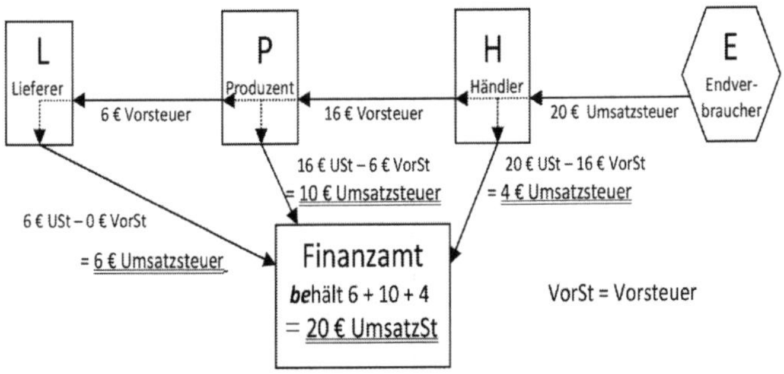

Das Bild zeigt den Umsatzsteuereinzug in seiner gültigen Form (als vermeintliche „Nettoallphasenumsatzsteuer mit Vorsteuerabzug"): Sechs Zahlungsströme und fünf Beteiligte werden benötigt, um 20 € vom Endverbraucher zum Finanzamt zu transportieren (wie bei Abb. 1 ausgeführt, sind in Wirklichkeit jedoch etwa dreimal so viele Zahlungsströme und Beteiligte erforderlich). Obwohl das Finanzamt zunächst höhere Zahlungsansprüche *er*hält*, *be*hält es nach Verrechnung lediglich 20 €**.

*nämlich 6 € USt von L, 16 € USt von P sowie 20 € USt von H, insgesamt also 42 €.

** nämlich 42 € – 6 € VorSt an P sowie – 16 € VorSt an H; 42 – 6 – 16 = 20.

Abb. 6 a: Der Weg der Umsatzsteuer, wenn sie im Vorsteuerabzugsverfahren eingezogen wird

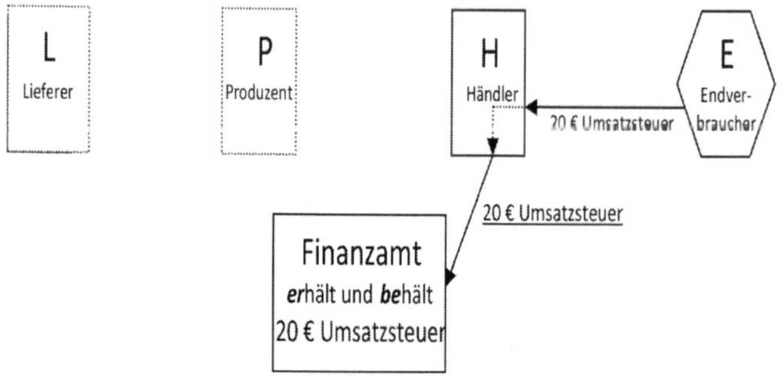

Abb. 6 b. zeigt, wie der Einzug der Umsatzsteuer aussähe, wenn die Umsatzsteuer ausdrücklich als Endverbrauchersteuer/Allgemeine Verbrauchsteuer behandelt würde. In diesem Fall würden definitiv lediglich zwei Zahlungsströme benötigt, um exakt dasselbe Ergebnis wie in Abb. 2 a zu erzielen, nämlich 20 € Umsatzsteuer vom Endverbraucher zum Finanzamt zu transportieren. Hier *er*hält das Finanzamt also von vorne herein genau jene 20 €, die es *be*hält.

Abb. 6 b: Der Weg der Umsatzsteuer, wenn sie als das behandelt wird, was sie ist, nämlich als Allgemeine Endverbrauchersteuer

Damit stellt sich die Frage:

Warum so kompliziert, wenn's auch einfach geht?

Die Gründe liegen nicht im Fiskalischen, sondern im Politischen. In der einfachen Ausführung entsprechend Abb. 6 b wäre zwar alles viel einfacher. Aber alles wäre auch viel einfacher zu durchschauen, weil dann für jedermann ersichtlich wäre, dass diese Steuer die Allgemeine Endverbraucher-Preissteuer ist. Man müsste sie dann wohl auch entsprechend nennen, wenn man seine Glaubwürdigkeit nicht verlieren will. Der schöne Name »Mehrwertsteuer« jedenfalls wäre perdu, dahin.

Beim gültigen Verfahren sieht es dagegen so aus, als müssten alle am Wirtschaftsprozess Beteiligten diese Steuer tragen – schließlich haben alle sie auf allen ihren Rechnungen –, und zwar in Höhe des Mehrwerts der jeweiligen Umsatzstufe. Das erscheint nur recht und billig; nur Egoisten sind nicht bereit, vom Mehrwert einen Teil abzugeben. So wurde es schließlich schon im Kinderzimmer gelernt: Von der Tafel Schokolade musst du den Anderen etwas abgeben.

***Zweite Zwischenfrage zum gesicherten Verständnis*:**
Welche Umsätze werden im System der Umsatzsteuer tatsächlich, d. h. materiell besteuert? Und welche nur dem Anschein nach?
***Antwort*:**
Ausschließlich die Umsätze mit Endverbrauchern werden tatsächlich besteuert. Alle vorangehenden Umsätze werden nur scheinbar besteuert, denn alles, was Lieferanten, Produzenten, Dienstleister und Händler an Umsatzsteuer *erhalten*, müssen sie ans Finanzamt *abgeben*, während sie alles, was sie an Umsatzsteuer *zahlen*, vom Finanzamt als Vorsteuer *zurückerstattet* bekommen, und zwar durch Verrechnung, notfalls durch Überweisung.

Etwa 75 % aller volkswirtschaftlichen Umsätze sind Umsätze zwischen Unternehmern; nur rund 25 % der Umsätze sind Umsätze mit Endverbrauchern. *Also wird bei der Umsatzsteuer in 75 % aller Fälle Geld finanzwirtschaftlich sinnlos, aber mit erheblichen Ermittlungs-, Berechnungs-, Übertragungs- und Kontrollaufwand hin- und hergeschoben.*

Beiläufig: Die einzigen mir bekannten Persönlichkeiten von Rang und medialem Gewicht, die diesen Zusammenhang jemals öffentlich zur Sprache gebracht haben, sind: der ehemalige Bundesfinanzminister und Kanzlerkandidat Peer Steinbrück, der ehemalige rheinland-pfälzische Finanzminister Gernot Mittler sowie der ehemalige Verfassungsrichter und kurzzeitige Finanzministerkandidat im anfänglichen Schattenkabinett von Angela Merkel, Paul Kirchhof, der »Professor aus Heidelberg«, wie ihn der wahlkämpfende Gerhard Schröder einst spöttisch titulierte. Bei verschiedenen Gelegenheiten haben diese drei, jeder auf seine Art, öffentlich gefordert, die Umsatzsteuer »im Verkehr zwischen Unternehmen weg[zulassen]. Nur noch Endverbraucher (auch wenn sie Unternehmen sind) zahlen sie.« So, stellvertretend, Paul Kirchhof.[2] Ihre Forderung haben sie sowohl mit Vereinfachung als auch damit begründet, dass der *Umsatzsteuerbetrug* einzudämmen sei.

Das bestehende System mit seinen unzähligen, fiskalisch sinnlosen Zahlungsströmen ist nämlich äußerst betrugsanfällig: Wo viel fließt, und das auch noch über weite Strecken, kann auch viel abgezweigt werden. Wo jedoch Umsatzsteuer gar nicht erst ohne fiskalischen Sinn erhoben wird, kann sie auch nicht hinterzogen werden. Von Wirtschaftswissenschaftlern, auch von kritisch-alternativen bzw. »heterodoxen«, waren Analysen wie die von Kirchhof, Steinbrück und Mittler übrigens bedauerlicherweise nicht zu sehen oder zu hören; solch profaner, zudem extrem bürokratisch geformter Stoff findet üblicherweise nicht ihre Aufmerksamkeit – *sogar die Heterodoxie kommt zu den Steuern praktisch nie.*

Würden, wie von PAUL KIRCHHOF gefordert, ausschließlich die Umsätze mit Endverbrauchern umsatzsteuerpflichtig, so würde der Steueranspruch des Staates zwar, wie soeben erkundet, nicht um einen einzigen Cent gemindert. *Aber:* Die Steuer gäbe sich als Endverbrauchssteuer zu erkennen. Sie müsste dann wohl auch diesen Namen, Endverbrauchssteuer, annehmen. Als »Umsatzsteuer« dagegen täuscht sie wirkungsvoll darüber hinweg, dass nur 25 % der Umsätze tatsächlich besteuert werden. Wenn ein Produzent Rohstoffe für € 100.000 kauft, erhält er im gültigen Verfahren eine Rechnung, auf der € 20.000 Umsatzsteuer ausgewiesen *sowie tatsächlich zu zahlen* sind. Da kann EVA ENDVERBRAUCHER sich doch nicht beklagen, wenn sie 2 € Umsatzsteuer im Preis der Windeln für ihr Kind entrichtet hat! Würde dieselbe Steuer dagegen als Allgemeine Endverbrauchersteuer ausgewiesen, so *stünde das hohe Gut der Steuergerechtigkeit offen sichtbar in Frage.*

Im Doppelpack versperren die Begriffe »Mehrwertsteuer/Umsatzsteuer« die klare Sicht und verhindern unliebsame, politische Folgen. Man stelle sich vor, die Steuer würde »Mehr*preis*steuer« – immerhin wirklichkeitsnäher als »Mehr*wert*steuer« – heißen. Das ginge gar nicht: »Mehrpreissteuer« klingt provokant und beschwört Steuerwiderstand geradezu mutwillig herauf. Ganz anders der Begriff »Mehr*wert*«. Er besitzt eine derart positive Ausstrahlung, dass ihm nicht einmal seine ständige Verbindung mit dem in höchstem Maße belastetem Wort »Steuer« etwas anhaben kann.

Seine positive Ausstrahlung ist geradezu unverwüstlich. Dementsprechend wirbt die Volkswagen AG z. B. in ganzseitigen Anzeigen: »Mehr wert statt teuer… Jetzt zuschlagen. Die Mehrwert-Transporter«, während der Deutsche Beamtenbund in seinen Verbandspublikationen für sein »Mehrwertportal« wirbt. Ein internationaler cash & carry-Marktbetreiber schließlich macht's pur: »Selgros ist Mehrwert«.[3]

*Das Wort »**MEHR**WERTsteuer« ist Gold wert, das Wort »Umsatzsteuer« Silber.*[4]

Abb. 7: Ganzseitige Zeitungswerbung für Mehrwert-Transporter von VW (Ausschnitt)[5]

Der positiven Ausstrahlung des Begriffes »Mehrwert« kann sogar eine ständige Verbindung mit dem höchst belasteten Begriff »Steuer« nichts anhaben.

Indirekte Steuer: minimale Auffälligkeit trotz maximaler Ergiebigkeit

Außerdem ist zu beachten, dass die Umsatzsteuer eine indirekte Steuer ist. Das heißt, der steuerlasttragende Endverbraucher kommt überhaupt nicht in Kontakt mit dem Finanzamt. Er entrichtet seine Steuer an der Ladenkasse oder per Überweisung an private Empfänger, zudem tagtäglich in relativ kleinen Einzelbeträgen, also in kleinsten Stückelungen. Deshalb merkt er in der Regel gar nicht, wenn er seine Umsatzsteuern zahlt.

In ihrer *einzigartigen Kombination aus maximaler Ergiebigkeit und minimaler Auffälligkeit* ist die Umsatzsteuer mit ihren beiden Namen geradezu ein Geniestreich, ist die bisher bestgelungene Antwort auf die alte Menschheitsfrage, die da lautet: Wie kann ich anderen etwas wegnehmen, ohne dass sie es merken bzw. hilfsweise, falls sie es doch merken: ohne ihren Widerstand zu reizen?[6]

JEAN-BAPTISTE COLBERT, der Finanzminister LUDWIGS XIV., des Sonnenkönigs, hat dazu wenig einfühlsam notiert: »Die Kunst der Besteuerung besteht ganz einfach darin, die Gans so zu rupfen, dass man möglichst viel Federn bei möglichst wenig Geschrei erhält.«[7] FRIEDRICH II. von Preußen hat demgegenüber immerhin schon etwas behutsamer bemerkt: »Die große Kunst besteht nur darin, die Steuern zu erheben, ohne die Staatsbürger zu bedrücken.«[8] Trotzdem war ihm, obwohl als »Der Große« in die Geschichte eingegangen, das Kunststück des unmerklichen bzw. einvernehmlichen Besteuerns genauso wenig gelungen wie seinen Zeitgenossen.

Denn sie alle kannten noch keine »Mehrwertsteuer«. Die nämlich erst schafft's: Wer wird denn nicht bereit sein, einen kleinen Teil vom Mehrwert abzugeben bzw. das tun, was alle tun, nämlich eine Steuer auf den eigenen, kleinen Umsatz entrichten, wo doch andere, die Unternehmer zumal, so große Umsätze zu versteuern haben?! Daher: *Mit seinen wahlweise verwendbaren Begriffen »Mehrwert-« und »Umsatzsteuer« produziert das komplizierte Verfahren im Doppelpack den Schein und das Gefühl von Gerechtigkeit.* Steuergerechtigkeit aber, und sei sie bloß gefühlt, ist die schärfste Waffe gegen den Steuerwiderstand des gemeinen Volkes (die Steuermoral der Vermögenden ist ohnehin eher eine unabhängige Variable).

Man kann deshalb gar nicht oft genug betonen, wie wichtig für das Begreifen der Welt, in der wir leben, die Wahl der richtigen Begriffe ist, und wie leicht interessierte Irreführung gerade durch die Wahl falscher Begriffe gelingt. Schon KONFUZIUS hatte bemerkt: »Wenn die Begriffe nicht richtig sind, so stimmen auch die Worte nicht, und stimmen die Worte nicht, so kommen auch die Werke nicht zustande.«[9]

In Anerkennung der Sprach- bzw. Machtverhältnisse wird nachfolgend, wenn immer die Allgemeine Endverbrauchersteuer gemeint ist, gleichwohl weiterhin von »Umsatzsteuer« gesprochen. Die bezeichnende und deshalb zwar korrekte, aber unbekannte Begrifflichkeit »(Allgemeine) Endverbrauchersteuer« für eine Sache zu verwenden, die, wenn überhaupt, unter anderen Namen bekannt ist, würde wahrscheinlich selbst wieder mehr Verwirrung stiften als klären. Der Begriff »Mehrwertsteuer« allerdings wird nachfolgend streng vermieden; er ist komplett irreführend.

Die Umsatzsteuer also verbindet auf einzigartige Weise maximale Ergiebigkeit mit minimaler Auffälligkeit, hatte es geheißen. Sie ist das strahlende Juwel am Steuerhimmel.

Dunkle Seiten des strahlenden Steuersterns

Jedoch: Kein Licht ohne Schatten; selbst dieses märchenhaft geniale System hat Nachteile. Zwei davon sind sogar schwer.

1. Das System ist mit einem riesigen, bürokratischen Überprüfungs-, Verrechnungs- und Zahlungsabwicklungsaufwand verbunden: Millionen, nein Milliarden von Rechnungen *beispielsweise* müssen Jahr für Jahr in den Unternehmen und den Finanzämtern in Hinblick auf die Einhaltung der Formvorschriften der §§ 14 und 14 a des Umsatzsteuergesetzes auf elf formale, größtenteils überflüssige Angaben geprüft und buchhalterisch erfasst werden. Fehlt eine Angabe, so ist eine Rückerstattung der entrichteten Umsatzsteuer als Vorsteuer ausgeschlossen. Das nervt und kostet. Unternehmer, die diesen bürokratischen Aufwand beklagen, klagen völlig zu Recht.
2. Das System ist, wie bereits erwähnt, äußerst betrugsanfällig: Nicht alle Unternehmer, die öffentliches Geld, Umsatzsteuern nämlich, in Empfang nehmen, reichen *beispielsweise* das Geld unbedingt ans Finanzamt weiter; das Bauunternehmen Hochtief z. B. soll »die Mehrwertsteuer zwar erhoben, aber nicht abgeführt haben – es soll sich dabei um 500 Millionen Euro handeln«, weiß kein Geringerer als Joseph Stiglitz zu berichten.[10]
   Und umgekehrt: Genauso wenig reichen *beispielsweise* alle Unternehmer, die das abzuführende Geld mit Hilfe von Eingangsrechnungen kürzen können, ausschließlich richtige und begründete Rechnungen beim Finanzamt ein. Eingangsrechnungen in Unternehmerhand nämlich sind einerseits bares Geld wert, nämlich den Betrag der zu erstattenden Vorsteuer. Andererseits sind sie wesentlich leichter zu fälschen als richtiges Geld.
   Die Formvorschriften für erstattungsfähige Vorsteuerabrechnungen produzieren sogar das paradoxe Ergebnis, dass Rechnungen mit Formfehlern echt sein werden, aber nicht erstattungsfähig; nur formgerechte Rechnungen kommen praktisch als gefälschte in Betracht, werden aber, da formgerecht, im Regelbetrieb anstandslos erstattet.[11]

Der Schaden ist beträchtlich. Nach Einschätzung des ehemaligen Bundesfinanzministers Peer Steinbrück handelt es sich um »zweistellige Milliardenbeträge«; andere Berechnungen beziffern den Betrag mit 15 bis 21 Mrd. €, wieder andere mit über 30 Mrd. € jährlich. Auf einem Treffen der Finanzminister von Bund und Ländern war von einer »Hinterziehungsquote von zehn Prozent «, heute also jährlich 21 Mrd. €, die amtliche Rede.[12]

Seitdem ist es nicht besser geworden. Nur still. Das heißt: *Deutschland lässt sich die Produktion eines schönen Scheins von Steuergerechtigkeit Jahr für Jahr einen hohen, zweistelligen Milliardenbetrag kosten, also etwa so viel, wie es für Schulen und Kindertagesstätten ausgibt!*

Außer Betracht gelassene Aspekte

Es ist an der Zeit, inne zu halten. Zwar gibt es noch viel an dieser einzigartigen Steuer auszuleuchten und zu erkunden, etwa

- wie sie entdeckt, benannt und entwickelt wurde,
- nach welchen Gesichtspunkten ihre Steuersätze für die verschiedenen Waren und Dienstleistungen festlegt sind (Satiriker hätten ihre Freude daran), dabei auch,
- wie der ermäßigte Satz auf Lebensmittel und Kulturgüter die unsoziale Wirkung der Umsatzsteuer zwar mildert, aber nicht aufhebt,
- nach welchen Gesichtspunkten bestimmte Umsätze ganz von der Umsatzsteuer befreit worden sind,
- auf welche bunte Mischungen aus verwaltungstechnischen Überlegungen, sozialer Austarierung und grundsolider Lobby-Arbeit man bei ihrer konkreten Ausgestaltung trifft,
- wie ihre Betrugsanfälligkeit in ihren Sonderregelungen für das erwiesenermaßen besonders betrugsanfällige Baugewerbe auf einfachste, verfahrenstechnische Weise erheblich reduziert worden ist (nämlich als sogenannte Umkehrschuld, der zufolge im Baugewerbe erst der Generalunternehmer Umsatzsteuer in Rechnung zu stellen hat – was hier als weiter verkomplizierende, zudem extrem bürokratisch dargebotene Ausnahme erscheint,[13] stellt tatsächlich eine sachgerechte, durchgreifende Vereinfachung dar, die sofort überall anwendbar ist),
- wie alles einfacher, billiger und besser wird, wenn schlicht und einfach das vereinfachte Verfahren für das Baugewerbe auf die gesamte Wirtschaft übertragen wird, und wie einfach dadurch gleichzeitig Steuerbetrug *und Steueraufwand* wesentlich reduziert werden könnten,
- wie durch Umgestaltung ihres Tarifes sogar das unsoziale Wesen dieser Steuer gebändigt werden kann,

- welch hanebüchener Unsinn und kollektiver Unverstand sich bei Wikipedia unter den separaten Stichworten »Mehrwertsteuer« und »Umsatzsteuer« offenbart (»die Steuer belastet den Verkäufer… in Höhe des von ihm geschaffenen Mehrwerts«[14]) und wie fehlerhaft die Darstellungen und Strukturbilder in den einschlägigen Lehrbüchern sind,
- wie diese Steuer unter dem Namen »value added tax/VAT« zum weltweiten Siegeszug angetreten ist
- und manches mehr.

In Anbetracht des Umfangs der bisherigen Darstellung muss ein Hinweis darauf, wo die dazugehörigen Ausführungen zu finden sind, genügen.[15]

Fazit

Die Umsatzsteuer ist schlicht phänomenal: von allen Steuern die größte, außerdem allgegenwärtig und dennoch ständig übersehen. Letzteres ist übrigens nur zu ihrem Besten, denn ihr Charakter ist *zutiefst unsozial.* Zwar berücksichtigt diese Steuer die wirtschaftliche Leistungsfähigkeit ihrer Lastträger. Allerdings glatt verkehrt herum:

- Wer wenig verdient, zahlt viel; weil er alles ausgibt, was er verdient, muss er auch auf alles, was er verdient hat, Umsatzsteuer zahlen – er führt also einen hohen Prozentsatz seines Einkommens als Umsatzsteuer ab,
- wer viel verdient, zahlt wenig; weil er nur einen Bruchteil seines Einkommens für Verbrauchsgüter und entsprechende Dienstleistungen ausgibt, muss er auch nur auf diesen Bruchteil Umsatzsteuer entrichten – folglich führt er nur einen niedrigen Prozentsatz seines Einkommens als Umsatzsteuer ab.[16]

Bei den verschiedenen besonderen Verbrauchsteuern – dies sei bei dieser Gelegenheit kurz hinzugefügt –, also den Steuern auf Kaffee, Bier, Schaumwein, Feuerschutz, Strom, Gas, Mineralöl, Versicherungen, Lotterie, Vergnügungen usw., verhält es sich genauso. *Das ist das Robin-Hood-Prinzip, nur verkehrt herum.* Damit sind Verbrauchsteuern im Allgemeinen und die Allgemeine Verbrauchsteuer, die Umsatzsteuer, im Besonderen regelrecht ungerecht. Sie sprechen der vom Finanzministerium bereits in →*Basic 5* als gestaltungsleitend deklarierten »fairen Besteuerung« Hohn.

Mehr noch: Umsatz- und Verbrauchsteuern sind zugleich unwirtschaftlich. Denn sie schwächen den Wirtschaftskreislauf: Wer als Unvermögender kaufen will, aber nicht kann, kann es dank Umsatzsteuer noch weniger, während der Vermögende, der kaufen kann, aber nicht will, nicht deshalb doch noch kaufen wird, weil seine Belastung durch Umsatzsteuer vergleichsweise niedrig ist. Für Vermögende gilt das in →*Basic 2* Gesagte: Steuern berühren ihr Konto, nicht ihr Leben. Gerechtigkeit und Wirtschaftlichkeit gehen wieder einmal Hand in Hand, auf das Harmonischste vereint. Systematisches dazu später *(→Abschnitt B)*.

Demgemäß widerspricht die Umsatzsteuer diametral der Regierungskunst: »Die Kunst«, so hatte es mit WERNER KAMPPETER schon in →*Basic 3* geheißen, »besteht darin, nicht den Konsum der privaten Haushalte, sondern ihre Ersparnisse zu senken und zum Staat umzulenken.« Wenn diese Umlenkung unterbleibt, dann erweist sich die Nachfrage – dem Wesen nach beständig, in der Erscheinung periodisch – als unzureichend, um die produzierten Waren zu wertangemessenen Preisen zu kaufen und den Unternehmen den erhofften Gewinn in die Kassen zu spülen – jenen Gewinn, der als Antrieb für ihr weiteres Wirtschaften unersetzlich ist. Auch dazu alsbald mehr *(→ Basics 12–14 sowie Abschnitt B)*.

Insgesamt also ein enttäuschendes Ergebnis.

Aber wir haben ja noch eine zweite, fast ebenso ergiebige Steuerart, die Einkommensteuer, im Kofferraum. Die wenigstens verspricht, sich streng an der wirtschaftlichen Leistungsfähigkeit der Bürger auszurichten.

Betrachten wir also die Einkommensteuer näher; das folgende →*Basic 7* ist ihr gewidmet.

Weiterführende Bemerkungen und Belege zu Basic 6

1 Einschränkend ist hinzuzufügen, dass die Umsatzsteuer auch die Verkäufer von Waren und Leistungen belasten kann. Allerdings nicht steuerlich-unmittelbar, sondern durch Nachfrageminderung. Das Ausmaß der jeweiligen Belastung hängt davon ab, wie nahe die angebotenen Waren bzw. Leistungen an der Zahlungsfähigkeitsgrenze der jeweiligen Konsumenten liegen; die Anbieter von Grundnahrungsmitteln werden weniger, Vermieter dagegen stärker getroffen (genauer: sie würden stärker getroffen, wenn denn private Mieten nicht von der Umsatzsteuer befreit wären): Indem die Umsatzsteuer begrenzte Kaufkraft zum Staat umleitet, mindert sie die Kaufkraft auf den Märkten für individuelle Konsumgüter (→*Basic 2*).
Die Banken, der Verband der Haus- und Grundstückseigentümer, Vermieter, Hoteliers und andere haben sich deshalb mit unterschiedlichem Erfolg gegen eine Umsatzbesteuerung ihrer Waren bzw. Dienstleistungen zur Wehr gesetzt. Der Sachverhalt ist ziemlich kompliziert, ohne im vorliegenden Zusammenhang ent-

scheidend zu sein, ganz abgesehen davon, dass eine exakte Quanitifizierung von Kaufkraftabfluss- und Belastungsüberwälzungsprozessen nicht möglich ist. Der Sachverhalt kann deshalb im vorliegenden Zusammenhang außer Betracht bleiben.

2 In: Der Tagesspiegel vom 30.6.2011. Die entsprechenden Äußerungen von Steinbrück/Mittler sind älter; am 1.11.2001 berichtete die Frankfurter Rundschau (Hervorhebungen AS): Die Umsatzsteuer soll »nicht mehr erhoben werden, wenn Waren nur von einem Handelsunternehmen an ein anderes verkauft werden. ›Damit könnten die Ketten durchbrochen werden, die eine wachsende Zahl von Firmen nutzen, um mit krimineller Energie Umsatzsteuerbetrug zu betreiben‹, sagte der nordrhein-westfälische Finanzminister Peer Steinbrück im Gespräch mit der FR.
Sein rheinland-pfälzischer Amtskollege Gernot Mittler ergänzt: ›*Wo Umsatzsteuer nicht berechnet wird und Vorsteuer nicht geltend gemacht werden kann, kann sie auch nicht hinterzogen werden.*‹ Nach einer solchen Reform würde die Umsatzsteuer nur noch von den Konsumenten bezahlt werden. [...]
Nach Angaben Mittlers betrug das 1998 in Rechnungen ausgewiesene Mehrwertsteueraufkommen rund 1.000 Milliarden Mark. Letztlich kam beim Fiskus jedoch nur ein Viertel dieser Summe an. ›*Drei Viertel des Aufkommens wird also zwischen Lieferanten, Händlern und Finanzämtern nutzlos hin- und hergeschoben*‹, monierte der Mainzer Politiker.
Allerdings hatte in den vergangenen Jahren eine große Zahl von Firmen Karussellgeschäfte mit einer Kette eigens gegründeter, kurzlebiger Scheinfirmen zum Teil mit Sitz im europäischen Ausland getätigt. [...] So zahlt ein Unternehmen zwar die Rechnung seiner Tarnfirma inklusive Umsatzsteuer und lässt sich den Steueranteil vom Finanzamt erstatten. Das Scheinunternehmen wird aber umgehend liquidiert mit dem Ziel, die einkassierte Umsatzsteuer nicht an das Finanzamt abzuführen, sondern in dunklen Kassen verschwinden zu lassen. ›Der Schaden erreicht zweistellige Milliardenbeträge‹, schätzt Steinbrück. Um dagegen vorzugehen, ›brauchen wir natürlich schärfere Kontrollen‹, [...] sagt Steinbrück.
Viel mehr verspricht er sich aber eben von einer grundlegenden Reform, die solche betrügerischen Geschäfte unmöglich macht... Das kann aber noch dauern. Frühestens im Mai, so die Auskunft aus dem Hause Eichel (= damaliger Bundesfinanzminister – AS), werde der Arbeitskreis, an dem die Steuerexperten von Bund und Ländern beteiligt sind, das Ergebnis seiner Diskussion präsentieren. Bis sich das Haus Eichel dann noch an eine so grundlegende Reform heranwagt, werde es sicher 2003.«
Nun hat sich 2003 als reichlich verfrüht erwiesen. Mittlerweile dürfte sogar schon der Sankt-Nimmerleinstag verfrüht sein, denn das Thema ist erfolgreich dem totalen Vergessen übergeben worden, und zwar ohne dass die Übergabe bemerkt wurde. Auch die zaghaften Erinnerungsversuche des wackeren Paul Kirchhof aus dem Jahre 2011 haben daran nichts geändert; sie sind abgeprallt an einer festen, doppelten Mauer aus interessiertem Schweigen und ahnungslosem, unverständigem Desinteresse.

3 Regionale Plakatwerbung im Frühjahr/Sommer 2017.

4 In seiner skurrilen Art hat Lewis Caroll Bedeutung von und Verfahren zur

Durchsetzung von Sprache erinnerungswürdig beschrieben: »Das ist dir doch eine Gloriole!« – »Ich habe keine Ahnung, was Sie unter ›Gloriole‹ verstehen«, gestand Alice. – Hampti Dampti lächelte verächtlich: »Natürlich nicht – erst wenn ich es dir sage. Ich habe damit gemeint: ›Das ist ein hübscher, schlagender Beweis gegen dich!‹« – »Aber ›Gloriole‹ bedeutet doch nicht ›ein hübscher, schlagender Beweis gegen dich!‹« – »Wenn *ich* ein Wort verwende«, behauptete Hampti Dampti hochmütig, »dann hat es genau die Bedeutung, die ich haben will – nicht mehr und nicht weniger.« – »Die Frage ist«, wandte Alice ein, »ob man das einfach machen *kann*, einem Wort so viele verschiedene Bedeutungen geben.« – »Die Frage ist«, korrigierte Hampti Dampti, »wer das Sagen hat – das ist alles.« (Lewis Carroll, Alice hinter den Spiegeln, in: Das literarische Gesamtwerk, Buch 2: Misch & Masch, Frankfurt/M. 1998 [1893], S. 719; Hervorhebungen im Original)

5 Entnommen: Frankfurter Rundschau vom 10.12.2006.

6 Dass Umsatz- und Verbrauchsteuern noch nicht einmal von Organisationen bemerkt werden, die sich zum Ziel gesetzt haben, die steuerliche Belastung von Mindestlöhnern und anderen, in prekären Verhältnissen Lebenden zu mindern, zeigt der nachfolgend Ausschnitt aus einem Flugblatt, welches am 21.6.2015 im Berliner Regierungsviertel verteilt wurde (s. Abb. 8).

Wir fordern:

- **Schluss mit der Besteuerung des Existenzminimums von Erwerbstätigen!**
- **Steuerfreiheit für jeden gesetzlichen Mindestlohn!**

- Aktionsbündnis Sozialproteste (ABSP)
- attac Aschaffenburg-Miltenberg
- Erwerbslosen Forum Deutschland
- Klartext e.V.
- LabourNet Germany
- Rhein-Main-Bündnis gegen Sozialabbau und Billiglöhne (RMB)
- Soziale Bewegung Land Brandenburg (SBB)
- Tacheles e.V.

März 2015

Nachdruck und weitere Verbreitung erwünscht!

V.i.S.d.P.: Edgar Schu• Postfach 3434 • 37024 Göttingen • edgar.schu@die-soziale-bewegung.de • Tel. 0551 20 190 386
Kostenlose Bestellung: Rainer Roth • Berger Str. 195 • 60385 Frankfurt • info@klartext-info.de

Man beachte: Zu den Unterzeichnern gehört auch eine attac-Gruppe. Attac führt das Wort »Steuern« in seinem Namen (»attac« steht für den französischen Ausdruck »Vereinigung zur *Besteuerung* von Finanztransaktionen im Bürgerinteresse« und begreift sich ausdrücklich u. a. als Bildungsbewegung). Zur Misslichkeit des namensgebenden Wortes »Finanztransaktionen/transactions financières« s. →*Basic* 15.

Abb. 8: Flugblatt des Aktionsbündnisses Sozialproteste u. a. (Ausriss)

In dem Text, den sie dem obigen Ausschnitt vorangestellten haben, nehmen die Unterzeichner auf höchstrichterliche Entscheidungen Bezug und beklagen unter anderem: »*Trotzdem wurde der Mehrbedarf/Freibetrag seit 1996 besteuert... Der Mehrbedarf/Freibetrag für Erwerbstätige muss steuerfrei gestellt werden!*«

Zu diesem Zweck fordern sie, den Mehrbedarf in den Grundfreibetrag zu integrieren.
Dazu ist festzustellen: Tatsächlich wird nicht nur der Mehrbedarf, sondern grundsätzlich jeder Bedarf besteuert; der Grundfreibetrag gehört zur Einkommensteuer und schützt demzufolge lediglich vor *dieser* Steuer. Außerdem werden Grund- und Mehrbedarf nicht erst seit 1996 besteuert. Die Umsatz- sowie diverse Verbrauchsteuern gibt es zwar nicht dem Namen, wohl aber der Sache nach bereits seit Jahrhunderten, und sie machen, leicht vereinfacht, zurzeit nur vor Ausgaben für Bank- und Wertpapiergeschäfte sowie Privatmieten halt.
Die bestürzende Feststellung lautet deshalb: Sogar dieses speziell auf Steuerfragen ausgerichtete Bündnis sozial Schwacher und Benachteiligter arbeitet zusammen mit seinen gebildeten Unterstützern von attac auf der Grundlage der Gleichung 100 = 30, Steuern = Einkommensteuer. Diese falsche Gleichung begründet die wahrhaft maximale Unscheinbarkeit der Umsatz- und Verbrauchsteuern; zugleich demonstriert sie anschaulich, wie weit steuerliches Analphabetentum hierzulande verbreitet ist, nämlich bis in Kreise von Steuerspezialisten.

7 Verbürgt z. B. unter: https://www.aphorismen.de/zitat/27896, zuletzt aufgerufen am 5.10.2018.

8 Verbürgt unter: https://www.aphorismen.de/suche?f_autor=1338_Friedrich+II...Große&f...Steuer, zuletzt aufgerufen am 5.10.2018.

9 Verbürgt unter: https://www.zeno.org/Philosophie/...(Konfuzius)/.../3.+Richtig stellung+der+Begriffe, zuletzt aufgerufen am 5.10.2018.

10 Joseph Stiglitz, Europa spart sich kaputt – Warum die Krisenpolitik gescheitert ist und der Euro einen Neustart braucht, München 2016, S. 480.

11 Am Rande vermerkt: Wenn immer von Betrug zu berichten ist, heißt es plötzlich »Umsatzsteuerbetrug«, nie »Mehrwertsteuerbetrug«. Dadurch bleibt das schöne Wort »Mehrwertsteuer« unbeschmutzt. Die Sprachregelung funktioniert perfekt, und zwar selbstläufig, d. h. ohne dass sich die Sprecher bzw. Schreiber dessen unbedingt bewusst sein werden.

12 Quelle: Berliner Zeitung vom 5.10.2005. Zur Dimension des Schadens: Als »größter Steuerskandal in der Geschichte der Bundesrepublik« werden gemeinhin die sogenannten Cum-Cum- und Cum-Ex-Geschäfte (betrügerischer Aktienhandel im Kreis um Dividendenzahltage herum) bezeichnet, so z. B. in Die Zeit (vom 8.6.2017, S. 19 ff.). Bei den Cum-Geschäften sind der Gesellschaft dem Bericht nach jeweils rund 2,5 Mrd. Euro jährlich entzogen worden (1,5 durch Cum-Cum, eine durch Cum-Ex), und das auch »nur« knapp 15 Jahre lang (ebd.)).
Im Vergleich mit der Umsatzsteuer, und zwar sowohl was die fortwährende Dauer als auch was die jeweiligen Jahresbeträge ausmacht, wandelt sich der angeblich größte Steuerskandal mit seinen – so ahnungslos Das Parlament (vom 26.6.2017, S. 11) – »Finanzbetrügereien ohnegleichen« in eine arge Kleinigkeit, um nicht zu sagen: in eine Petitesse. Denn aus dem Cum-Cum/Cum-Ex-Steuerschäden hätte man bloße 36 Elbphilharmonien oder lediglich 1200 Kilometer Autobahn bauen können – also rein gar nichts gegenüber den aufgelaufenen und weiter auflaufenden Umsatzsteuerhinterziehungen.
Nachtrag: Im Oktober 2018 ging die Nachricht durch die Presse, neue Unter-

suchungen hätten ergeben, dass der Schaden aus Cum-Geschäften zehnmal so hoch sei wie bisher angenommen. Das wird wohl so sein; trotzdem können diese Betrügereien mit dem Umsatzsteuerbetrug nicht mithalten. Mehr zu Cum-Geschäften übrigens in →*Basic 15, Anm. 1.*

13 In der Terminologie des Gesetzes ist von einer »Umkehrschuld« die Rede, der zufolge der »Leistungsempfänger« zum »Steuerschuldner« mutiert. Verstanden? Und als Vereinfachung erkannt? Die Regelung, dass, um Umsatzsteuerhinterziehung wenigstens im besonders betrugsanfälligen Baugewerbe zu erschweren, Umsatzsteuer erst ab der Stufe des Generalunternehmers in Rechnung zu stellen ist, so dass die Subunternehmer mit dem Generalunternehmer netto, d. h. ohne Umsatzsteuer, abrechnen, erschließt sich in dieser Darstellung sicher nicht auf Anhieb.
Trotzdem handelt es sich um eine grundlegende Vereinfachung, denn hier wird das Verkehrte umgedreht; dadurch wird es wieder richtig, einfach & vernünftig. Obendrein ist dieses Einfache zugleich das Einträgliche. So etwas ist selten, und zwar deshalb, weil üblicherweise das Einfache, wenn es denn zugleich das Einträglichere ist, selbstverständlich auch das Gültige ist. Nicht so jedoch wieder einmal bei der Umsatzsteuer.
Für Kundige, die sich die Mühe machen, die Sache in Ruhe zu durchdenken, ist die Regelung allerdings wohl schon als effektiv, einfach und einträglich erkennbar. Denn – wie Gernot Mittler festgestellt hat (o. Anm. 2) – wo keine Umsatzsteuer erhoben wird, kann auch keine hinterzogen werden. Und dass die Höhe des staatlichen Umsatzsteueranspruchs trotz Wegfalls der Vorstufenbesteuerung gleich bleibt, müsste spätestens nach den beiden »Zwischenfragen zum gesicherten Verständnis« klar sein.

14 Zugriff am 9.7.2017.

15 S. Axel Stommel, Wieso ist die Mehrwertsteuer eine Märchensteuer? Und für wen wird das Märchen wahr? in: Wirtschaft und Erziehung, Nr. 11/2012, S. 394–403, bzw. ders., Die Reichen, die Banken, die Schulden und wir – Bad Homburg 2012, S. 93–102.

16 Zur Quantifizierung: Gemäß Berechnungen des Deutschen Instituts für Wirtschaftsforschung (DIW) entlastet eine Senkung der Umsatzsteuer das ärmste Zehntel der Bevölkerung um durchschnittlich 12,7 % ihres Einkommens, die reichsten zehn Prozent dagegen lediglich um 6,8 %. Die lebenspraktische Bedeutung ist wesentlich höher als die rechnerische Differenz: 12,7 % von einem kleinen Einkommen bedeuten für den Einkommensbezieher ein kleines Vermögen, während 6,8 % von Millioneneinkommen keine lebenspraktische Konsequenzen entfalten. (DIW, Pressemitteilung vom 2.8.2017) Zur Frage, wieso solche Ergebnisse gerade derzeit erstmals ermittelt und veröffentlicht werden, s. →*Basic 17.*

BASIC 7
Lohn- bzw. Einkommensteuer: Warum hält sie nicht, was sie verspricht, nämlich Besteuerung gemäß wirtschaftlicher Leistungsfähigkeit?

Betrachten wir nunmehr die Lohn- bzw. Einkommensteuer näher. Auch sie ist ein mächtiger Brocken; der amtliche Kommentar zum Einkommensteuergesetz beispielsweise ist ziegelschwer und umfasst 2.200 dicht bedruckte Seiten. Auch diese Steuer verlangt Beachtung, denn auch sie ist ein wesentliches Element zur Steuerung der Wirtschaft.

Vorab: die Antwort im Allgemeinen

Die Einkommensteuer tritt sympathisch auf, denn sie verspricht, den Grundfehler ihrer jüngeren Schwester, der Umsatzsteuer, zu vermeiden: Die Einkommensteuer steht in dem Ruf, die Armen zu schonen und die Reichen zur Kasse zu bitten, und zwar sogar mit wachsendem Reichtum progressiv, d. h. immer stärker; erinnert sei an die Statements der diversen Experten aus Wissenschaft, Politik und Medien (→*Basic 5*).

Tatsächlich ist ihr Tarif progressiv, d. h. mit zunehmenden Einkommen steigen bei der Lohn- und Einkommensteuer die Steuer*sätze,* freilich nur bis zu einer Obergrenze. Die Steuer*beträge* steigen demzufolge bis zur Obergrenze sogar überproportional. Das dürfte der Leistungsfähigkeit der Besteuerten entsprechen. Außerdem kennt sie Freibeträge vor allem für die ersten Einkommensbeträge eines laufenden Jahres (den »Grundfreibetrag«; mit ihm wird das Existenzminimum von dieser Steuer freigestellt – von dieser, wohlgemerkt, nicht von all den weiteren, insbesondere nicht von Umsatz- und Verbrauchsteuern).

Um es vorwegzunehmen: Die Einkommensteuer löst ihr Versprechen nur unzureichend ein. Zum einen tut sie das, weil ihr die flankierende Unterstützung von Seiten der Erbschaft- und der Vermögensteuer fehlt (mehr dazu in →*Basic 9*). Zum anderen löst sie ihr Versprechen aus eigenen, hausgemachten Gründen nicht ein: Ihre Progression ist zu schwach, beginnt zu früh, steigt alsdann viel zu steil und endet viel zu früh (für Details s. Abb. 9). Außerdem sind Erhebungs- und Einzugsverfahren voller Mängel. Infolgedessen bilden sich unter dem Regime der Einkommensteuer sozio-ökonomisch höchst bedenkliche Vermögensunterschiede heraus.

Dazu ein Beispiel; es stammt von GÜNTHER MOLWES und trägt den Titel »Jenseits aller Vorstellungen«[1]: Bei einem Maßstab von 1 Zentimeter für 50.000 Euro benötigt man für die Darstellung des durchschnittlichen Pro-Kopf-Vermögens eines Deutschen 1,76 Zentimeter, für das Vermögen des unlängst verstorbenen THEO ALBRECHT in Höhe von 20,7 Milliarden Euro dagegen sage und schreibe 4,14 Kilometer.

Dabei ist zu beachten, dass die Gebrüder ALBRECHT ihr Vermögen gerade nicht ohne eigenes Dazutun durch Erbschaft erworben haben, wie so viele ihrer Milliardärskollegen. Sondern die Gebrüder ALBRECHT haben ihr Vermögen durch den höchst erfolgreichen Ausbau ihres ererbten Essener Tante-Emma-Ladens zu jener Filialkette erworben, die wir alle kennen und die auch ärmeren Bevölkerungsschichten den Zugang zu preiswerten Lebensmitteln und Konsumartikeln aller Art eröffnet hat. Kurz: THEO ALBRECHT ist nicht, wie üblich, reich geblieben durch Abstammung, sondern er ist reich geworden durch eigenes Tun. Sein Vermögen stammt deshalb sicherlich ganz überwiegend aus Einkommen, ist kumuliertes Einkommen. Demzufolge war sein Vermögen der Einkommensteuer unterworfen.

Der Sachverhalt zeigt schlagend, dass auch die Einkommensteuer – progressiver Tarif hin, Freibeträge her – in ihrer derzeitigen Form nicht leistet, was sie verfassungsgemäß leisten soll, nämlich: besteuern entsprechend der jeweiligen wirtschaftlichen Leistungsfähigkeit. Vielmehr ist bei der Einkommensteuer noch reichlich Luft nach oben vorhanden, um nicht zu sagen: Da tut sich ein ganzer Himmel auf.

Und dieser Himmel droht nicht einzustürzen: Die nachgerade puritanisch genügsame Lebensführung der ALBRECHT-Brüder ist genauso legendär wie ihr erfolgreiches geschäftliches Handeln. Dabei waren beide, Lebens- und Unternehmensführung, nie von der Höhe ihrer Einkommensteuersätze bestimmt; weder hätte THEO ALBRECHT eine Filiale weniger eröffnet noch hätte er seinen Frisör gewechselt, wenn sein Einkommen höher, d. h. leistungsfähigkeitsgerecht besteuert worden wäre, so hoch, dass ihm am Lebensabend statt 20,7 »nur noch« 2,07 Milliarden Euro Vermögen übrig geblieben wäre. Ja selbst bescheidene 207 Millionen, ein Hundertstel des tatsächlichen Betrages, hätten sicherlich als Antrieb genügt.

Darüber, ob auch noch 20,7 Millionen, ein tausendstel, oder gar 2,07 Millionen, ein zehntausendstel, ausgereicht hätten, soll hier nicht spekuliert werden, zumal sich dann die Frage der Unternehmensfinanzierung wahrscheinlich anders, und zwar bemerkenswerterweise vorteilhafter, gestellt hätte: Weniger Selbstfinanzierung, mehr Fremdfinanzierung wären wohl in diesem Fall erforderlich gewesen (wobei die vermehrte Fremdfinanzierung vermehrte Anlagemöglichkeiten für fremde Anleger/Sparer bedeutet hätte mit der erfreulichen Folge, dass die Anlagesorgen für beide, die Fremden und die ALBRECHT-Brüder, geringer gewesen wären – und der Finanzmarkt entsprechend entlastet worden wäre: →*Basic 15*). Soviel zu den steuereigenen Gründen dafür, dass die Einkommensteuer ihr Versprechen, verfassungsgemäß zu besteuern, nur ungenügend erfüllt.

Zwar trifft auf die Einkommensteuer zu, was die Kanzlerin fälschlicherweise dem gesamten Steuersystem zuschreibt: »Zehn Prozent der Wohlhabendsten bringen immerhin 55 Prozent der Steuereinnahmen ein.«[2] Jedoch hat die Kanzlerin mit ihrem Ausspruch nicht nur schon wieder ein Teil, die Einkommensteuer, mit dem Ganzen, den Steuereinnahmen insgesamt, verwechselt. Sondern sie hat auch den falschen Maßstab gewählt.

Denn Maßstab sach- und verfassungsgerechter Besteuerung ist nicht der von »den Wohlhabendsten« beigesteuerte Anteil an den Einnahmen aus einer einzigen – und sei es auch aus einer relativ bedeutenden – Steuerart. Der sachgerechte Maßstab lautet vielmehr: Reichen die erzielten Einnahmen zur Erfüllung der staatlichen Aufgaben aus *und* entsprechen die je individuell geforderten Abgaben der wirtschaftlichen Leistungsfähigkeit des jeweiligen, besteuerten Individuums, hier: des THEO ALBRECHT? Beide Teilfragen, die nach der Sachgerechtigkeit und die nach der Personengerechtigkeit, müssen im Zusammenhang gestellt und beantwortet werden. Die Antwort lautet in beiden Teilen leider: Nein.

Soviel zur Beantwortung der Leitfrage dieses Basics.

Darüber hinaus wirft die Einkommensteuer eine Reihe weiterer, vor allem steuertechnisch-definitorischer Fragen auf, namentlich nach der Begrifflichkeit, dem Einzugsverfahren und der Tarifgestaltung. Auf Namensgebung und Einzugsverfahren wird nachfolgend eingegangen; dabei werden auch die schon erwähnten hauseigenen Gründe dafür freigelegt, dass die Einkommensteuer ihr Versprechen (leistungs-)gerechter Besteuerung nicht hält. Die Tarifgestaltung schließlich wird in →*Basic 8* im Zusammenhang mit dem Stichwort »Steuermythen« behandelt.

Details: Namen, Arten und Verfahren der Einkommensteuer; Quellen- und Erklärungssteuer

Wie bei der Umsatzsteuer, so beginnt das Verwirrspiel auch hier mit der Namensgebung. Ist die Lohnsteuer Einkommensteuer, oder ist sie das gerade nicht, sondern etwas anderes? Die Begriffe sind so widersinnig gefasst, dass die Frage nicht einfach mit Ja oder Nein beantwortet werden kann. Deshalb Schritt für Schritt.

Einkommensteuer ist die Steuer auf das Einkommen der natürlichen Personen (also der Menschen, im Gegensatz zu den juristischen Personen: Aktiengesellschaften, GmbHs ...). Sie ist also die Steuer auf das Einkommen aus

a) unselbstständiger Tätigkeit (Löhne, Gehälter),

b) selbstständiger Tätigkeit (Gewinne, Provisionen, Honorare),

c) Untätigkeit, sprich abwartender, anlegender, überlassender Tätigkeit unter Nutzung von Rechtspositionen (Zinsen, Dividenden, Kursgewinne, Miete, Pacht, Wertzuwächse aller Art, namentlich aus Immobilien).[3]

Für all diese Einkommen gibt es eine gemeinsame Steuer mit einem einheitlichen Tarif: die Einkommensteuer. (Die Variante »Abgeltungssteuer« bleibt vorerst außer Betracht; sie wird weiter unten einbezogen). Die Steuer auf das Einkommen von juristischen Personen wird »Körperschaftsteuer« genannt; sie hatte ursprünglich denselben Tarif wie die Einkommensteuer, doch das ist lange her; heute besitzt sie einen Einheitstarif von bescheidenen 16 %.)

Die Steuer auf die wie oben gruppierten Einkommen wird nicht einheitlich, sondern auf unterschiedliche Weise eingezogen. Folgende Namen sind für die jeweiligen *Einzugssysteme* per Gesetz vergeben worden:

a) Lohnsteuer – Das ist die Steuer auf Einkommen aus unselbstständiger Tätigkeit; diese Unterart der Einkommensteuer wird als *Quellensteuer* erhoben, das heißt, sie wird direkt an der Quelle der Zahlung vom Arbeitgeber für den Arbeitnehmer ans Finanzamt überwiesen, gewissermaßen in Geschäftsbesorgung ohne Auftrag.

Folge: Bei der Lohnsteuer gibt es für die Beschäftigten das, was für alle wünschenswert ist, nämlich *keine Möglichkeit zur Steuerhinterziehung*. Stattdessen wird sogar regelmäßig vorsorglich zu viel ans Finanzamt überwiesen; auf Antrag (mit hoher, formular- und nachweisverursachter Bürokratiehürde) wird dem Lohnsteuerpflichtigen zurückerstattet, was ihm zu viel abgezogen worden war. 2016 etwa waren im Durchschnitt von jedem Lohnsteuerpflichtigen 935 Euro zu viel abgezogen worden.[4] Es wird seitdem nicht weniger geworden sein.

b) Einkommensteuer (genauer: zu erklärende Einkommensteuer) – Das ist die Steuer auf Einkommen aus selbstständiger Tätigkeit sowie aus Miete, Pacht, Überlassung von Rechten sowie auf ausländische Einkommen; diese Einkommensteuer wird nicht als Quellen-, sondern als *Erklärungssteuer* eingezogen, das heißt, der Besteuerte *erklärt* dem Finanzamt, wie hoch sein Einkommen im vergangenen Jahr war, und das Finanzamt errechnet daraufhin die Einkommensteuer für den *erklärten* Betrag.

Bei diesem Verfahren gibt es vielfältige Möglichkeiten zur Steuergestaltung, Steuerverkürzung und Steuerhinterziehung, namentlich dadurch, dass die Finanzämter chronisch unterbesetzt sind, so dass den Bearbeitern die Zeit fehlt, die Erklärungen zu überprüfen. In der Amtspraxis führt das dazu, dass die schwierigen, großen Fälle nicht geprüft werden. »In ihrem Jahresbericht kritisieren die Rechnungsprüfer, der Fiskus prüfe im Schnitt nur 15 % der Einkunftsmillionäre. […] Dabei lohne sich jede Prüfung allemal, erklärte Dieter Engels, Präsident des Bundesrechnungshofes: Jedes Mal kämen durchschnittlich 135.000 Euro Mehreinnahmen zusammen.« So stand es in der Presse.[5]

Beiläufig: Einkommensteuer ist in dieser Sprachregelung also *entweder* abgezogene Lohnsteuer *oder* zu erklärende Einkommensteuer (bzw. »veranlagte« Einkommensteuer, wie es amtlich, aber ganz und gar unverständlich heißt). Gleichzeitig sind beide, *sowohl* Lohn- *als auch* Einkommensteuer, jedoch Steuern auf Einkommen und deshalb gleichzeitig auch Einkommensteuer: Der Begriff »Einkommensteuer« wird zugleich als Begriff für das Ganze und als Begriff für einen Teil dieses Ganzen (für die selbst zu erklärende im Gegensatz zur an der Quelle von Fremden abgeführten Einkommensteuer) definiert, und zwar kraft Gesetzes.[6]

Ganzes und Teil seiner selbst in ein und demselben Begriff, d. h. Lohnsteuer ist gleichzeitig Einkommensteuer und ist es gerade nicht: Wer solche Sprache gesetzlich vorschreibt, dem ist an Unverständnis und Verwirrung gelegen. Er schafft heilloses Durcheinander, denn er handelt wider die Logik und die elementaren Regeln der Begriffsbildung. Man stelle sich vor, Herz und Körper würden beide gleichermaßen »Körper« (und sonst nichts) geheißen: Nicht nur die Ärzte kämen heillos in Verwirrung.

Der gewöhnliche Bürger jedenfalls bekommt Hirnsausen von solcher Begriffsverwirrung und lässt die ganzen, ihm unbegreiflichen Steuerangelegenheiten links liegen, soweit es eben geht. Zwar lässt sich der Verdacht, dass eben dies der Zweck der amtlichen Terminologie sei, mangels bezeugter Aussagen nicht gerichtsfest beweisen. Aber der Verdacht liegt so nahe, dass er als durch Indizien erwiesen gelten darf – die Formung von Sprache ist nicht nur Ergänzung von Politik, *Begrifflichkeit und Sprachformung sind Politik!*

c) Abgeltungssteuer – Das ist die Steuer auf ganz oder überwiegend leistungsloses Einkommen, d. h. auf das Einkommen aus der Nutzung von Rechtspositionen. Es handelt sich also vor allem um die Steuer auf Zinseinnahmen, Dividenden und Erträge aus Wertpapiergeschäften.

Diese Einkommensteuer wird zwar einerseits als Quellensteuer erhoben, was hier heißt, dass die Banken diese Steuer direkt ans Finanzamt abzuführen verpflichtet sind, andererseits gilt für diese Einkommensart jedoch ein stark ermäßigter Tarif (zurzeit max. 25 % statt max. 45 % im Lohnsteuer-Einzugs- bzw. im Einkommensteuer-Veranlagungsverfahren). Außerdem kann Abgeltungssteuer – EU hin, EU her – nur gegenüber inländischen Finanzanlageinstituten geltend gemacht werden. Mit der ermäßigten Zahlung gilt die gültige, reguläre tarifliche Einkommensteuer als »abgegolten«.[7]

Beweislast und Einzugsverfahren

Für die erklärte und die abgegoltene Einkommensteuer gilt gleichermaßen, dass das *Finanzamt* eine etwaige Fehlerhaftigkeit der Erklärungen bzw. Zahlungen beweisen muss. Seine Beweislast bereitet dem Finanzamt erhebliche Probleme:

- Seine chronische personelle und sachliche Unterausstattung verhindert regelmäßig eine sachgerechte Prüfung, ebenso die ständigen IT-Probleme einschließlich der nicht kompatiblen IT-Systeme, von denen man nicht ausschließen mag, dass sie womöglich absichtsvoll inkompatibel installiert wurden bzw. dass ihre Kompatibilitätsmängel an höchster, leitender Stelle sehenden Auges hingenommen bzw. begrüßt werden.[8]
- Die Beweismittel, nämlich die Belege, befinden sich üblicherweise in der Hand des Besteuerten bzw. seiner Bank, nicht in der Hand des Finanzamtes.

Gelingt dem Amt trotz alledem ein Beweis, so muss der Besteuerte erfahrungsgemäß lediglich mit einer Nachzahlung rechnen; *der Betrugsversuch kostet also häufig nichts.* Nicht alle Steuerpflichtigen werden immer die Kraft aufbringen, standhaft dieser ewigen *Versuchung* zu widerstehen.

Damit ein Steuerpflichtiger wegen Steuerhinterziehung bestraft werden kann, muss das Finanzamt des Weiteren nicht nur die Hinterziehung nachweisen, sondern auch die Hinterziehungs*absicht*. Das kann außerordentlich schwierig sein; der Beschuldigte wird die Hinterziehung gegebenenfalls erfolgreich als bedauerlichen Fehler hinstellen, nach dem hier vereinfachten Muster: »Beim Abfassen der Erklärung hatte ich getrunken. Da sieht man Nullen doppelt. Deshalb habe ich wohl eine Null zu wenig ins Formular eingetragen. Das tut mir leid; eine Täuschungsabsicht lag mir fern.« Wie soll ihm das Finanzamt das Gegenteil nachweisen? Ohne rechtsverwertbaren Nachweis gilt bekanntlich »in dubio pro reo/im Zweifel für den Angeklagten«.

So war's jahrzehntelang – bis plötzlich Steuer-CDs gebrannt, von einzelnen Bankangestellten aus unterschiedlichen Motiven entwendet sowie von Finanzministern ausgewählter Bundesländer aufgekauft wurden. Dadurch hat sich die Beweislage entscheidend verändert, namentlich für diejenigen Steuersünder, die, nichtsahnend, auf dem falschen Fuß erwischt wurden. Trotzdem drohen weiterhin Strafen, die gerne zur Bewährung ausgesetzt werden. Kenner der Materie spotten, eher komme ein Kamel durch ein Nadelöhr als ein Steuerhinterzieher hinter Gitter. Spektakuläre Ausnahmen bestätigen die Regel.

Denn wer vor Gericht seine erwiesene Straftat eingesteht und sich bereit erklärt, die Strafe zu zahlen, der erhält regelmäßig »mildernde Umstände« zugebilligt – ganz im Gegensatz zum gemeinen Schwarzfahrer etwa, der im Wiederholungsfall mit Gefängnis rechnen muss. Der langjährige Chef der Deutschen Post AG, Manager des Jahres, Träger des Großen Bundesverdienstkreuzes und vieler weiterer Auszeichnungen, Klaus Zumwinkel, hat's mit Millionenbeträgen vorgemacht: Er lässt von seiner frisch renovierten Burg über einem der schönen, norditalienischen Seen aus der Bewährung freundlich grüßen.

Seit 2017 werden, salopp gesprochen, die immer nur sporadisch angebotenen Steuer-CDs durch einen regelmäßigen, zwischenstaatlichen Automatischen Informationsaustausch/Common Reporting Standard (CRS) über in- und ausländische Bankkunden und ihre Geschäfte ersetzt. Dem Abkommen sind bisher 100 Staaten auf multilateraler Grundlage beigetreten, nicht jedoch die USA.[9] Das neue, im Aufbau befindliche Verfahren stellt tatsächlich eine Verbesserung politisch unhaltbar gewordener Zustände dar. Wie weit die Verbesserung praktisch reicht, bleibt indes abzuwarten, denn es wird sich noch erweisen müssen, »wie gut die gemeldeten Daten sind. In Deutschland beträgt das maximale Bußgeld nur 50.000 Euro, in anderen Ländern wie Österreich nur 200.000 Euro, in der Schweiz nur 250.000 Franken. Das sind alles Strafen, die für eine große Bank lächerlich gering sind und deshalb zu absichtlichen oder fahrlässigen Verstößen führen können.«[10] Überdies bleiben die USA als ein nicht gerade unbedeutendes, offenes Ausfalltor.

Nicht gerade unwahrscheinlich deshalb, dass an die Stelle des nahen Endes doch wieder nur die nächste Runde im Versteckspiel folgt.

Schadensdimension

All das erklärt, wieso die Ausfälle bei der Einkommensteuer (inklusive Abgeltungssteuer) wohl ähnlich hoch einzuschätzen sein werden wie die Ausfälle bei der Umsatzsteuer, nämlich auf jeweils bis zu 40 Mrd. Euro pro Jahr.

Einschränkend muss darauf hingewiesen werden, dass solche Zahlen butterweich sind, weil kein Steuerhinterzieher sie meldet (was verständlich ist) und keine Stelle sie als amtliche Schätzung erfasst (was angesichts der Datenlage zwar auch noch verständlich, aber trotzdem nicht zu billigen ist; andere amtliche Steuerschätzungen sind schließlich gang und gäbe, so z. B. die jährlichen Vorausberechnungen der voraussichtlichen Steuereinnahmen durch ein amtliches Schätz- bzw. Vorhersagegremium). Die obigen Zahlen stellen einen Mittelwert jener Zahlen dar, die in einem Beobachtungszeitraum seit 1992 sporadisch der Presse zu entnehmen waren. Besser fundierte Zahlen werden dankbar zur Kenntnis genommen. Die verblüffend geringen Einnahmen aus veranlagter Einkommensteuer (→*Abb. 4*) passen jedenfalls gut zur vorgetragenen Schätzung.

Festzuhalten ist: Selbst wenn sie die Leistungsfähigkeit der Steuerbürger berücksichtigt, wird die Einkommensteuer *aufgrund des Einzugsverfahrens* letztlich nicht leistungsgerecht erhoben: Als Lohnsteuer ist die Einkommensteuer eine reine Quellensteuer in tariflich fixierter Höhe; als erklärte Einkommensteuer dagegen wird ihre Höhe grundsätzlich durch die Erklärung des Besteuerten bestimmt; wer eine Null vergisst und 100.000 Euro statt einer Million erklärt, zahlt Einkommensteuer auf 100.000 Euro, sofern nicht der Finanzamtsmitarbeiter zum einen *erkennt* und zum anderen *nachweisen kann, nachweisen will und nachweisen darf* (innerbehördlich verfügte Verfolgungsverbote sind gelegentlich bis an die Öffentlichkeit gedrungen), dass eine Null fehlt.

Weil sie von den Finanzinstituten direkt ans Finanzamt abzuführen ist, ist die Einkommensteuer als Abgeltungssteuer zwar ebenfalls eine nicht hinterziehbare Quellensteuer. Aber diese Feststellung gilt nur für inländische Finanzinstitute; ausländische unterliegen nicht dem deutschen Steuerrecht. Dabei gilt zum Beispiel die Luxemburger Filiale der Deutschen Bank nicht als deutsche Bank, sondern als luxemburgische. Der Automatische Informationsaustausch soll diesen systematischen Mangel nachträglich wieder heilen.

Außerdem wird die Einkommensteuer, wenn sie als Abgeltungssteuer erhoben wird, mit ihrem reduzierten, einheitlichen Satz von 25 % gerade nicht auf die Leistungsfähigkeit des Besteuerten bezogen. Und schließlich wird die Abgeltungssteuer anonym von den Anlageinstituten ans Finanzamt abgeführt.

Fazit

Zurück zur Ausgangsfrage: Ist die Einkommensteuer eine soziale Steuer, das heißt eine Steuer, welche, wie es das Sozialstaatsprinzip der Verfassung fordert, die wirtschaftliche Leistungsfähigkeit der Besteuerten berücksichtigt?

Die Antwort lautet auch in verfahrenstechnischer Betrachtung: Leider nur sehr eingeschränkt. Zwar ist die Tarifgestaltung von zwei ihrer drei Zweige, der Lohnsteuer und der erklärten Einkommensteuer, *grundsätzlich* streckenweise leistungsfähigkeitsbezogen, insofern wirtschaftlich Stärkere in einem begrenzten Bereich progressiv, d. h. in überproportional wachsendem Ausmaß zur Steuer herangezogen werden – allerdings auch das nur, bis sie den Spitzensteuersatz erreicht haben, über dessen derzeitige, schrittweise abgesenkte Höhe man ernsthaft wird streiten müssen (mehr dazu →*Basic 8*).

Jedoch wird die Tarifgestaltung durch die Kombination aus Einzugsverfahren, Beweislasttragung, Behördenausstattung und Bankgeheimnis[11] (sowie durch das Gestaltungsprivileg des Einkommensteuer-Erklärungspflichtigen, die Verrechnungsmöglichkeiten und manches mehr, worauf hier einzugehen zu weit führen würde) ausgehöhlt.

In ihrem dritten Zweig, der Abgeltungssteuer, ist die Einkommensteuer bereits vom Tarif her nicht leistungsfähigkeitsbezogen. Hohe, leistungslos erworbene Einkommen werden völlig legal besonders geschont – der prinzipiell auch hier gültige, höhere Tarif wird durch einen niedrigen »abgegolten«: 25 % zählt als 45 %! Eine interessante Rechnung, dieses 25 = 45, die Zins- und Kursgewinnlern von Amts wegen angeboten wird.[12]

Dass die vermögenden Begünstigten dieses großherzige Angebot dennoch häufig ausschlagen, wie zuletzt wieder die Lux-Leaks, die Panama-Papers, die Malta-Sticks u. Ä. beweisen, spricht nicht gerade für die Effizienz unserer Einkommensbesteuerung. Übrigens auch nicht für die Leistungsbereitschaft der EU in Steuersachen ganz allgemein. MARKUS HENN kommt zu folgendem Urteil: »Entsprechend trug die EU bislang in der Steuerpolitik eher zum Abbau von Steuern oder zu einer liberalen Steuerpolitik bei.«[13] »Liberale Steuerpolitik« ist bekanntlich die gängige, euphemistische, d.h. schöngefärbte Umschreibung für niedrige Einkommens- und Vermögensbesteuerung und laxe Steuerverwaltung.

Schade eigentlich, dass noch nicht einmal die Einkommensteuer hält, was sie verspricht. Schade auch, dass die Einkommensteuer deshalb nur recht unvollkommen leistet, was sie im Interesse der gesamtgesellschaftlichen Entwicklung leisten müsste, nämlich: *durch progressive Besteuerung derer, die es vermögen, den Wirtschaftskreislauf zu beleben und die deflatorische Nachfragelücke zu schließen.*

Jammerschade schließlich, dass, wie in →*Basic 5, Anm. 16* aufgezeigt, noch nicht einmal eine mediale Multiplikatorin vom Format der Resort-Chefin Wirtschaft in der links-alternativen »taz« diesen Mangel sieht, sondern verkündet: »Steuern werden ausschließlich nach der Leistungsfähigkeit erhoben – und dazu noch progressiv.« Sogar dort ist man offensichtlich nicht nur weitgehend umsatzsteuerblind, sondern dort kämpft man auch bei der zweiten großen Steuer mit blinden Flecken.

Die Unterschiede zwischen heterodoxen Alternativen und Standardökonomie sind oft geringer als allgemein angenommen.[14]

Weiterführende Bemerkungen und Belege zu Basic 7

1 S. GÜNTHER MOLWES, Jenseits aller Vorstellungen, in: Frankfurter Rundschau vom 3.12.2014, S. 13.

2 S. →*Basic 5*; dort auch die Quellenangabe.

3 Diese Einteilung weicht ab von der verwirrenden Siebener-Einteilung des Einkommensteuergesetzes, die sich mit ihrer verqueren, krausen Systematik kaum jemand dauerhaft merken kann – wozu auch? Die hier zugrunde gelegte Dreiereinteilung deckt sich vielmehr mit der Einteilung des damaligen Finanzexperten der CDU/CSU-Bundestagsfraktion, FRIEDRICH MERZ. Im Rahmen seines radikalen Einkommensteuer-Vereinfachungsplanes (»Bierdeckel-Erklärung«) hatte er genau diese Dreiteilung verwendet. Allerdings hatte MERZ die dritte Form nicht »Einkommen aus Untätigkeit« genannt – so viel in stimmiger

Systematik begründete Verständlichkeit war dann wohl doch nicht beabsichtigt gewesen. (S. Friedrich Merz, Ein modernes Einkommensteuerrecht für Deutschland – Zehn Leitsätze für eine radikale Vereinfachung und eine grundlegende Reform des deutschen Einkommensteuersystems, Beschluss B 1 des 17. Parteitages der CDU Deutschlands, 2003, abgedruckt z. B. in: Frankfurter Rundschau vom 4.11.2003)
Staatliche Sozialtransfers wie Sozialhilfe und Hartz IV übrigens sind nicht (be-)steuerbare Einnahmen; sie sind keiner steuerlichen Einkommensart zugehörig.

4 Gemäß Finanztest, Nr. 5/2009, S. 63, waren es rund 900 Euro, gemäß Berliner Zeitung vom 19.4.2018, S. 7, waren es durchschnittlich 935 Euro; inflationsbereinigt hat der Betrag sich also leicht verringert.

5 Berliner Zeitung vom 15.11.2009.

6 Das Einkommensteuergesetz bezieht sich auf die Lohnsteuer und die erklärte Einkommensteuer gleichermaßen. Ein Lohnsteuergesetz gibt es deshalb nicht, lediglich eine Lohnsteuer-Durchführungsverordnung.

7 Jeweils plus Solidaritätszuschlag und Kirchensteuer, die allerdings beide im Fall der Abgeltungssteuer auf einen wesentlich niedrigeren Betrag errechnet werden als bei regulärer, nicht abgegoltener Einkommensteuer, folglich ebenfalls geringer ausfallen (Details: →*Basic 8*).

8 Infolgedessen berichtet die Süddeutsche Zeitung, dass »die deutsche Steuerverwaltung wegen erheblicher IT-Probleme die gemeldeten Daten von 898 146 deutschen Steuerpflichtigen, die im Ausland leben, nicht bearbeiten [kann].« (SZ vom 4.4.2018, S. 17) So war es früher schon und so ist es heute noch – gegenüber der Steuerverwaltung erweist sich sogar die Informationstechnologie, die bekanntlich üblicherweise alles umkrempelt, als machtlos.

9 Mehr dazu im Nachtrag zu →*Basic 10*. Für eine ausführlichere, gleichwohl konzentrierte Darstellung sei hingewiesen auf Lukas Hakelberg/Thomas Rixen, Das Ende der Steueroasen?, in: Aus Politik und Zeitgeschehen/Beilage zu Das Parlament, Nr. 23–25/2017, S. 30–36.

10 Markus Henn, Steuerflucht – Die internationale und europäische Dimension, herausgegeben von der Friedrich-Ebert-Stiftung, Bonn 2017, S. 8.

11 Das Bankgeheimnis ist in jüngerer Zeit gelockert, aber nicht abgeschafft worden. Im Referentenentwurf zum Steuervermeidungsbekämpfungsgesetz vom 1.11.2016 ist seine vollständige Abschaffung vorgesehen. Ob es dazu kommt, bleibt abzuwarten; allzu viele Gesetzesentwürfe sind schon in Schreibtischschubladen verschimmelt. Ohnehin ist es in Steuersachen gesetzt, dass Verbesserungen, wenn überhaupt, später kommen und kleiner ausfallen als zunächst versprochen.

12 In der vorangehenden Übersicht über das System der Steuern (Abb. 4) sind Lohn-, (erklärte) Einkommen- sowie Abgeltungssteuer als eigenständige Steuern aufgeführt. Diese Darstellung folgt der gesetzlichen Definition. Das obszöne *»25 zählt als 45«* wird dadurch verschleiert.

13 Markus Henn, Steuerflucht…, S. 15.

14 Exemplarisch weiter ausgeführt bei Axel Stommel, Die Attraktivität der Schwarzen Null: beständig und berechtigt – Zur Frage der »guten Staatsschulden« und ihrer angeblichen Alternativlosigkeit, in: Wirtschaft und Erziehung, Nr. 7/2015, S. 243–251.

BASIC 8
Spitzensteuersatz und Steuersystematik: Zahlen Spitzenverdiener den Spitzensteuersatz? Wieso erschwert die gängige Steuersystematik eine sachgerechte Wirtschaftspolitik?

Zum Spitzensteuersatz der Einkommensteuer

Der Einkommensteuertarif wurde bisher nur kurz gestreift. Er weist einen Spitzensatz von 45 % aus. Bei näherer Beschäftigung mit der Materie wird sich allerdings zeigen, dass der ausgewiesene Spitzensteuersatz ein Phantom ist wie die Aliens in ihren fliegenden Untertassen: viel beredet, aber nie gesichtet.

Betrachten wir die Tarifgestaltung deshalb näher. Sie sieht wie folgt aus:

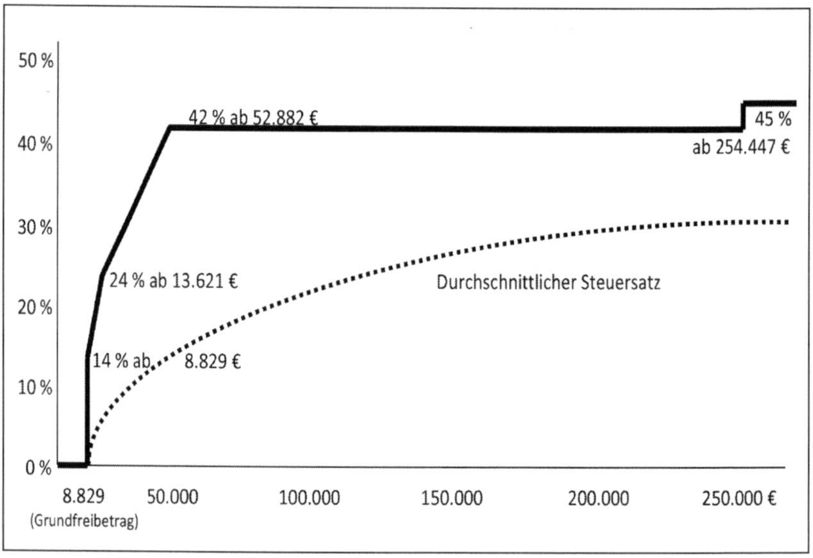

Abb. 9: Einkommensteuertarif 2017
in Prozent pro Euro des zu versteuernden Jahreseinkommens

Ja, es stimmt: Der einheitliche Tarif von Lohn- und (erklärter) Einkommensteuer berücksichtigt die wirtschaftliche Leistungsfähigkeit des Steuerbürgers.

Die Besteuerung beginnt hinter dem »Grundfreibetrag« von hier 8.829 €. D. h.: Wessen steuerpflichtiges Jahreseinkommen unter 8.829 € liegt, der zahlt keine *Einkommen*steuer (wohl aber andere Steuern).

Wessen Jahreseinkommen 1 € höher ist als der Grundfreibetrag, der zahlt auf *diesen einen, über die Grenze des Grundfreibetrages hinausgehenden Euro* den Eingangssteuersatz von 14 %, zahlt also insgesamt 14 Cent Einkommensteuer im Jahr[1].

Von nun an steigt der Steuersatz anfangs extrem steil, eigentlich schon nicht mehr progressiv, sondern sprunghaft, danach etwas weniger steil, sodann plötzlich gar nicht mehr. Entsprechend steigt die zu zahlende Einkommensteuer absolut und relativ, bis der Tarif bei einem Einkommen von etwas über 50.000 € das Plateau, die Stagnationszone, erreicht.

Der auf dem Plateau erreichte Grenzsteuersatz von 42 % bleibt unverändert, bis er bei etwas über 250.000 € auf eine letztmalige Steigerung in Gestalt einer dreiprozentigen Stufe trifft. Bei einem Jahreseinkommen von 254.447 € für Ledige ist der Spitzensteuersatz von 45 % erreicht.

Wessen tatsächliches bzw. wessen erklärtes, zu versteuerndes Einkommen aus selbstständiger und unselbstständiger Tätigkeit (abzüglich seines Einkommens aus Anlage-»Tätigkeit«) über 254.477 € liegt, der zahlt *für jeden darüber hinausgehenden Euro* den Spitzensteuersatz von 45 %, also 45 Cent.

Für Einkommen aus Kapitalanlagen zahlt er dagegen die bereits in →*Basic 7* erörterten, einheitlichen 25 %[2], sofern er eine in Deutschland ansässige Bank mit seiner Anlagenverwahrung betraut hat (die luxemburgische Filiale der Deutschen Bank beispielsweise gilt, wie dort ebenfalls bereits erwähnt, nicht als eine deutsche Bank, sondern als eine luxemburgische, und fällt leider aus – in derlei Fragen bedeutet eine EU-Mitgliedschaft rein gar nichts). Der Staat ist regelmäßig darauf angewiesen, dass der Steuerpflichtige ihm, dem Staat, die Erträge aus dem außer Landes geschafften Vermögen zur Versteuerung meldet. Abhilfe könnte hier das erwähnte zwischenstaatliche Automatische Informationsaustauschsystem schaffen (→*Basic 7*) – man wird sehen, ob und wie es funktioniert, dabei nicht zuletzt vor dem Hintergrund US-amerikanischer Enthaltsamkeit. (→*Basic 11, Nachtrag*)

Der Spitzensteuersatz in der Einkommensteuer beträgt also 45 %. Aber belasten 45 % Menschen übermäßig, die als Ledige über ein Einkommen von mehr als 254.477 € im Jahr (bzw. über eine halbe Million als Verheiratete) verfügen? Egal. *Fakt ist nämlich, dass niemand von seinem Einkommen 45 % Einkommensteuer zahlt.*

Warum *kein* Einkommen zum Spitzensatz besteuert wird

Dafür gibt es mehrere Gründe:

Der Erste: Es muss zwischen Spitzensatz und Durchschnittsatz unterschieden werden. *Maßgeblich für die steuerliche Belastung ist der Durchschnittsatz* (in der Grafik die gepunktete Kurve[3]). Denn der Durchschnittsatz ist es, der auf das gesamte zu versteuernde Einkommen zu entrichten ist; der Spitzensteuersatz muss nur auf jenen Teil des Einkommens berechnet werden, der über der Obergrenze liegt; der Spitzensteuersatz ist lediglich ein Ab-hier-Satz, ein sogenannter »Grenzsteuersatz«. Jener Einkommensteil, der z. B. unterhalb des Grundfreibetrages liegt, wird auch beim Spitzenverdiener mit null Prozent versteuert. *Nicht der Spitzen- bzw. der Grenzsatz, sondern der Durchschnittsatz ist es demnach, der die tatsächliche Belastung zum Ausdruck bringt.*

Freibeträge entlasten deshalb Großverdiener wesentlich stärker als Kleinverdiener: Während sie dem Kleinverdiener gegebenenfalls Steuern in Höhe des Eingangssteuersatzes ersparen (sofern nämlich der Eingangssatz gleichzeitig sein Spitzensatz ist), ersparen sie dem Großverdiener Steuern in Höhe *seines* höher liegenden Spitzensteuersatzes. Besonders sinnwidrig wirkt sich dieser Sachverhalt beim Kinderfreibetrag/Kindergeld aus. Die Günstigkeitsprüfung erfolgt von Amts wegen; die Förderung des Kindes wächst mit dem zu versteuernden Einkommen seiner Eltern – eine völlig abstruse Regelung in einem Sozialstaat.

Der zweite Grund dafür, dass so gut wie niemand den Spitzensteuersatz entrichtet, besteht darin, dass Spitzenverdiener ihr Einkommen überwiegend aus Kapitalanlagen einschließlich Wertpapierbesitz und -handel beziehen.

Dieses Einkommen aber wird, wie bereits in →*Basic 7* ausgeführt, nicht mit bis zu 45 %, sondern einheitlich mit 25 % zur Einkommensteuer herangezogen, sprich »abgegolten« (hier gilt ein austeritäres 25 = 45, wie erinnerlich). Demgemäß ist die Einkommenbesteuerung für Spitzenverdiener nicht progressiv, sondern degressiv: *Je reicher, desto niedriger der durchschnittliche Einkommensteuersatz.*

Demzufolge entrichten (gemäß den Zahlen des Statistischen Bundesamtes zur Einkommenbesteuerung) Personen mit einem Einkommen von über einer halben Million Euro im Jahr 37 % Einkommensteuer, während Personen mit einem Einkommen von über fünf Millionen Euro im Jahr nur noch mit 31 % zur Kasse gebeten werden. Achim Doerfner nennt 28,4 % als durchschnittlichen Einkommensteuersatz der 64 reichsten Deutschen (das sind diejenigen, an die 40 % des Bruttosozialproduktes in Gestalt von Zinsen, Mieten, Dividenden, außerdem Erbschaften fließen); die Steuerprüfungsquote der Betriebe beziffert er übrigens mit 10 %.[4]

Die 25-prozentige, »abgeltende« Besteuerung ihres weitestgehend leistungslosen Einkommens senkt den Kapitalanlegern mithin jenen Steuersatz, der im veranlagten Teil ihres Einkommens eigentlich zu Grunde zu legen wäre. Denn weil der aus Kapitalanlagen generierte Einkommensteil nicht mehr in der Einkommensteuer-Erklärung aufgeführt werden muss, senkt die Abgeltungssteuer die Höhe des zu erklärenden Einkommens. Das hat zur Folge, dass alle Erklärenden mit Abgeltungssteuer in der Progressionszone des Einkommmensteuertarifs (sowie des Solidaritätsbeitrags und der Kirchensteuer) *zurückgestuft* werden; sie sparen also hier nochmals ganz gesetzeskonform Einkommensteuer, *eben weil der Wert der eh schon geringer abgeltungsbesteuerten Einkünfte zusätzlich auch die Progression der übrigen Einkünfte senkt.*

Des Weiteren gilt: Je höher die Einkünfte, desto erheblicher werden die Verluste, die aufgrund diverser steuerlicher Vergünstigungen (Mietwohnungsbau, Schifffahrtsbeteiligungen, Beteiligung an Verlustzuweisungsgesellschaften, Stiftungen und mancherlei mehr) geltend gemacht werden können.

Schon 1997 beklagte der baden-württembergische Landesrechnungshof »die fast unüberschaubar gewordenen Fülle von Abschreibungsmöglichkeiten und sonstigen Vergünstigungen mit höchstmöglicher steuerlicher Auswirkung«.[5] Zwanzig Jahre später muss festgestellt werden: Die Beseitigung dieses Missstandes stand auf der Prioritätenliste des Deutschen Bundestages wohl nicht gerade hoch oben. Ganz im Gegenteil sind neue Möglichkeiten hinzugekommen.

Abermals weitere Gründe dafür, dass der Spitzensteuersatz so gut wie nie erreicht wird, wurden bereits in →*Basic 7* zur Sprache gebracht – Gestaltungsprivileg, Steuerverkürzung und -hinterziehung, personelle Ausstattung der Finanzämter und Bankgeheimnis seien als Stichworte in Erinnerung gerufen.

Fazit Spitzensteuersatz

Der Spitzensteuersatz ist ein Phantom, reine Augenwischerei; *in Deutschland zahlt keine Einkommensgruppe auch nur annähernd 45 % Steuern von ihrem Einkommen.* (In den USA sieht alles sogar noch krasser aus; dort werden, freilich offen ausgewiesen, die reichsten 0,001 % mit einem effektiven Einkommensteuersatz von 17,6 % beglückt – der politisch denkende Finanzmanager WARREN BUFFET hat deshalb schon öffentlich beklagt, er zahle weniger Steuern als seine Sekretärin; seinen eigenen Angaben zufolge betrug seine Jahresgesamtsteuerlast 0,014 % seines Vermögens[6].)

Zwei Aspekte einer verkehrten Welt: Die Vermögenden zahlen die niedrigen Steuersätze, und die ersatzlose *Abschaffung* einer Steuer, der Abgeltungssteuer, *erhöht* die Steuereinnahmen.

Zur Steuersystematik

Der liebevoll gepflegte *Mythos vom Spitzensteuersatz* gaukelt nicht nur etwas vor, was nicht vorhanden ist, sondern er verdeckt gleichzeitig auch etwas Vorhandenes, was von Bedeutung ist.

Derselbe Mythos verdeckt nämlich die Bedeutung, welche Verbrauchsteuern, allen voran die Umsatzsteuer, für kleine Einkommen besitzen. Wie bereits in *→Basic 5* festgestellt, liegen die persönlichen prozentualen steuerlichen Belastungen[7] von Obdachlosen und Spitzenverdienern ziemlich eng beieinander. In der Öffentlichkeit herrscht bekanntlich weit und breit der ganz anderer Glaube, Arme zahlten gar keine Steuern, Spitzenverdiener dagegen zahlten den Spitzensteuersatz auf alles, was sie – welch doppeldeutiges, schönfärbendes Wort – »verdienen«, besser: als Einkommen verzeichnen. Unter den gegebenen Bedingungen produziert der Spitzensteuersatz einen falschen Schein von »fairer Besteuerung«.

Noch bedeutender ist indes, dass – im Gefolge der ebenso naheliegenden wie falschen Fokussierung auf eben diesen vermeintlichen Spitzensteuersatz – die Vielfalt und die Unterschiedlichkeit der verschiedenen Steuern auf ein einheitliches »die Steuern« reduziert wird. Demgemäß heißt es ebenso üblicher- wie fälschlicherweise, es gelte, »die« Steuern an die wirtschaftliche Entwicklung anzupassen bzw. »die« Steuern gezielt zur Wirtschaftssteuerung einzusetzen.

Das ist gründlich verfehlt, ein klassischer Folgefehler. Aber selbst Ökonomie-Nobelpreisträger wie JOSEPH STIGLITZ erweisen sich immer wieder als überfordert, sich dieser grob vereinfachenden, ja verfälschenden Problem- und Lösungserfassung zu entziehen. Demgemäß schreibt STIGLITZ beispielsweise, Länder werden in bestimmten Situationen gezwungen, »inmitten einer Rezession die Ausgaben zu kürzen und *die* Steuern zu erhöhen, während sie die Ausgaben erhöhen und *die* Steuern senken sollten.«[8]

Richtig ist: Wer den Wirtschaftskreislauf wirksam stabilisieren bzw. stimulieren will, der darf lediglich bestimmte Steuern gezielt einsetzen und z. B. nach oben anpassen – solche, welche die Vermögenden belasten, also vor allem Vermögen-, Erbschaft-, Einkommensteuer ab einer bestimmten Einkommenshöhe sowie einige Unternehmensteuern. Denn nur bei deren gezieltem Einsatz kann das bereits mehrfach erwähnte KAMPPETER-Kunststück gelingen, jenes, das verlangt, »nicht den Konsum der privaten Haushalte, sondern ihre Ersparnisse zu senken und zum Staat umzuverteilen«. Deshalb: Anzupassen sind ausschließlich solche Steuern, die von den Vermögenden ohne Einbußen an Lebensqualität bzw. Entwicklungsmöglichkeiten getragen, folglich auch ertragen werden können. So lautete im Übrigen bereits die Quintessenz von →*Basic 2*.

Für diese Art von Steuern existiert erstaunlicher-, aber auch bezeichnenderweise kein zusammenfassender Begriff. Begriff aber kommt von »greifen, begreifen«.[9] Wir brauchen Begriffe, um Probleme *begreifen*, anfassen, lösen zu können. Politik nämlich »vollzieht sich in Sprache. Wo Sprachlosigkeit herrscht, hört Politik auf [und umgekehrt: fängt Politik erst gar nicht an, AS]. Daher bedeutet Sprache für Politiker etwas anderes als für Chirurgen oder Fußballer.« (ERHARD EPPLER)[10]

An dieser Stelle also fehlt der benötigte Griff bzw. Begriff. Ich schlage deshalb vor, die in Frage stehenden Steuern »*Steuern für Vermögende (StV)*« zu nennen; die Vermögensteuer ist eines ihrer Bestandteile.

Ihr Gegenstück bilden die *»Steuern für Unvermögende (StUV)«*. Das sind diejenigen Steuern, welche überwiegend die große unvermögende Mehrheit der Bevölkerung vom Obdachlosen bis zur allein erziehenden Mittelschichtlerin belasten. Dazu gehören vor allem die Umsatz- und die diversen Verbrauchsteuern (→*Basics 6 f.*).

Wie bereits erwähnt, entsprechen die Steuern für Vermögende dem steuerlichen Leistungsfähigkeitsprinzip des Grundgesetzes.[11] Weil sie diejenigen belasten, die die Last problemlos zu tragen vermögen, sind sie gerecht; weil sie nur den Kontostand der Besteuerten verändern, nicht aber ihr Leben (bzw., im Falle von Unternehmen, ihre Entwicklung) und somit ohne qualitative Einbußen erhältlich sind, sind sie billig. *StV sind also (ge-)recht & billig.*

In der Steuerlehre ist diese Unterscheidung völlig unbekannt; in den Standardwerken der Steuerlehre ist vielmehr die folgende Systematik regelmäßig anzutreffen: die Unterscheidung

- nach der *Erhebungsform* in direkte und indirekte Steuern,
- nach der *Zugehörigkeit* in Bundes-, Landes-, Gemeinde- und Gemeinschaftssteuern,
- nach der *Verwaltungspraxis* in Besitz-, Verkehr-, Real-, Verbrauchsteuern und Zölle,
- nach der *Abzugsfähigkeit* in abzugsfähige und nicht abzugsfähige Steuern.[12]

Die ebenso *naheliegende wie wichtige Unterscheidung nach dem Steuerlastträger* in Steuern für Vermögende und Steuern für Unvermögende ist mir noch nie und nirgends begegnet. Sie wird jedoch dringend benötigt; für das Gelingen des KAMPPETER-Kunststücks, die konsumneutrale Verwandlung von privaten »Ersparnissen« in öffentliche Investitionen (→*Basic 2*), stellt die Unterscheidung in StV und StUV sogar ein unverzichtbares Werkzeug dar, vergleichbar mit der Bedeutung von Schlittschuhen für Eiskunstläufer.

Außerdem fehlt – fast genauso wichtig – die Unterscheidung zwischen Fiskal- und Lenkungssteuer, also eine Unterscheidung nach dem Besteuerungsziel. Darum geht es im nächsten →*Basic 9*.

Fazit Steuersystematik

Eine Erweiterung der Steuersystematik um Unterscheidungen nach dem Steuerlastträger sowie nach dem Besteuerungsziel ist dringend geboten, denn diese Unterscheidungen lenken gleichermaßen den verständnissuchenden Blick auf Wesentliches und die wirtschaftspolitische Handlung auf Wirkungsvolles wie die konsumneutrale Verwandlung von privaten »Ersparnissen« in öffentliche Investitionen mit all ihren positiven Folgen für Wirtschaftskreislauf, sozialen Ausgleich & politische Stabilität.

An die einschlägigen Feststellungen in den →*Basics 1–4* sei erinnert.

Weiterführende Bemerkungen und Belege zu Basic 8

1 Solidaritätszuschlag und Kirchensteuer bleiben grundsätzlich außer Betracht. Sie lassen den Kern der Aussage unberührt, verkomplizieren die Darstellung aber nicht unerheblich.

2 Soweit sein Einkommen den »Sparerpauschbetrag« von 801 Euro für Ledige übersteigt.

3 Es handelt sich um eine Prinzipdarstellung.

4 Achim Doerfner, Die Steuervermeider – Reichtum schützt vor Steuern, Hamburg 2014.

5 Frankfurter Rundschau vom 31.7.1997.

6 Berliner Zeitung vom 20.10.2011.

7 Persönliche Steuerbelastung in Prozent = zu entrichtende Steuern des Jahres, geteilt durch Jahresbruttoeinkommen, mal 100.

8 Joseph E. Stiglitz, Europa spart sich kaputt – Warum die Krisenpolitik gescheitert ist und der Euro einen Neustart braucht, München 2016, S. 130, Hervorhebung AS.
Stiglitz' Formulierung dürfte exemplarisch für mindestens 99,9 % aller einschlägigen, diesbezüglichen wirtschaftswissenschaftlichen Beiträge stehen. Dies unterstreicht den wirtschaftswissenschaftlichen Handlungsbedarf.

9 S. Stichwort »greifen«, in: Duden, Band 7. Das Herkunftswörterbuch – Die Etymologie der deutschen Sprache. In Fortführung der »Etymologie der neuhochdeutschen Sprache« von Konrad Duden bearbeitet von Günther Drosdowski u. a., Mannheim/Wien/Zürich 1963, S. 234.

10 Mit diesen prägnanten Worten hat Erhard Eppler das Thema einer Tagung der Evangelischen Akademie Bad Boll vom 23. – 25.8.2009 umrissen.

11 Das Leistungsfähigkeitsprinzip ist Ausfluss des Artikel 3 des Grundgesetzes; außerdem stellt es ein tragendes Element des sozialen Rechtsstaats gemäß Artikel 20 und 28, jeweils Absatz 1 GG. Mehr dazu z. B. bei Klaus Tipke/Joachim Lang, Steuerrecht, 20. Aufl., Köln 2010, S. 88 ff.

12 S. z. B. Heinrich Rauser u. a., Steuerlehre für Ausbildung und Beruf, 40. Aufl., Darmstadt 2013, S. 16 ff.

BASIC 9
Fiskal- und Lenkungssteuern: Welchen Zwecken dienen Steuern auf Erbschaft und Vermögen? Was hat Platon vor 2.400 Jahren dazu gesagt und was die FDP im Laufe der Zeit?

Zwei Aspekte sind bei allen Steuern zu unterscheiden:
- eine fiskalische Aufgabe (Steuern bilden die arteigene Einnahmequelle des Staates, in gewisser Weise sein Eigenkapital) sowie
- eine Steuerungsfunktion (Steuern steuern Wirtschaft und Gesellschaft, sei es über Steuerausweichhandlungen von Besteuerten, sei es durch eine Korrektur von Marktprozessen).

Alle Steuern entfalten immer beide Funktionen. Allerdings nicht in gleichem Ausmaß; Bedeutung, Gewicht und Einsatz der beiden Effekte sind in jeweiligen Steuerarten unterschiedlich verteilt:
- Zumeist steht der fiskalische Aspekt im Vordergrund; dies gilt vor allem für jene Steuern, die zuvor als »Steuern für Unvermögende/StUV« benannt worden sind (→*Basic 8*, also vor allem für die Umsatz- sowie für viele Verbrauchsteuern);
- eher selten steht die Steuerungsfunktion im Vordergrund; diese Funktion ist überwiegend für jene Steuern von Bedeutung, die zuvor als »Steuern für Vermögende/StV« benannt worden sind (also Erbschaft- und Vermögensteuer, aber auch die im ewigen Ankündigungsstadium verharrende Umsatzsteuer auf Finanzgeschäfte, die sogenannte »Finanztransaktionssteuer«, →*Basic 15*; der Tabak- und der Alkoholsteuer etwa wird ebenfalls gerne eine primäre Steuerungsfunktion zugeschrieben[1]).

Die *steuernde Wirkung der Fiskalsteuern* wird oft kaum beachtet; außerdem weist sie verschiedentlich unterschiedliche, sich mitunter in die Quere kommenden, meint überlagernde bzw. kompensierende Effekte auf. Die *fiskalische Wirkung der Lenkungssteuern* dagegen wird als erfreulicher Nebeneffekt immer aufmerksam registriert und gerne willkommen geheißen.

Die grundsätzliche Unterscheidung zwischen Fiskal- und Lenkungssteuer ist von hoher wirtschaftspolitischer Bedeutung; sie fehlt übrigens ebenfalls in den zuvor kritisierten Steuersystematiken (→*Basic 8*). Betrachten wir hier deshalb zwei herausragende Vertreter der Lenkungssteuern exemplarisch etwas näher: die Erbschaft- und die Vermögensteuer. (Zur sogenannten Finanztransaktionssteuer, verständlicher schlicht: zur Umsatzsteuer auf Finanzgeschäfte s. →*Basic 15*.)

A. Zur Erbschaftsteuer

Über das Erben zu reden wird gerne vermieden. Denn dicht beim Erben liegt das Sterben, und das ist etwas ganz und gar Privates – nur engste Familienangehörige und Freunde sind hier gegebenenfalls zur Rede berufen. Einerseits.

Umfang des leistungslosen Vermögenserwerbs

Andererseits tritt dieses Private in großer Zahl auf, ist ein Massenphänomen; in Deutschland führt es in nächster Zukunft zu Vermögensübertragungen in Billionenhöhe (zum Vergleich: Die aufgelaufenen deutschen Staatsschulden betragen rund zwei Billionen Euro)[2]. Diese Vermögensübertragungen besitzen eine erhebliche volkswirtschaftliche und soziale Bedeutung – zumal die Vermögen extrem ungleich verteilt sind (s. dazu etwa die Tabellen am Ende dieses Basics).

Damit werden diese höchst privaten Vorgänge zu einem wirtschaftlichen und sozialen Bestimmungs- und Entwicklungsmoment, das man nicht ungestraft übergehen kann. Julia Friedrichs charakterisiert die deutsche Gesellschaft deshalb sogar als eine im Entstehen begriffene »Erbengesellschaft«[3]. Darüber muss man sprechen.

Große Vermögen werden hierzulande überwiegend durch Erbschaft erworben: Man wird nicht reich, man bleibt es (nicht selten über Jahrhunderte hinweg). Das hat sogar die Bundesregierung in ihrem Fünften Armuts- und Reichtumsbericht[4] unmissverständlich festgestellt. Der Experte des Deutschen Instituts für Wirtschaftsforschung (DIW), Markus M. Grabka, konstatiert: »Hochvermögende haben in der Regel mehrfach und dabei überdurchschnittlich hohe Beträge geerbt oder Vermögen geschenkt bekommen.«[5]

Die Leistung der Erwerber beschränkt sich auf die Auswahl der richtigen Eltern. Eine ausgezeichnete Wahl haben z. B. die Zwillinge Victoria-Katharina und Karl Friedrich Flick getroffen; sie haben es geschafft, durch Geburt im Hause Flick schon im zarten Alter von 19 Jahren in den Bloomberg-Index der reichsten Menschen der Erde aufgenommen zu werden. Dass sie (zusammen mit weiterem Mitglieder der weit verzweigten

Flick-Familie) die Milliarden letztlich von ihrem Großvater geerbt haben, der seinerseits die Vermögen u. a. aus Judenverfolgung und Zwangsarbeit geschöpft hat und in Nürnberg als NS-Kriegsverbrecher verurteilt wurde, spielt keine Rolle. Dass Familienverhältnisse im Übrigen weltweit entscheidend sind, wissen wir endgültig von THOMAS PIKETTY.[6]

Der leistungslose Vermögenserwerb lag im Jahre 2010 in Deutschland bei rund 220 Milliarden Euro, mit steigender Tendenz.[7] Das Deutsche Institut für Wirtschaftsforschung geht sogar schon gegenwärtig von jährlich 400 Milliarden Euro aus.[8]

Macht und Ohnmacht des höchsten Gerichts

»Besteuert wird dieser Vermögensgewinn der Erben fast nicht. Die jährlichen Einnahmen aus der Erbschaftsteuer betragen um die fünf Milliarden Euro.« Im Durchschnitt werden Erbschaften also mit rund 2,5 Prozent besteuert.« So JENS BECKERT in einer amtlichen Publikation.[9]

Das Bundesverfassungsgericht, obwohl zweifelsfrei kein Hort kommunistischer Sozialrevoluzzer, sah sich deshalb gezwungen, bestehende Erbschaftsteuer-Regelungen wegen ihrer – so wörtlich – »Überprivilegierung« von Vermögenden gleich mehrfach als verfassungswidrig zu konfiszieren. Wesentliche Verbesserungen hat das höchste deutsche Gericht bislang allerdings leider nicht auf den Weg bringen können.

Das ist so, weil dem Gericht lediglich der indirekte Weg offensteht – das Gericht kann's *nicht selber richten;* es kann lediglich zu *Nachbesserung verpflichten.* Und zwar die Politik. Die aber erweist sich beständig als störrisch und liefert Nachbesserungen, die nichts Wesentliches verbessern, so dass alsdann wieder ein Verfassungsorgan (einfache Bürger sind nicht klageberechtigt) vor Gericht ziehen muss, auf dass das Gericht ein neues Urteil fällt – usw.

Wer z. B. einen millionenschweren Konzern erbt, wird deshalb auch in absehbarer Zukunft keinen Cent Erbschaftsteuer bezahlen müssen. *Tatsächlich gibt es bei keiner anderen Steuer ein so krasses Missverhältnis zwischen der Steuerbasis, den Erbschaften, und den Steuereinnahmen;* jährlich werden durch Tarifgestaltung und Ausnahmeregelungen schätzungsweise mehr als 40 Milliarden Euro an die reichsten Familien verschenkt.

Auch dies mit steigender Tendenz, logischerweise.

Feudale Auswahl durch Geburt oder demokratische und effiziente Bestenauswahl? Die Lenkungsaufgabe

Dabei steht, wie ausgeführt, die fiskalische Ergiebigkeit bei der Erbschaftsteuer nicht einmal im Vordergrund. Fiskalische Ergiebigkeit ist bloß eine begrüßenswerte Nebenwirkung. Vorrangig an dieser Steuer ist vielmehr ihre gesellschaftspolitische Steuerungsleistung: Prinzipiell ist *sie ein wirkungsvolles Mittel*, wenn nicht das wirkungsvollste überhaupt, gegen die zunehmende Tendenz zur *Refeudalisierung der Gesellschaft*, zum Rückfall in eine vererbliche Oberschicht- und Adelsgesellschaft, dabei vor allem gegen die Tendenz zur *Verdrängung des Leistungsprinzips, der Bestenauswahl, durch das Abstammungsprinzip, die Auswahl durch Geburt.* Zugleich ist eine angemessene Erbschaftsteuer ein *wirkungsvolles Mittel gegen eine ungeheure Konzentration von wirtschaftlicher und Meinungsmacht.* Denn die Reichen sind auch die Einflussreichen, wie bereits gesagt. Und zwar sind sie es gewissermaßen von Natur aus, d. h. sofern sie nicht gesellschaftlich eingeschränkt werden.

Allerdings ist die Erbschaftsteuer all dies leider nur prinzipiell, nicht aktuell; Harald Schumann erkennt im aktuellen deutschen Erbschaftssteuerrecht nichts weniger als »die Wiedereinführung des Adelsprivilegs in Deutschland, also die Übertragung von Reichtum und Macht durch dynastische Erbfolge.«[10]

Auf Dauer schädigt diese schleichend daherkommende Entwicklung die ganze Gesellschaft, und zwar gleich dreifach: Sie

- schädigt sie ökonomisch,
- spaltet sie sozial und
- zersetzt sie politisch;

Volksherrschaft verkommt zu Geldherrschaft, das Land wird zum feudalen Reich der Reichen, Herkunft ist Zukunft.

Die Erbschaftssteuer in der Kulturgeschichte: von Platon über Bayern nach Freiburg zu den Liberalen

Feststellungen nach Art der vorangegangenen sind alles andere als neu.

- So schrieb Platon vor rund 2.400 Jahren in Athen: »In einem Staat, der nicht in den schwersten Krankheitszustand verfallen soll[...], soll ebenso wenig bei einer Anzahl von Mitgliedern eine krasse Armut sich finden als ein krasser Reichtum; denn jedes erzeugt das andere.« Aufgabe des Staates sei es daher, »für beides eine bestimmte Grenze zu benennen«.

Sonst drohe »innere Zersetzung«. Aus diesem elementaren Grund sei alles, was, über das Vierfache des Durchschnittseinkommens hinausgehend, durch »Fund, Schenkung, Geschäftsgewinn oder irgendeinen anderen glücklichen Zufall« erworben sei, »dem Staat und den Schutzgöttern des Staates ab[zu]geben«. Wenn der Finder/Beschenkte/Gewinner dies tue, so soll er »ohne Strafe, ja in hoher Achtung bleiben.«[11] PLATON befürwortete also – in heutiger Sprache – eine Erbschaftsteuer mit einem Freibetrag und einem nachfolgenden Steuersatz von 100 %.

- JOHN STUART MILL, einer der Urväter des Liberalismus, forderte in der Mitte des 19. Jahrhunderts in seinen »Grundsätzen der politischen Ökonomie« eine Erbschaftsteuer, die alles erfasst, was über die Summe dessen hinausgeht, was benötigt wird, um persönliche Anstrengungen zu fördern; er fordert also der Sache nach im Wesentlichen dasselbe wie PLATON mehr als 2.000 Jahre zuvor.[12]
- THOMAS HOBBES, ein anderer, wenn auch umstrittener Klassiker der Philosophiegeschichte, machte darauf aufmerksam, dass es der Staat ist, dem die Erben ihr Erbe zweifach zu verdanken haben: Zum einen, weil er jene geordnete gesellschaftliche Arbeitsteilung erst möglich macht, in der das Erbe entstehen konnte, zum anderen deshalb, weil er das Erbe schützend garantiert, indem er sicher stellt, dass es nicht in einem naturzuständlichen »bellum omnium contra omnes/einem Krieg aller gegen alle« untergeht. Diese Argumente sind wohl schwer zu bestreiten.
- In der bayerischen Landesverfassung von 1946 ist in strenger, juristischer Kürze apodiktisch gesetzt: »Die Erbschaftsteuer dient auch dem Zwecke, die Ansammlung von Riesenvermögen in den Händen einzelner zu verhindern.«[13]

In jüngerer Vergangenheit (genau: 1971) war es übrigens die FDP, die sich auf ihre liberalen Wurzeln besann und nichts Geringeres als eine 75-prozentige Erbschaftssteuer auf alle Vermögen forderte, die einen bestimmten Betrag (konkret damals: sechs Millionen DM) übersteigen. Ihre Forderung hatte sie auf ihrem Freiburger Parteitag gut begründet und zu diesem Zweck den historisch gesättigten Stand menschlichen Wissens zu diesem Thema prägnant zusammengefasst.

Hier Auszüge aus der übersichtlichen Kompilation der damaligen FDP: Das vorfindliche Steuersystem begünstigt »eine gesellschaftlich schädliche Akkumulation größter Vermögen und der damit verbundenen Verfügungsrechte. Der Tarif des gegenwärtigen Erbschaftsteuergesetzes und dessen zahlreiche Gestaltungsmöglichkeiten zur Minderung und Umgehung der Steuer sind *in höchstem Maße unsozial*, denn sie begünstigen einen verhältnismäßig kleinen Personenkreis und die Erwerber großer Vermögen. Andererseits steht dieses Steuersystem einer freien, nicht vornehmlich eigennützig orientierten Bestimmung über die Verwendung von Vermögen entgegen. Diese Fehler und Nachteile sollen mit der Ablösung der bisherigen Erbschaftssteuer durch eine Nachlaßabgabe und einer entsprechenden Neuregelung der Schenkungsteuer ausgeräumt werden […]« Sodann, unter implizitem Bezug auf HOBBES und MILL: »Die verstärkte Heranziehung großer und größter Vermögen trägt der Tatsache Rechnung, daß Großvermögen regelmäßig nicht ohne wesentliche Zuleistungen Dritter und der Gesellschaft gebildet werden können. Damit wird zugleich das *Ziel größerer Chancengleichheit* anvisiert. Die Nachlaßabgabe erhält damit den ihr zukommenden gesellschaftspolitischen Stellenwert.«[14]

Tempi passati, aus und vorbei – was kümmert die Liberalen von heute noch ihre einsichtige Rede von gestern?

In Erbschafts- und Steuerfragen allgemein haben sie, ohnehin Meister der Wende, ihre Meinung um glatte 180 Grad gedreht und verteidigen die derzeit bestehende Regelung verbissen, nämlich eine regressive, mit wachsender Leistungsfähigkeit abnehmende Besteuerung im Allgemeinen sowie eine regressive Erbschaftsteuer im Besonderen. Um genau zu sein: All dies verteidigen die derzeitigen Liberalen nicht nur, sondern derzeit kämpfen sie unter dem Schlachtruf »Leistung muss sich wieder lohnen« mit Eifer für den weiteren Ausbau der Regressivitäten im Steuersystem, wo immer es geht (s. hierzu auch →*Abschnitt C*).

PHILIPP BLOM liefert eine Erklärung für den Wandel im Ablauf der Zeiten, wobei er die damalige »Systemkonkurrenz zwischen der BRD und der DDR« allerdings wohl zu unrecht außer Betracht lässt: »In der Nachkriegszeit hatte es in Europa aus dem Trauma des Zweiten Weltkrieges heraus absolute Priorität, große soziale Unterschiede zu vermeiden und relativ transparente Gesellschaften zu schaffen, in denen man durch Bildung und Arbeit aufsteigen konnte […] Drei Generationen danach scheint dieses Trauma die Politik nicht mehr zu bestimmen. Das hat Konsequenzen.«[15]

Sozioökonomische Entwicklung vollzieht sich nicht nur, wie noch zu sehen sein wird (→*Basics 12 f.*), in Zyklen der Verwertung und Entwertung, sondern ebenso in *Zyklen des Lernens und Verlernens bzw. Vergessens*, wobei zwischen beiden Zyklen enge Verbindungen bestehen: *Werden Lehren nicht zur rechten Zeit vollzogen, so fallen sie in Vergessenheit, und die Entwicklung fällt zurück in überwundene Verhältnisse, bis eine neue Krise erneute Lernprozesse schmerzhaft in Gang setzt.*

Die Medaille und ihre Kehrseite

Zurück zur Erbschaftsteuer. Tatsächlich wirkt die derzeit erhobene Erbschaftsteuer nach folgendem Muster: Je größer der Nachlass, desto geringer der effektive Steuersatz. Erbt jemand 50.000 Euro über seinen Freibetrag hinaus, so zahlt er im Schnitt 17 %. Bei 20 Millionen reduziert sich sein Steuersatz auf 2 %.

Der eingangs erwähnte Durchschnittssatz von rund 2,5 % belegt die überragende Bedeutung der zwar wenigen, aber immens hohen Erbschaften mit niedrigen Sätzen über die vielen niedrigen Erbschaften mit hohen Sätzen. Ein Mitglied der Erbschaftsteuerklasse I, also z. B. ein Urenkel des Erblassers, muss mehr als 26 Millionen Euro (!) erben, um seinen Höchststeuersatz von 30 % zu erreichen. Allerdings muss er selbst dann noch nicht den vollen Satz entrichten. Davor schützt ihn ein gesetzlicher »Härteausgleich« (kein Witz, so heißt es tatsächlich amtlich!). Für den vollen Satz müssen vielmehr weitere Millionen hinzukommen.[16] Zu allem Überfluss gilt selbst diese Regelung nur, falls es sich bei dem Erbe nicht um Firmenvermögen handelt.

Die Kehrseite der Medaille, die zwangsläufige Folge solcher Zustände, präsentierte dieser Tage die zuständige Expertin der OECD, Gabriela Ramos, in Paris. Um es kurz zu machen: In den meisten OECD-Ländern, so Gabriela Ramos, gibt es »praktisch keine soziale Mobilität« mehr, »Einkommen, Beruf und Bildungsniveau werden von einer Generation an die andere weitergegeben«; speziell »in Deutschland könne es bis zu sechs Generationen oder 180 Jahre dauern, bis Nachkommen einer einkommensschwachen Familie das *Durchschnitts*einkommen erreichen«.[17]

Wer solche Verhältnisse schlicht und einfach empörend findet, muss sich nicht entschuldigen – Empörung ist hier wie an vielen anderen Stellen *menschlich und ökonomisch* geboten, denn sie erregt sich über die gesellschaftliche Verschwendung von »Humankapital«, unserer wichtigsten »Ressource«, um es streng technokratisch auszudrücken. Solche Zustände können, juristisch gesprochen, gar nicht anders als »verfassungswidrig« bezeichnet werden, also so, wie es das Bundesverfassungsgericht wiederholt pflichtgemäß getan hat. Einige wenige, die immer mehr erben, auf der einen Seite, der eine wachsende Zahl von working poor, von Mindestlöhnern, Leiharbeitern und befristet Beschäftigten, Alleinerziehenden und Prekären, Aufstockern und »Abgehängten« auf der anderen gegenübersteht: Solche Gegensätze hält auf Dauer keine demokratische Gesellschaft aus. *Soziale Ausgewogenheit und Demokratie gehören zusammen wie siamesische Zwillinge.*

Ihrer Lenkungswirkung wegen müsste die Erbschaftsteuer deshalb sogar dann kräftig aufgestockt werden, wenn die Aufstockung fiskalisch unergiebig wäre, etwa weil die Einzugskosten der erhöhten Steuer größer wären als die eingenommenen Beträge. Die entsprechenden Minusbeträge wären in diesem Fall auf dem Konto »Kosten der wirtschaftlichen Dynamik und der sozialen Stabilität« als Aufwand zu buchen und bereitwillig zu (er-)tragen. Tatsächlich verhält es sich jedoch genau anders herum: Die Förderung der wirtschaftlichen Dynamik und der sozialen Stabilität verschafft dem Förderer obendrein sogar noch bedeutende fiskalische Einnahmen, *Lenkungswirkung und fiskalische Wirkung der Erbschaftsteuer gehen Hand in Hand!*

Mutwilliger Einnahmeverzicht und seine Folgen

Weil das so ist, ist der beständige, gleichzeitige Verzicht auf die Einnahmen und die ordnungspolitischen Lenkungswirkungen der Erbschaftsteuer ein umso größerer, beständiger Fehler, eine Gefährdung der gesellschaftlichen Ordnung, um nicht zu sagen: *Dieser mutwillige, andauernde, fehlsteuernde Einnahmeverzicht unseres überdies verschuldeten Staates, der nur noch eher schlecht als recht in der Lage ist, seine Aufgaben zu erfüllen, ist eine schwere Unterlassungssünde wider a) den Geist unserer Verfassung, b) die wirtschaftliche Dynamik und c) die soziale Stabilität unserer Gesellschaft.*

Mit Sozialneid, dem ewigen Totschlagargument der aggressiven Freunde extremer Vermögensansammlungen, hat eine angemessene Erbschaftsbesteuerung rein gar nichts zu tun. Das erkennt jeder, der es in Ruhe bedenkt und dessen Denken nicht durch eigene, extreme Vermögensinteressen behindert wird. Dass fehlende soziale Ausgewogenheit den Wirtschaftskreislauf, also die ökonomische Basis der Gesellschaft, schwächt, wurde im Übrigen zuvor bereits dargelegt (→*Basics 2 f.*). Dass wirtschaftliche Macht Meinungsmacht im Schlepptau hinter sich herzieht, war zunächst sogar im Entwurf des bereits erwähnten Armuts- und Reichtumsberichts der Bundesregierung nachzulesen – allerdings nur solange, bis die entsprechenden Passagen kurz vor seiner amtlichen Freigabe teils gestrichen, teils »überarbeitet« wurden.

Aber die Familienunternehmen!?

Aber stehen all diesen einsichtigen Feststellungen nicht doch tatsächlich die – und seien sie auch von interessierter Seite mit Verve beschworenen – Nebenwirkungen der Erbschaftsteuer entgegen, allen voran die Gefahr, dass die Erbschaftsteuer Familienunternehmen in den Ruin treibt? Diese Gefahr ist doch nicht einfach von der Hand zu weisen!

Harald Schumann ist der Frage nachgegangen: »Bis heute können weder die Bundesregierung noch die Stiftung Familienunternehmen noch die von ihr bezahlten Ökonomen auch nur ein einziges Unternehmen nennen, das wegen der Erbschaftsteuer in Konkurs gegangen wäre. Und das kann auch gar nicht anders sein. Denn seit eh und je war es erlaubt, die Steuerzahlung über bis zu zehn Jahre zu verteilen, um eben dies zu vermeiden.«[18]

Jens Beckert, Direktor des Max-Planck-Instituts für Gesellschaftsforschung, bestätigt aus globaler und historischer Perspektive: »Es ist völlig unbestreitbar, dass die Erbschaftsbesteuerung nicht dazu führen darf, dass Unternehmen in ihrer Existenz bedroht werden. Doch dafür gibt es auch keinerlei empirische Belege, weder in Deutschland noch in den USA, wo dieser Argumentationsstrang eine mindestens ebenso große Bedeutung hat. Für die Unternehmensnachfolge scheinen innerhalb des Erbrechts die nicht abdingbaren Pflichtteilsrechte bedeutender zu sein als die Erbschaftssteuer und ansonsten Probleme, die mit dem Finden geeigneter Nachfolger zusammenhängen […] Der Verzicht auf eine effektive Erbschaftssteuer trägt zur Perpetuierung von Vermögensungleichheit über die Generationen bei und unterminiert damit zentrale Versprechen der Moderne: die Idee der Chancengleichheit und das Leistungsprinzip.«[19]

Außerdem kann man sicherheitshalber gar nicht müde werden zu betonen, dass es bei der Erbschaftssteuer nie um das schon sprichwörtliche »der Oma ihr klein Häuschen« geht, also um Beträge im Zentimeterraum der Molwes'schen Skala (→*Basic 7*), sondern um die Meter- und Kilometerbeträge. Denn die bescheidenen Erbschaften fallen unter eine angemessene Freibetragsgrenze; Omas kleines Häuschen bleibt unbelastetes Familieneigentum. In Wirklichkeit geht es einzig und alleine um hochvermögende Erbschaften.

Die fehlende Unterscheidung zwischen Mücke und Elefant, Zenti- und Kilometer ist die wirkungsvollste Verteidigungslinie für die sachwidrige, ungerechtfertigte, kürzer: ungerechte steuerliche Schonung großer Erbschaften.[20]

B. Zur Vermögensteuer

Was für die Erbschaftsteuer gilt, gilt für die Vermögensteuer entsprechend; Erbschaft- und Vermögensteuer sind gewissermaßen Zwillinge. Daher hier nur noch kurze Ausführungen.

... einfach ausgesetzt

Auch bei dieser Steuer hat das Bundesverfassungsgericht verschiedentlich gravierende Mängel gerügt. 1997 hatte die damalige Regierung KOHL in einem für sie, die sie die Probleme meisterhaft auszusitzen verstand, ganz ungewöhnlichen Akt radikaler exekutiver Entschlossenheit die gesamte Steuerart einfach ausgesetzt. (Dabei ist der Unterschied zwischen »aussitzen« und »aussetzen« womöglich eh geringer als allgemein vermutet – die Sprache jedenfalls spricht für diese Sicht der Dinge.)

Seitdem bleiben die Vermögen hierzulande unbesteuert, die Vermögensunterschiede wachsen ungesteuert und sind inzwischen »jenseits aller Vorstellungen« angekommen, wie mit GÜNTHER MOLWES höchst anschaulich dargestellt wurde (→*Basics 7 f.*). Zum weiteren Vergleich: Die russische Zarin KATHARINA DIE GROSSE galt als unermesslich reich; ihr Vermögen umfasste umgerechnet rund 55 Milliarden Euro. Die Gebrüder ALBRECHT kommen auf über 40 Milliarden Euro, haben also innerhalb von rund 40 Jahren bzw. in einer einzigen Generation den Aufstieg geschafft; die Familie spielt seitdem in der derselben Liga wie weiland die Zaren (wobei die Familie ROMANOW übrigens deutlich länger für die Akkumulation ihres Vermögens gebraucht hatte als die ALBRECHTS).

Die Datenlage zu den großen Vermögen ist allerdings äußerst bescheiden: große Vermögen – kleine Daten. Während Armut in Deutschland häufig untersucht, beschrieben sowie von Sozial-, Arbeits- und Finanzämtern statistisch erfasst wird, ist der Kenntnisstand über die Welt der Millionäre und Milliardäre schmal und dünn; seitdem die Vermögensteuer ausgesetzt ist, gibt es nicht einmal mehr eine auf den Erklärungen der Vermögenden beruhende Datenbasis. Bekannt sind die Vermögen, über welche einzelne Vermögensverwalter disponieren; Blackrock z. B., auch in Deutschland »engagiert«, verfügt über 4,9 Billionen US-Dollar; das entspricht dem 1,5-fachen des deutschen Bruttoinlandsproduktes.[21]

Die Reaktivierung der Vermögensteuer bei Einhaltung einer hohen Freibetragsregelung für betriebsnotwendiges Vermögen ist ein weiteres unbedingtes, gleichermaßen demokratisches, soziales und wirtschaftliches Gebot. Nicht von ungefähr wird die Vermögensteuer im Grundgesetz als pure Selbstverständlichkeit behandelt.[22] THOMAS PIKETTY plädiert engagiert für eine progressive Vermögensbesteuerung.[23]

Zusammenspiel von Vermögen- und Einkommensteuer

Als *flankierende Maßnahme* ist die Anhebung des Spitzensteuersatzes der Einkommensteuer geboten. Was kaum jemals verraten wird: In den USA betrug der Spitzensteuersatz in der Zeit von 1943 bis 1964 ausnahmslos mehr als 90 % (!). Gerade der hohe Satz war es, der die Wirtschaft beflügelt und in die Goldene Zeit eines stetigen wirtschaftlichen Wachstums getragen hatte. Denn sie hatte bedeutende Mittel, die ansonsten brachliegen bzw. sich in Finanzkreisläufen absondern, im Kreislauf der Realwirtschaft gehalten (*→Basic 1, Anm. 5, sowie Basics 2, 3 und 15*).

Der wirtschaftliche Niedergang in den USA z. B. begann, wie JOSEPH STIGLITZ ausführt, »als die Regierung den Spitzensteuersatz senkte – angeblich, um die Anreize zu verbessern – und durch Deregulierung ›die Wirtschaft befreite‹, insbesondere den Finanzsektor. Die Ergebnisse sind mittlerweile bekannt: Die Einkommen von 90 Prozent der Einkommensbezieher stagnierten, ein hoher Prozentsatz verzeichnete sogar Einkommenseinbußen – nur die Topverdiener haben zugelegt. Und die Wirtschaft insgesamt entwickelt sich schlechter und wächst schwächer als in den Jahrzehnten nach dem Zweiten Weltkrieg.«[24]

Die Wirtschaft florierte damals folglich nicht trotz hoher Einkommensteuer, sondern wegen. (Die Verwechslung von »Trotz« und »Wegen«, von »Weil« und »Obwohl« gehört neben der Verwechslung von Teil und Ganzem zu den beliebten Konstanten standardökonomischer Abhandlungen.[25])

Datenlage

In unseren krisenhaften Zeiten sieht es allerdings ganz anders aus als zwischen 1943 und 1964: Die Regierungsmannschaft des US-Präsidenten TRUMP »hat mehr Vermögen als ein Drittel der US-Bevölkerung – das sind 43 Millionen Haushalte«, empörte sich BERNIE SANDERS[26]. Im Weltmaßstab gilt gar: »Acht Superreiche besitzen so viel wie die halbe Welt«[27], also ebenso viel wie 3,6 Milliarden Menschen: 8 = 3.600.000.000.[28]

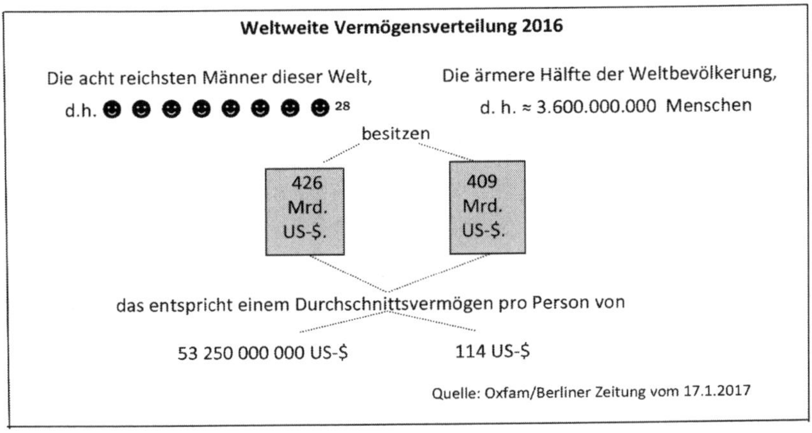

Abb. 10: Weltweite Vermögensverteilung 2016

Auf nationaler Ebene konzentriert sich das Vermögen wie folgt (Auswahl):

Anteil des reichsten 1 % am Gesamtvermögen (2016)	
USA	95,8 %
Deutschland	87,5 %
Großbritannien	77,2 %
Frankreich	76,9 %
Italien	74,2 %
Griechenland	72,1 %
Belgien	62,9 %
Ungarn	61,9 %
Quelle: DGB/Berliner Zeitung vom 4.7.2017	

Abb. 11: Anteil des reichsten 1 % am Gesamtvermögen (2016)

Wohin läuft der Hase, wohin geht der Trend? »Die Vermögen der Superreichen wachsen schneller, während sich Armut verfestigt. […] [Immobilien und Wertpapiere] sorgen dafür, dass die Zahl der Millionäre in Deutschland besonders stark steigt. Nur in den Vereinigten Staaten ist der Zuwachs höher.« Diese Feststellung stammt übrigens nicht von Thomas Piketty, sondern aus der Frankfurter Allgemeinen Zeitung vom 2.3.2018.

Fazit

Die sprichwörtliche spätrömische Dekadenz hatte gegenüber den heutigen Zuständen etwas Niedliches. Das mit Abstand mildeste und trotzdem wirksame Gegenmittel heißt: Mit Steuern gegensteuern, hier: mit Steuern auf hohe Erbschaften und Vermögen.

Wer die den Wirtschaftskreislauf schädigende und sozial gefährliche Anhäufung von Reichtum, Einfluss und Macht mit gesitteten, rechtsstaatlichen Mitteln auf ein verträgliches Maß begrenzen will, kommt um eine entsprechende Besteuerung bei gleichzeitiger steuerlicher Entlastung der Unvermögenden bzw. der Arbeitseinkommen nicht herum. Um es zu wiederholen: »Steuern sind der Preis, den wir für eine zivilisierte Gesellschaft zahlen müssen.« (Franklin D. Roosevelt)[29] Alle Alternativen wie Enteignung, Revolten, Raub, (Bürger-)Krieg, Migration und Völkerwanderungen, Mord & Totschlag sind weitaus weniger attraktiv.

Das einzige, was eine steuerpolitische Reichtumspflege wachsen lässt, sind nämlich Ungleichheit, Staatsschulden, Verfall der Infrastruktur, Unterversorgung mit öffentlichen Gütern und Leistungen sowie sozioökonomische & politische Instabilitäten. (Außerdem ökologische Gefährdungen: →*Abschnitt B)*

Anhang: Vermögensverteilung

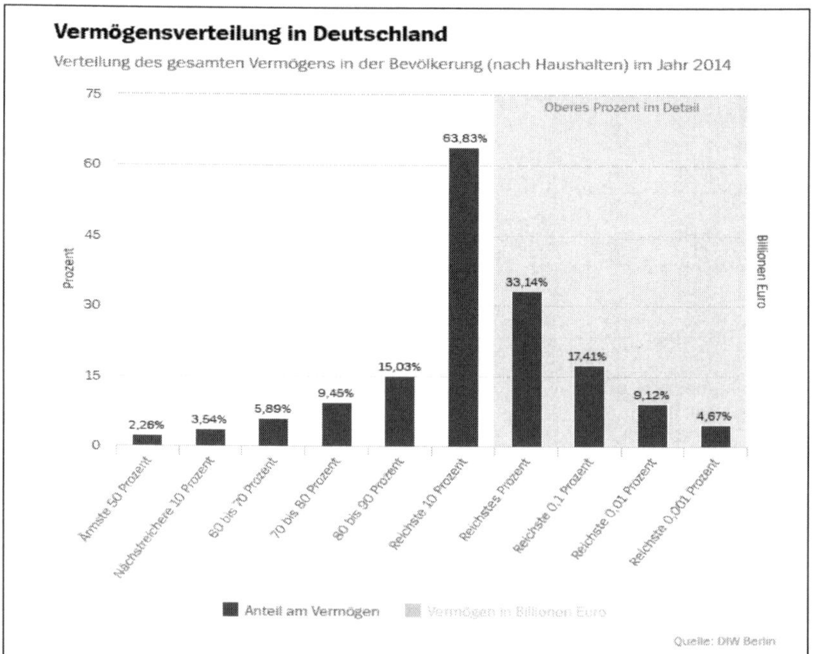

Abb. 12: Vermögensverteilung in Deutschland

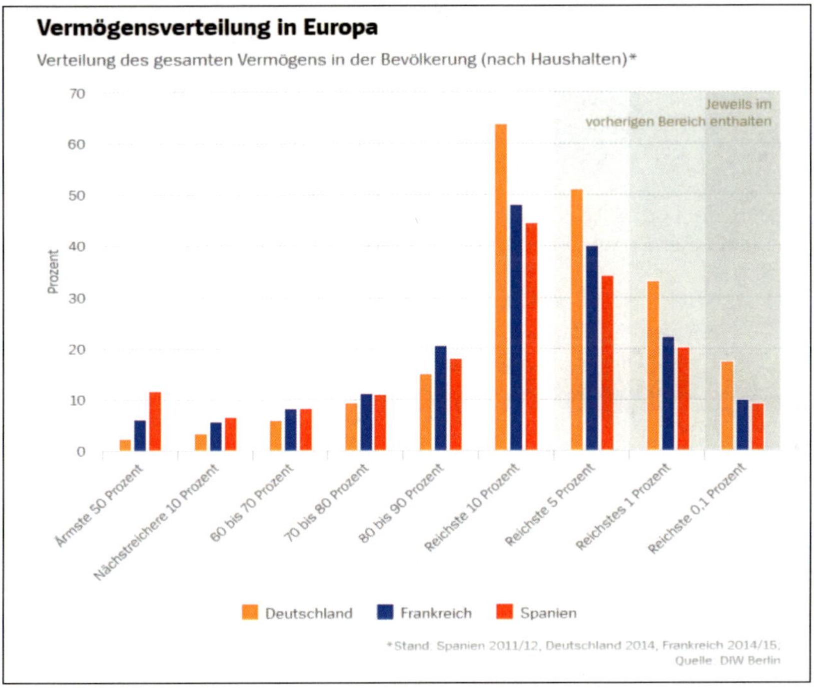

Abb. 13: Vermögensverteilung in Europa

Abb. 12 und 13 sind entnommen: Florian Diekmann, 45 Deutsche besitzen so viel wie die ärmere Hälfte der Bevölkerung, in: Spiegel online vom 23.1.2018.

Weiterführende Bemerkungen und Belege zu Basic 9

1 Die damalige Bundesgesundheitsministerin Ulla Schmidt hatte die starke, schrittweise Anhebung der Tabaksteuer gesundheitspolitisch begründet. Auf die Frage einer oppositionellen Abgeordneten, warum sie die Anhebung nicht in einem Schritt vollziehe, hatte sie erwidert, der Raucher müsse sich an die höheren Preise gewöhnen können, sonst drohe ein empfindlicher Rückgang des Tabaksteueraufkommens. Ob die Antwort ein Zeichen bloßer logischer Inkonsequenz oder Ausdruck jenes harmonisierenden Sowohl-als-auch-Denkens ist, das »Volkspartei«-Politikern in Fleisch und Blut übergegangen ist und das sie zur Not auch den Kreis mit dem Quadrat in eins zu setzen bereit sein lässt, sei dahingestellt.

2 Die Datenlage zu den Vermögen ist außerordentlich unbefriedigend; in die geläufigen Erhebungen wie das Sozio-oekonomische Panel oder den Mikrozensus gehen die Daten der Hochvermögenden nicht ein, weil sich dieser Personen-

kreis nicht an derartigen Erhebungen beteiligt. Seitdem die Vermögensteuer »ausgesetzt« ist (s. nachfolgend), fehlen sogar Angaben der Vermögenden selbst als Datengrundlage. Schätzungen gehen deshalb je nach Interessenlage meilenweit auseinander. Deshalb wurde im Text mit der Quantifizierung der Erbschaften als »Billionenbeträge in nächster Zukunft« eine bewusst weite Angabe gewählt – sie dürfte die maximal zu erreichende Präzision beinhalten. In den Sozialwissenschaften gilt eben ganz allgemein: Mathematische Präzision ist Illusion, das Präzise liegt im Ungefähren. Ausführlich dazu: *→Basic 16/Exkurs 16.*

3 Julia Friedrichs, Wir Erben – Was Geld aus Menschen macht, Berlin 2015, S. 11.

4 Lebenslagen in Deutschland – Der Fünfte Armuts- und Reichtumsbericht der Bundesregierung, 2017.

5 Hochvermögende in Deutschland – DIW-Wochenbericht 42/2016, S. 1007. Als das überraschendste Ergebnis der Studie bezeichnet Grabka dort »eindeutig die Art und Weise, wie diese Personen wohlhabend geworden sind, dass also neben der eigenen Unternehmenstätigkeit Erbschaften und Schenkungen die primäre Rolle spielen.« Überraschen kann dieses Ergebnis freilich nur solche Personen, die sich bis dato wenig in der sozialen Welt umgesehen haben. Leider trifft dieses Merkmal auf Wirtschaftsforscher regelmäßig zu; ihre soziale Herkunft hat ihnen den Blick in bestimmte Details sowie in die Niederungen des sozialen Lebens ganz allgemein nur allzu oft verstellt.
Die Alternative zur Vererbung ist die *Schenkung* zu Lebzeiten. Sie unterliegt der tarif- bzw. betragsgleichen Schenkungsteuer, sofern die Schenkung bis zu zehn Jahren vor dem Todesfall erfolgt (davor sind Schenkungen steuerfrei). Auf diesen Sachverhalt wird nachfolgend nicht eigens eingegangen; im Ausdruck »Erbschaftsteuer« ist die Schenkungsteuer immer inbegriffen.

6 Thomas Piketty, Das Kapital im 21. Jahrhundert, München 2013.
Ergänzend dazu einige Ergebnisse aus Spezialuntersuchungen: In *Italien* besitzen wohlbegüterte Familien von heute Vorfahren, die bereits vor 600 Jahren zu den reichsten Familien gehört haben. Im Auftrag der Banca d'Italia haben Wissenschaftler die gut erhaltenen Steuerarchive der Stadt Florenz durchforstet und herausgefunden, dass die reichsten fünf Familien aus dem Jahre 1427 auch im Jahre 2011 die reichsten fünf Familien stellen; Familien, die 1427 im oberen Drittel der Vermögenspyramide angesiedelt waren, sind auch heute noch mit ziemlicher Sicherheit dort anzutreffen (s. Gugliemo Barone/Sauro Mocetti, Intergenerational Nobility in the very long run: Florence 1427–2011, https://ideas.repec.org/p/bdi/wptemi/td_1060_16.html, zuletzt aufgerufen am 12.3.2018).
Florenz ist überall: In einer ähnlichen Studie hat der britische Ökonom Gregory Clark die Verhältnisse in *Schweden* untersucht; zusammen mit Neil Cummins daraufhin die englischen, und ist zu ähnlichen Ergebnissen gekommen (s. Gregory Clark/Neil Cummins, Surnames and Social Mobility: England 1230–2012, https://econpapers.repec.org/RePEc:ehl:wpaper:54515, zuletzt aufgerufen am 12.3.2018).
Die stärksten Kontinuitäten weisen nach gegenwärtigem Forschungsstand wohl die Verhältnisse in *Österreich* auf.

7 So Sebastian Leitner, Vermögensungleichheit und die Bedeutung von Erbschaften und Schenkungen, in: Friedrich-Ebert-Stiftung, Hg., WiSo direkt, Juni 2015, S. 4.

8 So berichtet Der Tagesspiegel am 6.7.2017; dort heißt es weiter: »Die Summe fällt so groß aus, weil Wertsteigerungen und regelmäßiges Sparen ›erstmalig eingerechnet‹ wurden.« Das aber heißt im Umkehrschluss, dass Wertsteigerungen und regelmäßiges Sparen bisher glatt »vergessen« wurden! Na ja, man kann halt nicht an alles denken. Wertsteigerungen und Zinsen haben ja auch wenig zu tun mit Vermögensfragen, oder nicht?

9 Jens Beckert, Neid oder soziale Gerechtigkeit? Die gesellschaftliche Umkämpftheit der Erbschaftssteuer, in: Aus Politik und Zeitgeschehen/Beilage zu Das Parlament, Nr. 23 -25/2017, S. 23.

10 Harald Schumann, Die Herrschaft der Superreichen – Die Macht der Geldelite und die Kapitulation der Politik, in: Blätter für deutsche und internationale Politik, Nr. 12/2016, S. 71. Ähnlich auch Sahra Wagenknecht, z. B. in Reichtum ohne Gier – Wie wir uns vor dem Kapitalismus retten, Frankfurt/New York 2016, S. 76.

11 Platon, Nomoi/Die Gesetze, Buch V, 744 B – 745 B, Übersetzung AS.

12 John Stuart Mill, Gesammelte Werke, Band 7: Grundsätze der politischen Ökonomie, 3. Band, Leipzig 1869, S. 202 f.

13 Verfassung des Freistaates Bayern, Artikel 123, Absatz 3; hierzu passt auch Artikel 161: »Die Verteilung und Nutzung des Bodens wird von Staats wegen überwacht[…], Steigerungen des Bodenwertes, die ohne besonderen Arbeits- und Kapitalaufwand des Eigentümers entstehen, sind für die Allgemeinheit nutzbar zu machen.«
Das Bundesverfassungsgericht urteilt: Erbschaftssteuer soll verhindern, »dass Reichtum in der Folge der Generationen in den Händen weniger kumuliert und allein aufgrund von Herkunft oder persönlicher Verbundenheit unverhältnismäßig anwächst.« (BVerfGE vom 17.12.2014, Pressemittelung Nr. 116/2014 desselben Datums).

14 Freiburger Thesen zur Gesellschaftspolitik der Freien Demokratischen Partei, beschlossen auf dem Bundesparteitag in Freiburg vom 25. – 27.10.1971, Zweiter Abschnitt: Nachlaßabgabe, Hervorhebungen AS.

15 Philipp Blom, Jetzt gibt es Fehler, die wir nur einmal machen können, in: Berliner Zeitung vom 4.1.2018, S. 24.

16 So ist es gesetzt in Paragraf 15, Absatz 1, Nr. 4, in Verbindung mit Paragraf 19, Absatz 1, des Erbschaftsteuer- und Schenkungsteuergesetzes.
Persönlich habe ich übrigens noch niemals jemanden getroffen, der den besagten Grenzbetrag von 26 Millionen Euro auch nur annähernd richtig geschätzt hat. Hand aufs Herz, liebe Leserin und lieber Leser: Was hätten Sie geschätzt?

17 »Sozialer Aufstieg über sechs Generationen«, in: Berliner Zeitung vom 7.7.2018, Seite B 9, über die Präsentation des OECD-Berichts zur sozialen Mobilität in Paris durch Gabriela Ramos, die OECD Chief of Staff and Sherpa to the G20, Hervorhebung AS.

Sag mir, wer deine Eltern sind, und ich sage dir, wie viel du verdienen wirst: Dänemark schneidet übrigens am besten ab, dort dauert der soziale Aufstieg in den Durchschnittsverdienst nur zwei Generationen, in Norwegen, Schweden und Finnland sind es drei (ebd.).

18 Harald Schumann, Die Herrschaft der Superreichen…, S. 72.

19 Jens Beckert, Neid oder soziale Gerechtigkeit…, S. 27, 29.

20 So auch Jens Beckert, ebd., S. 24.

21 S. Hans-Jürgen Jakobs, Wem gehört die Welt? München 2016, S. 11.

22 S. Grundgesetz für die Bundesrepublik Deutschland vom 23.5.1949, Artikel 106, Absatz 2, Nr. 1.
Schon aus diesem Grund kann – beiläufig bemerkt – der immer wieder von interessierter Seite vorgetragene Einwand, der Erhebungsaufwand sei bei der Vermögensteuer unverhältnismäßig, nicht durchschlagen. Noch wichtiger ist in diesem Zusammenhang jedoch der Tatbestand, dass es etwa 5–8 % der Einnahmen sind, die bei der Vermögensteuer für ihre Erhebung verbraucht wurden – ein ganz und gar gewöhnlicher Satz. (Quelle: Der Geschäftsführer des Paritätischen Wohlfahrtsverbandes, Ulrich Schneider, auf der Öffentlichen Veranstaltung »Gestaltende Finanzpolitik« der Friedrich-Ebert-Stiftung am 23.6.2017.)

23 S. Thomas Piketty, Das Kapital im 21. Jahrhundert, München 2014, S. 517.

24 Joseph Stiglitz, Europa spart sich kaputt - Warum die Krisenpolitik gescheitert ist und der Euro einen Neustart braucht, München 2016, S. 379.

25 Näher ausgeführt bei Axel Stommel, Die Reichen, die Banken, die Schulden und wir, Bad Homburg 2012, S. 60 f.

26 Gemäß Bericht der Berliner Zeitung vom 15.1.2017 (Bernie Sanders war 2016 aussichtsreicher Bewerber um die Präsidentschaftskandidatur der Demokratischen Partei der USA).

27 Schlagzeile der Berliner Zeitung vom 17.1.2017.

28 Namentlich: Bill Gates, Amancio Ortega, Warren Buffet, Carlos Slim, Jeff Bazos, Mark Zuckerberg, Larry Ellison, Michael Bloomberg. (Jeff Bezos verdient elf Millionen US-Dollar *pro Stunde* und zahlt vorzugsweise Hungerlöhne an seine Beschäftigten, sodass sie auf Lebensmittelkarten angewiesen sind. Andererseits lässt er sich Standortentscheidungen mit dauerhaften Steuererleichterungen vergüten, wie im Detail nachzulesen ist in der Berliner Zeitung vom 18.6.2018, S. 8).
Auf kritische Einwände hin hat Oxfam eingeräumt, dass die genannten Zahlen, die sich auf den Weltvermögensbericht der Crédit Suisse, die Milliardärslisten des US-Magazin Forbes u. a. stützen, nicht über alle Zweifel erhaben sind; statt der acht könnte die Gruppe womöglich auch 42 Männer umfassen; vor allem sei es schwierig, Vermögen über Landesgrenzen hinweg eindeutig zu quantifizieren. Das trifft zweifellos zu: Es handelt sich um bewertete Werte. (Ausführlich zu dieser Problematik: Axel Stommel, Die Reichen…, S. 205–245.)
Der Feststellung, dass der Reichtum auf dieser Erde extrem ungleich verteilt ist, tut dieses Eingeständnis der Oxfam-Statistiker jedoch keinen Abbruch, zumal die veröffentlichten Ergebnisse den Sachverhalt durch beispielhafte Konkretion für eine breite Öffentlichkeit fassbar werden. Vielmehr führt ihr Eingeständnis am Einzelfall vor Augen, was später noch allgemein zu sehen sein wird, näm-

lich: In sozioökonomischem Gebiet ist Präzision pure Illusion (→*Basic 16*). In *Deutschland* sind es übrigens rund 45 Personen, die gemäß einer Untersuchung des Deutschen Instituts für Wirtschaftsforschung 2014 das halbe Nationalvermögen auf sich vereinen.

29 Verbürgt unter: https://www.zitate.eu/author/roosevelt-franklin-delano?page=3, zuletzt aufgerufen am 20.6.2018.

BASIC 10
Steuerkonkurrenz und Steuervollzug: Wo kann man Traumrenditen von 1.333 % erzielen, und zwar dauerhaft, legal und steuerfrei? Wo liegen unsere Steuerreserven? Mit einem Nachtrag zu aktuellen Haushaltsüberschüssen

Das grundsätzliche Problem ist schnell beschrieben: Stadt, Land, Bund und EU verstehen sich als Bewerber, die mit anderen Städten, Ländern und Staaten um Unternehmensansiedlungen konkurrieren. »Konkurrenzfähig« im »Wettbewerb der Standorte« sind möglichst niedrige Steuern, am besten in Verbindung mit einem möglichst laschen Steuervollzug.

Steuerkonkurrenz, international

Diese Art von Wettbewerb schätzen internationale Großkonzerne sehr. Demgemäß

- verschiebt Apple Milliardengewinne nach Irland und *zahlt einen Steuersatz von 0,005 %,*[1] *nach anderen Berechnungen sogar nur 0,0005 %*[2] auf die dort gebuchten, weltweiten Gewinne (eine Null mehr oder weniger? Was soll's bei diesen Beträgen),
- kommt Facebook in Großbritannien auf (umgerechnet) lächerliche *5.150 Euro Jahressteuern,*[3]
- bleibt Vodafone bei einem Umsatz von 100 Milliarden Euro in Europa *gänzlich steuerfrei,*[4]

um es bei drei aktuellen Beispielen zu belassen (die Tagespresse ist von Zeit zu Zeit voll davon).

Multinationale Konzerne nutzen jeden Trick, um sich in der Europäischen Union vor Steuerzahlungen zu drücken. Dabei wird auch gerne schon mal die Grenze zum Betrug überschritten. Der Präsident der Union der Finanzbeamten in Europa (UFE), SERGE COLIN, »verweist auf den von der Europäischen Kommission kommunizierten Betrag von 1.000 Milliarden Euro, die jährlich in Europa aufgrund von Steuerhinterziehung verloren gehen.«[5] Vor allem die in vielen Mitgliedsstaaten angehobene Umsatzsteuer (COLIN spricht fälschlicherweise von »Mehrwertsteuer«) habe den Anreiz zur Steuerhinterziehung erhöht. Nun ja, das unterstreicht die vorangegangenen Ausführungen: →*Basic 6.*

Zur Erinnerung: Bei all diesen Beträgen handelt es sich um Geld, das dringend benötigt wird: für Schulen, Pflegesysteme, qualifizierte Kinderbetreuung, aber auch für die technische und digitale Infrastruktur und vieles mehr, darunter auch Leistungen, auf welche die Steuertrickser selber existenziell angewiesen sind und die sie als Schwarzfahrer wie selbstverständlich in Anspruch nehmen.

Auf Dauer führt die gängige Steuerkonkurrenz aus zwei Gründen geradewegs bergab, hart an den Rand der staatlichen Existenzberechtigung:

1. In der Steuerkonkurrenz gibt es keine Grenze nach unten; auch wenn die Null-Linie völliger Steuerfreiheit erreicht wird, kann es munter weitergehen, nämlich alsdann als Konkurrenz um negative Steuern, sprich: Subventionen, also staatliche Zuschüsse, die aus den anderen (Steuer-)Einnahmen zu finanzieren sind.
2. Der Staat verliert auf diesem Weg nach unten Schritt für Schritt seine Leistungsfähigkeit, am Ende gar seine Existenzberechtigung: Ein schwindsüchtiger Staat kann weder seine Hausaufgaben, die öffentlichen Aufgaben, erledigen, noch kann er die soziale Balance aufrechterhalten: Mangels Steuern geht ihm seine Steuerungsfähigkeit verloren. Am Ende verlieren alle, sogar diejenigen, die von der Entsteuerung zunächst begünstigt wurden.

Leider denken die Begünstigten in der Regel nicht so weit: Ihr Zeithorizont ist allzu oft durch die Bilanztermine beschränkt. »Politiker denken bis zur nächsten Wahl, Manager bis zum nächsten Quartal«, lautet ein geläufiges Ondit.

Die Europäische Kommission hat vor kurzem erzwungenermaßen, aber gleichwohl lobenswerterweise einen konkreten Vorschlag unterbreitet, wie Schlupflöcher für Steuervermeider geschlossen werden können. Mit einer europaweiten Gesamtkonzernsteuer (der Gemeinsamen Konsolidierten Körperschaftssteuerbemessungsgrundlage GKKB[6]), lautet ihre Erkenntnis. Mit deren Hilfe kann weitestgehend ausgeschlossen werden, dass Unternehmen ihre Gewinne über Verrechnungspreise, Zinszahlungen und Lizenzgebühren auf niedrig besteuerte Tochtergesellschaften verschieben und damit gewaltige Steuerrabatte in Niedrigsteuerländern einfahren[7], während sie Infrastruktur und öffentliche Güter in den Ländern, in denen sie produzieren oder Leistungen erstellen, zum Schwarzfahrerpreis nutzen. Aber auch Instrumente wie das Quellenabzugsverfahren[8] und die eingeschränkten steuerlichen Abzugsfähigkeiten für Vorleistungen aus Niedrigsteuerländern stehen zum Einsatz bereit. Die Instrumente sind zwar nicht anmutig. Aber sie sind effektiv.

Allerdings: *Europäische Steueroasen wie Irland, Luxemburg oder die Niederlande sperren sich gegen derlei Ansinnen.* Währenddessen halten sich Länder wie Deutschland, Frankreich oder Spanien bedeckt. Alle miteinander lassen sie sich in Steuersachen bereitwilligst ver*appl*en. Die ökonomische Zunft gar pflegte jahrelang die bloße Existenz einer wie auch immer gearteten Steuerkonkurrenz störrisch zu leugnen.[9] Diese Irreführung der Öffentlichkeit wenigstens ist unter dem Druck der veröffentlichten Fakten eingestellt worden: »Insgesamt wird mittlerweile die Existenz eines Steuerwettbewerbs im Bereich der Unternehmensbesteuerung kaum noch bestritten«, konstatiert MARGIT SCHRATZENSTALLER, Steuerexpertin des Österreichischen Instituts für Wirtschaftsforschung.[10]

Abb. 14: Naheliegende EU-Niedrigsteuerländer (Auswahl)

Offiziell geht die EU mit aller Kraft gegen Steuerflucht und -vermeidung vor. In der Praxis ist davon wenig zu spüren. Wer beispielsweise Hinweise auf Steuerflüchtlinge und -vermeider gibt, muss mit strafrechtlicher Verfolgung einschließlich Gefängnis rechnen.[11] Eine EU, die es ernst meint mit dem Kampf um Steuern, hätte dagegen durch einfache gesetzgeberische Maßnahmen dafür gesorgt, dass Hinweisgeber, zumal uneigennützige, nicht mit Gefängnis belohnt werden, sondern mit Geld und Ehren. Außerdem hätte sie die richtigen Prioritäten gesetzt und sich zuerst um den Schutz von Hinweisgebern gekümmert, danach erst um solche Angelegenheiten wie die schon sprichwörtliche Bestimmung des maximalen Krümmungsgrads von binnenmarktzugangsberechtigten Salatgurken. Leider ist es aber gerade nicht so – »Hätte, hätte, Fahrradkette«, um PEER STEINBRÜCKS apodiktische, in ihrer ganzen transzendenten Hintergründigkeit überdies leicht mystisch anmutende Erkenntnis zu nutzen, jene, die er als Kanzlerkandidat der SPD im Jahre 2013 vor einem verblüfften Millionenpublikum an den Bildschirmen preisgab.[12]

Die Verfolgung von Steuerhinterziehung und die Zusammenarbeit der EU-Staaten gegen Steuerbetrug wirken nicht selten so, als folgten sie dem Kurs des Fliegenden Holländers. Der durchpflügt bekanntlich beständig die Meere, ohne je sein Ziel zu erreichen. Andere behaupten, der Kampf gegen Steuervermeidung folge der Dramaturgie der Fernsehserien – das vermeintliche Ende weicht stets einer Fortsetzung. »Im Ergebnis feiern sich Staats- und Regierungschefs für neue, aber unzureichende Regeln, an die Steueroasen ihr Geschäftsmodell anpassen können und somit die Voraussetzung für den nächsten Skandal schaffen.«[13] Viele empörte Reden sind zu erwarten, große Wirkungslosigkeit ist garantiert.

Eric Bonse meldet aus Brüssel nicht etwa größere oder auch nur kleinere Fortschritte, sondern das glatte Gegenteil: »In der EU weitet sich die Steuervermeidung durch Großkonzerne weiter aus, statt – wie von unseren Politikern angekündigt – zurückzugehen. Die Zahl der Steuerdeals zwischen Staaten hat sich binnen zwei Jahren fast verdreifacht. Sie stieg von 547 im Jahr 2013 auf 1.444 im Jahr 2015, heißt es in einer Studie der regierungsunabhängigen Organisation Eurodad. An der Spitze der Länder, die großen Unternehmen Steuervermeidungspraktiken anböten, stehen demnach Belgien und Luxemburg. Aus Luxemburg kamen auch die ›LuxLeaks‹. Verantwortlich dafür war vermutlich Kommissionschef Juncker. Doch sein Buddy M. Schulz verhinderte eine detaillierte Untersuchung im Europaparlament. Stattdessen startete Junckers EU-Kommission eine mit allen PR-Mitteln groß aufgemachte Initiative gegen Steuervermeidung. Doch auch die ist ein Schlag ins Wasser. Am Dienstag blockierten Großbritannien und die Niederlande einen Kommissionsentwurf. Finanzminister Schäuble sprach dennoch von ›großen Fortschritten‹.«[14] Auf Nachfrage konnte er allerdings keine benennen.

Dazu muss man freilich wissen, dass es genügt, wenn, sagen wir: Malta – die Einwohnerzahl dieser Steueroase entspricht der von Berlin-Pankow – Nein sagt, um auszuschließen, dass Steuerfragen in der EU überhaupt auf die Tagesordnung kommen. Bei *einem* Nein ist *alles* aus, und sei es auch nur ein Gespräch unter Pfarrerstöchtern wie zwischen Angela Merkel und Theresa May zu diesem Thema. Da heißt es, weitermachen wie bisher, es ist schließlich legal: 2013 die Offshore Leaks, 2014 die LuxLeaks, 2015 die Schweizer Löcher, 2016 Bahama Leaks und Panama Papers, 2017 die Malta-Sticks (diese übrigens mit der Ermordung jener Journalistin verbunden, die der Sache auf die Spur gekommen war, und insofern nicht ganz und gar legal) sowie Paradise Papers. Wo ist der Nächste, bitte?

Schließlich noch dies: Für die Länder des globalen Südens sind angemessene Steuereinnahmen von vitalem Interesse, um über eine ausreichende Versorgung mit öffentlichen Gütern ihre wirtschaftliche Entwicklung zu fördern. Ergo: Internationale Steuerkonkurrenz schadet überall auf dieser Welt.

Entwicklung von Steuersätzen im internationalen Wettbewerb
am Beispiel der Gewinnsteuern für Körperschaften, in Prozent

Land	*1981*	*2003*	*2015*
Deutschland	60	38,9	30,18
Großbritannien	52	30	19
Frankreich	50	35,4	34,4
USA	49,7	39,3	38,9
Belgien	48	33,9	33,9
Niederlande	48	34,5	25
Irland	45	12,5	12,5
Italien	36,3	37,3	27,8
Spanien	33	35	25

Über die Aussagekraft der absoluten Sätze wird man streiten können, denn Einzelheiten der Besteuerung einschließlich der Besteuerungsbasis differieren von Land zu Land; generell erscheinen sie oben als hoch. Die aufgezeigte Entwicklungsrichtung dagegen ist eindeutig – abwärts.

Quelle: OECD, http://www.oecd/ctp/tax-policy/tax-database.htm#C_CorporateCapital

Abb. 15: Ergebnisse des internationalen Steuerwettbewerbs

Steuerkonkurrenz, national und kommunal oder: Die 1.333 %-Rendite

Hinzu kommt die nationale Konkurrenz, hier die der deutschen Bundesländer und Kommunen. Dabei geht es um die Frage: Wer hat die nachlässigste Steuerprüfung und den lückenhaftesten Besteuerungsvollzug? In beiden Kategorien tun sich die süddeutschen Länder mit Bayern an der Spitze besonders hervor. Gemäß einer Statistik der Steuergewerkschaft kommt in Bayern ein Fahnder auf 994 Betriebe (zum Vergleich: in Hamburg auf 437 Betriebe). Der Vorsitzende der Steuergewerkschaft im Deutschen Beamtenbund, Dieter Ondracek, spricht von einer »bewussten politischen Entscheidung, die Steuerfahndung schwach zu halten«. Dazu muss man wissen: »Ein Steuerfahnder treibt im Jahr eine Million Euro ein, kostet aber nur 70.000 bis 80.000 Euro.«[15]

Das heißt: Pro 75.000 Euro Aufwand kann der Staat eine 1.000.000 Euro Ertrag erzielen. Das entspricht einer *Rendite von 1.333 %* auf jeden einzelnen Euro, der in Fahnder investiert wird![16] Und zwar dauerhaft, sicher, legal und *steuerfrei!* Was sind dagegen jene lausige 25 %, die JOSEF ACKERMANN für die Deutsche Bank als Zielvorgabe stolz verkündet hatte und mit denen er die führende deutsche Bank erfolgreich von einem Geldinstitut mit Rechtsabteilung in eine Anwaltskanzlei mit Banklizenz umstrukturiert hat – freilich mit dem Schönheitsfehler, dass die Kanzlei nur selbst verschuldete Fälle (rund 7800 an der Zahl) zu bearbeiten hat und deshalb inzwischen nicht mehr weiß, wo und wie sie noch etwas verdienen soll, so dass sie mittlerweile, am Rand des Ruins stehend, sich den Ruf als gefährlichste Bank der Welt redlich verdient hat? *Von den Renditen aus der Beschäftigung von Steuerfahndern können noch nicht einmal Drogenbosse, Mafiapaten und Menschenschleuser träumen!*

Nicht nur, dass der deutsche Staat solche Traumrenditen verschmäht, nein, er lässt die Bundesländer sogar noch um den höchsten Steuerverzicht konkurrieren: »Gerade die süddeutschen Länder und auch Hessen haben in der Steuerverwaltung am meisten gestrichen. Bayern und Baden-Württemberg entwickeln sich zu regelrechten Steueroasen«.[17] Auf kommunalem Gebiet ist es die Stadt Monheim, die mit niedrigsten Gewerbesteuersätzen ihre Schwester-Kommunen am erfolgreichsten unterbietet – Monheim, die Steueroase am Niederrhein.

Befeuert wird die Konkurrenz der Bundesländer um möglichst niedrige Besteuerung der landesansässigen Unternehmen durch die *föderale Finanzverwaltung.* Die Kombination aus Gemeinschaftssteuern und Bundeszuweisungen an die Länder bewirkt, dass zusätzliche Einnahmen dem steuereintreibenden Bundesland nur eingeschränkt zugutekommen. Das macht zusätzliche Einnahmen aus angemessenen Steuerprüfungen für die Landesfinanzämter gewöhnlich ziemlich uninteressant: Sie vergrämen lediglich die landesansässigen Unternehmen, ohne dass die Landeskasse entscheidend gewinnt. Die länderhoheitliche Organisation der Finanzverwaltung begünstigt somit indirekt, aber gerade deshalb besonders unauffällig eine wirkungsvolle, systematische Minderbesteuerung von Unternehmen.

Besonders effektiv arbeitende Finanzbeamte werden zur Not sogar für verrückt erklärt sowie mit Hilfe bestellter, bewusst falscher ärztlicher Gutachten zwangspensioniert. Manche von ihnen wechseln daraufhin die Seite, denn für ein Leben als Pensionär sind und fühlen sie sich mit noch nicht einmal 40 Jahren einfach zu jung. »Gute Nachricht für Steuerhinterzieher: Sie können zwei Fahnder, so erfahren wie erfolgreich, künftig als Berater buchen.« Und überhaupt werden Steuerfahnder eher selten dienstlich motiviert, sie gelten vielmehr »als die Kellerkinder in der Finanzverwaltung, sie machen die Drecksarbeit und werden bei Beförderungen gern benachteiligt…« Derartiges liest man immer wieder mal in gehobenen Medien.[18]

Durch bloße Übertragung einiger Teile der Finanzverwaltung auf den Bund könnten demzufolge Jahr für Jahr Milliarden Euro an Steuerhinterziehung unterbunden werden. In ihrem Bestreben, die Nase vorn zu haben im Wettbewerb um den Firmen- bzw. Wohnsitz von Unternehmen und Vermögenden, etablieren die gewissermaßen landeseigenen Finanzverwaltungen stattdessen eine steuerliche Zwei-Klassen-Gesellschaft, wie schon aus →*Basic 7* bekannt: »Bei Arbeitnehmern wird die Steuer automatisch einbehalten. Bei Selbstständigen, Gewerbetreibenden oder auch Landwirten verlässt sich die Finanzverwaltung auf deren eigene Angaben. Im Durchschnitt werden kleine Unternehmen nur gut alle 30 Jahre geprüft. Millionäre in manchen Bundesländern nur alle 20.«[19]

Und ein Aschenputtel wie Berlin? Nach dem Eingeständnis eines seiner Regierenden Bürgermeister »arm, aber sexy«, ist die deutsche Hauptstadt jahrzehntelang nicht in der Lage, ihren Lehrern – zum Beispiel – ein konkurrenzfähiges Gehalt zu zahlen (→*Basic 1, Anm. 7*). In ihren Finanzämtern stapeln sich währenddessen die Akten, die analogen und die digitalen. Die Reaktion der Verwaltung? Personalabbau: Ende 2003 hatten die Berliner Finanzämter »rund 400 Stellen zu wenig. Trotzdem strich Finanzsenator THILO SARRAZIN auf Druck des Senats zehn Prozent der Stellen.«[20] Ende 2011 ist man bei »712 fehlenden Stellen laut Bedarfsermittlung des Finanzsenators« angelangt.[21] Ein schöner Erfolg! Die Akten und die Datenberge wachsen, die Bearbeiter verschwinden, und zwar nicht nur dahinter, sondern ganz. Zugegeben: Spätbyzantinische Verhältnisse sind das noch nicht. Aber solche Zustände waren zumindest vorübergehend in greifbare Nähe gerückt. (Inzwischen haben sich die Verhältnisse wohl wenigstens nicht mehr weiter verschlechtert.)

Steuerreserven

»Allein bei der Einkommen- und Körperschaftssteuer beliefen sich die Steuerausfälle auf schätzungsweise 30 Milliarden Euro pro Jahr, bei der Umsatzsteuer seien es weitere 20 Milliarden, machte der dbb-Vize und DSTG-Chef THOMAS EIGENTHALER deutlich.«[22] Dies ist eine äußerst zurückhaltende Schätzung.

Rechnet man jene 40 Milliarden hinzu, welche die Erbschaftsteuer, würde sie denn verfassungsgemäß erhoben (→*Basic 9*), erbringen würde, sowie jene 20 Milliarden, welche die Vermögensteuer mindestens erbrächte, würde sie denn, wie es die Verfassung vorsieht, überhaupt erhoben (→*Basic 9*), so kommt man auf eine Summe von deutlich mehr als 100 Milliarden Euro, die *ausschließlich durch ordentlichen, verfassungsgemäßen Steuervollzug, sprich ohne neue Steuern*, jährlich zusätzlich zu erzielen sind (s. Abb. 16).

Jährliche Steuerreserven, Deutschland
in Milliarden Euro, Stand 2017*

ESt/KörpSt	30
USt	20
ErbSt	30
VermSt	20
Mehreinnahmen/Reserven	≈ 100

* bei unveränderten bzw. dem Verfassungsgebot entsprechenden Steuerarten und -tarifen

Abb. 16: Deutsche Steuerreserven

Rechnet man jene Mehreinnahmen hinzu, die alleine schon erhältlich sind durch

1. die *ersatzlose Streichung* der widersinnigen Abgeltungssteuer,
2. eine *sachgerechte Gestaltung* des Einkommensteuertarifs in Sinne einer Abflachung seiner anfänglichen Progression bei gleichzeitiger Verlängerung der Progressionszone (→*Basics 8, 7*), durch
3. die *Einbeziehung* von Finanzgeschäften in die Umsatzbesteuerung (→*Basic 16*), sowie durch
4. diverse kleinere Positionen wie z. B. die Beendigung der Grunderwerbsteuer-Befreiung für Unternehmenserwerber, das Dienstwagenprivileg, das Dieselprivileg, das Mövenpick'sche Umsatzsteuerprivileg und manches mehr,

so kommt man auf Reserven, die bei *über 160 Milliarden Euro jährlich* liegen. Das Geld ist da, jedenfalls das Geld, welches benötigt wird, um Deutschland im kommenden Jahrzehnt nicht nur zu einem der zugleich sozialsten und modernsten Länder zu umzubauen, sondern auch Entwicklungsländern eine Perspektive zu bieten. *Man müsste lediglich auf den andauernden Einnahmeverzicht verzichten.*

Nochmals nebenbei bemerkt: Die *Abschaffung einer Steuer* (der Abgeltungssteuer) *erhöht* die Steuereinnahmen; dasselbe gilt für eine grundlegende *Vereinfachung* der Umsatzsteuer – auch sie *erhöht* die Einnahmen, indem sie Betrugsmöglichkeiten beseitigt (→*Basic 6*)![23]

Im Gefolge von Swiss-/Lux-Leaks, Panama-Papers, Malta-Sticks und anderen, in letzter Zeit aufgedeckten systematischen Steuerhinterziehungen großen Stils ist »Steuervermeidung« plötzlich zum Thema der Tagespresse geworden. Die in diesem Zusammenhang publizierten Zahlen liegen überwiegend erstaunlich nahe bei den obigen. Dementsprechend weist das Handelsblatt vom 3.4.2017 beispielsweise in seiner »Grafik des Tages« folgende Steuerreserven pauschal aus:

- »160 Mrd. Euro sollen alleine Deutschland pro Jahr entgehen«,
- »1 Bill. Euro Steuereinnahmen gehen den EU-Ländern schätzungsweise pro Jahr durch Steuervermeidung verloren.«

Das Handelsblatt schätzt die Ausfälle also sogar *höher* als hier angegeben ein. Um es nochmals zu betonen: Der Skandal besteht nicht darin, dass Steuern umgangen und hinterzogen werden. Sondern er besteht in den Regelungen und Gesetzen, die das ermöglichen – *ganz legal. Das ist der Skandal!*

Außerdem ist es brandgefährlich: »Der Rechtspopulismus verdankt sich in erster Linie der verbreiteten Wahrnehmung der Betroffenen, dass der EU [sowie den Regierungen überhaupt, AS] der politische Wille fehlt, handlungsfähig zu werden.« (Jürgen Habermas[24])

Fazit

Mit Hebung der soeben georteten Reserven werden alle Haushaltsprobleme auf einen Schlag lösbar. Schließlich liegt die über die Jahre hinweg aufgelaufene öffentliche Investitionslücke in Deutschland nach Berechnungen des Deutschen Instituts für Wirtschaftsforschung[25] zwar, wie bereits erwähnt (→*Basic 1*), unverantwortlich hoch, jedoch bislang immer knapp unter der Grenze von 100 Milliarden Euro pro Jahr.

Darüber hinaus stellen auch die unter den gegebenen Regeln erforderlichen Zuschüsse zur Rentenversicherung kein Problem mehr dar (zur Rentenproblematik →*Abschnitt D*). Sogar für den dringend notwendigen ökologischen Umbauwerden werden die benötigten Mittel frei (→*Abschnitt B*).

Bei dieser Lage der Dinge ist eine Schuldenbremse Teil der Lösung, nicht Teil des Problems.

Das Problem ist die nie beim Namen genannte, aber ständig in Betrieb gehaltene *Steuerbremse*, ist *der mutwillige, staatliche EINNAHMEVERZICHT*, die Weigerung, Vermögende als diejenigen, deren Leben durch höhere Steuern nicht berührt wird, ordentlich zu besteuern. Der Einnahmeverzicht des Staates ist es, der die Gesellschaft, allem voran die Sozialpolitik, dem Diktat der leeren Kassen sowie den Staat selber dem Diktat derer unterwirft, welche die Kassen stattdessen mit Krediten notdürftig immer wieder von neuem auffüllen (→*Basic 4*).

Das Problem ist hier endlich bei seinem korrekten Namen genannt. Es heißt *nicht »Schuldenbremse«, sondern »doppelte Steuerbremse«*, nämlich gebremste Steuern für Vermögende und, daraus folgend, gebremste sozioökonomische Steuerung. Die Kenntnis des Namens ist, wie seit alters her bekannt, die erste Bedingung für die Bewältigung eines Problems.[26]

Kurzer Nachtrag zu aktuellen Haushaltsüberschüssen

Aufgrund der unverantwortlich niedrigen öffentlichen Ausgaben weist der Bundeshaushalt 2017 einen Einnahmeüberschuss in niedriger, zweistelliger Milliardenhöhe auf. Das Ereignis wird in den Medien bejubelt: Die öffentliche Hand schwimme im Geld, tönt es durch den im Blätterwald; der Überschuss soll u. a. zur Finanzierung von Einkommensteuersenkungen verwendet werden.

Bewertung, Jubel und Verwendung beruhen auf haarsträubender Kurzsichtigkeit, auf einer gründlichen Verkennung der Probleme im Allgemeinen und ihrer Dimensionen im Besonderen. Die erzielten Überschüsse machen weit weniger als zwei Prozent des eingestellten Jahresetatvolumens aus. Damit reichen sie nicht einmal zur Deckung des alljährlichen, öffentlichen Ersatzinvestitionsbedarfs, um von Erweiterungen erst gar nicht zu sprechen (→*Basics 1–4*).

Überdies sind die besagten Überschüsse sogar lediglich deshalb angefallen, weil dringende öffentliche Aufträge wegen Personalmangels nicht vergeben werden können. Obendrein werden die Investitionsausgaben laut Haushaltsentwurf auch 2019 weiter *abgesenkt* (um 4,75 %; *Mehr*ausgaben sind allerdings bezeichnenderweise bei der Bundes*schuld [!]* eingeplant).[27]

Im Übrigen wird dabei übersehen, dass gesellschaftliche Identifikation und gesellschaftlicher Zusammenhalt durch wenig so sehr gefördert wird wie durch gute öffentliche Güter. Die verlangen massive Investitionen in öffentliche Sicherheit, öffentlichen Verkehr in den Städten und auf dem Lande, Grundversorgung mit Kommunikationsdienstleistungen, Freizeit-, Sport- und Kultureinrichtungen, Bildungseinrichtungen (Volkshochschulen sowie, ganz vorne: Schulen, Hochschulen, Kindergärten) und manches mehr. Das alles kann aus einem Überschuss wie dem des Jahres 2017 nicht ansatzweise finanziert werden – und schon gar nicht, wenn die Haushaltsüberschüsse für die Finanzierung von Steuersenkungen verwendet werden sollen.

Außerdem sind die Überschüsse lediglich dank der aktuellen Null-Zins-Politik der Europäischen Zentralbank angefallen; in gewöhnlichen Zinszeiten wäre ein Defizit zu verzeichnen gewesen. Darüber hinaus genügt schon ein Blick in die Lokalpresse, um die Probleme und ihre Dimensionen zu erahnen, um die es geht.[28]

Außerdem sind da noch die Altschulden. An ihre Tilgung ist nicht zu denken. Sie werden vielmehr ständig erneuert und betragen 2017 rund 2 000 Milliarden Euro, einen vierstelligen Milliardenbetrag also (davon entfallen übrigens rund 60 % auf den Bund, rund 30 % auf die Länder und rund 10 % auf die Gemeinden). Sobald die Europäische Zentralbank gezwungen sein wird, ihre lockere Geldpolitik wieder einzuschränken bzw. aufzugeben, werden die Überschüsse schon aufgrund der Zinsen für die laufend erneuerten, ewig vor sich hergeschobenen Altschulden dahinschmelzen wie der Schnee in der Sonne[29], und des Staates Gläubiger werden Zinsersatzleistungen wieder ersetzen bzw. ergänzen können durch originäre Zinsen.

Zur Beruhigung sei jedoch hinzugefügt: Deutschland ist nicht verschuldet. Nur der deutsche Staat ist verschuldet – das Vermögen seiner wohlhabenden Bürger beträgt ein Vielfaches seiner Staatsschuld. Die Mittel zur Tilgung der Staatsschuld stehen also im Lande selber gleich mehrfach zur Verfügung.

Weiterführende Bemerkungen und Belege zu Basic 10

1 Gemäß Berechnungen der zuständigen EU-Kommissarin, s. Finanzmarktwelt vom 30.8.2016.

2 So Harald Schumann in: Der Tagesspiegel vom 27.12.2016.

3 The Independent vom 7.3.2016.

4 Wirtschaftswoche vom 19.11.2016.

5 Serge Colin, Redebeitrag, in: Cesi, Hg., Taxation in Europe – Zusammenfassung der Fachtagung vom 9./10.10.2014 in Brüssel, dt. Fassung, S. 5. Demgegenüber »errechnet« die Neue Züricher Zeitung (vom 29.1.2016) »lediglich« 70 Milliarden Euro jährlich: Präzision ist Illusion (mehr dazu: →*Basic 16*).

6 Die GKKB sieht vor, den EU-Gesamtgewinn von Konzernen zu ermitteln und anhand realwirtschaftlicher Größen wie Lohnsumme, Umsatz und Betriebsvermögen auf die Mitgliedsstaaten zu verteilen („country-by-country reporting"). Gewinnverlagerungen ohne Verschiebungen realwirtschaftlicher Faktoren werden dann im EU-Binnenmarkt eingedämmt: s. SEBASTIAN KRAUß, Besprechung des Kompromisstextes vom 19.11.2014 zum Vorschlag für eine Richtlinie zur GKKB, in: Internationales Steuerrecht 19/2015, S. 727–734.

7 Europäische Kommission, Gemeinsame Konsolidierte Körperschaftsteuerbemessungsgrundlage (GKKB), Fassung vom 25.10.2016.

8 Im Quellenabzugsverfahren müssen ausführende Banken von jeder Rechnung, die ein inländisches Unternehmen für Importe aus einem Niedrigsteuerland zahlt, einen festen Prozentsatz einbehalten und ans Finanzamt abführen.

9 So jüngst noch Ulrike Herrmann, die Leiterin des Wirtschaftsressorts der links-alternativen Tageszeitung »taz«; in ihrem Werk »Kein Kapitalismus ist auch keine Lösung« (Frankfurt/M. 2016) heißt es auf S. 238 scheinbar lapidar: »Staaten machen sich keine Konkurrenz.« Also auch keine Steuer-, keine Standortkonkurrenz, keine Konkurrenz um Einflusszonen, Absatzmärkte, die Ausgestaltung von (Handels-)Regeln, den Einfluss auf bzw. in internationalen Institutionen wie dem IWF, der OECD, der WHO, um drei beim Namen zu nennen? »Unser Land steht vor gewaltigen Aufgaben [...] Wir müssen uns im weltweiten, scharfen Wettbewerb behaupten.« Mit diesen Worten begründete Bundespräsident Horst Köhler am 21.6.2005 dem deutschen Volk via Fernsehen die Auflösung des Bundestages und Neuwahlen. Und wird nicht gar die EU von vielen ihrer Befürworter damit begründet, dass sie unabdingbar sei, wenn »Europa« weiterhin »im internationalen Wettbewerb« bestehen wolle?
Einmal mehr fällt es schwer zu glauben, dass die Aussage ernst gemeint ist – schließlich pfeifen die Spatzen das Gegenteil vom Dach: »Zu sehr hat sich die Ansicht festgesetzt, dass sogar Staaten am besten ihrer Bevölkerung dienen, wenn sie miteinander im Wettbewerb stehen. Diese Ansicht [...] führt in eine steuerpolitische Katastrophe.« (Markus Henn, Steuerflucht – Die internationale und europäische Dimension, herausgegeben von der Friedrich-Ebert-Stiftung, Bonn 2017, S. 24.)
Im Übrigen hat die OECD bereits im vorigen Jahrhundert ihren Bericht über schädliche Steuerkonkurrenz publiziert: s. OECD, Harmful Tax Competition, Paris 1998.

10 Margit Schratzenstaller, Vom Steuerwettbewerb zur Steuerkoordinierung in der EU? in: WSI-Mitteilungen, Nr. 6/2011, S. 5.

11 Dieses Schicksal erlitt z. B. Antoine Deltour, ein ehemaliger Mitarbeiter der Wirtschaftsprüfungsgesellschaft PwC, noch 2016. Dank seiner Hinweise konnte der Skandal der LuxLeaks aufgedeckt werden. Wegen Datendiebstahls und Weitergabe von Geschäftsgeheimnissen wurde er zu einem Jahr Gefängnis sowie einer »ordentlichen« Geldstrafe verurteilt!

12 Es handelte sich um einen seiner Auftritte als Kanzlerkandidat der SPD im ZDF; leider hat sich der Verf. das Datum nicht notiert. (Es wird wohl der 13.4.2013 gewesen sein.)

13 Lukas Hakelberg/Thomas Rixen, Das Ende der Steueroasen? in: Aus Politik und Zeitgeschehen/Beilage zu Das Parlament, Nr. 23–25/2017, S. 30.

14 Eric Bonse in: Lost in EUrope vom 7.12.2016. Zu dem Ergebnis, dass die Steueroase Panama nicht ohne massive Unterstützung von EU-Staaten existieren kann, kommt übrigens auch der Panama-Untersuchungsausschuss des Europäischen Parlaments in seinem Abschlussbericht vom 19.10.2017; von den in den Panama-Papers genannten Offshore-Unternehmen stammen alleine 17.973 aus Großbritannien, 10.877 aus Luxemburg, 6.374 aus Zypern – danach folgen Unternehmen mit Geschäftsadressen in Lettland, Irland, Estland und Malta.

15 Dieter Ondracek, in: Süddeutsche Zeitung vom 4.3.2011.

16 1.000.000 × 100 : 75.000 = 1.333,33 %. Bei der Gelegenheit: Nordrhein-Westfalen hat bis Mai 2017 elf Steuer-CDs eingekauft. Dafür musste das Land 19 Millionen Euro zahlen. Die aus den CDs generierten Steuermehreinnahmen (einschließlich kaufinduzierter Selbstanzeigen) betrugen laut Düsseldorfer Finanzministerium sieben Milliarden Euro (Quelle: Der Spiegel Nr. 5/2018, S. 25). Das entspricht einer return-on-investment-Rate von sage und schreibe 172 727,27 %.

17 Dieter Ondracek in: Süddeutsche Zeitung vom 4.3.2011.

18 Zitate: Der Spiegel, Nr. 5/2018, S. 28 und 29, in einer Reportage aus Nordrhein-Westfalen. Matthias Thieme berichtet aus dem benachbarten Hessen von einem anderen Fall:»Vier besonders erfolgreiche Steuerermittler, die am Finanzplatz Frankfurt die Banken das Fürchten lehrten, werden vom Staat für paranoid erklärt. Gutachten […] belegen: Die Diagnose ist nicht haltbar. […] Ein Berufungsgericht verurteilt den Gutachter sogar wegen ›vorsätzlicher‹ Falschbegutachtung zu einer Geldstrafe von 12.000 Euro. Doch das Land Hessen beschäftigt den Gutachter nach Capital-Recherchen auch heute noch als Gutachter. Es vertritt weiterhin die Auffassung, dass die erfolgreichen Steuerfahnder psychisch krank, geistig umnachtet und deshalb dauerhaft dienstunfähig seien […]« Dabei ist der jüngste der vier unbequemen Zwangspensionierten gerade mal 39 Jahre alt. (Die ganze Story ist unter der Überschrift »Wie der Staat unbequeme Steuerfahnder kaltstellt« nachlesbar in der Zeitschrift Capital vom 11.10.2017.)
In NRW schafft es die neue, schwarz/gelbe Landesregierung übrigens gleich in ihren ersten Tagen, die erfolgreichsten Steuerfahnder des Landes dazu zu bringen, ihren Dienst zu quittieren und ihre Erfahrungen der Gegenseite zur Verfügung zu stellen. Für Einzelheiten s. z. B. den unscheinbaren Bericht »NRW verliert seine besten Steuerfahnder – Beamte wechseln zur Großkanzlei Deloitte« in der Berliner Zeitung vom 20.1.2018, S. 7.

Der gerade abgelöste Landesfinanzminister NORBERT WALTER-BORJAHNS von der SPD twittert dazu: »So fährt man sehenden Auges eine bestens aufgestellte Steuerverwaltung gegen die Wand.« (Ebd.) Mit seinem Kommentar verklärt er, mindestens auf einem Auge blind, jedoch das geschickte, absichtsvolle Vorgehen seines Amtsnachfolgers zu einem unbeabsichtigten Ergebnis von Unvermögen. Auch so etwas heißt man »Manipulation«!

19 DIETER ONDRACEK, WIE ANM. 17.

20 Berliner Zeitung vom 11.5.2004.

21 Der Tagesspiegel vom 20.11.2011.

22 dbb magazin, Nr. 11/2015, S. 8. (»dbb« steht für Deutscher Beamtenbund, »DSTG« für Deutsche Steuergewerkschaft; THOMAS AUGENTHALER ist der Amtsnachfolger von DIETER ONDRACEK).
Zu den Größenverhältnissen: Im Rahmen des Kohleausstiegs sollen vier Bundesländer, darunter Sachsen, »vom Bund über 20 Jahre insgesamt 40 Milliarden Euro Hilfe für den Strukturwandel bekommen. Das sei eine gewaltige Zahl, sagte Sachsens Ministerpräsident Michael Kretschmer (CDU)«. 40 Milliarden Euro, verteilt auf vier Länder und 20 Jahre, ergibt im Durchschnitt 0,5 Milliarden Euro pro Land und Jahr. Wenn das »eine gewaltige Zahl« ist, was sind dann die über 160 Milliarden Euro, die sich der Staat Jahr für Jahr an Steuern überwiegend mutwillig entgehen lässt, wie dargestellt? (Zitat: Der Tagesspiegel vom 27.1.2019, S. 1).

23 Ganz deutlich trat die fiskalische Unsinnigkeit der geltenden Umsatzsteuer-Regelung übrigens im Zusammenhang mit den UMTS-Lizenzen zutage. Zur Erinnerung: Im Jahre 2000 hatte der Bund mehr als acht Milliarden Euro aus der Versteigerung von UMTS-Sendefrequenzen eingenommen. Findige Steuerberater hatten die zunächst ahnungslosen Lizenzerwerber (T-Mobile, Vodafone u. a.) alsbald darauf aufmerksam gemacht, dass Lizenzerwerb umsatzsteuerpflichtig ist, sodass der von den Lizenzerwerbern gezahlte Kaufpreis ein Brutto-Betrag, also ein Betrag einschließlich Umsatzsteuer, gewesen war mit der Folge, dass sich die Lizenzerwerber die in Erwerbspreis enthaltene Umsatzsteuer als Vorsteuer vom Finanzamt zurückerstatten lassen können.
Und so kam es denn auch: Nach längerem Hin und Her musste per Gerichtsurteil festgestellt werden, dass der Staat den Lizenzerwerbern 1,2 Milliarden Euro Vorsteuer zurückzuerstatten hat. Man beachte: In ihrer irreführenden, derzeitigen Gestalt *schmälert* die vermeintliche Umsatzsteuer die Staatseinnahmen! *Ohne* diese »Umsatzsteuer« hätte der Staat den vollen Versteigerungserlös *erhalten und behalten*; *mit* »Umsatzsteuer« musste er auf den Steuerbetrag *zurückerstatten,* musste sich mit dem Erlös *abzüglich Steuer begnügen!*
An dieser Stelle *pervertiert die »Umsatzsteuer« von einer staatlichen Einnahmequelle zu einem Ausgabenposten,* und zwar offensichtlich. Das ist der Fluch der bösen, täuschenden Tat; da hat sich jemand selber ausgetrickst. (Für mehr Details der UMTS-Geschichte s. z. B. Berliner Zeitung vom 2.12.2003, für die detaillierte Darstellung des »Umsatzsteuer«-Verfahrens s. →*Basic 6*)

24 JÜRGEN HABERMAS, Unsere Selbsttäuschung – Ein Plädoyer gegen den Rückzug hinter nationale Grenzen, in: Blätter für deutsche und internationale Politik, Nr. 8/2018, S. 94.

25 So berichtet in der Berliner Zeitung vom 7.2.2017.

26 Zum möglichen Einwand, dass die Staatseinnahmen über die Jahre hinweg sehr wohl wachsen, sodass man nicht von einem Einnahmeverzicht sprechen könne, ist festzustellen, dass es nicht auf die absoluten, sondern auf die relativen Zahlen ankommt; entscheidend ist das Verhältnis der Staatseinnahmen zu den staatlichen Aufgaben und den dafür erforderlichen Ausgaben (→*Basic 1*). Einnahmen, die hinter den erforderlichen Ausgaben zurückbleiben, stellen in einer wohlhabenden Gesellschaft wie der deutschen, in der die erforderlichen Mittel überreichlich vorhanden sind, einen mutwilligen und sachwidrigen staatlichen Einnahme*verzicht* dar.

27 Nachzulesen in Das Parlament vom 17.9.2018, S. 1.

28 Zum Beispiel in Der Tagesspiegel vom 11.7.2017. Dort freut man sich zwar über die Schwarzen Zahlen im Haushaltsentwurf der deutschen Hauptstadt. »Doch wer genau hinschaut, ist nicht ganz so zukunftsfroh. Wären die Kredite nicht ganz so günstig, würde Berlin von seiner Schuldenlast (59 Milliarden Euro) auf der Stelle erdrückt. Außerdem werden die Personalausgaben in den nächsten Jahren rasant steigen, weil die wachsende Stadt nur dann funktionsfähig bleibt, wenn genügend qualifizierte und ordentlich bezahlte Verwaltungsmitarbeiter zur Verfügung stehen. Nicht zu vergessen der Investitionsstau in zweistelliger Milliardenhöhe, der nicht nur Schulen und Radwege betrifft, sondern die gesamte öffentliche Infrastruktur.«
Der Haushalt des Bundes ist erst recht voller Probleme: »Nach der neuen Etatplanung, die der Berliner Zeitung vorliegt, soll unter anderem die Förderung der Ganztagsschulen, eine Anhebung des Bafög, die Erhöhung des Kindergeldes sowie eine Aufstockung der Mittel für Verteidigung und Entwicklungshilfe finanziert werden. Hier fangen die Probleme allerdings schon an. Denn obwohl die entsprechenden Etats aufgestockt werden, verletzt die Koalition weiterhin internationale Zusagen: die Höhe der Entwicklungshilfe [...] und die Verteidigungsausgaben bleiben hinter den Verpflichtungen zurück [...] [Außerdem sind] keine Ausgaben für eine bessere Mütterrente vorgesehen [...] Auch die geplante Aufstockung der Krankenkassenbeiträge, die der Bund für die Harz-IV-Empfänger zahlt, findet sich nicht in den Haushaltplänen[...] Zudem bestehen einige Risiken, die sich durchaus auf zweitstellige Milliardenbeträge summieren können [...] Auch steigende Zinsen könnten den Haushalt deutlich belasten. Zudem kann nicht ausgeschlossen werden, dass sich die Konjunktur [...] abkühlt. *Dann werden aus der geplanten ›schwarzen Null‹ schnell wieder rote Zahlen.«* (Berliner Zeitung vom 28.4.2018, S. 6, Hervorhebungen AS.)

29 Die Beträge, die im Gefolge der Finanzkrise durch die extreme Niedrigzinspolitik der EZB in nationalen Haushalten eingespart worden sind, beziffert das Handelsblatt am 24.4.2018 wie folgt: Deutschland 162 Milliarden Euro, Frankreich 275 Milliarden Euro, Italien 216 Milliarden Euro.

BASIC 11
Steuerflucht und Nationalstaat Ist das Kapital ein scheues Reh und der Nationalstaat am Ende? Mit einem Abstecher in die USA, das Land des unbegrenzten Steuervollzugs

Sobald es eine mögliche Gefahr wittert, sucht das Reh das Weite. So auch das Kapital? Untersuchen wir mögliche Fluchtwege. Der Rolle des Nationalstaates kommt dabei von selbst ins Blickfeld.

Kontrollierbare Wege

Als Erstes wird man vermutlich an Wertetransfers durch *Überweisungen ins Ausland* denken. Sie mindern das steuerbare Vermögen im Inland.

Dagegen hilft ein zwar nicht sonderlich elegantes, aber einfaches und ebenso billiges wie bewährtes Hausmittel: *Kapitalverkehrskontrollen*[1]. Speziell die mit einer angemessenen Strafandrohung versehene Anweisung an die im Inland ansässigen Banken, ausschließlich amtlich genehmigte Auslandsüberweisungen durchzuführen, verschafft dem Staat die nachgerade vollständige Kontrolle über diesen Fluchtweg.

Womöglich denkt man aber auch an *Gelder, die in Koffern über Grenzen geschmuggelt werden*, z. B. von Düsseldorf nach Luxemburg und wieder zurück, wie es der Vize-Kanzler der Bundesrepublik Deutschland, Jürgen Möllemann von der FDP, praktiziert hatte.[2] Eventuell denkt der eine oder andere aber auch an Menschen wie den NS-Raubkunst-Erben Cornelius Gurlitt, der wohl ab und an kleinformatige Kunstwerke und Erlöse aus Kunstverkäufen als Handgepäck im Eisenbahnabteil zwischen München und Bern transportiert hatte.[3]

Gegen beides ist eine *Kombination aus Zollkontrollen, Registerführung und internationalen Informationspflichten* hilfreich. Dass sie in der Europäischen Union fehlen bzw. unzureichend sind, obendrein eher ab- als aufgebaut wurden, ist ein Unding, das tief blicken lässt in die gesetzgeberischen Prioritäten und wer dort wen bestimmt. Der Plakatkünstler und langjährige Präsident der Akademie der Künste zu Berlin, Klaus Staeck, hat vor Jahren schon mit einem seiner trefflichsten Plakate den Blick auf diese Zustände gelenkt; auf dem Plakat ist zu lesen: »Alle reden von Steuern. Wir zahlen keine. Bund der Steuerhinterzieher und Steuerflüchtlinge e. V.« Zu sehen ist ein Geschäftsmann von hinten mit einem Rollenkoffer, auf dem diverse Länderkennzeichen kleben, darunter mehrheitlich solche von EU-Staaten, die in Fachkreisen berühmt sind für ihre diskreten, aber soliden Fluchthilfe-, Versteck- und Hehlerdienste.

Allerdings wird es auch mit Hilfe der obigen Mittelkombination nicht gelingen, das Schmugglerwesen völlig auszuschalten. Aber: Auf derlei Schmugglerpfaden werden nicht die wirklich entscheidenden, die großen und schwergewichtigen Werte befördert; auf diesen Pfaden dürften maximal Beträge im niedrigen Millionenbereich transportiert werden, nicht jene Milliarden, mit denen in Staatshaushalten gerechnet wird. Es handelt sich also eher um Schleichwege, nicht um Transitautobahnen.

Breite, offene Wege

Damit bleiben drei breite Wege für Kapital- bzw. Steuerflucht im großen Stil:
a) Gewinn-Verlagerung (einschließlich Verlagerung des juristischen Firmensitzes),
b) Produktionsstätten-Verlagerung und
c) Wohnsitz-Verlagerung (einschließlich Verlagerung des tatsächlichen Firmensitzes).

Diese Wege verdienen genauere Betrachtungen. Dass sie offen sind, heißt nämlich nicht, dass sie nicht zu schließen sind.

a) Gewinnverlagerung

ist der einfachste Weg insbesondere für multinationale Konzerne, um sich nationaler Besteuerung zu entziehen. Der Berkerley-Ökonom Gabriel Zucman hat zusammen mit zwei Doktoranden der Kopenhagener Universität errechnet, dass Konzerne wie Google, Nike, Ikea und Co auf diesem Weg 2015 insgesamt 570 Milliarden Euro in Steueroasen wie die Schweiz, die Niederlande und Luxemburg verschoben haben. Das entspricht 40 % der gesamten Gewinne, die multinationale Unternehmen weltweit im Jahre 2015 erzielt haben.[4]

Für die in Rede stehenden Gewinnverschiebungen genügt es schon, dass eine Konzerntochter im Niedrigsteuerland ihrer Konzernschwester im Hochsteuerland hohe, interne Rechnungen für Sach-, Dienst-, Finanz- und

Rechtsleistungen aller, also auch fiktiver Art ausstellt, welche die Schwester alsdann anstandslos begleicht – schon sind Konzerngewinne ins Niedrigsteuerland verschoben. Und was die Konzernniederlassung im Niedrigsteuerland angeht, so genügt es, dass sie rein juristischer Natur ist, sprich: keine eigenen, echten wirtschaftliche Aktivitäten entfaltet. Eine Briefkastenfirma reicht.

Dieser Technik gegenüber versagen Kapitalverkehrskontrollen. Der gewöhnliche, tatsächliche Geschäftsbetrieb bleibt von den unternehmensinternen Verrechnungen unberührt; dort herrscht business as usual.

Banken treiben dieses Geschäft auf die Spitze. 2015 beispielsweise hatten Geldinstitute in Luxemburg »rund 4,9 Milliarden Euro Gewinn registriert, das ist mehr als im Vereinigten Königreich, Schweden und Deutschland zusammen. Barclays, die fünftgrößte Bank Europas, hat in Luxemburg auf einen Gewinn von 557 Millionen Euro nur eine Million Euro Steuern gezahlt. Das entspricht einem Steuersatz von 0,2 Prozent. Gleichzeitig verzeichnen manche Banken in anderen Ländern Verluste. So hat etwa die Deutsche Bank in Deutschland einen Verlust gemeldet, in Steueroasen jedoch einen Gewinn von 1,9 Milliarden Euro. Einen Großteil ihrer Gewinne registrieren die Banken laut Studie zudem in Ländern, in denen sie gar keine Mitarbeiter beschäftigen.«[5] Reine Briefkastenfirmen genügen also, wie gesagt.

Für die rein formale Verlagerung des juristischen Firmensitzes, etwa nach dem Vorbild von Apple (tatsächlicher Firmensitz in Kalifornien, USA, juristischer in Irland, EU) gilt dasselbe; statt an die Konzernschwestern gehen die Rechnungen in diesem Fall lediglich an die formaljuristischen Mütter. Zum Steuerbetrug genügen ein paar Klicks auf der Computermaus.

Dieses Spiel funktioniert allerdings nur, soweit und solange es die Staaten dulden, wenn nicht gar selber anregen und mitspielen. Mit der soeben in *→Basic 10* erwähnten europaweiten Gesamtkonzernsteuer z. B. kann diesem Treiben weitgehend Einhalt geboten werden. *Dazu muss allerdings der Wille vorhanden sein*; im Fall der EU muss z. B. zunächst das Veto-Recht aufgehoben werden, das jedem einzelnen EU-Mitglied, folglich auch dem jeweils gerade begünstigten, in Steuerfragen zugestanden ist. Wir stehen erneut vor einem eklatanten Gestaltungs- bzw. Integrationsversagen der EU.

Angemessene Regelungen zu finden, dürfte, technisch gesehen, kaum schwieriger sein als beispielsweise ein euro-kanadisches Handelsabkommen mit Investitionsschutz à la CETA auszuhandeln. Aber: Man muss es wollen, wenn man sich schon nicht durch Wählerwillen und Verantwortung dazu gezwungen sieht.[6] Die Steueroasen von den britischen Kanal- bis zu den Kaiman-Inseln, von Den Haag bis Delaware, von Luxemburg bis Liechtenstein jedenfalls können ihr schädliches Treiben gegen den wirklichen Willen ihrer jeweiligen Paten-Staaten keinen Monat durchhalten; *das klammheimliche Wohlwollen ihrer Paten bildet die Geschäftsgrundlage dieser Staaten.* Besonders skandalös ist, dass als Pate von Malta und Zypern, Luxemburg, den Niederlanden, Italien und anderen Euroländern die EU höchstselbst fungiert.

Dazu Harald Schumann: Die Steuerfluchtzentren sind »de facto nichts anderes als exterritoriale Zonen in den Datenspeichern der großen Banken. Gäbe es in den USA oder in der Eurozone den politischen Willen, diesen Unsinn zu beenden, könnte das von heute auf morgen geschehen. Die Parlamente müssten nur beschließen, dass Banken, die unbedingt Geschäfte mit den Steuerfluchtzentren betreiben wollen, kein Konto mehr bei der EZB oder Federal Reserve bekommen, folglich also nicht mehr in Euro oder Dollar handeln könnten. Sofort würden alle internationalen Banken dieses Geschäft einstellen und der Spuk wäre vorbei. Diesen Vorschlag hat der verstorbene Alt-Bundeskanzler Helmut Schmidt schon vor zehn Jahren gemacht.«[7]

b) Produktionsstätten-Verlagerungen

stellen dagegen tiefe Einschnitte in den Geschäftsbetrieb dar; von business as usual kann hier keine Rede sein. Um die Jahrtausendwende gab es eine Tendenz zu Produktionsverlagerungen in Niedriglohnländer (wohlgemerkt: Niedrig*lohn*-, nicht Niedrig*steuer*länder). Die erhofften Vorteile wurden jedoch sehr oft aufgezehrt von unvermuteten Nachteilen, so dass inzwischen viele Auswanderer, um schmerzliche Erfahrungen reicher, mehr oder weniger reumütig wieder »nach Hause« zurückgekehrt sind, dorthin, wo sie sich auskennen und wo ihre Verwurzelungen und Verbindungen in der Region und Politik liegen.

Außerdem ist zu beachten, dass nicht jede Fabrikeröffnung im Ausland eine Produktionsverlagerung darstellt, ergo auch nicht steuerfluchtbedingt ist. Häufig dient die im Ausland aufgebaute Produktionsstätte der Erschließung des dortigen, heimischen Marktes; wenn VW beispielsweise in Brasilien, den USA und China Fabriken errichtet, so hat das mit Steuerflucht nichts zu tun. Dasselbe gilt aber auch dann, wenn Adidas z. B. seine Turnschuhe nicht in Herzogenaurach herstellt, sondern in Asien, um von dort aus den Weltmarkt, darunter auch den deutschen Markt, zu beliefern. Solche Auslagerungen sind in den exorbitanten, sachlich nicht gerechtfertigten und deshalb *ungerechten* Lohnunterschieden begründet.

Unternehmenssteuern, auch wenn sie signifikant erhöht werden, stellen regelmäßig einen viel zu geringen Anteil an den gesamten Unternehmenskosten dar, um solch tiefgreifende Wanderungsbewegungen zu begründen.

Im Zuge der weiter zunehmenden Automatisierung der Produktion und des damit einhergehenden Bedeutungsverlustes des Lohnkostenanteils werden seit kurzem Teile der Schuhproduktion bei Adidas z. B. schon wieder nach Herzogenaurach zurückverlagert. Das Pendel schlägt zurück: Die Globalisierung produziert auch Re-Regionalisierungs- und Deglobalisierungseffekte.

c) Wohn- bzw. echte Geschäftssitz-Verlagerungen

gehören bedacht, weil es letztlich keine juristischen Personen gibt, also keine Produktions-, Bank- und sonstige Dienstleistungsgesellschaften, sondern nur Eigentümer und Beschäftigte von Produktions-, Bank- und sonstigen Dienstleistungsgesellschaften sowie Personen, die einträgliche Schuldtitel gegenüber Produktionsunternehmen, Banken und sonstigen Dienstleistern besitzen. Diese Personen – die Juristen heißen sie »natürliche« – sind es, die über tatsächliche Sitzverlagerungen entscheiden.

Wie entscheiden sich diese Personen, wo lassen sie sich nieder? In einer Studie haben US-Wissenschaftler aus Finanzministerium und Universitäten an Hand der Steuerunterlagen sämtlicher US-Bürger mit einem Jahreseinkommen von mehr als einer Million US-Dollar das Wanderungsverhalten der Hoch- und Höchstverdiener in der Zeit von 1999 bis 2011 in den USA untersucht. Dabei ging es um 500.000 Personen, welche die vermögendsten 0,3 % aller US-Haushalte verkörperten.

Untersucht wurde demnach das Wanderungsverhalten in einem sehr großen, gleichwohl einheitlichen Wirtschafts-, Sprach- und Kulturraum, d. h. in einem einzigartigen, geradezu schrankenlosen Wanderungsgebiet zwischen Alaska, Florida und Hawaii, das trotzdem über Steuern verfügt, die von Bundesstaat zu Bundesstaat differieren.

Das Ergebnis: »Reiche Amerikaner wechseln erstens selten den Wohnsitz, und wenn sie ihn wechseln, spielt die steuerliche Belastung keine Rolle. Eher das Wetter.«[8] Demgemäß erfreuen sich Florida, ein Niedrigsteuerstaat, und Kalifornien, ein Hochsteuerstaat, gleichermaßen größter Beliebtheit. »Auch wenn wie im Falle von Oregon und Washington ein Hochsteuer-Bundesstaat direkt an einen Niedrigsteuer-Bundesstaat grenzt, bewegt dies Millionäre nicht zum Umzug. Und wenn ein Bundesstaat die Steuern erhöht, mindestens um einen Prozentpunkt? Abermals keine Abwanderung.«[9] Die Untersuchung bestätigt im Übrigen lediglich einmal mehr die Feststellung von →*Basic 2*, wo bereits über Vermögende festgestellt wurde: »Steuern berühren ihr Konto, nicht ihr Leben.«

Auswanderung aus den USA dagegen unterliegt besonderen, weltweit einzigartigen Regeln. Das verhindert generalisierende, auf europäische Verhältnisse übertragbare Aussagen über die Neigung hochvermögender Einzelpersonen, ihren Wohnsitz z. B. in die Schweiz zu verlegen. Näheres dazu im *Nachtrag* weiter unten.

Für die *Verlagerung tatsächlicher Geschäftssitze, d. h. der Unternehmenszentralen,* gilt: Sie finden aus guten Gründen nicht statt. So ist kein einziger britischer oder US-Konzern wirklich nach Irland gezogen. Vielmehr haben sie ihre Hauptquartiere in der jeweiligen Heimat gelassen, nicht aus Heimatliebe, sondern weil die Unternehmen in regionale und nationale Netzwerke eingebunden sind, die aufzugeben mehr Schaden anrichten würde als Nutzen. Das Angebot an hochqualifizierten Arbeitskräften, die Kontakte vor der Haustür zu den Universitäten in Stanford und Berkeley, die vielfältigen Beziehungen und Vernetzungen sind für Apple z. B. von Irland aus weder auszubauen noch zu halten. Deshalb bleibt das Headquarter im Silicon Valley. Die deutschen Autokonzerne und Maschinenbauer, die russischen und chinesischen Großunternehmen verfahren aus denselben Gründen genauso (um von den japanischen, dezidiert autochthonen erst gar nicht zu reden).[10] Im Ergebnis leben und arbeiten »neun von zehn Vorstandschefs in ihrem Heimatland. Bei den Aufsichtsratsvorsitzenden ist der Prozentsatz sogar noch höher […] Dass fast vier von fünf Topmanagern in ihrem Leben nicht einmal mehr als sechs Monate am Stück im Ausland gelebt haben, rundet das Bild ab.«[11]

All das zeigt, dass die Handlungs-, Steuerungs- und Besteuerungsspielräume auf nationaler Ebene weitaus größer sind, als es die offizielle, wie ein Mantra behauptete Ohnmacht des Steuerstaates (wohlgemerkt, nicht: des *Schulden*staates, →*Basic 4*) glauben macht. Erst recht so, wenn einschlägige supra- bzw. internationale Absprachen in bzw. mit Hilfe einer Organisation wie der Europäischen Union prinzipiell leicht zu vereinbaren sind.

Bedauerlicherweise jedoch – so die bittere Klage des Joseph Stiglitz – »waren maßgebliche Länder der Eurozone entschieden *dagegen*, den internationalen steuerrechtlichen Rahmen in einer Weise zu ändern, die Steuerumgehung erschweren würde. Der Präsident der Europäischen Kommission, Jean-Claude Juncker, trug während seiner Amtszeit als luxemburgischer Premierminister selbst dazu bei, das Großherzogtum zu einer Drehscheibe der Steuerumgehung zu machen [...] Eine internationale Kommission, der ich angehörte, die Unabhängige Kommission zur Reform der Internationalen Unternehmensbesteuerung, schlug eine Alternative vor, und bei einer UN-Konferenz über Entwicklungsfinanzierung, die im Juli 2015 in Addis Abbeba stattfand, haben die Entwicklungs- und Schwellenländer unter Führung Indiens fast einstimmig den Beginn eines UN-Prozesses zur Prüfung dieser Alternativen befürwortet. Leider unterstützte keines der Länder der Euro-Zone die Initiative [...]«.[12] Also wieder einmal außer Spesen nix gewesen. Markus Henn pflichtet bei und verallgemeinert: Die EU trug »bislang in der Steuerpolitik eher zum Abbau von Steuern oder zu einer liberalen Steuerpolitik bei.«[13]

Wenn überhaupt irgendwelche Erfolge erzielt wurden, dann geschah das regelmäßig aufgrund nationaler Maßnahmen. Demgemäß sahen sich Apple und Google Anfang 2017 genötigt, jeweils mehr als 300 Millionen Euro an den italienischen Fiskus zu zahlen, um Steuerhinterziehungsverfahren zu verhindern; Google zahlte im Vereinigten Königreich über 170 Millionen Pfund nach.[14] Na geht doch! Für den Anfang schon ganz ordentlich. Aber weitermachen: *Das alles / und noch viel mehr / könnt' man steuern / wenn man bloß willens wär'.*[15]

Die Vorgänge verdeutlichen schlaglichtartig, dass der nationale Staat nach wie vor die entscheidende, prinzipiell keineswegs ohnmächtige Einheit ist. Die steuerlichen sowie die sozialen und demokratischen Rechte sind im nationalen Staat beheimatet. Und zwar – trotz EU – immer noch und weiterhin. Aus diesem Grund werden fiskalische, soziale und demokratische Handlungs- und Verhaltensoptionen bis auf Weiteres vorrangig auf dieser Ebene zu verfolgen und zu erzielen sein.

Außerdem kann man zwar, so Andreas Peichl, »sein Geld auch in Somalia vor dem deutschen Fiskus verstecken. Dann sieht man es aber vermutlich nie wieder. Eine gute Steueroase hat neben niedrigen Steuersätzen ein stabiles Finanzsystem und ein verlässliches Rechtssystem zu bieten – idealerweise abgesichert durch die britische Krone, die Vereinigten Staaten oder die EU. Diese Kriterien erfüllen nicht viele Länder. Und deshalb könnte der Staat die Steuerflucht wirksam bekämpfen, wenn er denn wollte.«[16] *It's politics, stupid!* – um Bill Clintons Spruch hier leicht abzuwandeln.

Fazit Steuerflucht

Als Gewinnverlagerung ist Steuerflucht zumal für multinationale Konzerne relativ leicht zu organisieren, *sofern und solange* Nationalstaaten oder supranationale Zusammenschlüsse miteinander in letztlich ruinöse Konkurrenz treten und ihnen die Flucht ins Niedrigsteuerland erlauben. So lange gilt deshalb unverändert: *Ganz legal, der ständige Skandal.*

Als Produktionsstätten- und Wohnsitzverlagerung ist Steuerflucht dagegen vergleichsweise unbedeutend.

Die geläufige Rede vom Kapital als scheuem Reh, immer auf dem Sprung, das Weite zu suchen, dient folglich weniger der Beschreibung der Wirklichkeit als der Beeinflussung der öffentlichen Meinung – suggeriert die Rede vom Reh doch zu Unrecht eine weitgehende, prinzipielle staatliche Unfähigkeit, Vermögende ordentlich nach Recht und Gesetz, konkret: nach wirtschaftlicher Leistungsfähigkeit sowie gemäß öffentlichem Bedarf zu besteuern.

Außerdem gibt es »das Weite« gar nicht. Tatsächlich grenzen alle Reviere nahtlos an andere, ebenfalls umzäunte und von Zaunwächtern bewachte Reviere, in denen sachgerecht abgestimmte Regeln gelten könnten und sollten. Wenn denn nur der Wille da wäre – die Mittel liegen bereit, darunter so simple, aber effektive Dinge wie öffentliche Unternehmensregister, sachgerechter Beginn von Verjährungsfristen, Kapitalverkehrsausschluss von Operettenstaaten und -territorien, Kündigung der EZB-Konten von denjenigen Banken, die mit Operettenländern und Steuer-»Schurkenstaaten«, um an der Diktion verschiedener us-amerikanischer Präsidenten anzuknüpfen, Geschäfte betreiben, und einiges mehr.

So wahr es ist, dass man internationale Steuerhinterziehung nicht ausschließlich national bekämpfen kann, so falsch ist die Behauptung, man könne sie ausschließlich international bekämpfen. Der nationale Staat ist nicht ohnmächtig dazu verurteilt, auf die Weltregierung zu warten. Und eine supranationale Körperschaft wie die EU erst recht nicht. Der Staat kann und muss sich vielmehr aus eigener Kraft dazu durchringen, seine Handlungsfähigkeit zu sichern, um soziale Schieflagen abzubauen, wirtschaftliche Leistungspotenziale zu fördern und manches mehr.[17]

Im Übrigen ist eine Politik, welche die Steuern, allem voran die Unternehmenssteuern, international harmonisiert und Steuerflucht wirksam bekämpft, auch im Interesse der Europäischen Währungsunion dringend geboten. Währungsfragen aber sind ein Kapitel für sich: →*Basic 15.*

Fazit Nationalstaat

Wie in einem Brennglas zeigt sich an dieser Stelle das wechselseitige Verhältnis (»die Dialektik«) von Nationalem und Globalem: Globale Universalität und nationaler bzw. supranationaler Schutz- bzw. Regelungsraum sind Gegensätze, die einander bedingen und nur miteinander bestehen können. Es bedarf einer neuen, national-internationalen Abstimmung.

Ein supranationaler Zusammenschluss wie die Europäische Union erfordert demgemäß nicht die Auflösung nationaler Staaten, sondern deren Fortentwicklung im Unionsgefüge – als Schutz gegen ruinöse Konkurrenz, sei es im Kampf um Steuern, sei es um Subventionen, Arbeitsplätze und -bedingungen, sei es auf dem Feld der Privatisierungen (und so manches mehr: →*Basic 4*).

Eine überlebensfähige Vereinigung, zumal eine so heterogene wie die EU, fordert am Ende somit bis auf Weiteres sehr wohl auch die Fortentwicklung des nationalen Staates, nicht zuletzt übrigens auch als Schutz gegen den Verlust der kulturellen Identität, des Vertrauten, »der Heimat«.

Der auf den vorangegangenen Seiten mehrfach kritisierte Umstand, dass die Steuerhoheit, das Königsrecht der Parlamente, weiterhin unverändert bei den Nationalstaaten liegt, unterstreicht auf seine Weise nachdrücklich und anschaulich diesen Zusammenhang. Deshalb banal: *Globalisierung fordert Regulierung*, und zwar gerade auch auf regionaler bzw. nationaler Ebene. Speziell die Besteuerung von Gewinnen an dem Ort, an dem sie in Gestalt vom Umsatzerlösen erscheinen und realisiert werden, ist – übrigens so auch Zucman u. a. – eine spezielle Fähigkeit des nationalen Staates.

Dieser also im über- bzw. internationalem Verbund fortzuentwickelnde Nationalstaat dient *nicht mehr* der *Expansion, sondern* der *Protektion*. Bis auf Weiteres ist er unersetzlich, da schlicht ohne Konkurrenz.[18]

Kurzer Abstecher zum globalen Vorbild (»best practice«): Die USA, das Land des (fast) unbegrenzten Steuervollzugs

It's politics, stupid: Von den USA kann man manches lernen, nicht zuletzt, wie ein Staat seine eigenen, gesetzlich fixierten Steuern sicher einzieht, mögen sie nun hoch oder niedrig festgelegt sein. Die Lehre ist denkbar einfach; sie passt mühelos auf eine Seite und erfüllt damit sogar das Eisenhower-Kriterium für brauchbare Lösungen (»Eine Lösung, die nicht auf ein Blatt Papier passt, ist keine Lösung«[19]).

Die Lehre lautet denkbar schlicht und einfach: Für US-Bürger gilt das *Staatsbürgerprinzip*, nicht das Residenzprinzip wie in der EU. Demgemäß ist jeder US-Bürger mit seinem Einkommen in den USA steuerpflichtig, unabhängig davon, wo er das Einkommen erzielt hat sowie gleichgültig, wo er sich aufhält. Etwaige, im Ausland entrichtete Einkommensteuern kann er gegenüber dem US-Fiskus als Verlustvortrag zur Geltung bringen. Abzüglich eines Freibetrages für Einkommen aus selbstständiger oder unselbstständiger Arbeit (wohlgemerkt, nicht: aus Kapitalanlagen) ist der gesamte Rest dem vollen Satz der US-Besteuerung unterworfen. Staatsgrenzen interessieren hier nicht – das Land der unbegrenzten Möglichkeiten ist auch das Land des (fast) unbegrenzten Steuervollzugs.

Wer seinen US-Pass abgibt, bleibt noch zehn Jahre lang in vollem Umfang steuerpflichtig; außerdem muss er einen Offenbarungseid leisten und zudem eine Exit-Steuer von 20 % auf sein gesamtes Vermögen, wo auch immer sich dies befindet, entrichten – zahlbar sofort. Sein Vermögen wird dabei zum aktuellen Verkehrswert bewertet. Dauerhaft in den USA wohnende Ausländer (»permanent residents«) werden US-Bürgern steuerlich gleichgestellt.

Mit Hilfe des Foreign Account Tax Compliance Acts (FATCA) wird sichergestellt, dass alle ausländischen Finanzinstitute (Banken und diverse Fonds) die einschlägigen Informationen an die US-Behörden liefern; wenn sie das nicht tun, müssen sie auf sämtliche US-Geschäfte eine Allgemeine Steuer in Höhe von 30 % entrichten. Schlupflöcher sind so gut wie unbekannt, jedenfalls hat diese Regelung sogar die Schweizer Banken in die Knie gezwungen, indem sie sich schwersten Herzens dazu durchzuringen genötigt sahen, ihr geheiligtes Bankgeheimnis für US-Bürger aufzuheben.

Was – außer fehlendem Willen bzw. Unternehmerwillfährigkeit – spricht eigentlich gegen eine Übernahme dieser ebenso einfachen wie wirkungsvollen Regelung aus den Vereinigten Staaten von Amerika in die vereinigten Staaten der Europäischen Union? Im Kampf um die Steuern heißt es: *Von den USA lernen heißt siegen lernen!*

Dass die USA selber den auf FATCA basierenden, inzwischen von 100 Staaten akzeptierten Berichtsstandard ablehnen, um ihrerseits Briefkastenfirmen gleich welcher Provenienz in ihre einschlägigen Provinzstaaten zur fröhlichen Steuerhinterziehung einzuladen, steht auf einem anderen Blatt; ebenso, dass die Europäische Union bisher noch nicht einmal versucht hat, das Gewicht ihres Binnenmarktes, immerhin des umsatzstärksten der ganzen Welt, dafür zu nutzen, die USA zur Aufgabe ihres doppelten Spiels zu bewegen.

So wird man wohl zusehen müssen, wie Wasser aus trockengelegten Konkurrenz-Oasen in die Wüsten von Nevada sowie ins beschauliche, wasserreiche Delaware fließen. Dabei böte sich für die EU doch gerade hier eine ziemlich beste Gelegenheit, ihren Nutzen, ja ihre Unverzichtbarkeit in der globalisierten Wirtschaft höchst sinnfällig unter Beweis zu stellen, nämlich indem sie verhindert, dass wenigstens ihre eigenen Mitgliedsstaaten sich gegeneinander konkurrierend auszuspielen trachten. Auf jeden Fall wären Anstrengungen auf diesem Gebiet sicherlich um einiges wichtiger gewesen als die Anstrengungen an jenem Regelwerk, in dem der schon erwähnte, sprichwörtliche, maximale Krümmungsgrad binnenmarktzulässiger Salatgurken festgelegt ist.

Schade, schon wieder eine Chance vertan! Und schon wieder die nachgerade urtümliche (»primitive«) Weisheit missachtet, die da lautet: Nur gemeinsame Wohlfahrt ist nachhaltige Wohlfahrt.

Zum weiteren Vorgehen

Mit diesem sehnsüchtigen Blick auf die USA als Land des fast unbegrenzten Steuervollzugs und der gesicherten Steuereinkünfte, soweit sie denn erhoben werden, verlassen wir das Gebiet der Steuern. Dieses zerklüftete, über weite Strecken verminte, schwer überschaubare, äußerst weitläufige Gebiet mehr als nur ganz oberflächlich zu erkunden war angezeigt, weil Wirtschaftspolitik, um es zu wiederholen, zuallererst Steuerpolitik ist; erst seine Steuereinnahmen verschaffen dem Staat jene Handlungsspielräume, die er als wirtschaftspolitischer Akteur im gesamtgesellschaftlichen Auftrag benötigt.

Ohne ausreichende Steuern ist der Staat hingegen zu nichts zu gebrauchen – aus dem staatlichen Akteur wird ein seinen Kreditoren, seinen Geldgebern Unterworfener, ein von ihnen Getriebener: *Aus dem Akteur wird ein Passeur.*

Ein Getriebener aber kann keine sachgerechte Wirtschaftspolitik be*t*reiben; die so »überaus wichtige makroökonomisch Front« (Joseph Stiglitz)[20] muss ohne ausreichende Steuern aufgegeben werden. Deshalb, kurz & bündig: *Ohne Steuern ist kein Staat zu machen, ohne Steuern keine sozioökonomische Steuerung.*

Andererseits musste ein schneller Blick aus makroökonomischer Perspektive auf das riesige Gebiet genügen. Alles andere sprengt den durch die Erarbeitung von Basics gesetzten Rahmen. Dabei waren die Ausführungen vorrangig der personalen Besteuerung gewidmet; die Unternehmensbesteuerung war eher am Rande zur Sprache gekommen. Dabei ist allerdings zu bedenken, dass Unternehmensergebnisse am Ende des Tages in die zu versteuernden Ergebnisse der an den Unternehmen beteiligten Personen, der Eigner, Kreditgeber und Beschäftigten, fließen und sich dort auflösen wie der Zucker im Tee.

Für Sachverhalte und Probleme, die außerhalb des vorangegangenen Schnelldurchlaufs liegen, bleibt deshalb nur der Verweis auf die Steuerrechtsliteratur, dieses Lebenselixier der Steuerberater und -anwälte. Im deutschsprachigen Raum ufert sie allerdings förmlich aus – mehr als ein Drittel der weltweiten Steuerrechtsliteratur ist auch heute noch in deutscher Sprache verfasst. Wirtschaftswissenschaftler machen nachgerade ausnahmslos einen großen Bogen um dieses Schriftgut; in dieser Hinsicht unterscheiden sie sich nicht vom Rest der Bevölkerung. Ausgerechnet auf dem Gebiet des Steuerrechts hat Deutschland mithin seine einstmals führende Rolle in der Welt der Wissenschaften über die Zeit hinweg ziemlich souverän verteidigt. Schade.

Die nachfolgenden Basics liegen auf einem Kerngebiet der wirtschaftlichen Entwicklungsdynamik, dem der Konjunkturen und Krisen:

- Wie und warum kommt die Wirtschaft immer wieder in Krisen hinein (→*Basic 12*) und
- wie kommt sie immer wieder heraus (→*Basic 13*)?

Es folgen als modifizierende, d.h. als abwandelnde, mitbestimmende Elemente, die Gebiete der

- Außenwirtschaft (→*Basic 14*) und der
- Finanzwirtschaft (→*Basic 15*).

In *Basic 16* wird der Frage nachgegangen, wie weit wirtschaftliche Entwicklungen vorhersehbar sind und welche Bedeutung jene ökonomischen Strukturelemente, die für die arg begrenzte Prognostik verantwortlich zeichnen, für Wirtschaftswissenschaften und Wirtschaftsminister besitzen. Danach wird in *Basic 17* das wechselseitige Verhältnis von Produktion und Verteilung Thema.

Mit dem 17. wird das letzte Basic in *Abschnitt A. Wirtschaftspolitik, Staat und Steuern* erreicht. *Basic 17* bietet Gelegenheit zu einem zusammenfassenden Rückblick auf entscheidende Passagen des gesamten, bis dahin zurückgelegten Streckenabschnittes, und es lädt hier ein zu einem *Abschluss-Exkurs* zur Sonderstellung der Ökonomie im Kreis der Wissenschaften.

Weiterführende Bemerkungen und Belege zu Basic 11

1 Unter dem Begriff »Kapitalverkehrskontrollen« werden Maßnahmen zur Beschränkung der Freiheit des internationalen Kapitalverkehrs zusammengefasst, namentlich Melde- und Genehmigungspflichten, Mengenbeschränkungen bei Kontenabhebungen/Überweisungen sowie Steuern auf Kapitalimporte und -exporte. Im Euroraum bilden Griechenland und Zypern aktuelle Beispiele für den erfolgreichen Einsatz von Kapitalverkehrskontrollen. Seit Anfang 2018 sind die Kapitalverkehrsbeschränkungen in Griechenland wieder gelockert worden; seitdem können Griechen wieder höhere Beträge von ihren Konten abheben. Eine alsbaldige, komplette Aufhebung der Mengenbeschränkung ist in Aussicht gestellt. Der Internationale Währungsfonds hat seine ehemals vehemente Ablehnung von Kapitalverkehrskontrollen im Gefolge der jüngsten Finanzkrise übrigens ebenfalls revidiert (s. z. B. Der Tagesspiegel vom 14.8.2018).

2 »Luxemburger Fahnder steckten ihren deutschen Kollegen, auch Möllemann sei mehrfach in das Steuerparadies gereist, um Bargeld zu holen.« (Guido Heinen, Möllemann, Projekt 18 und die Steuerfahndung, in: Die Welt vom 6.6.2003.)

3 »Mit Bern verband Cornelius Gurlitt ›geschäftliche Kontakte‹ zu Galerien und Auktionshäusern.« (Julia Voss, Die Freiheit von Verdacht, in: Frankfurter Allgemeine Zeitung vom 2.11.2017.)

4 S. Gabriel Zucman u. a., The Missing Profit of Nations, Working Paper, Juni 2018, gabriel-zucman.eu/files/ TWZ2018.pdf, insbes. S. 30 ff.

5 Berliner Zeitung vom 28.3.2017.

6 Frankreich kann hier als Vorbild dienen: Die französische Regierung, so ist der Berliner Zeitung vom 25.3.2018 zu entnehmen, ist gewillt, »im Alleingang gegen die US-Riesen [hier: Google, Apple, Facebook, Amazon, zusammenfassend ›Gafa‹ genannt, AS] vorzugehen. Dafür erhält sie breite öffentliche Unterstützung, was aufzeigt, wie groß in Frankreich mittlerweile der Unmut über die angewandten Gafa-Steuertricks […] ist.«

Aus dem Alltag der deutschen Finanzbehörden klingen die Berichte bedauerlicherweise anders: Hier »stauen sich seit einiger Zeit massenhaft Daten über mögliche Steuerhinterzieher. Am 31. Januar 2018 lagerten in der [zentralen] Behörde Kontodaten von fast 900.000 Steuerpflichtigen, die gemäß internationalem Abkommen aus dem Ausland nach Deutschland übermittelt wurden – aber danach nicht an die zuständigen Finanzämter.

Dieses Versäumnis wiegt umso schwerer, als sich die gemeldeten Kontostände der Deutschen im Ausland laut Bundesfinanzministerium auf mehr als 71 Milliarden Euro summieren. Würden die Finanzbeamten die Daten erhalten und ihre Arbeit machen, würde das dem deutschen Fiskus sehr viel Geld bringen. Und es wäre für das gesorgt, was deutsche Finanzminister gerne öffentlich einfordern – Steuergerechtigkeit.« Man möchte deshalb gerne wissen, »warum ausgerechnet in der Bundesrepublik, wo die Regierung stets laut dafür getrommelt hat, den automatischen Informationsaustausch über Kontodaten einzuführen, diese Daten jetzt in der zuständigen Behörde brachliegen.« (So fragt die Süddeutsche Zeitung vom 4.4.2018, S. 4, und stellt sich damit wohl unwissender, als sie ist: Auch bei der SZ ahnt man ja doch wohl zumindest, wem die Daten-Brache nützt.)

7 Harald Schumann, Die Herrschaft der Superreichen – Die Macht der Geldelite und die Kapitulation der Politik, in: Blätter für deutsche und internationale Politik, Nr. 12/2016, S. 69. S. hierzu auch Josef Stiglitz/Mark Perth, Die Schattenwirtschaft überwinden, in: Friedrich-Ebert-Stiftung, Hg., Internationale Politikanalyse, Januar 2017.

8 Stefan Kaufmann, Die Karibik lockt stärker als niedrige Steuern, in: Berliner Zeitung vom 19.11.2016.

9 Ebd.

10 Ein Beispiel für die tatsächliche Verlagerung des Geschäftssitzes stellt der Umzug der Siemens AG aus dem damals eingeschlossenen West-Berlin nach München dar – ein ausgesprochener Sonderfall unter den Bedingungen des Kalten Krieges; schon der vorübergehend auf dem Höhepunkt der Finanzspekulation in Erwägung gezogene Umzug der Deutschen Bank aus Frankfurt am Main nach London blieb kurzes Gedankenspiel. Der in Aussicht genommene Geschäftssitz Amsterdam für eine Fusion von Thyssen-Krupp und Tata-Steel schließlich stellt einerseits eine fusionstechnisch erforderliche Kompromisslösung dar. Andererseits bestätigt der Vorgang, dass der Kampf gegen Steuerdumping in der EU weiterhin der erwähnten, nicht enden wollenden Dramaturgie der TV-Serien folgt (→*Basic 10*).

11 Michael Hartmann, Die globale Wirtschaftselite – eine Legende, in: Nachdenkseiten vom 25.11.2016; s. auch die gleichnamige Monografie des Autors, Hamburg 2016.

12 Joseph Stiglitz, Europa spart sich kaputt – Warum die Krisenpolitik gescheitert ist und der Euro einen Neustart braucht, München 2016, S. 282 f., 489, Hervorhebung im Original.
Zu Stiglitz' Klage passt, was die Süddeutsche Zeitung am 19.6.2017 zu berichten wusste, nämlich dass es ausgerechnet eine staatliche Bank war, die luxemburgische Tochter der Bayerischen Landesbank nämlich, die besonders reichen Kunden zur Steuerhinterziehung über Briefkastenfirmen in Panama verholfen hat. Dazu passt des Weiteren, dass die ebenfalls staatliche HSH-Nordbank 2008, als sie unmittelbar vor der Zahlungsunfähigkeit stand und staatliche Hilfsgelder beantragt hatte, gleichzeitig ins Cum-Ex-Geschäft eingestiegen war. Sie hat also die Hand gebissen, die sie rettet. So etwas lässt nur der »liberale«, besser: liberal-korrumpierte Staat augenzwinkernd mit sich machen.
In diesem Klima gedeihen schließlich auch Steuerhinterziehungen wie die eines ehemaligen bayerischen Finanzministers und aktuellen Präsidenten des Deutschen Sparkassen- und Giroverbandes sowie die jahrlangen Steuerhinterziehungspraktiken der deutschen Botschaft in Paris (die Fälle gingen im November 2017 durch die Presse, wenn auch eher nur weiter am hinteren Rande, und wurden schnell verdrängt von neuen Fällen, die durch den Blätterwald getrieben wurden).

13 Markus Henn, Steuerflucht – Die internationale und europäische Dimension, herausgegeben von der Friedrich-Ebert-Stiftung, Bonn 2017, S. 15. Die von Henn (absichtsvoll oder unbedacht?) euphemisierte »liberale Steuerpolitik« *heißt auf Deutsch* Abbau von Steuern (zumindest für Vermögende).

14 So berichtet es Michael Hartmann in Der Tagesspiegel vom 3.6.2017.

15 Frei nach Rio Reisers König von Deutschland.

16 Andreas Peichl, Notfalls allein gegen das Paradies, in: Zeit online, 10.11.2017.

17 So auch z. B. René Bormann u. a., Gestaltende Finanzpolitik – Handlungsfähigkeit sichern, soziale Gerechtigkeit stärken, wirtschaftliche Leistungspotentiale fördern, in: Friedrich-Ebert-Stiftung, Hrsg., Reihe »Gute Gesellschaft – soziale Demokratie«, Berlin 2017, bes. S. 10–19. (Zur Spezifik der Definition von Gerechtigkeit →*Abschnitt B.)*
Außerdem – darauf hat auch Wolfgang Streeck aufmerksam gemacht – sind unsere demokratischen Rechte derzeit ohnehin ganz allgemein auf nationalstaatlicher Ebene institutionalisiert; woanders gibt es sie nicht. Aus diesem Grund werden die demokratischen Handlungs- und Verhaltensoptionen auf absehbare Zeit vorrangig auf dieser Ebene liegen.

18 Derselbe Gedanke detaillierter sowie mit den Worten eines Anderen: Die überwiegende Zahl der sozial-, bildungs-, gesundheits-, wirtschafts- oder auch innenpolitischen Ziele großer Bevölkerungsgruppen »sind keine Forderung auf EU- oder gar UN-Ebene, sondern Forderungen, die sich an die Landes- und Bundespolitik richten [...] Die Hartz-Gesetze sind kein internationales, sondern ein nationales Thema. Über die Rentenpolitik wird nicht in Brüssel, sondern in Berlin entschieden. Bildungspolitik und Polizei sind gar Ländersache [...]
Die hohen Mieten in urbanen Lagen sind zwar ein internationales Phänomen, man wird aber nicht über die UN oder die EU hier zu Lösungen finden, sondern über die Bundes- und Länderpolitik. Das Mietrecht ist ein nationalstaatliches Gesetz und gemeinnütziger Wohnungsbau ist ein nationalstaatliches Thema. Und wie sieht es mit dem Pflegenotstand aus [...]? [Wie mit der] Schaffung neuer Stellen im Pflegebereich, d[er] Einführung verbindlicher Personalschlüssel oder d[er] Verbesserung der Arbeitsbedingungen für Kranken- und Altenpfleger[?] [...]
Auf der anderen Seite gibt es selbstverständlich auch Themen, die man nur auf internationaler Ebene lösen kann. Die Klimapolitik und die Friedenspolitik sind da gute Beispiele. Aber auch hierbei sind internationale Abkommen doch nur ein Teil der Aufgaben [...]
Die künstliche Trennung von Nationalstaat und internationaler Politik ist nicht zielführend. Auf allen Ebenen werden Teile der Politik umgesetzt, auf allen Ebenen muss man daher auch progressive Forderungen stellen. Das ist doch keine Frage des ›Entweder-Oder‹. Und vor allem: Wer den faktisch vorhandenen nationalstaatlichen Rahmen ohne Not ausblendet oder als ›rückwärtsgewandt‹ wegwischt, der beschneidet sich doch letztlich ebenfalls ohne Not um seine Handlungsmöglichkeiten.« (Jens Berger, Nun stimmt auch noch Gregor Gysi in den Schwanengesang vom Auslaufmodell »Nationalstaat« ein, https://www.nachdenkseiten.de/?p=44378, zuletzt aufgerufen am 7.10.2018.)
Dabei gilt: Zwar ist nicht jeder Nationalstaat ein Sozialstaat; umgekehrt aber schon.

19 Verbürgt unter: http://zitate.net/dwight-d-eisenhower-zitate?p=2, zuletzt aufgerufen am 7.10.2018

20 Joseph Stiglitz, Europa..., a.a.O., S. 242.

BASIC 12
Konjunkturen und Krisen: Warum gerät unsere Wirtschaft immer wieder in Krisen? Wie erklären die maßgeblichen Witschaftstheorien den Krisenlauf?

Das soeben erreichte sowie die drei nachfolgenden Basics liegen im makroökonomischen Kerngebiet. Dieses Gebiet ist eh schon unübersichtlich zerklüftet; zusätzlich ist es dogmengeschichtlich zerfurcht sowie von einem macchia-ähnlichen, ideologischen Sprach- und Begriffsgestrüpp überwuchert, das der Erkenntnis das Eindringen ungemein erschwert.

Strenge Konzentration auf das Wesentliche sowie ein Vorgehen in sachlich geordneter Schrittfolge sind geboten, um zu verhindern, dass man, wie es so schön heißt, vor lauter Bäumen den Wald nicht mehr sieht und auf der Suche nach dem roten Faden stolpernd kreuz und quer umherirrt.

Der beständige Grund und seine periodische Erscheinung: deflatorische Lücke und nicht markträumende Einkommen

Privatwirtschaftliche Unternehmen stellen nur dann Lohn- und Gehaltsempfänger ein und halten sie, wenn sie damit rechnen, dass der Wert des Grenzprodukts des jeweiligen Beschäftigten größer ist als die Kosten, die seine Beschäftigung verursacht. Dasselbe umgangssprachlich: Unternehmer stellen Personal nur dann ein und halten es, wenn sie davon ausgehen, dass die jeweiligen Beschäftigten ihnen Gewinn bringen, sprich: ihnen zumindest in absehbarer Zeit (z. B. nach Einarbeitung, Ausbildung u. a.) mehr einbringen, als sie kosten.

Damit der Gewinn auch tatsächlich anfällt, muss der Wert der produzierten Waren (und Leistungen)[1] »erlöst«, »umgesetzt«, d. h. durch Verkauf in Geld gewandelt werden.

Wer kauft? Die Summe aller Löhne (und Gehälter)[2] reicht nicht aus, um die produzierten Waren zu gewinnbringenden Preisen zu kaufen, denn die Gesamtheit der Löhne liegt ja gerade unter dem Wert der gewinnbringenden Preise; die Löhne alleine sind deshalb grundsätzlich *nicht markträumend*. Aus diesem Grunde klafft immer eine Lücke zwischen der Kaufkraft der Beschäftigten und dem Wert der produzierten Waren: die sogenannte deflatorische oder auch Nachfragelücke.[3]

Theoretisch könnte diese Lücke einfach dadurch geschlossen werden, dass die Gewinne zur lohngespeisten Nachfrage hinzukommen und zum Kauf der noch nicht erlösten Warenwerte verwendet werden. Zu solch lückenschließender, markträumender, rein konsumtiver Verwendung ihrer Gewinne sind die Unternehmenseigner jedoch regelmäßig weder willens noch in der Lage, und zwar vor allem aus zwei Gründen:

- Einmal aus rein quantitativen – die Gewinne in unserer hochproduktiven Wirtschaft sind schlicht zu groß, um von ihnen individuell konsumiert werden zu können (→*Basics 2–4, 7–9*).[4]
- Zum anderen aus strukturellen, systemischen (»qualitativen«), konkret: aus Wettbewerbsgründen – die Unternehmen sind gezwungen, einen größeren Teil ihrer Gewinne wieder zu investieren, wenn sie im Wettbewerb bestehen wollen – w*er nicht investiert, verliert.*

Diese bereits aus der Staatswirtschaft bekannte Feststellung (→*Basic 1*) gilt privatwirtschaftlich nicht minder; dazu zwingt der beständige Wettbewerb um die bestmögliche Verzinsung des eingesetzten Kapitals. Diesem Wettbewerb sind grundsätzlich alle privatwirtschaftlichen Unternehmen ausgesetzt – übrigens auch Monopole, denn diese stehen wiederum im Wettbewerb mit anderen Monopolen um höchstmögliche Renditen.[5]

Dadurch, dass sie also erhebliche Teile ihrer Gewinne reinvestieren (sowie dadurch, dass sich ein Teil der Unternehmer auf die zu erwartende Nachfrage nach Investitionsgütern eingestellt, entsprechend spezialisiert und die erforderlichen Investitionsgüter hergestellt hat), treiben die Unternehmer das Wachstum der gesamten Wirtschaft voran. Zugleich treiben sie das Wachstum der Produktivität voran, denn die neu installierten Produktionsanlagen und -verfahren werden sie regelmäßig auf neuestem, weiterentwickeltem Stand der Technik einführen.[6] Dass sie somit sowohl das Wachstum der Produktivität als auch das Wachstum der Wirtschaft vorantreiben, ist ihr großes, historisches Verdienst, und das erklärt die ungeheure Wachstumsdynamik moderner, kapitalistischer Wirtschaft,[7] erklärt, wieso die Wirtschaft nach jahrtausendelanger Stagnation in den letzten dreihundert Jahren unter dem Einfluss kapitalistischer Unternehmer so unglaublich schnell und stark gewachsen ist. Während Leben und Lebensstandard der Bauern um 1700 z. B. kaum besser war als das ihrer Vorgänger im Jahre Null, haben sich die Verhältnisse in den letzten 300 Jahren radikal verändert.

Seinen Ausdruck findet das Wachstum in wachsendem Produktionsausstoß, also in mehr, höherwertigen bzw. neuartigen Konsum- und Investitionsgütern. Realwirtschaftliche Investitionen besitzen also einen *produktiven Kapazitätseffekt bzw.*, dasselbe mit einem Wort, *einen Produkteffekt.* D. h. realwirtschaftliche Investitionen vergrößern die Mengen bzw. die Qualitäten der Waren, die am Ende jeweiliger Wertschöpfungsketten auf den Konsumgütermärkten zum Kauf angeboten werden; jede einzelne Wertschöpfungskette beginnt mit einer Investition und endet mit Konsumgütern.[8]

Allerdings – und das ist entscheidend – werden die Unternehmer ihre Gewinne nur dann reinvestieren, wenn sie *erwarten/damit rechnen/darauf vertrauen*, dass sich die erweiterte Produktion selbst wieder *gewinnbringend* verkaufen lässt. Dabei werden sie den Produkteffekt ihrer Investitionen berücksichtigen, werden also berücksichtigen, dass die Investitionen von heute das Warenangebot auf den Konsumgütermärkten von morgen vergrößern – und damit die deflatorische Lücke wieder freilegen, die bislang mit Hilfe ihrer Investitionsausgaben überbrückt war.

Um zu verhindern, dass der beständige Grund, das Wesen der Krise, erscheint und die Lücke zutage tritt, müssen bzw. müssten die Unternehmer immer mehr investieren, um die wachsende Nachfragelücke ersatzweise vermittels wachsender, produktiver Investitionsnachfrage zu schließen. Jeder vernünftig kalkulierende Unternehmer wird sich deshalb im Laufe der Zeit Sorgen darum machen, ob sich die beständig wachsenden Warenmengen, die im Gefolge der ständig erweiterten Investitionen in seinem Wirtschaftszweig produziert werden, noch gewinnbringend verkaufen lassen; er wird, mit anderen Worten, im Laufe der Zeit *Zweifel an der Markträumungsfähigkeit der Einkommen* entwickeln.

Sobald er befürchten oder bereits erleben muss, dass weitere Investitionen sich nicht mehr lohnen, weil seine Märkte, gemessen an der verfügbaren Kaufkraft, gesättigt sind, wird er von weiteren Investitionen in seinem Wirtschaftszweig Abstand nehmen. Das heißt: Er wird sich diese Investitionen *entweder (er-)sparen oder er wird sie in andere Wirtschaftsbereiche* verlegen.

Sofern er nicht im erreichbaren Umfeld eine Marktlücke entdecken sollte, was eher die Ausnahme als die Regel ist, bietet sich dem Unternehmer der *Finanzsektor als einträgliche Alternative* für seine uneinträglich gewordenen realwirtschaftlichen Investitionen an. Denn im Finanzsektor wird nichts produziert, folglich gibt es dort auch keinen produktiven Kapazitätseffekt, also auch nicht dessen unliebsame preisdrückende, gewinnmindernde Folgen. Dort gilt nicht, dass die Erweiterungsinvestition von heute die Gewinne von morgen schmälert. Ganz im Gegenteil *steigen* im Finanzsektor die Preise sogar bei erhöhtem Angebot, kurz: Dort herrschen andere Regeln und Bedingungen als in der Realwirtschaft. Darauf wird noch zurückzukommen sein (→*Basic 16,* ebenso auf die hier gleichfalls vorerst ausgesparte Außenwirtschaft als weiteres Ausweichfeld, →*Basic 15*).

Zurück zu unserem Unternehmer. Sobald ihn die wohl begründeten Zweifel daran befallen, dass sich weitere realwirtschaftliche Investitionen noch lohnen, befallen seine konkurrierenden Kollegen, d. h. andere Unternehmer dieselben Zweifel. Es entsteht ein Domino-Effekt: Die begründeten Zweifel und die zurückgefahrenen Investitionen des Ersten nähren die Zweifel des Zweiten, der darauf seine Investitionen zurückfährt und damit weitere Zweifel begründet. Folge: Die Unternehmer fahren ohne Absprache, jeder für sich, aber trotzdem gemeinsam die zur weiteren Überbrückung erforderlichen Erweiterungs- und Ersatzinvestitionen zurück.

Dann aber reichen die Investitionen insgesamt auf einmal nicht mehr aus, um die deflatorische Lücke zu überbrücken. Aufgrund der ausfallenden Nachfrage geraten die Preise an verschiedenen Märkten zunehmend unter Druck, was seinerseits die Investitionsbereitschaft weiter senkt. Ergebnis: Eine Abwärtsspirale kommt in Gang; erhebliche Teile der produktiven Kapazitäten der Gesellschaft (Menschen, Maschinen, Werkstoffe und immaterielle Güter) werden aus dem Wirtschaftskreislauf ausgesondert und brach gelegt, große Teile der Jugend werden erst gar nicht mehr in den Wirtschaftsprozess integriert. (Auf diese Prozesse wird im folgenden →*Basic 13* noch einmal und dann ausführlicher zurückzukommen sein.)

Die Krise ist da, die zwar ständig vorhandene, aber lange überbrückte und deshalb unbemerkte deflatorische Nachfragelücke tritt aktuell in Erscheinung.

Krisenursachen: J. B. Say und die Leere der neoklassischen Lehre

An den Krisen scheiden sich die Geister. Für die soeben beschriebene krisenhafte Entwicklung gibt es innerhalb des neoklassischen, standardökonomischen Theoriegerüstes keinen Platz. Innerhalb des neoklassischen Modellrahmens lösen wirtschaftliche Akteure ein Optimierungsproblem, woraus sich dann ein jeweiliges Gleichgewicht ergibt. Dabei fußt das gesamte Modell, ob ausgesprochen oder nicht, auf dem SAY'schen Theorem; es bildet gewissermaßen unhinterfragt den Urgrund bzw. den verdeckten Kern der herrschenden ökonomischen Theorie. Das Theorem (bzw. auf Deutsch: der Lehrsatz) ist nach dem französischen Nationalökonomen JEAN-BAPTISTE SAY (1767–1832) benannt. Es besagt, dass sich jedes Angebot seine Nachfrage selber schafft, und zwar völlig unabhängig von der Verteilung. Die Verteilung ist deshalb weder eines Gedankens noch gar der Rede wert.[9]

In der Wirtschaftspolitik begegnet einem das Theorem auf Schritt und Tritt sowie in unzähligen Variationen. Allerdings grundsätzlich unbemerkt, da es ohne Namensnennung oder sonstige Identifikationsmerkmale daherkommt. Es tritt vielmehr, verkleidet und verfremdet, regelmäßig unerkannt als hintergründige, vermeintliche Selbstverständlichkeit auf, als »unmittelbar einleuchtende Wahrheit« bzw. als »stillschweigend angenommene Voraussetzung«, um an FRIEDRICH VON HAYEKS Worte zu erinnern (→*Exkurs 4*). Denen, die auf SAYS Lehrsatz aufbauen und denen, die ihm begegnen, ergeht es üblicherweise wie jenen Zeitgenossen, die völlig überrascht werden, wenn man ihnen offenbart, dass sie Prosa reden.

In seiner scheinbar selbstverständlichen, verkleideten Form liest sich der Lehrsatz beispielsweise wie folgt: »Eine höhere Wettbewerbsfähigkeit ermöglicht die Herstellung von Gütern zu niedrigeren Kosten, was letztlich die Kaufkraft der Verbraucher erhöht. Dies kurbelt wiederum die Nachfrage an und stützt den Handel, den Wohlstand, die Investitionen und schließlich auch die Beschäftigung.« Diese kanonische Variante des SAY'schen Theorems stammt aus der gemeinsamen Feder eines Vorstandsmitglieds der Deutschen Bundesbank und des Vize-Gouverneurs der südafrikanischen Zentralbank. Zu lesen war sie im Handelsblatt.[10]

Ob die gemeinsam abgefasste Diktion auf bloße Unbedachtheit zurückzuführen ist oder – zumal in Anbetracht der wirtschaftsgeschichtlichen Erfahrungen – auf eine mutwillige Verweigerung gründlichen Denkens, kann dahingestellt bleiben. Könnte es ein Problem sein, und zwar ein wirtschaftliches, soziales und/oder politisches Problem, wenn viele konsumieren wollen, aber nicht können, während andere endlos konsumieren können, aber nicht wollen, weil sie es gar nicht mehr wollen können (→*Basic 2*)? Nichts da, i wo! Noch nicht einmal in Südafrika mit seinen nach wie vor elenden Townships und seinen noblen Kapstädter Villen! Bloß keine Gedanken verschwenden auf etwas, was nicht sein kann, weil es nicht sein darf!

Insofern SAYS Theorem die bloße Möglichkeit von Krisen aus Nachfragemangel ausschließt, steht es zwar in klarem Widerspruch zu den vorangegangenen Ausführungen. Aber es dient der Standardökonomie unbekümmert als unausgesprochene Grundlage: Fest in SAYS Lehrmeinung verwurzelt, verkündet Ökonomie-Nobelpreisträger ROBERT E. LUCAS in seiner Eigenschaft als Präsident der American Economic Association auf deren Jahrestagung demgemäß noch kurz vor der letzten großen Krise in seiner Eröffnungsrede triumphal: »Das zentrale Problem der Vermeidung von Depressionen ist gelöst«, für Makroökonomen gebe es »nichts Langweiligeres«, als sich mit Krisen zu beschäftigen:[11] Warum auch sich den Kopf zerbrechen über etwas, was es gemäß der SAY'schen Lehre gar nicht geben kann? In SAYS Theorem werden der Wunsch zum Vater des Gedankens und die bedingungslose Marktorientierung zur Schranke der Erkenntnis. Dementsprechend heißt es bei LUCAS wenig später, in Reaktion auf die Weltwirtschaftskrise von 2008 ff. nämlich, in schon fast kindischem Trotz, ökonomische Theorie sei nun mal nur zu verstehen »als Prognose darüber, was unter der Bedingung des Ausbleibens einer Krise zu erwarten ist.«[12]

Dieser verbockte Ausspruch ist von dankenswerter Klarheit. Denn er räumt alle Zweifel darüber aus, dass in der neoklassischen, standardökonomischen Theorie für Krisen kein Platz ist – nirgendwo. Da Krisen jedoch zur Realität gehören, erklärt diese Theorie offenkundig, dass sie über krisendurchsetzte wirtschaftliche Realität nichts zu sagen hat – im Grunde nicht nur ein Armutszeugnis, sondern, als Eingeständnis, ein klassisches Eigentor. »Woran liegt es, dass weder die Lehrer aus der ökonomischen Lehrbuchwissenschaft noch die Schüler aus ihren Schulbüchern etwas darüber lernen können, ›wie die Wirtschaft wirklich funktioniert‹?« So lautete eine der Eingangsfragen im Vorwort dieser Schrift. Diese Frage kann hier erstmals beantwortet werden; die Antwort lautet: Es liegt genau daran, nämlich an der von LUCAS offen, trotzig-offensiv eingestandenen Realitätsverweigerung der herrschenden Lehre. *Dieser Theorie kann die Wirklichkeit nichts anhaben, denn sie steht weit über der Wirklichkeit.* Sie ist der Wirklichkeit enthoben.

Andererseits: Dass Krisen zur Wirklichkeit gehören, ist offensichtlich. Trotziges Schweigen ist deshalb keine überzeugende Lösung, keine, die immer und überall ohne Wenn und Aber durchgehalten werden kann. Sofern ihr daher eine Erklärung unumgänglich abverlangt wird, erklärt die neoklassische Standardökonomie Krisen notgedrungen »exogen«, d. h. als etwas, was auf wirtschaftsfremde Ursachen zurückzuführen ist, als da sind: Unwetter, Missernten, namentlich solche, die angeblich durch Sonnenflecken verursacht sind[13], natürlich-technologische Daten wie Anlagenutzungsdauern,[14] (wirtschafts-)politische Fehlentscheidungen, Ölpreisschocks, politische Ereignisse, wahlweise Bevölkerungswachstum/-abnahme/-stagnation (→*Abschnitt D*), Migrationsbewegungen, Umstürze, Kriege. Bemerkenswerterweise subsumiert die neoklassische Ökonomik auch hohe bzw. – in ihrer Sicht – ausnahmslos zu hohe, gewerkschaftlich erkämpfte Lohnabschlüsse, die für sie in ihrer rundweg mikroökonomischen Sichtweise einzig und allein erhöhte Kosten darstellen, unter die politischen und damit exogenen Faktoren. Sie erklärt sie also zu systemfremd; mit der Wirtschaft hat's dann halt nichts zu tun, sondern mit der Politik, die die Gewerkschaften in unverantwortlicher Weise gewähren lässt. In jüngster Zeit erfreuen sich »asymmetrische Schocks« als Ursachenbenennung wachsender Beliebtheit – darunter kann sich dann jeder selber vorstellen, was er will. Unspezifisch, wie er gebraucht wird, ist der Ausdruck reine Begriffshuberei, leer, nichtssagend, aber hochtrabend, »seichte Wichtigtuerei« (KARL MARX[15]).

Nun lässt sich die globale Wirtschaftskrise von 2008 ff. beim besten Willen weder mit außerwirtschaftlichen Einflüssen noch mit überhöhten Lohnforderungen erklären; Ölpreisschocks, Sonnenflecken o. ä. waren auch nicht zu vermelden. Die Standardökonomie stand der Krise wieder einmal hilflos, zunächst sogar sprachlos gegenüber. Das Handelsblatt fasst die Klagen an der herrschenden Theorie kurz und bündig zusammen: *»Die gängigen Modelle können das Geschehen weder abbilden noch erklären«.*[16] Demgemäß weiß der Ökonomie-Nobelpreisträger des Jahres 2011, der Makroökonom CHRISTOPHER SIMS zum Beispiel, auf entsprechende Fragen im Anschluss an die Preisverleihung nichts zu sagen außer: »Ich habe leider keine einfache Antwort parat, wie wir die Krise überwinden können. Wir müssen uns die makroökonomischen Daten sehr genau anschauen.«[17] Genau das tut er aber doch seit Jahren als Makroökonom hauptberuflich tagein, tagaus in seinem Institut!

Die Artisten in der Zirkuskuppel – ratlos; von Seiten der herrschenden Lehre liegt rein gar nichts vor, was zum Verständnis von und zum verständigen Umgang mit Wirtschaftskrisen beitragen könnte.

In der herrschenden Lehre herrscht ratlose Leere.

Plurale Wirtschaftslehre: Über die SAY'sche Scheidelinie zu KEYNES und MARX

Ganz anders sieht es aus mit JOHN MAYNARD KEYNES und den Seinen. Zwar haben sie mit ihrem neuartigen, damals geradezu als revolutionär empfundenen Ansatz erst im Gefolge der Weltwirtschaftskrise von 1929 ff. die Bühne der Wirtschaftswissenschaften betreten. Aber dafür sofort unter größtmöglicher Beachtung sowie mit erheblichen wirtschaftspolitischen Folgen und Erfolgen. Allerdings sind die Keynesianer – »Allgemeine Theorie«, so der Titel von KEYNES' Hauptwerk[18], hin, »Allgemeine Theorie« her – *eher wirtschaftspolitische Praktiker als Theoretiker der Krisen.*

Der standardökonomischen Realitätsverweigerung verweigern sie sich entschieden; demgemäß lehnen sie das SAY'sche Theorem als empirisch widerlegten, wirtschaftspolitisch gemeingefährlichen Grundirrtum ab. Gleich auf den ersten Seiten seines opus magnum setzt sich KEYNES mehrfach kritisch mit SAY und seiner theoretischen Grundannahme auseinander.[19]

Damit eroberten die Keynesianer die wissenschaftliche Dominanz im Sturm. Diese Stellung konnten sie im Wesentlichen ein knappes, halbes Jahrhundert lang behaupten, bis sie in den 70er Jahren des vorigen Jahrhunderts nicht zuletzt unter dem Einfluss des eigenen, zeitweiligen wirtschaftspolitischen Erfolges von der wiedererstarkenden Neoklassik immer weiter, zuletzt gar bis an den Rand sowohl des akademischen als auch des wirtschaftspolitischen Geschehens zurückgedrängt wurden. Im Gegenzug erlangte die (Neo-) Klassik von Neuem den Status der allein herrschenden Standardökonomie. Seit der Krise von 2008 ff. erfreuen sich die Keynesianer indes einer Renaissance.

Die Ablehnung des SAY'schen Theorems als Grundlage ihrer Wirtschaftslehre verbindet die Keynesianer mit den originären Krisenökonomen, den *Marxisten.* So, wie die süddeutsche Wasserscheide die Nordsee-Zuflüsse von den Zuflüssen zum Schwarzen Meer ursprünglich trennt, so markiert das SAY'sche Theorem auf ursprünglicher, d.h. fundamentaler wissenschaftlicher Ebene trennscharf die Scheidelinie zwischen Keynesianern und Marxisten auf der einen und der neoklassischen Standardökonomie auf der anderen Seite. *Das SAY'sche Theorem bildet die Scheidelinie der Wirtschaftslehre.*

Weil ihnen die Krisenhaftigkeit der kapitalistischen Entwicklung von Anfang an Dreh- und Angelpunkt der wissenschaftlichen Analyse war und ist, stellen die Marxisten – in exaktem, spiegelbildlichen Gegensatz zu den Keynesianern – die originären *Theoretiker der Krisen, nicht ihre wirtschaftspolitischen Praktiker.*

Wie alle, die schlechte Botschaften verkünden und große, geldwerte Interessen behindern, sind sie im Allgemeinen außerordentlich schlecht gelitten. Als personifizierte Missliebigkeiten werden sie, wenn überhaupt, nur ausgesprochen ungern gesehen, gehört und geduldet. Aber auch hier ist jüngst wieder Bewegung ins Spiel bekommen; demgemäß bescheinigt gar Hans-Werner Sinn, der langjährige, streitbare Präsident des Münchner IFO-Instituts, ihrem Gründer, Karl Marx, »viele interessante Gedanken [...] [mit] nachhaltige[m] Einfluss auf die weitere Forschung und den Erkenntnisprozess der Volkswirtschaftslehre«; speziell »die Krisentheorien [sind] Marx' wichtigste Beiträge [...] *Diese Krisentheorie ist hochaktuell.*«[20]

Der zuvor beschriebene Weg in die Krise sei deshalb nachfolgend auch *in der Terminologie der originären Krisentheoretiker beschrieben,* allerdings radikal auf wenige Zeilen konzentriert. *Der letzte Grund für die Krisenhaftigkeit des Kapitalismus besteht im Kapitalverhältnis,* das heißt, er besteht *zum einen* darin, dass Arbeiter nur eingestellt werden und Lohn erhalten, wenn sie und solange sie den Kapitalisten einen Mehrwert schaffen, und *zum anderen* darin, dass die Kapitalisten diesen Mehrwert zu einem großen Teil nicht zu ihrem individuellen Konsum, sondern zur *Akkumulation* (d.h. zur Wiederanlage als Kapital: zur Reinvestition) verwenden müssen, und zwar »bei Strafe des Untergangs«[21], soll heißen: wenn sie nicht im Konkurrenzkampf unterliegen wollen. Produzieren, um zu profitieren und zu akkumulieren, lautet hier die Devise, nicht: produzieren, um zu konsumieren: »Akkumuliere, akkumuliere, das ist Moses und die Propheten!«, heißt es demgemäß im Kapital[22]. Darin liegt *einerseits* der Kern der einzigartigen, kapitalistischen Dynamik, *andererseits* der Kern der periodischen Krisen.

Denn einerlei, ob im herkömmlichen, keynesianischen oder marxistischen Rahmen ausgedrückt: Sobald sich eine Investitions- respektive Akkumulationswelle wertmäßig in Konsumgüter auflöst, ohne dass ihr eine neuerliche, erweiterte folgt, weil das Vertrauen darin verloren geht, dass ihre künftigen Warenwerte auf den Märkten umgesetzt und erlöst werden, fehlt auf den Investitions- und Konsumgütermärkten insgesamt jene Kaufkraft, welche erforderlich ist, um den Unternehmern die produzierten Waren wertgerecht zu gewinnbringenden Preises abzukaufen.

Es fehlt, mit anderen Worten, an erlösender, markträumender Nachfrage; die Wirtschaft steckt in einer *Überproduktionskrise.*[23] Ihre beständige, wesentliche Ursache hat diese periodische Krisenerscheinung ja »im Kapitalverhältnis«; an genau dieser Stelle liegt »die Überproduktion [...] noch nicht in ihrer Bestimmtheit [...], sondern nur die Anlage dazu, wie sie primitiv im Verhältnis des Kapitals selbst gesetzt ist.«[24] Die permanente Anlage dazu, »das Wesen«, erscheint deshalb nicht permanent, sondern nur periodisch – als (Überproduktions-)Krise. Und diese Erscheinung ist wesentlich, denn Krisen nehmen entscheidend Einfluss auf die sozio-ökonomische Entwicklung.

So jedenfalls hat es der Begründer der nach ihm benannten ökonomischen Lehre, gewissermaßen der Vater aller Krisentheoretiker, schon im Rohentwurf seiner Grundrisse der politischen Ökonomie zu Papier gebracht.

Erste, grundlegende wirtschaftspolitische Konsequenzen aus pluraler Wirtschaftstheorie

Allen angeführten Versionen und Begrifflichkeiten sind grundlegende, nachvollziehbare und leicht verständliche Hinweise darauf zu entnehmen, wie die Krisenanfälligkeit der wirtschaftlichen Entwicklung entscheidend abgeschwächt werden kann. Sie lauten: Förderung markträumender Einkommen durch Zurückdrängen der Gewinnraten auf ein Maß, welches der wirtschaftlichen Entwicklung dienlich ist. Diese Reduzierung kann sowohl auf direktem Wege über die Entlohnung erfolgen als auch auf indirektem Wege über staatliche Regelungen und Investitionen, darunter namentlich (Mindest-)Lohnregelungen und ökonomische Steuerung durch umverteilende (Be-)Steuerung (→*Basics 2–11, 17*).

Dabei erscheint der indirekte Weg über die Umverteilung unter den derzeitigen Verhältnissen eher erfolgversprechend als der direkte über die Verteilung. Und zwar deshalb, weil der Staat, zumindest der demokratische, auf artikulierte, manifestierte gesellschaftliche Mehrheitsmeinungen prinzipiell sensibel zu reagieren in der Lage ist. Die lohnzahlenden Unternehmer dagegen reagieren auf wirtschaftlichen Druck; der aber ist von Lohnempfängern, obendrein womöglich befristeten oder »verliehenen«, in ihrer prinzipiellen Ersetzbarkeit auf absehbare Zeit kaum zu entfalten – erst recht nicht unter zunehmendem Migrationsdruck, dem Druck der Digitalisierung[25] und einigem mehr. Dass der indirekte Weg der leichtere und eher erfolgversprechende ist, ist, nebenbei bemerkt, nichts Ungewöhnliches; schließlich weist die Direttissima dem Bergsteiger regelmäßig den schwierigsten Weg zum Gipfel.

Im Übrigen bleibt der indirekte Weg eh steinig genug. Inzwischen stimmen allerdings schon angesehene Meinungsträger in Medien, Wissenschaft und Politik, darunter Handelsblatt und FAZ, DIW und IFO, OECD und IWF,[26] wenn auch nicht unbedingt der Analyse, so doch ihren wirtschaftspolitischen Konsequenzen weitgehend zu, ja sie fordern sogar selber ähnliches, insbesondere die Aktivierung des Staates zu Wirtschaftsförderung und sozialer Friedensstiftung durch behutsame Umverteilung, sei sie durch direkte Umverteilung, sei sie indirekt über staatliche Investitionen. Das lässt hoffen.

Wegen seiner großen Bedeutung für das periodische Erscheinen eines permanent vorhandenen Grundes soll der Investitionszyklus nachfolgend noch einmal näher betrachtet werden.

Investitionszyklus: Produkt- und Einkommenseffekt im Zeitablauf

Unternehmer sind, wie gesagt, gezwungen, ihre Gewinne zu einem erheblichen Teil wieder zu investieren; die kapitalistische Wirtschaft wächst aus diesem Grunde wie keine andere Wirtschaftsweise in der Menschheitsgeschichte zuvor. Investitionen vermehren jedoch die Warenmenge auf den Konsumgütermärkten nicht sofort. Mit ihren Investitionen vergrößern die Unternehmer demgemäß zunächst lediglich den Rohstoff- und Investitionsgütersektor: *Erst* müssen zusätzliche Rohstoffe beschafft, zusätzlichen Maschinen produziert und eingesetzt worden sein, damit die Konsumgütermenge bzw. -qualität *danach*, am Ende einer jeweiligen Produktions- bzw. Wertschöpfungskette, steigt.

Für die Beschaffung der zusätzlichen Rohstoffe sowie für Produktion und Einsatz der zusätzlichen Maschinen werden zusätzliche Arbeitskräfte benötigt; deren zusätzliche Löhne erhöhen die Nachfrage auf den *Konsumgütermärkten sofort* mit der Folge, dass die dort angebotenen Waren zeitweilig durchaus zu gewinnbringenden Preisen verkauft werden können: *Dieser sogenannter Einkommenseffekt der Investition ohne sofortigen Produkteffekt sorgt auf den Konsumgütermärkten für zusätzliche Löhne ohne zusätzliche Waren* – zusätzliche Nachfrage trifft auf ein gleichgebliebenes Angebot (N↗, A→).

In dieser Situation können die bereits angebotenen Konsumgüter problemlos zu profitablen Preisen umgesetzt, d. h. erlöst werden, obwohl der Wert der unternehmerischen Investitionsnachfrage auf den Konsumgütermärkten naturgemäß fehlt. Und weil die Konsumgütermärkte in erfreulicher Verfassung sind, werden auch Investitionsgüter geordert, produziert und abgesetzt: Die Wirtschaft floriert; die Investitionen und das von ihnen gespeiste Wirtschaftswachstum ersetzen den ausgefallenen Teil der Konsumgüternachfrage, *die deflatorische Lücke tritt nicht in Erscheinung.* Sie wird vielmehr überbrückt durch Investitionen.

Im Laufe der Zeit werden allerdings mit den zusätzlichen sowie technisch weiter verbesserten Maschinen und Rohstoffen auch zusätzliche Konsumgüter produziert. Das heißt: Die Investitionsgüter verbrauchen sich und übertragen ihren Wert Stück für Stück auf die jeweils nachgelagerten Waren in der Wertschöpfungskette, am Ende also auf Endverbrauchs-, sprich *Konsumgüter.* Sie lösen sich also – anders gesagt – allmählich wertmäßig in zusätzliche bzw. höherwertige, neuartige Konsumgüter auf; demgemäß entfalten die Investitionen auf den Konsumgütermärkten nach und nach ihren Produkteffekt in Gestalt zusätzlicher bzw. höherwertiger Konsumgüter.[27] In der betrieblichen Kostenrechnung wird dieser Prozess bekanntlich über die Abschreibungen prinzipiell korrekt erfasst und in die Verkaufspreise einkalkuliert (für Einzelheiten →*Abschnitt B).*

Wichtig ist hierbei, dass sich die Investitionen allmählich wertmäßig in Konsumgüter auflösen, dass die Konsumgütermenge also allmählich wächst, ohne dass die zahlungsbereite Nachfrage nach Konsumgütern ebenfalls noch weiter wächst. Sie wächst nicht mehr, weil keine weiteren Einkommenseffekte mehr hinzukommen. Im Laufe der Zeit kehrt sich die Lage demnach um: *Aus dem Einkommenseffekt ohne Produkteffekt wird ein Produkteffekt ohne (neuerlichen) Einkommenseffekt,* ein erweitertes Angebot trifft auf eine gleichgebliebene Nachfrage – die bisherige, gewinnsichernde Konstellation N ↗, A → wandelt sich schrittweise in ein krisenhaftes A ↗, N →. Dann aber reichen die Einkommen auf einmal nicht mehr aus, um die vergrößerte Warenmenge zu erlösen, sprich umzusetzen mit Gewinn: *A > N, die Krisenkonstellation, ist da: Die Nachfrage reicht nicht mehr, die Einkommen erweisen sich als nicht mehr markträumend.*

Hinzu kommt, dass in dieser Situation kaum jemand weiter investieren mag; demzufolge wird jetzt so gut wie niemand mit seiner Investitionsnachfrage einen Beitrag zur Überbrückung der deflatorischen Lücke leisten. Folglich tritt die Lücke auf einmal klaffend zutage: *Krise.*

Mangels Verkaufserlöse werden erste Warenanbieter zahlungsunfähig. Weil die Zahlungsunfähigkeit der einen zu Zahlungsausfällen bei anderen führt, welche ihrerseits weitere Waren- und Leistungsanbieter zahlungsunfähig machen können, kann die Krise sich wellenartig anschwellend ausbreiten. Und die Krise an einzelnen Märkten kann sich im Nu zur a*llgemeinen Krise* auswachsen.

Zum Kreditzyklus oder wie der Boom unversehens in Krise umschlägt

Die Nachfrage auf den Konsum- und den Investitionsgütermärkten kann durch Kredite an Konsumenten, Unternehmen und den Staat vorübergehend stark ausgeweitet werden. Und so geschieht es.

Diese Kredite können die Nachfrage auf den diversen Konsum- und Investitionsgütermärkten erhöhen und deren Räumung zu profitablen Preisen trotz ansonsten bzw. grundsätzlich unzureichender Einkommen sichern. Sie nähren damit die Konjunktur*; gesamtwirtschaftlich unzureichende, weil zur Räumung ihrer Konsumgüter-Marktsegmente nicht mehr fähige Löhne werden durch vermehrte Kredite ersetzt bzw. angehoben.* Die deflatorische Lücke scheint wie mit Krediten zugeschüttet, der heiß ersehnte, sich selbst tragende Aufschwung ist da und bleibt da. In dieser Phase werden fleißig weitere Kredite vergeben; sie haben weitere Einkommenseffekte sowie weitere Investitionen zur Folge, welche den Wirtschaftskreislauf weiter stimulieren – die Konjunktur befeuert sich selber.

Aber nicht endlos. Sondern nur solange, bis sich auf einmal herausstellt, dass man es mit hoch verschuldeten Haushalten, Unternehmen und Staaten zu tun hat, deren Fähigkeit zur Schuldentilgung auf einmal zweifelhaft erscheint, während infolge des mit der Zeit wirksamen Produkteffekts der Investitionen die Warenmengen auf den Märkten immer größer geworden sind. (Zum aktuellen Schuldenstand der Wirtschaftssektoren weltweit s. Anmerkung Nummer 28.)[28] Denjenigen Unternehmen dagegen, die in dieser Phase *nicht* überschuldet sind, ist mit weiteren Krediten aber auch nicht geholfen, denn das Problem dieser Unternehmen besteht ja gerade nicht in mangelnder Liquidität, sondern in wegbrechender Nachfrage.

Sobald erste bedeutendere Schuldner plötzlich ihre Kredite nicht mehr bedienen können, weil ihnen mangels weiter kreditierter Kunden, d. h. letztlich mangels ausreichender, markträumender Nachfrage keine gewinnbringenden Verkäufe mehr gelingen, kippen Stimmung und Zukunftsvertrauen. In dieser Situation finden die Enttäuschten sogar selber plötzlich niemanden mehr, der ihnen mit weiteren Krediten über die Runden hilft: *Krise.* Die Zinszahlungs- und Tilgungsprobleme der einen sind jedoch die Einnahmeprobleme der anderen, darunter der Banken selber; deren Schwierigkeiten bringen Weitere in Schwierigkeiten – die Kreditvergabe an die private Haushalte, Unternehmen und Staaten muss auf einmal zurückgefahren werden; ja sogar die Banken untereinander gewähren sich, misstrauisch geworden, plötzlich keine Kredite mehr. Alle sind verschuldet, kaum einer kann seine Kredite noch vertragsgemäß bedienen – ein durch die Kredite hinausgeschobener, regelmäßig verschärfter und beschleunigter Dominoeffekt breitet sich aus.

Fast alle sind verschuldet: Diese Aussage schließt den Staat mit ein. Wie schon erörtert (→*Basics 2–4*), haben die Staaten des hochentwickelten Westens seit den 1970er Jahren beständig »*Schulden aufgenommen, um Steuern zu ersetzen, die sie von ihren Bürgern, allen voran den reichsten, nicht kassieren konnten oder um des sozialen Friedens willen nicht kassieren wollten oder durften.*« So Wolfgang Streeck, Direktor emeritus am Max-Planck-Institut für Gesellschaftsforschung, über den Grund des modernen – so seine Diktion – »Schuldenstaates«.[29]

Zusätzlich kommen eine Reihe weiterer Momente der Kreditkrise in Betracht, darunter sozialpolitische wie im Fall des US-Präsidenten George W. Bush, der mit seiner sozialen Befriedungspolitik die Weltfinanzkrise von 2008 ff. ausgelöst hatte. Bekanntlich hatte er als leidenschaftlicher, neoliberaler Marktfundamentalist zwar die eh schon eklatanten Einkommensunterschiede in den USA mutwillig noch weiter gedehnt. Gleichzeitig schien es ihm aber ratsam, die Armen bei Laune zu halten; zu diesem Zweck wollte er ihnen den Erwerb eigener Häuser ermöglichen. Aus diesem Grund hatte seine Regierung die Banken, allen voran die halbstaatlichen Immobilienfinanzierer Freddie Mac und Fannie Mae, zu völlig ungerechtfertigten Kreditvergaben animiert. So erhielten Arme Kredite anstelle von Löhnen.

Die also folgsam sowie mit der Aussicht auf schnellen Verdienst ausgereichten Kredite an erkennbar »Kreditunwürdige«, weil nicht Tilgungsfähige, konnten zunächst jahrelang durchaus verlustfrei bedient bzw. abgewickelt werden, nämlich aus den Versteigerungserlösen der insolvent gewordenen Hauseigentümer – wegen des durch die Kredite befeuerten Immobilienbooms lagen diese Erlöse anfangs weit über dem wirtschaftlich begründeten Niveau. In dieser Zeit nährte der Boom den Boom.

Zusätzlich wurden die faulen Kredite »verbrieft«, soll sagen: Sie wurden mit anderen Krediten vermischt und als undurchschaubare, »innovative Finanzprodukte« namentlich an dümmlich gutgläubige europäische Banken, Versicherer und Privatanleger verkauft und weiterverkauft. Als die Immobilienblase 2007 platzte, weil in Anbetracht der immer zahlreicher gewordenen Versteigerungen auf einmal keine ausreichenden Preise für die Häuser der insolventen, wirtschaftlich eh niemals kreditwürdigen Eigentümer mehr zu erzielen waren, war der Schaden umso größer, nämlich sofort interkontinental: Plötzlich trat die Immobilien-Banken-Schuldenkrise zutage. Sie entwickelte sich hier flugs zu einer Staatsschulden-Euro- sowie alsdann weiter zu einer Weltfinanzkrise.[30] An Stellen wie dieser gehen Real- und Finanzwirtschaft fließend ineinander über. Mehr dazu in →*Basic 15*. Ihren Ausgangspunkt hatte diese Krise in privater Verschuldung, nicht in staatlicher, wohlgemerkt, und ihren Kern hatte sie in der deflatorischen Lücke.

Übrigens zeigt sich hier nebenbei, was in →*Basic 4* Thema war, nämlich dass *Kredite an privat anders wirken als Kredite an den Staat*. Die einen, die Kredite an Private, fördern die Zyklizität des wirtschaftlichen Entwicklungslaufes in Konjunkturen und Krisen, wohingegen die anderen, die staatlichen, in vielen Fällen ausgleichend, glättend wirken und deshalb auch eigens zu diesem Zwecke eingesetzt werden, wie im anschließenden →*Basic 13* zu sehen sein wird.

Die Möglichkeit, Krisen durch inflationäre Geldmengenausweitung zu verschieben, sei ungeachtet ihrer praktischen, wirtschaftspolitischen Bedeutung lediglich gestreift. Sie setzt u. a. voraus, dass das zusätzliche Geld den Weg in die realwirtschaftlichen Güter- und Arbeitsmärkte findet und dort umläuft, ohne, sich selbstbeschleunigend, als galoppierende Inflation die Kalkulationsgrundlagen der Betriebe zu zerstören sowie entschiedenen Widerstand der Inflationsverlierer zu provozieren.

Noch kein Fazit

Für ein Fazit ist es noch zu früh; es fehlt eine Untersuchung dazu, wie die Wirtschaft immer wieder einen Weg aus der Krise herausfindet. Das ist Thema des nächsten →*Basics 13*. Dort wird ein erstes Fazit zu den Konjunkturen und Krisen zu ziehen sein.

Weiterführende Bemerkungen und Belege zu Basic 12

1 Leistungen werden nachfolgend der Einfachheit halber nicht mehr ausdrücklich als Sonderheit aufgeführt, »Waren« umfasst deshalb immer Waren *und* Dienstleistungen (respektive Lieferungen *und* Leistungen entsprechend der Terminologie des betrieblichen Rechnungswesens).

2 Im weiteren Text werden Gehälter nicht mehr eigens erwähnt; mit »Löhne« sind immer Löhne *und* Gehälter gemeint.

3 Die Außenwirtschaftsbeziehungen bleiben vorerst außer Betracht. Sie werden in →*Basic 15* einbezogen.

4 Der »faustische Konflikt zwischen Akkumulations- und Genusstrieb« im Herzen des Unternehmers, den Karl Marx noch diagnostiziert hatte, ist, von den Eigentümern der sogenannten Kmus, d. h. der kleinen und mittleren Unternehmen, einmal abgesehen, heutzutage als Folge des Wachstums sowie der Diversifizierung der Eigentumsverhältnisse weitgehend aufgelöst.

5 Mehr zu Monopolbegriff, Wettbewerb, Preis und Gewinn: →*Abschnitt C.*

6 Es handelt sich also um *Erweiterungsinvestitionen*, d. h. um Investitionen zur Erweiterung der Produktionskapazität. Die erforderlichen *Ersatzinvestitionen*, d. h. die Investitionen zum Ersatz verbrauchter, produktiver Anlagen, sind darin enthalten; in der Regel werden die Erweiterungsinvestitionen zugleich *Rationalisierungsinvestitionen* darstellen, d. h. Investitionen zur Verbesserung der produktiven Anlagen entsprechend dem neusten Stand von Produktionstechnik und Bedarfsentwicklung: Mehr dazu in →*Abschnitt B.*

7 Wachstumsdynamik, wohlgemerkt, nicht Wachstumszwang. Denn wo immer sich diese besondere ökonomische Dynamik nicht oder nur teilweise entfaltet, hat dies keineswegs den Zusammenbruch oder das allmähliche Absterben des privatwirtschaftlichen, kapitalistischen Wirtschaftssystems zur Folge. Das System bleibt vielmehr auch im Zustand andauernder »säkularen Stagnation« (Alvin Hansen) lebensfähig, wie es z. B. Japan seit einiger Zeit demonstriert; insbesondere muss wirtschaftliche Stagnation weder mit extremer Arbeitslosigkeit einhergehen noch mit einer Verarmung weiter Bevölkerungskreise – Umverteilung kann Wachstum ersetzten.

Für die Umwelt und die Sicherung der natürlichen Reproduktionsbedingungen des gesamten Wirtschaftssystems schließlich ist eine wachstumsbeschränkte Wirtschaft sogar ein Segen *(→Abschnitt B).* Sie leistet den entscheidenden Beitrag zum Erhalt dessen, was wir »von der Natur gratis geschenkt« bekommen, schont eine der beiden »Springquellen alles Reichtums«, die Natur. (Zitate: Karl Marx, Das Kapital, Band 1, [1867], in: MEW 23, S. 630 und 530). Ein anderer, dezidierter Vordenker in diese Richtung war übrigens der inzwischen ganz in Vergessenheit geratene Wolfgang Harich.

8 Unter die Konsumgüter fallen auch öffentliche Güter. Von solchen Gütern, die wie etwa Rüstungsgüter kaum als Investitionsgüter und schon gar nicht als Konsumgüter erfasst werden können, sondern Vernichtungsgüter darstellen, wird hier abgesehen. Sie berühren den Kern der Darstellung nicht, weisen aber in Richtung auf einen gefährlichen Nebenstrang der Entwicklung. Sie stellen eine kontinuierliche, schon in den Verwertungsprozess selber eingebettete Entwertung (→*Basic 14*) dar.

9 Im Original: Die gesamte Wirtschaft wird ihren einzelnen Mitgliedern »umso größere Absatzmärkte bieten, je mehr Dinge sie bezahlen kann. Und sie kann in demselben Verhältnis mehr Dinge bezahlen, wie sie mehr davon erzeugt. Das Geld erfüllt lediglich einen vorübergehenden Zweck in diesem doppelten Tausch. Sobald er beendet ist, zeigt sich, dass man Produkte mit Produkten bezahlt hat.« (Jean-Baptiste Say, Traité d'economie politique, ou simple exposition de la manière dont se forment, se distribuent et se consomment les

richesses [Politökonomische Abhandlung oder einfache Darstellung, wie die Reichtümer entstehen, sich verteilen und sich verbrauchen – Übersetzung AS], Band 1, Paris 1876[8] [1803], S. 154; ähnlich: S. 138 ff.).

10 Andreas Dombret/Daniel Mninele, Keine Angst vor Globalisierung und Freihandel, in: Handelsblatt vom 3.4.2017, S. 48.
Dagegen unverdrossen auch heute noch Hans-Werner Sinn, der wohl bedeutendste Repräsentant der gegenwärtigen deutschen Standardökonomie. Es ist so, »dass jedwede Produktion genau so viel Einkommen schafft, wie nötig ist, sie zu kaufen [...] Das hatte schon Jean-Baptiste Say im 18. Jahrhundert erkannt.« (Hans-Werner Sinn, Was uns Marx heute noch zu sagen hat, in: Matthias Greffrath, Hg., Re: Das Kapital - Politische Ökonomie im 21. Jahrhundert, München 2017, S. 81.) Unbemerkt bleibt Sinn (sowie vermutlich einer stattlichen seiner Leser), dass er sich selber und Say widerlegt, wenn er drei Seiten später ausführt: »Es gibt einzelne Banken, die hinter vorgehaltener Hand bekunden, dass sie 500-Euro-Scheine im Umfang von weit über zehn Milliarden Euro in riesigen Lagerstätten aufbewahren [...] Die Nachfrage der Banken und Kapitalsammelstellen nach Bargeld ist mittlerweile so groß geworden, dass man sogar Schweizer Bergwertstollen anmietet.« Dass er soeben ein in der Tat bemerkenswertes Element der deflatorischen Lücke beschrieben hat, kommt Sinn nicht in den Sinn.
Sicherheitshalber sei wiederholt: Dass der hochgelobte, hier jedoch laufend kritisierte Hans-Werner Sinn (und andere prominente Mainstream-Ökonomen) an anderen Stellen auch zutreffende, ja mitunter sogar luzide Gedanken äußern, soll nicht in Frage gestellt werden: Von nichts kommt nichts. Das Problem ist nur, dass bei Hans-Werner Sinn und seinen Kollegen Zutreffendes und Irreführendes in bunter Mischung vereint auftreten und nur mühsam von Kundigen wieder auseinandersortiert werden können.

11 So Lucas 2003 in seiner Eröffnungsansprache auf der Jahrestagung der American Economic Association, dokumentiert in der American Economic Review, Nr. 1/2003, S. 1–14, Zitat: S. 7, Übersetzung AS. S. hierzu auch Olaf Storbeck: Ökonomie. Leben in der Scheinwelt. In: Olaf Storbeck, www.handelsblatt.com/politik/oekonomie/wissenswert/leben-in-der-scheinwelt/3551402html, zuletzt aufgerufen am 7.10.2018.
Wenn es in der ökonomischen Wissenschaft seriös zuginge, so müsste der Preis spätestens 2008 wieder zurückgefordert werden, und das Vergabe-Gremium in der schwedischen Reichsbank müsste einmal mehr Asche auf seine Häupter streuen. Anlässlich der gemeinsamen Auszeichnung von Eugene F. Fama und Robert J. Shiller spottet Josef Stiglitz ungeniert: »Die Ökonomie ist die einzige Wissenschaft, in der sich zwei Menschen einen Nobelpreis teilen können, weil ihre Theorien sich gegenseitig widerlegen.« (In: Berliner Zeitung vom 6.3.2004, Beilage, S. 4) Ausführlich zur Sonderstellung der Ökonomie im Reich der Wissenschaften sowie zur Besonderheit der vermeintlichen Ökonomie-Nobelpreise: *→Exkurs 17*.

12 Robert Lucas jr., zitiert nach Joseph Vogl, Die Vergötzung des Marktes – Über das seltsame Überleben des Gottesbeweises in der Ökonomie, in: Blätter für deutsche und internationale Politik, Nr. 9/2017, S. 99.

13 Ja doch, so absurd es auch klingen mag: Sonnenflecken werden als Ursache

der Wirtschaftskrisen hingestellt. So macht es das jahrzehntelang weltweit meist verbreitete Wirtschaftslehrbuch des Ökonomie-Nobelpreisträgers Paul A. Samuelson, des – so z. B. Hans-Werner Sinn – »sicherlich wichtigste[n] Ökonom[en] der Nachkriegszeit«: Volkswirtschaftslehre – Eine Einführung, Band 1, hier: 4. Aufl., Köln 1967, S. 335, wo es über die »Sonnenfleckenerklärung« heißt: »Aber wenigstens kann keiner behaupten, daß der Kausalzusammenhang strittig sei, etwa daß gewisse Vorkommnisse des Wirtschaftsablaufs die Sonnenflecken hervorgerufen hätten, statt umgekehrt. Gerade das bleibt bei anderen exogenen Faktoren [...] immer etwas zweifelhaft [...]« (Quelle von Hans-Werner Sinns Urteil über Paul A. Samuelson: s. nachfolgende Anm.)

14 Paul A. Samuelson, Volkswirtschaftslehre..., ebd. Diese natürlichen Gegebenheiten bezeichnet Samuelson allerdings als »endogen« und nimmt damit der unumgänglichen Kritik, es müsse aber doch *auch* irgendwo wirtschaftseigene, d.h. »endogene« Ursachen geben, den Wind aus den Segeln.
Um seine Zuschreibung der Krisenursachen unangreifbar zu machen, relativiert er seine Einteilung zunächst, um sie postwendend zu verabsolutieren: Es fällt »schwer, eine eindeutige Trennlinie zwischen endogen und exogen zu ziehen. Trotzdem wird keiner leugnen, daß [...] die Unterscheidung zwischen exogenen und endogenen Theorien gerechtfertigt ist.« (Ebd.) Auf jeden Fall rechtfertigt sich die Unterscheidung durch ihren Zweck: Für exogene Ursachen ist niemand in bzw. aus der Wirtschaft verantwortlich, weder eine jeweilige Art des Wirtschaftens noch etwaige, womöglich ungerechtfertigte, womöglich unmäßige Nutznießer.
Angesichts solcher Volten wird nachvollziehbar, warum für Hans-Werner Sinn »der sicherlich wichtigste Ökonom der Nachkriegszeit« Paul A. Samuelson ist. (So Hans-Werner Sinn in seinem Aufsatz Was uns Marx heute noch zu sagen hat, in: Matthias Greffrath, Hg., Re: Das Kapital..., S. 77.)

15 Karl Marx, Das Kapital, Band 3, herausgegeben von Friedrich Engels, MEW 25, Berlin 1970 [1896], S. 839.

16 Handelsblatt vom 14.1.2010.

17 Handelsblatt vom 10.10.2011.

18 Der vollständige Titel lautet: John Maynard Keynes, Allgemeine Theorie der Beschäftigung, des Geldes und des Zinses, Berlin 1936 (London 1936; der Originaltitel enthält sogar den Alleinvertretungsanspruch: »*The* General Theory [...]«).
Schon gleich nach Erscheinen wurde von namhaften Kritikern vermerkt, es handele sich weder um eine *allgemeine* Theorie, da sie eindeutig auf die Krisensituation der damaligen Zeit bezogen sei, noch, da das Werk voller theoretischer Widersprüchlichkeiten und Unzulänglichkeiten sei, um eine allgemeine *Theorie* (so umgehend Josef Alois Schumpeter sinngemäß als einer der ersten, in: Journal of the American Statistical Association, Vol. 31, 1936, S. 791–795.)
Den anfangs nahezu kompletten Siegeszug der Keynes'schen Ideen hatte derlei Kritik jedoch nicht aufhalten können; der Druck der äußeren, wirtschaftlichen Verhältnisse war zu groß, er verlangte einen von Grund auf neuen wirtschaftspolitischen, und zwar makroökonomischen Ansatz.

19 S. John Maynard Keynes, Allgemeine Theorie, S. 16 f., 22 f., 27 ff. Keynes

schafft alsdann ein hochkomplexes Begriffssystem mit Termini wie »Grenzleistungsfähigkeit des Kapitals«, »Investitionsmultiplikator«, »Liquiditätsvorliebe/Liquiditätspräferenzfunktion/Liquiditätsfalle« und einige mehr, um festzustellen, dass zu viel gespart und zu wenig konsumiert werde, sodass es regelmäßig an markträumender Nachfrage fehle. Zwar verlagert KEYNES auf diese Weise die Ursache, den »letzten Grund der Krisen«, aus dem Bereich der objektiven Verhältnisse, sprich: des »Kapitalverhältnisses« (s. nachfolgend), in den Bereich des subjektiven Verhaltens in Gestalt eines ominösen Spartriebs. Trotzdem gelingt es KEYNES, auf seinem eigentümlichen Weg zur deflatorischen Lücke als Krisengrund vorzudringen.
Da derselbe Grund, wie soeben aufgezeigt, wesentlich einfacher und schneller erreichbar ist, ist es nicht erforderlich, KEYNES' verschlungene Pfade nachzugehen; sein allen selbst geschaffenen Erschwernissen zum Trotz erreichtes Ergebnis ist entscheidend.

20 HANS-WERNER SINN, Was uns Marx heute noch zu sagen hat, in: Aus Politik und Zeitgeschichte/Beilage zu Das Parlament, Nr. 19–20/2017, S. 23 und 25 f., Hervorhebung AS. In privatrechtlichen Medien, darunter im Handelsblatt, sowie in der von MATTHIAS GREFFRATH herausgegebenen Schrift (s. o. Anm. 14) kommt HANS-WERNER SINN ähnlich zu Wort.

21 KARL MARX, Das Kapital, Band 3, MEW 25, …, S. 255.

22 Ebd., Band 1, MEW 23, S. 621.

23 Bzw. in einer Unterkonsumtionskrise, nämlich wenn man die Situation von der Nachfrageseite aus betrachtet; betrachtet man den Untersuchungsgegenstand dagegen aus der Entwicklungsperspektive, also dynamisch, zeitraum- statt zeitpunktbezogen, so erscheint die Krise als Überinvestitions-/Überakkumulationskrise.
Die Begriffswahl ist eine Frage des ausgewählten Analysepfades und seiner jeweiligen Perspektive, nicht der sachlichen Richtigkeit bzw. Angemessenheit, und der unendliche Streit unter Marxisten um diese Begriffe ist müßig. Bekanntlich führt mehr als nur ein einziger Weg nach Rom.
Als zunächst nicht periodisches, vielmehr von seiner Anlage her säkulares bleibt das weitere Krisenmoment des »tendenziellen Falls der Profitrate« (s. KARL MARX, Das Kapital, Band 3, 13. Kapitel) im vorliegenden Zusammenhang außer Betracht, und zwar mitsamt seiner Gegentendenzen, die es »durchkreuzen und aufheben« (ebd., S. 242) und die auch ihm Elemente der Zyklizität aufzwingen. Als ein Krisenmoment unter mehreren ist es ohnehin integral in den zyklischen Entwicklungslauf eingebettet.
Weitergehende, theoriegeschichtliche Hinweise: Dieses Krisenmoment erfordert eine eigene, ausführliche Abhandlung, zumal MARX selber bis zuletzt um die Antwort auf die Frage gerungen hat, ob dieses Moment oder seine Gegentendenzen dominieren. Sechs Gegentendenzen hat er im 14. Kapitel benannt. Abschließend ist die Aufzählung nicht (so fehlt in ihr z. B. die zyklische Krise selber als eine Kraft, die Verwertungsprobleme durch Entwertung periodisch beseitigt, »aufhebt«, s. ebd., 15. Kapitel, sowie hier nachfolgend →*Basic 13*).
Den Beweis, dass die Gegentendenzen den Fall der Profitrate nicht nur hemmen, sondern dauerhaft verhindern können, hat MARX nicht erbracht. Dazu

hätte er nachweisen müssen, dass die Falltendenz quantitativ größer ist als die Summe ihrer Gegentendenzen. »An keiner Stelle unternimmt Marx jedoch den Versuch eines quantitativen Vergleichs.« (Ausführlicher, kenntnisreich und trotzdem höchst übersichtlich dazu: MICHAEL QUANTE/DAVID SCHWEIKARD, Hg., Marx - Handbuch: Leben, Werk, Wirkung, Stuttgart 2016, S. 185–190, Zitat: S. 187). Zusätzlich können im Laufe der Zeit neue Gegentendenzen entstehen und hinzukommen, so z. B. Waren und Leistungen mit Grenzkosten, die im Zuge der Digitalisierung gegen Null gehen (PAUL MASON hat sehr umfänglich sowie mit verabsolutierender Tendenz auf diesen Punkt hingewiesen).
Die Kapitelüberschrift »Das *Gesetz* vom tendenziellen Fall der Profitrate« sowie die Ein- und Anordnung der dazu gehörigen Texte stammen übrigens nicht von MARX, sondern von FRIEDRICH ENGELS als dem kompilierenden Herausgeber des dritten Bandes von MARX' opus magnum. In der Dogmen- und der Realgeschichte haben sowohl Überschrift als auch die textliche An- und Einordnung der Kapitel 13 ff. eine bedeutende Rolle gespielt, wobei speziell die Kapitel-Überschrift »Gesetz« Erwartungen eines sowohl selbst- als auch zwangsläufigen Zusammenbruchs mitsamt dazugehörigem Attentismus namentlich in der deutschen Sozialdemokratie befördert hat. Hier möge die Feststellung genügen, dass es sich um *ein Krisenmoment unter mehreren* handelt und dass die Krisen *weder ausschließlich noch elementar auf dieses Moment begründet* sind (sinngemäß so übrigens auch QUANTE/SCHWEIKARD, Marx..., S. 190).
Eine Kuriosität am Rande: HANS-WERNER SINN bescheinigt dem Gesetz vom tendenziellen Profitratenfall »höchste Aktualität«, während er zugleich die Arbeitswertlehre zu »Marxens größten wissenschaftlichen Fehlleistungen« zählt (s. HANS-WERNER SINN, Was uns Marx heute noch zu sagen hat, in: MATHIAS GREFFRATH, Hg., Re: Das Kapital ..., S. 80, 77). Das ist deshalb kurios, weil MARX' Gedanken zum tendenziellen Fall der Profitrate genuine Konsequenz seiner Arbeitswertlehre sind. Ursache für den tendenziellen Profitratenfall ist nach MARX nämlich die »wachsende organische Zusammensetzung des Kapitals«, d. h. der Umstand, dass der Anteil des alleine mehrwertschaffenden »variablem Kapitals« (sprich: der Lohnanteil) am Gesamtkapital im Zuge der kapitalistischen Entwicklung abnimmt. Das eine ist also ohne das andere nicht denkbar. Ob jemand SINNS unsinnige Ausführungen bemerkt?

24 KARL MARX, Grundrisse der Kritik der Politischen Ökonomie (Rohentwurf), Berlin 1953 [1857], S. 321.
Bei den Grundrissen handelt es sich um ein monumentales Werk, welches mit seinen Agglomerationsgrößen und seiner elementaren Kreislaufperspektive jedoch von seinem Autor unvollendet beiseitegelegt wurde zugunsten eines in seiner formalen, hegelianisch-begriffsakrobatischen Strenge überlegen erscheinenden Ansatzes der Zellformentfaltung.
»Voraussetzungslos, logisch elementar und genetisch anfänglich« (WOLFGANG FRITZ HAUG), wie der Ansatz im ersten Band des »Kapitals« faszinierend erscheint, neigen Marxisten jedoch in seinem Gefolge dazu, alle Übel dieser Welt, darunter z. B. auch das Bevölkerungswachstum, monokausal zu verorten (s. in diesem Sinne exemplarisch: ELMAR ALTVATER, Kapital und Anthropozän, in: MATHIAS GREFFRATH, Hg., Re: Das Kapital ..., S. 53–73.) Das ist zu einfach.

Außerdem verliert man mit solcher Argumentationsstrenge seine Anschlussfähigkeit. MARX selber legte bekanntlich Wert auf die Feststellung, kein Marxist zu sein.
Im Übrigen war MARX nicht sonderlich erfolgreich darin, Dinge zu Ende zu bringen. Mit der Theorie der Krisenbildung hat er bis zu seinem Tode gerungen sowie noch ungeklärte Fragen und Zusammenhänge in seiner Theorie verfolgt. Das dürfte wohl auch der Grund dafür sein, dass er, anstatt die erste Auflage des zweiten Bandes seines opus magnum fertigzustellen, lieber die zweite Auflage des ersten Bandes noch zu seinen Lebzeiten redigiert hat, allem Drängen seines besten Freundes FRIEDRICH, zugleich Mäzen, Ko-Autor und selbstloser Helfer in brenzliger Familienangelegenheit, nach Fertigstellung des Gesamtwerkes zum Trotz. Die herausragende Bedeutung des MARX'schen Oeuvres beschädigt diese Feststellung nicht.

25 Lässt man den Marktkräften freies Spiel, so wird die Digitalisierung die Löhne voraussichtlich weiter auseinandertreiben: Zum einen werden einfache, repetitiv geprägte Arbeitsplätze im Zuge der Digitalisierung wegfallen. Zum anderen dürften Arbeitsaufträge in erheblichem Umfang von Crowdworkern, sprich »freien« Kleinstunternehmern, über Internet-Plattformen abgearbeitet werden. Zum dritten endlich wird der technologische Wandel hochqualifizierten Arbeitskräften gute Entlohnungschancen eröffnet. Weder die Arbeitslosen noch die Kleinstunternehmer noch die hochdotierten Spezialisten aber dürften sich als sonderlich zugänglich für eine gewerkschaftliche Organisation erweisen. Die weitere Eingrenzung gewerkschaftlicher Macht zeichnet sich deshalb auch von dieser Seite her drohend ab; staatliches Gegensteuern gegen eine zunehmend unzureichende Primärverteilung wird auch aus diesem Grunde unumgänglich (ausführlicher: →*Basic 17*).

26 S. →*Basic 3*.

27 Von solchen Waren, die sich wie etwa Rüstungsgüter nicht in Konsumgüter auflösen, sondern Vernichtungsgüter darstellen, wird zunächst abgesehen. Diese Waren berühren den Kern der Darstellung nicht, weisen aber auf einen gefährlichen Nebenstrang der Entwicklung: Sie stellen eine kontinuierliche, in den Verwertungsprozess eingebettete »Entwertung« (→*Basic 14*) dar.

28 **Globaler Schuldenstand nach Wirtschaftssektoren zum 31.12.2017 sowie Zuwachsraten der Schulden seit dem 31.12.1997**

Sektor	***Schulden,*** *in Mrd. US-Dollar*	***Zuwachs***
Unternehmen	68 000	309 %
Staaten	63 000	331 %
Banken	58 000	444 %
Haushalte	44 000	293 %

Quelle: FAZ vom 6.1.2018/IIF (Angaben 2017: 3. Quartal)

Abb. 17: Globaler Schuldenstand nach Wirtschaftssektoren

Gemäß dem Institute of International Finance (IIF), dem Weltbankenverband, ist die Verschuldung seit der Finanzkrise von 2007 ff. um 56.000 Milliarden Dollar gestiegen. Weil jedoch die Schulden der Einen die Vermögen der Anderen sind, sind die Vermögen seitdem uno actu entsprechend gewachsen. Aber die Verschuldung kann zu Uneinbringlichkeiten führen und diese Vermögen durch Abschreibung vernichten. Die ultralockere Geldpolitik, welche die Europäische Zentralbank im Gefolge der Finanzkrise betreibt, verhindert dies bislang. Die Lasten dieser Geldpolitik tragen Sparer, Rentner, Mieter, staatliche Leistungsempfänger und manche mehr.

29 S. Wolfgang Streeck, Gekaufte Zeit – Die vertagte Krise des demokratischen Kapitalismus, erweiterte Ausgabe, Frankfurt/M. 2015, S. 151 ff., Zitat: S. 180.

30 In der Stabilität bildet sich Instabilität, die Hausse stirbt in der Euphorie, plötzlich ist das »Moment« erreicht, der »Kollaps«, das »Meltdown«. In diesem begrifflichen Referenzrahmen bzw. in diesem »frame« beschreibt, vereinfacht dargestellt, Hyman Minsky den Krisenlauf (s. Hyman Minsky, Can »It« Happen Again – Essays on Instability and Finance, London 1982). Nachdem jahrelang niemand so etwas hören wollte in seiner näheren und weiteren Umgebung, hat Minsky mit seiner Fassung des Krisenlaufs nach 2008 posthum über Nacht große Beachtung gefunden; aus dem Moment wurde das Minsky-Moment, aus dem Kollaps der Minsky-Kollaps und aus dem Meltdown der Minsky-Meltdown. Gegenüber dem bekannten, letztlich auf Hegels Dialektik zurückgehenden kategorialen Referenzrahmen von Wesen und Erscheinung besitzt Minskys Begrifflichkeit jedoch im Wesentlichen lediglich den Vorzug, Altbekanntes als etwas soeben neu Erkanntes vorzustellen.

BASIC 13
Entwertung, Stagnation und Aufschwung: Welche Wege führen wieder aus der Krise heraus? Worin besteht das gängige Konzept der »absterbenden Belebung« und welche Nebenwirkungen weist es auf?

Eine Wirtschaftskrise führt niemals zum völligen Zusammenbruch des Wirtschaftskreislaufs, erst recht nicht zu einer selbstläufigen, gleichsam automatischen Auf- bzw. Ablösung der bestehenden Wirtschafts- und Gesellschaftsordnung.[1] Eine Wirtschaftskrise führt vielmehr lediglich, für sich alleine betrachtet, zu einer mehr oder minder ausgeprägten, kürzer oder länger anhaltenden Kreislaufschwäche, zu einem Absinken des Niveaus von Produktion und Konsumtion.

Wie im vorangehenden Basic analysiert, ist die krisenhafte Situation dadurch gekennzeichnet, dass die *Verwertung* des Kapitals, die Gewinnerzielung, in großen Umfang nicht mehr gelingt: Die Einkommen erweisen sich als nicht mehr markträumend, die erzielbaren Preise sind zu einem erheblichen Teil nicht mehr gewinnbringend, kurz: Die erlösende Verwertung gelingt nicht mehr – Krise. In diesem Sinn Hans-Werner Sinn: »Massenarbeitslosigkeit folgt. Das ist die Krise, die Marx und Schumpeter so treffend beschrieben haben.«[2]

Die Krise verlangt eine Antwort. Die Antwort auf die Krise der Verwertung heißt *Ab- bzw. Entwertung.*

Was wird entwertet? Und wie?

Zunächst werden die schwer verkäuflichen *Waren* entwertet. Und zwar dadurch, dass sie entweder vernichtet[3] oder zu Insolvenzpreisen unter Wert, notfalls spottbillig losgeschlagen werden – in der Krise wird der unzureichende, weil nicht einmal die Produktions- und Distributionskosten deckende Preis zum begehrten Preis, denn er ist größer als nichts (und mehr als nichts garantiert die Krise nun mal nicht).

Die weitere Produktion dieser verlustbringenden Waren wird gedrosselt oder ganz eingestellt. Die Folge: Das Warenangebot wird kleiner, einzelne Preise sinken, vor allem aber die Summe der erzielten, erlösten Preise, der gesamtwirtschaftliche Umsatz, sinkt als Folge der verminderten und entwerteten Warenmengen.[4] Dieselben Einkommen, die vorher nicht mehr markträumend waren, räumen den Markt daher jetzt schon wieder besser, und zwar ohne selbst zugenommen zu haben. Die Einkommen können sogar selber abgenommen haben, solange Warenmenge bzw. Warenpreise stärker zurückgegangen sind.

Alsdann werden ganze *Produktionsstätten* entwertet. Erste, besonders anfällige Produzenten (die »Grenzproduzenten«) gehen in Konkurs bzw. stellen ihre Produktion teilweise, abteilungsweise oder insgesamt ein. Ihre Produktionsanlagen werden verschrottet[5] oder ganz bzw. in Teilen zu Insolvenzpreisen, also zu Preisen weit unter Wert,[6] von Konkurrenten übernommen. Deren Produktionskosten sinken daraufhin: Mit Hilfe der billigst erworbenen Anlagen können sie jetzt Waren zu niedrigeren Kosten, folglich auch zu niedrigeren Verkaufspreisen produzieren und trotzdem wieder gewinnbringend umsetzen, d. h. erlösen. Die Wirkung ist dieselbe wie zuvor: Das Warenangebot wird kleiner, einzelne Preise sinken womöglich sogar, auf jeden Fall sinkt die Summe der erzielten Preise; dieselben Einkommen, die vorher zu gering waren für eine gewinnbringende Markträumung, werden ohne eigene Zunahme wieder markträumend.

Gleichzeitig wird, indem Beschäftigte entlassen sowie junge, nachwachsende Arbeitssuchende nicht mehr in den Arbeitsprozess eingegliedert werden, gesellschaftliche *Arbeitskraft* brach gelegt, sprich entwertet: Sie schafft nichts und erzielt keinen Preis, also keinen Lohn bzw. kein Gehalt.

Sodann können Forderungen jeglicher Art abgeschrieben, d. h. wertlos gestellt werden, Schulden werden um- und restrukturiert, sprich: gestreckt, teilweise erlassen bzw. ganz gestrichen.

Außerdem kann die landeseigene *Währung* abgewertet werden.[7] Ihre Abwertung macht die einheimische Produktion für Ausländer günstiger, dadurch wird den inländischen Märkten zusätzliche kaufkräftige Nachfrage von außen zugeführt. Zugleich verteuert die Abwertung ausländische Waren für Inländer, verringert also den Abfluss einheimischer Nachfrage ins Ausland. In der Folge gewinnen die Einkommen wieder an Markträumungskraft.[8]

Mit den verschiedenen Entwertungen einschließlich der Abschreibungen von Schulden werden die Voraussetzungen für eine neuerliche Verwertung geschaffen – die Rentabilität neuer Investitionen wird durch die Vernichtung alter Investitionen bzw. Werte wiederhergestellt.[9]

Die Staatsaufgabe oder: Die große Lehre des J. M. KEYNES

Flankierend und zur Abkürzung der krisenhaften Entwertungsprozesse – und das ist die große Lehre des JOHN MAYNARD KEYNES – kann und sollte der Staat mit einem Konjunkturprogramm als zusätzlicher Nachfrager auftreten und zusätzliches Geld in den Kreislauf pumpen; dem Staat fällt *»der erste Schritt«* zu.[10] Nicht mehr, grundsätzlich, aber auch nicht weniger.

Ausgeben kann der Staat das zusätzliche Geld, rein kreislauftheoretisch betrachtet, für sinnvolle, weniger sinnvolle, für sinnlose sowie für zerstörerische Aufgaben wie etwa für die Produktion von Vernichtungswaffen. Der Zwang, neue, markträumende Nachfrage zu schaffen, am besten sogar *neue Nachfrage pur, d. h. neue Nachfrage ganz ohne neue Waren*, treibt KEYNES zu extremen wirtschaftspolitischen Empfehlungen: »Das Bauen von Pyramiden, Erdbeben, selbst Kriege mögen dazu dienen, den Reichtum zu mehren […] Zwei Pyramiden, zwei Steinhaufen für die Toten sind doppelt so gut wie einer, aber nicht so zwei Eisenbahnen von London nach York.«[11]

Sinnlose sowie destruktive Aufgaben nämlich weisen *einen Einkommenseffekt* auf (die mit den zusätzlichen Aufgaben zusätzlich Beschäftigten erhalten Lohn), aber *keinen Produkteffekt* (es wird, wenn überhaupt, nur Wertloses produziert; die auf den Märkten umzusetzenden, zu erlösenden Warenwerte bleiben unverändert und nehmen deshalb kein markträumungsfähiges Einkommen in Anspruch). Aus diesem Grund sind KEYNES komplett sinnlose sowie destruktive Aus- bzw. Aufgaben besonders wichtig auf dem Weg aus der Krise; indem sie neue Einkommen ohne neue Waren entstehen lassen, sind sie in einzigartiger Weise fähig, jenen Nachfragemangel, wie er in der durch Gewinne angetriebenen Wirtschaft verankert ist (respektive die Unterkonsumtion, wie sie »im Kapitalverhältnis angelegt« ist: →*Basic 12*), zu kompensieren, besser: aufzuheben im HEGEL'schen Sinn, d. h. zugleich aufzulösen und auf einer höheren Stufe aufzubewahren.[12] Es handelt sich um die bereits erwähnte (→*Basic 12, Anm. 27*), in die Produktion eingebettete *Entwertung von vornherein.*

Finanzieren kann der Staat sein konjunkturelles Ausgabenprogramm

- entweder aus *Anleihen* bei Vermögenden; das führt allerdings zu der bereits behandelten, weiteren Einkommenspolarisierung (→*Basics 4/Exkurs 4*) und trägt den Keim neuer, späterer sozioökonomischer und politischer Krisen in sich;
- oder bzw. zusätzlich aus »Verschuldung bei der Notenbank«, sprich aus

Geldmengenvermehrung; der Staat hat die Hoheit über die Notenbank, kann dort also technisch unbegrenzt weitere, neue Kaufkraft schöpfen;[13] wenn das vermehrte Geld allerdings in großen Mengen in der Realwirtschaft in Umlauf kommt, füttert diese Maßnahme die Inflation, die, in kleinen Dosen von etwa zwei Prozent jährlich verabreicht, als süßes Gift stimulierend auf den Wirtschaftskreislauf wirkt,[14] während sie in großen Mengen den gesamten Wirtschaftskreislauf zersetzt.

Eine Finanzierung der je aktuellen, krisenbedingten Ausgabenprogramme über Steuern für Vermögende kommt somit gemäß KEYNES' wirtschaftspolitischer Lehre nicht in Betracht. Denn kurzfristig ist diese Finanzierung nicht organisierbar. Unverzügliches Handeln ist jedoch geboten, gilt es doch, die brachliegenden (»entwerteten«) wirtschaftlichen Kapazitäten unverzüglich zu reaktivieren, d. h. wieder in den Wirtschaftskreislauf einzugliedern (»neuerlicher Verwertung zuzuführen«).

Eine anschließende steuerliche Refinanzierung entspricht keynesianischer Logik. Dabei sind die unverzüglichen staatlichen Wiederbelebungsmaßnahmen, wie erwähnt, nur »der erste Schritt«. Danach, im zweiten Schritt, kann der Staat sein Ausgabenprogramm in gegebener Zeit, also vergleichsweise geruhsam *refinanzieren*, indem er nach dem bereits bekannten Muster jene Vermögen, die weder für Konsumzwecke verwendet noch produktiv investiert werden, sach- und leistungsfähigkeitsgerecht besteuert und zur Entschuldung bei den privaten Kreditgebern bzw. bei der Notenbank verwendet; wie bereits analysiert (→*Basics 1–4*), werden auf diesem Umwege jene Vermögen wieder in den Wirtschaftskreislauf integriert, die ihm im Zuge der wachsenden, ungleichverteilungsbedingten Akkumulation von Vermögen entzogen worden waren.

Das ist *»antizyklische Konjunkturpolitik«*, und damit befreit der Staat, keynesianisch gesprochen, die Wirtschaft aus der »Liquiditätsfalle« bzw. »kuriert«, neokeynesianisch gesprochen, »die Sparwut« (ROBERT SKIDELSKY); selber hatten wir mit WERNER KAMPPETER diesen Prozess schon mehrfach beschrieben als »[d]ie Kunst [...], nicht den Konsum der privaten Haushalte, sondern ihre Ersparnisse zu senken und zum Staat umzuverteilen«.[15]

Tut der Staat das zuletzt Genannte und besteuert die nicht produktiv, also nicht realwirtschaftlich investierten Vermögen, *so verkleinert er im Ausmaß seines Handelns den letzten Grund der periodischen Krisen, die deflatorische Lücke*, wie zuvor erörtert (→*Basics 12*). Zusammen mit der ökonomischen schafft der Staat auf diesem Wege zugleich soziale und politische Stabilität.

Insgesamt entspannen all diese Maßnahmen und Entwicklungen das in Schieflage geratene Verhältnis von Produktionswert und Kaufkraft. Dadurch – dies sei der Wichtigkeit halber wiederholt – überbrücken sie nicht nur, sondern sie *verkleinern bzw. beseitigen* im Idealfall sogar die deflatorische Nachfragelücke mit der Folge, dass neu produzierte Waren alsbald wieder wertadäquat, d.h. gewinnbringend verkauft werden können.

Allerdings hat dieser Teil der antizyklischen Politik nie funktioniert. Er setzt nämlich einen durchsetzungsfähigen, nicht ohnehin schon verschuldeten Staat voraus. Dem Projekt »Der staatliche Schuldner bittet seine Kreditoren zur (Steuer-)Kasse« ist das ewige Scheitern sicher.

Der Weg aus der Krise führt über die Einkommen – direkt oder indirekt

Die Schlüsselstellung auf dem Weg aus der Krise nehmen die Masseneinkommen ein, denn sie bestimmen die »wirksame Nachfrage«, um einen weiteren keynesianischen Schlüsselbegriff zu verwenden. Auch hier gilt: Die Masse macht die Kasse. Sofern und solange die Einkommen infolge krisenbedingter Massenentlassungen, Reallohnabsenkungen, Kürzungen von Transferleistungen u. a. gleich schnell bzw. gleich tief oder sogar noch schneller bzw. noch tiefer fallen als die abnehmenden Warenmengen mit ihren aufsummierten Preisen, können die Einkommen die Märkte nicht räumen – die Krise frisst sich fest.

Erfreulicherweise gibt es jedoch eine wenn auch selbst wieder nur flexible *Grenze für den krisenbedingten Fall der Einkommen.* Es handelt sich um so etwas wie einen eingebauten Stabilisator. Die Rede ist von der sogenannten Sockelnachfrage. Darunter ist die Nachfrage derjenigen zu verstehen, die in der Krise beschäftigt bleiben, sowie die Nachfrage derjenigen, deren Ausgaben nicht oder nur eingeschränkt von der Wirtschaftslage abhängen, also namentlich der Vermögenden; weiterhin, wenn auch nur eingeschränkt: der Beamten, der Rentner, vieler Transferempfänger. Auch staatliche Maßnahmen wie die Zahlung von Kurzarbeitergeld u. ä. tragen dazu bei, den Wert der Sockelnachfrage zu stabilisieren. Hinzu kommt der Rückgriff auf Sparguthaben. Zusätzlich verhindern Tarifverträge, Mindestlohnregelungen sowie Arbeitslosen- und andere Sozialversicherungsleistungen, außerdem – was hier nur angedeutet werden kann, obwohl es mitunter höchst wirksam ist – Nachfrage aus dem Ausland (die ihrerseits wiederum durch eine Abwertung der inländischen Währung zusätzlich befördert werden kann[16]).

All das verhindert, dass die Nachfrage (N) in der Krise auf Null sinkt: N > 0.

Für die Entwertung des Waren- und Leistungsangebots dagegen markiert die Zahl Null die Untergrenze; falls Produktions- und Leistungseinstellungen mit Beseitigungs-, Wiederherstellungs-, Schadenersatz-, Abfindungs- u. ä. Ansprüchen belastet sind, liegt die Fallgrenze für das Angebot (A) im Extremfall sogar unter Null: A < 0.

Sobald der Wert des Warenangebots im Zuge seiner Entwertung in einzelnen Bereichen den Wert der Sockelnachfrage unterschreitet, ist die akute Krisenbedingung nichtmarkträumender Einkommen in diesen Bereichen beseitigt, ja sie ist sogar, wenn auch auf niedrigem Niveau, umgeschlagen in die *Aufschwungsbedingung der markträumenden, womöglich gar überschüssigen Einkommen,* sodass der Weg frei wird für einen neuen Investitions- und Kreditzyklus: Der heiß ersehnte »selbsttragende Aufschwung« kommt in Gang: Angebot und Nachfrage tauschen die Plätze: Aus A > N wird N > A.

Dabei genügt es zunächst, dass dieser Platztausch von A und N auf ersten, wichtigen Teilmärkten stattfindet. Von den dort erzielten, neuen Einkommen profitieren auch andere Teilmärkte, sodass der Aufschwung weitere Kreise ziehen kann. Ein Dominoeffekt wie beim Weg in die Krise setzt ein, nur jetzt in umgekehrte Richtung. Die Dominosteine stehen wieder auf, um im Bild zu bleiben.

Insofern haben sogar die Anhänger einer austeritätsfixierten Wirtschaftspolitik recht: Irgendwann endet jede Krise – soll sagen: Irgendwann tauschen Angebot und Nachfrage die Plätze. Das tun sie immer. Fraglich ist alleine, unter welchen Nebenbedingungen, politischen Veränderungen, Mühen, Opfern und Gefahren der Platztausch vollzogen wird. Sowie auf welchem Niveau. Der Wechsel der Plätze und die damit einhergehende Schubumkehr kann ein langer, schmerzhafter Prozess werden;[17] durch austeritätsfixierte Politik jedenfalls wird das Leid, werden »die menschlichen Kosten« der Krise verstärkt und verlängert statt gelindert und verkürzt. Dadurch wird der austeritäre Weg zu einem Prozess, der die Stabilität der gesamten Gesellschaft mutwillig gefährlichen Belastungsproben unterzieht.[18]

Wie gesagt: Der Weg, der zum Platztausch von Angebot und Nachfrage führt, kann – und das ist der Kern der KEYNES'schen Lehre – verkürzt werden. Und zwar dadurch, dass der Staat als neuer, zusätzlicher Nachfrager nach Waren, Leistungen und Personal zu einer entscheidenden, zusätzliche Einkommensquelle wird, indem er im rechten Moment kurzfristig »ins freie Spiel« eingreift und einen Aufwärtsprozess gezielt vorzeitig in Gang setzt, in dessen Gefolge (absolute oder relative[19]) Einkommensverbesserungen auf breiterer Front, also gerade auch außerhalb des staatlichen Sektors, wieder durchsetzbar werden.

Dafür muss der Staat, sei es als Käufer bzw. Auftraggeber, sei es als zusätzlicher bzw. erweiterter Arbeitgeber, in die aktuell manifeste deflatorische Lücke zwischen Angebots- und Nachfragewerten springen und sie unter Berücksichtigung der produktionstechnischen Gegebenheiten mit seiner zusätzlichen Nachfrage respektive mit der Schaffung von zusätzlichen Einkommen soweit auffüllen, dass sich das Verhältnis zwischen Angebot und Nachfrage umkehrt. Er, der Staat, kann das, weil er und nur er seine Nachfrage vorübergehend *politisch* steuern und insofern auch *gegen* die Krise entfalten kann, indem er, wie dargestellt, seine neue, zusätzliche Nachfrage aus Verschuldung bzw. Geldschöpfung (als Verschuldung bei seiner Notenbank[20]) umgehend generiert. Anschließend ist er prinzipiell in der Lage, seine krisenabwehrende bzw. -verkürzende, plötzlich auf wesentliche Märkte gebrachte zusätzliche Nachfrage aus Verschuldung bzw. Geldschöpfung auf dem Wege der gesteuerten Umverteilung zu refinanzieren.

Staatsausgaben können also *in einem ersten Schritt* unzureichende Masseneinkommen kurzfristig ersetzen. Eine nachhaltige Lösung stellt dieser Schritt indes nur dar, wenn der zweite folgt: die Stabilisierung des Wirtschaftskreislaufs aus direkter oder indirekter Umverteilung, wie bereits in →*Basics 1–4* erörtert. Denn diese Variante verwandelt, wie dort ebenfalls ausgeführt, brachliegendes, dem Wirtschaftskreislauf entzogenes Vermögen in nachfragewirksames, zusätzliches, markträumendes Einkommen. Erst im zweiten Schritt also wird das KAMPPETER-Kunststück[21] vollzogen.

Ohne den zweiten Schritt im Gefolge schafft der erste Schritt alleine über neue, zusätzliche Verschuldung jene für den Wirtschaftskreislauf und die soziale Stabilität gleichermaßen schädlichen Verteilungswirkungen, die man in den USA mustergültig studieren kann. Die USA nämlich haben nach 2009 den Pfad der Verschuldung pur mit beispielloser Konsequenz beschritten, haben also geradezu vollständig auf Schritt Zwei verzichtet. Im Laufe der Zeit wird den Staaten auf ihren jeweiligen Verschuldungswegen mithin genau jene Stabilität genommen, welche sie durch ihre Maßnahmen zur Krisenbekämpfung zuvor gewonnen haben mögen. Auf OBAMA folgte TRUMP.

Der kurzfristige Nettoeffekt war positiv; alsbald verkehrte er sich jedoch ins Negative – mühsam gewonnen, schnell zerronnen.

Absterbende Belebung – das gefühllose und waghalsige Experiment der Austeritären

Solange Angebots- und Nachfragewerte auf etwa gleichem, niedrigem Niveau verharren, dümpelt die Wirtschaft dahin; die Entwicklung stagniert auf dem jeweiligen, niedrigen Niveau, schleppt sich, mehr oder weniger geglättet, träge durch die Zeit. Für beide Fälle, stagnierendes Dümpeln und lebhaften Aufschwung, gilt, dass Rezessionen sich immer irgendwann darin auflösen. »Aber der Erfolg einer Wirtschaftspolitik,« so Joseph Stiglitz, »sollte danach beurteilt werden, wie tief und lang der Abschwung ist, ehe sich die Konjunktur wieder erholt, wie viele Leidtragende der Krise es gibt und wie negativ sie sich auf die zukünftige Leistungsfähigkeit einer Volkswirtschaft auswirkt.«[22]

Quintessenz: *Markträumende Einkommen sind letztlich unersetzlich;* genauso wie der Weg in die Krise[23] ist der Weg aus der Krise grundsätzlich lohnbestimmt, wenn nicht gar lohngetrieben; es ist die Nachfrage, speziell die Einkommen, voran die Löhne, hilfsweise und vorübergehend die zusätzliche Staatsnachfrage, welche die Markträumung zu gewinnbringenden Preisen einerseits verhindern sowie andererseits wieder möglich machen; sie sind es, die neue Investitionen auslösen und die Wirtschaft aus der Krise führen.

Einen waren- bzw. angebotsgetriebenen, durch Kostenreduzierung verursachten Aufschwung gibt es grundsätzlich nicht.[24] Allenfalls kann von einer durch Angebots*minderung* getriebenen, konjunkturellen Wende die Rede sein, also von einem depressiven Aufschwung bzw. einer absterbenden Belebung.[25] Bei diesen sprachlichen Paradoxien handelt es sich im Wesentlichen um das marktpuristische Verfahren der Austeritätspolitik: Solange die Einkommen sich nicht stabilisieren, kann der besagte, erforderliche Platztausch von Angebot und Nachfrage, d. h. von A > N zu N > A, auch durch vermehrtes, exzessives, sich selbst überlassenes Absinken des Angebots auf einem besonders niedrigen Produktionsniveau zustande kommen, gewissermaßen tief im Keller der Krise.

Diese alternative Art der konjunkturellen Wende durch Abwärtsanpassung erhöht die Krisenopfer mutwillig, testet die Duldungsgrenze frivol aus, schiebt sie unter Umständen auch tatsächlich ein Stück weiter hinaus. *Die Feststellung, dass der Weg aus der Krise über die Einkommen führt, stellt dieser*

Weg nicht in Frage; vielmehr bestätigt er die Feststellung indirekt: statt N gezielt direkt zu vergrößern, um wieder markträumende Einkommen zu schaffen, lässt man A unbekümmert so lange fallen, bis N indirekt, ohne besondere Anschubhilfe, wieder größer ist als A mit der Folge, dass die Einkommen wieder markträumungsfähig werden. In der Eurozone stehen Griechenland und Portugal in Ansätzen exemplarisch für die beiden Wege aus der Krise, die Abwärts- und die Aufwärtsanpassung. Auf seinem unnötig langen, unnötig tief hinab führenden Weg verursacht die griechische Variante des depressiven Aufschwungs gesamtwirtschaftliche Einbußen, die niemals mehr aufgeholt werden können, sowie das schon besagte (→*Basic 4*), unsägliche menschliche Leid.[26]

Austeritäre Wirtschaftspolitik unterzieht die gesellschaftliche Stabilität einer waghalsigen Belastungsprobe; sie ist ein technokratisches, frivoles Spiel mit dem Schicksal von Menschen und Gesellschaften. Am Ende droht *die Erkenntnis, dass man Teile der Bevölkerung arm, den Staat in die Schulden und sich selbst um die politische Macht gespart hat.* Dann aber ist es zu spät – Reichskanzler Brüning ist Kronzeuge.

Weitere Wege und Irrwege zur Krisenauflösung

So, wie es keinen waren- bzw. angebotsgetriebenen Aufschwung gibt, so gibt es auch keinen rein kreditgetriebenen, wobei es einerlei ist, ob die Kreditvergabe über die Banken erfolgt oder an den Banken vorbei: Wozu soll der unternehmende Kreditnehmer den Kredit, und sei er noch so günstig, inmitten der Krise verwenden? Ohne absehbare Nachfrage nach ihren Erzeugnissen investieren produktive Unternehmen nicht: »Man kann die Pferde zur Tränke führen, aber saufen müssen sie selber.«[27] Dauerhafte, reine Konsumentenalimentation durch Kredite dagegen ist eh ausgeschlossen. Letztlich führt kein Weg an den Einkommen vorbei.[28]

Drei vorübergehende, regelmäßige Ausnahmen gibt es allerdings: die wirtschaftliche Belebung über

- Kriegswirtschaft,
- die Außenwirtschaft sowie über
- die Finanzwirtschaft.

Dass es sich nicht um nachhaltige Lösungen handelt, dürfte bei der Kriegswirtschaft unmittelbar einsichtig sein. Dass aber auch die Außen- und die Finanzwirtschaft weder dauerhafte noch für alle nutzbare Lösungen bereitstellen, wird in den folgenden →*Basics 14 und 15* ausgeführt.

Hier kann deshalb festgestellt werden: Es macht keinen Sinn, durch Sparen und Lohnkostensenkungen aus der Krise herauskommen zu wollen – markträumende Einkommen als Voraussetzung für eine gewinnbringende Belebung von Produktion und Beschäftigung, kürzer: die Aufschwungsbedingung entsteht auf diesem Wege nicht zu Konditionen, die von der Gesellschaft auf Dauer ohne schwerste Schäden verkraftet werden. Deshalb trifft das Gegenteil zu: *In der Krise ist Sparen widersinnig*. Dies ist im Übrigen der Kern der KEYNES'schen Lehre.

Dieser wirtschaftspolitische Sachverhalt ist nicht nur historisch erwiesen, zumal im Land des Reichskanzlers BRÜNING und seines Nachfolgers HITLER – spätestens die Weltwirtschaftskrise von 1929 ff. lieferte die Blaupause, während die Entwicklung der Eurozone nach 2008 das aktuellste Anschauungsmaterial in vielen, länderspezifischen Ausführungen beisteuert. Eine Wirtschaftspolitik, die dem zum Trotz immer wieder aufs Neue versucht, sich aus der Krise herauszusparen, verschließt die Augen vor den gesammelten Erfahrungen aus Schäden und Schrecken.

Außerdem spricht sie der Logik Hohn: *Für mehr braucht's mehr, nicht weniger* – Sparen kann widersinnig sein.

Ein erstes Krisenfazit

Die Krisen des Wirtschaftskreislaufs werden durch wirtschaftsimmanente, periodisch erscheinende Verwertungsprobleme ausgelöst sowie durch entsprechende Entwertungsprozesse (an Arbeitskraft, Waren, Produktionskapazitäten, Währungen, außerdem an Forderungen, Vermögen und Geldwert) wieder aufgelöst. Je nachdem, in welchen Größenverhältnissen Verwertungsschwierigkeiten und Entwertungsprozesse aufeinander treffen, verharrt die Wirtschaft

- entweder im Krisenmodus,
- oder sie geht fließend über in eine geglättete Phase, gewissermaßen einen See der Stagnation auf niedrigem Niveau,
- oder sie erreicht das Stadium der konjunkturellen Wiederbelebung.

Staatliche Konjunkturpolitik kann den Weg aus der Krise erleichtern, insbesondere verkürzen. Staatliche Umverteilungsprogramme sowie Programme für eine ausgeglichenere Primärverteilung besitzen den zusätzlichen Vorteil, die Marktposition der Beschäftigten zu verbessern und damit die Macht der Großunternehmen und der Finanzwirtschaft zu begrenzen. Darauf wird noch zurückzukommen sein.

Zeitlich exakte und quantitativ ausgewiesene Prognosen über den jeweiligen Weg aus der Krise heraus sind genauso unzuverlässig wie Prognosen über den Weg in die Krise hinein. Die dargelegten Gründe gelten entsprechend (→ *Basic 12; ausführlich zur Prognostizierbarkeit: →Basic 16*).

Bestimmt wird die Tiefe der Krise durch die Tiefe der deflatorischen Lücke, die immer wieder überwunden werden muss, wenn sie in Erscheinung getreten ist. Namentlich mit Hilfe progressiver steuerlicher Maßnahmen kann die Lücke verkleinert, im Idealfall von vornherein geschlossen sowie die wirtschaftliche Dynamik gestärkt werden (mehr und Systematisches dazu: →*Basic 17*).

Außen- und Finanzwirtschaft, aber auch Kriegswirtschaft und Diktatur können die bis hierher festgestellten Entwicklungsläufe in teils erheblichem Umfang modifizieren, d. h. abwandeln. Als komplexe, modifizierende Elemente erfordern die Außen- und die Finanzwirtschaft jeweils eigene Betrachtungen: →*Basics 14 und 15*. Das hiesige, erste Krisenfazit bedarf deshalb der Ergänzung.

Weiterführende Bemerkungen und Belege zu Basic 13

1 Dazu bedarf es vielmehr immer entscheidend veränderten menschlichen Handelns. Denn die sozioökonomischen Verhältnisse beruhen auf dem Verhalten ihrer menschlichen Subjekte. Stabile Verhältnisse beruhen auf stabilem, gewissermaßen kanalisiertem Verhalten; grundlegend veränderte Verhältnisse beruhen auf entsprechend verändertem Verhalten. Dabei muss dieses Handeln keineswegs und schon gar nicht von Anfang an auf radikale Änderung gerichtet sein. Umstürzende Veränderungen haben sich in der Geschichte bisher eher »hinter dem Rücken der Beteiligten« als Resultante verschiedener, unterschiedlich motivierter Handlungsstränge herausgebildet. Viel spricht dafür, dass dies auch in nächster Zeit noch so sein wird. Siehe hierzu →*Basic 16*.

2 Hans-Werner Sinn, Was uns Marx heute noch zu sagen hat, in: Aus Politik und Zeitgeschichte/Beilage zu Das Parlament, Nr. 19-20/2017, S. 28.

3 Bzw. – z. B. als Bauruine – ungenutzt der Vernichtung durch den Zahn der Zeit überlassen werden.

4 Einzelpreise der verkauften Waren mal umgesetzte Mengen = Umsatz bzw. Preissumme (fachterminologisch strenger: Einsatz mal Absatz gleich Umsatz).

5 Josef Schumpeters Konzept der »schöpferischen Zerstörung« reflektiert diese Entwertungsprozesse: s. Josef A. Schumpeter, Theorie der wirtschaftlichen Entwicklung, Berlin 1912. In gewisser Weise liest sich Schumpeters Werk allerdings auch wie eine Variation über ein Thema von Goethe, und zwar über dessen mephistophelisches »Denn alles, was entsteht, ist wert, daß es zugrunde geht«.

6 Zur grundlegenden Unterscheidung von Wert und Preis: s. →*Abschnitt C.*

7 Diese Aussage gilt nicht für Länder mit einer supranationalen Währung, gilt also nicht für die Staaten der Eurozone; der Euro *mindert* den wirtschaftspolitischen Handlungsspielraum der Euroländer. Mehr dazu in →*Basic 15.*

8 Auch hier gilt wieder: Die Einkommen dürfen sogar krisenbedingt schrumpfen; es genügt, dass der Nettoeffekt aus dem Abfluss inländischer und dem Zufluss ausländischer Einkommen größer ist als die inländische Einkommensminderung.

9 Für diesen Aspekt hat JOSEPH SCHUMPETER seine bereits erwähnten Begriff der schöpferischen Zerstörung geprägt (s. o. Anm. 5) und zum Angelpunkt seiner Entwicklungstheorie gemacht.

10 Zitat: JOHN MAYNARD KEYNES, The Means to Prosperity, London 1933, S. 22. Der erste Schritt setzt übrigens einen möglichst gering verschuldeten Staat voraus; ein hoch verschuldeter, abhängig gewordener Staat ist kaum noch imstande, den ersten Schritt quantitativ *und* qualitativ angemessen zu vollziehen. Daraus folgt, dass die neue Verschuldung in einem späteren Schritt wieder abgebaut werden muss – an die einschlägigen Ausführungen in →*Basic 4* sei erinnert.
Übrigens wird gegenwärtig auch von renommierten Standardökonomen mit Sorge festgestellt, dass die Spielräume vieler Staaten zur Reaktion auf die nächste Krise aufgrund der vorliegenden Verschuldung zu gering sind; s. in diesem Sinne z. B. CARMEN REINHARD/KENNETH ROGOFF, Growth in a Time of Debt, in: American Economic Review, Mai 2010, S. 573–578, sowie ALAN AUERBACH/YURIY GORODNICHENKO, Fiscal Stimulus and Fiscal Sustainability, Manuskript für die geldpolitische Tagung in Jackson Hole, August 2017, *https://papers.ssrn.com/sol3/papers.cfm?abstract_id=3035137*, zuletzt aufgerufen am 7.10.2018.

11 JOHN MAYNARD KEYNES, Allgemeine Theorie der Beschäftigung, des Geldes und des Zinses, Berlin 1936, S. 109.

12 Ausführlicher: »Das Bauen von Pyramiden, Erdbeben, selbst Kriege mögen dazu dienen, den Reichtum zu mehren […] Wenn das Schatzamt alte Flaschen mit Banknoten füllen und sie in geeigneten Tiefen in verlassenen Kohlenbergwerken vergraben wollte, sie dann bis zur Oberfläche mit städtischem Kehricht füllte und es dem privaten Unternehmungsgeist nach den erprobten Grundsätzen des Laissez-faire überließe, die Noten wieder auszugraben […], so brauchte es keine Arbeitslosigkeit mehr zu geben, und vermittels der Rückwirkungen würde das Realeinkommen des Gemeinwesens wie auch sein Kapitalreichtum wahrscheinlich viel größer als jetzt werden […] Zwei Pyramiden, zwei Steinhaufen für die Toten sind doppelt so gut wie einer, aber nicht so zwei Eisenbahnen von London nach York.« (JOHN MAYNARD KEYNES, Allgemeine Theorie…, S. 109 ff.)
Diese Empfehlungen von KEYNES sind zwar zweifellos kurzfristig effektiv. Aber sie sind politisch nicht zu vermitteln. Sie wurden deshalb in jüngerer Zeit durch den Vorschlag eines »Helikopter-Geldes« ersetzt: Ein Hubschrauber kreist über der Stadt und wirft Banknoten ab (s. MILTON FRIEDMAN, *Optimum Quantity of Money.* Chicago 1969, S. 4 ff.). Das ist zwar die Vollendung des KEYNES'schen Konzepts, ironischerweise von einem ausgewiesenem Anti-Keynesianer allerdings auch lediglich als Gedankenexperiment ins Spiel gebracht. *Das nämlich ist Einkommenseffekt ohne Produkteffekt pur: Geld für nichts.* Jedoch verträgt sich der Vorschlag

wohl kaum mit dem Leistungsgedanken und der darauf aufgebauten Leistungsgesellschaft; aus diesem (und weiteren Gründen) wurde er ebenfalls verworfen. Unter dem Präsidenten der US-Notenbank Ben Bernanke ist das Helikopter-Geld deshalb zum Konzept des »quantitative easing«/der mengenmäßigen Lockerung fortgeführt sowie unter Mario Draghi von der Europäischen Zentralbank übernommen worden. Jedoch: »[...] quantitative easing ist eigentlich nichts anderes als ›Helikopter-Geld‹. Nur kreist der Hubschrauber über den Banken und pumpt diese mit Geld voll, anstatt es über den Unternehmen und Bürger*innen abzuwerfen.« (Sven Giegold u. a., Finanzwende – Den nächsten Crash verhindern, Berlin 2016, S. 24) Auch dieses Verfahren ist politisch und ökonomisch schwer vermittelbar und deshalb riskant.
Der im Grunde linkskeynesianische Weg mit Kurzarbeitergeld, Abwrackprämie u. ä., den die deutsche Bundesregierung in der Finanzkrise von 2008 ff. eingeschlagen hatte, war dagegen effektiv & affektiv erfolgreich; namentlich die deutschen Schulen haben enorm von der Krise profitiert, insofern eine ganze Reihe ihrer seit Jahren undichten Dächer damals »plötzlich über Nacht, eh man's gedacht«, gleichsam wie einst bei den Heinzelmännchen zu Köln aus den Geldern eines eiligst zusammengestellten, staatlichen Konjunkturprogramms saniert wurden. Seitdem also ist es weniger nass unter deutschen Schuldächern. Anderen Infrastrukturaufgaben erging es ähnlich. Hier ist es also die Krise, die gesellschaftlicher Vernunft und ökonomischer Rationalität zum Durchbruch verhilft, indem sie krasse Missverhältnisse zwischen der Versorgung mit privaten und öffentlichen Gütern *(→Basic 1)* notdürftig korrigiert. Unsere Schüler, Studenten und Lehrer haben deshalb gute Gründe, schlechte Zeiten zu begrüßen – auch ein Aspekt unserer »upside-down economy« mit ihrer »topsy-turvey economic theory« (so Abba P. Lerner, Economics of Employment, New York/Toronto/ London 1951, S. 143.)
Festhaltenswert dürfte des Weiteren an dem Vorgang sein, dass und wie die Bundesregierung unter dem Druck der Krise plötzlich in aller Stille zur *temporären Konvertitin* wurde und sich in eine zwar *nicht bekennende, aber praktizierende Gelegenheits-Keynesianerin verwandelte.*

13 Auch diese Aussage gilt insofern nicht für den Euro, als die Europäische Zentralbank nicht mehr die Zentralbank eines jeweiligen Euro-Staates ist, sondern die Zentralbank der gesamten Euro-Zone; auch von dieser Seite her schränkt der Euro die wirtschaftspolitischen Handlungsoptionen ein anstatt sie zu erweitern: s. *→Basic 15.*

14 Der äußerst behutsam vollzogene Wandel, in dessen Verlauf Preisstabilität nicht mehr mit abwesender Inflation definiert wird wie noch zu jenen Zeiten, in denen das Stabilitätsgesetz verabschiedet wurde, reflektiert diesen Zusammenhang. Heute gelten Sätze wie »Preisstabilität herrscht bei zwei Prozent Inflation« als richtig – George Orwell lässt grüßen, mit »1984« hatte er den Zeitpunkt allerdings etwas zu früh angesetzt. Richtig müsste es heißen: Es geht der Geldpolitik nicht mehr um Preisstabilität, sondern um Systemstabilität. Der Systemstabilität wird die Preisstabilität geopfert, insofern nunmehr eine allgemeine Preisinflation von zwei Prozent zwecks Stabilisierung des gesamten Wirtschaftssystems ausdrücklich angestrebt wird.

15 Werner Kamppeter, Internationale Finanzkrisen im Vergleich, in: Friedrich-Ebert-Stiftung, Hrsg., Internationale Politikanalyse, Bonn 2011, S. 25.

16 Im Einzelnen dargestellt in →*Basic 15.*

17 Die eine Zahl, die für alles steht: Die der Suizide. In Griechenland stieg die Selbstmordrate von 2010 auf 2011 um 26,5 %. (Quelle: Oxfam, The True Cost of Austerity and Inequality: Greece Case Study [https://www.oxfam. org/sites/www.oxfam.org./files/cs-true-cost-austerity-inequality-greece-120913-en.pdf]; die Studie basiert auf Daten des griechischen Statistikamtes und der Nichtregierungsorganisation Klimaka, zuletzt aufgerufen am 7.10.2018.)

18 Die Gefährdung wächst zwar im Allgemeinen mit zunehmender Dauer, aber sie macht sich nicht als kontinuierlich zunehmende bemerkbar, sondern zum gegebenen, vorher nicht bestimmbaren Zeitpunkt als plötzliches, eruptives, scheinbar zufällig auftretendes, gleichsam durch einen überfliegenden Funken ausgelöstes Ereignis. Die Geschichte liefert dafür reichlich Anschauungsmaterial – so neulich noch im »Arabischen Frühling«, der bekanntlich durch den Suizid eines bis dahin völlig unbekannten Obsthändlers tief in der maghrebinischen Provinz ausgelöst wurde und nicht einmal mehr Halt vor diversen Staatsgrenzen machte. Dass sich am Ende die alten Verhältnisse doch weitgehend unverändert wiederherstellen ließen, widerlegt den Sachverhalt nicht. Ausführlich zu Möglichkeiten und Grenzen sozioökonomischer Prognosen: s. →*Basic 16.*

19 Relativ im Bezug zum Niveau der relevanten Preise.

20 Über diese Möglichkeit verfügen die Mitglieder der Eurozone nur noch bedingt, weil die EZB nicht mehr die Notenbank einzelner Staaten ist: →*Basic 15.* (Eine Bedingung lautet, dass insbesondere Deutschland als schwergewichtige Zentralmacht innerhalb der Zone mit dieser Verschuldung einverstanden sein muss; allein diese Bedingung birgt schon erhebliche politische Sprengkraft.)

21 S. o. Anm. 15 sowie: →*Basic 15.*

22 Joseph Stiglitz, Europa spart sich kaputt – Warum die Krisenpolitik gescheitert ist und der Euro einen Neustart braucht, München 2016, S. 48.

23 Disproportionalitäts- sowie exogene Krisen bleiben außer Betracht.

24 »Grundsätzlich« heißt hier, dass bestimmte Außenwirtschaftskonstellationen vorerst außer Betracht bleiben. Mehr dazu: →*Basic 14.*

25 Joseph Stiglitz nennt diesen Vorgang »expansive […] Kontraktion« (ebd., S. 131); in der herrschenden Lehre firmiert der Vorgang, für Außenstehende zwar unverständlich, aber anmutig als »wachstumsfördernde Konsolidierungspolitik«.

26 Details: 2018, als das Ende der griechischen Krise angesichts erstmaligen, erneuten Wirtschaftswachstums verkündet und die Hilfsprogramme auf »auslaufen lassen« gestellt werden, weist die griechische Krisenbilanz folgende Posten auf der Passivseite auf:

- die öffentlichen Schulden sind nach acht Jahren des leidvollen Sparens höher als je zuvor,
- mehr als 300.000 junge, qualifizierte Griechen sind ausgewandert,
- die Banken ächzen unter faulen Krediten,
- fast die gesamte wichtige Infrastruktur ist privatisiert (obendrein besonders wirkungsvoll, weil unter einer sich sozialistisch verstehenden, einheimischen Regierung),

- die Einkommen sind auf den Stand von 2003 zurückgefallen,
- 40 % der Menschen sind von Armut und sozialer Ausgrenzung bedroht,
- 40 % können ihre Mieten und Rechnungen nicht zahlen,
- die Gesundheitsversorgung für Nichtvermögende ist zusammengebrochen.

Die Rate der Selbstmorde wenigstens ist – um auch etwas Positives zu berichten – seit mehreren Jahren nicht mehr angestiegen. Die Höchstgefährdeten weilen allerdings ja auch inzwischen nicht mehr auf Erden.

(Quelle: Giorgos Christides, Ist die Krise vorbei?, in: Spiegel online vom 22.6.2018.)

27 So z. B. Karl Schiller, eine finanzwirtschaftliche Weisheit leicht abwandelnd: s. Der Spiegel Nr. 3/1967, S. 25. – Die Einschränkung auf *produktive* Unternehmen verweist darauf, dass die getroffene Feststellung für den Finanzsektor nicht gilt. Dies begründet die Sonderstellung und die besondere Krisenbrisanz dieses Sektors: S. →*Basic 15*.

28 Wie regelmäßig in den Sozialwissenschaften, so gibt es auch hierzu Ausnahmen, die, wie man so schön sagt, die Regel bestätigen. Dazu gehören die baltischen Staaten in den Jahren 2009 ff. Ihnen ist das Kunststück der »internen Abwertung« (→*Basic 15*) gelungen, und sie haben sich weitgehend mit neoliberaler Austeritätspolitik aus der Krise herausgespart, ohne darüber ihre politische Stabilität zu verlieren.

Allerdings herrschten in diesen Staaten außergewöhnliche Bedingungen, als Stichworte seien genannt: gesellschaftlicher Konsens über den Vorrang nationaler und ethnischer Fragen vor sozialen sowie externe Faktoren wie EU-Gelder und Finanzspritzen der schwedischen Zentralbank für jeweils kleine Volkswirtschaften. Mehr dazu bei Dorothee Bohle, Baltische Wege aus der Finanzkrise – Musterbeispiele für erfolgreiche Austeritätspolitik?, in: Aus Politik und Zeitgeschehen/Beilage zu Das Parlament, Nr. 8 /2017, S. 40–45.

BASIC 14
Außenwirtschaft und Währung
Überschüsse/Defizite, Wechselkurse, innere Abwertungen: Wie beeinflussen sie die sozioökonomische Entwicklung? Mit einem Anhang zum Euro: Ist er Kitt oder Dynamit?

Zur Lage der EU im Allgemeinen …

In den langen Phasen der Stagnation tritt die ökonomische Krise in den Mitgliedsländern der Europäischen Union für Betroffene und jeden, der es sehen will, deutlich in Erscheinung, so beispielsweise

- in Gestalt millionenfacher *Arbeitslosigkeiten*, insbesondere erschreckend hoher Jugendarbeitslosigkeit (zeitweise zwischen 7,5 % in Deutschland und 49,8 % in Griechenland, durchschnittlich 20,3 %[1]),
- in *prekären und befristeten Beschäftigungen* (eine Million Leiharbeiter 2015 in Deutschland, 45 % der Neueinstellungen werden befristet),
- in der zunehmenden *Verarmung* weiter Bevölkerungskreise,[2] insbesondere von Kindern,[3] in laufender Zunahme von Beschäftigten, die von ihren Entgelten nicht leben können, bei gleichzeitig wachsendem Reichtum eines anderen, entschieden kleineren Teils der Bevölkerung,[4]
- in Gestalt des privaten und öffentlichen *Investitionsmangels*, insbesondere in Innovation, Bildung und Infrastruktur,
- in wachsenden privaten und öffentlichen *Verschuldungen*.

Aufgrund ihrer über weite Strecken geglätteten, von Stagnation geprägten Erscheinung ist die Krise allerdings ein Zustand, der von vielen Bessergestellten (»den Eliten«) nicht wahrgenommen wird; sie erleben sie nicht, denn sie leben in ihrer eigenen, schönen Welt, so wie die Schlechtergestellten abgekapselt in den ihrigen, heruntergekommenen Hartz IV-Welten. In ihrem Leben erkennen die Bessergestellten daher kaum noch, dass eine Gesellschaft scheitert, wenn sie einem großen Teil ihrer Mitglieder sowie unter Umständen sogar der Mehrheit ihrer Jugend die Chancen sinnerfüllter und auskömmlicher Arbeit vorenthält. Erst recht wird übersehen, wie gefährdet eine hoch entwickelte, hoch produktive Gesellschaft ist, in der Arbeit nicht vor Armut schützt, in der Wohnen arm macht[5], die Armutsgefährdungsquote seit 1973 langsam, aber beständig zunimmt[6], so dass die privaten Nahrungsmittelabgaben der »Tafeln« z. B. zeitweilig ihre Vergabe nach Staatsangehörigkeit zu regulieren sich gezwungen sehen. Nur zu gerne wird schließlich übersehen, dass weltweit wieder wirtschaftliche Ungleichheiten wie im Jahre 1913 unmittelbar vor Ausbruch des großen, globalen Krieges zu verzeichnen sind.

Im Ergebnis spaltet sich die Gesellschaft weiter auf; sie wird weniger zu einer post- als zu einer doppelfaktischen, zu einer klassischen Parallelwelt. Mitunter treten die Spannungen durch erste, plötzliche Eruptionen unvermittelt zutage wie im Brexit-Votum und anderen, für viele überraschenden, verstörenden Wahlergebnissen, nationalen Abschottungsbestrebungen und mancherlei mehr.

... und zur Krise des Euro im Besonderen

Speziell in den Euroländern fallen in den Jahren nach 2009 mehrere Krisenfaktoren zusammen, namentlich

- eine gewöhnliche deflatorische oder Nachfragemangelkrise (→*Basic 12*),
- eine daraus abgeleitete, private und öffentliche Investitions- und Verschuldungskrise mit nachfolgender Banken- und allgemeiner Verteilungskrise (→*Basics 1–4, 13, 15, 17*) sowie
- eine internationale Wettbewerbs- und Leistungsbilanzkrise, d. h. eine Außenwirtschaftskrise in Gestalt hoher Überschüsse bei einigen Ländern sowie entsprechend hoher Defizite bei anderen.

Der zuletzt genannte Faktor ist entscheidend für den besonderen Charakter der Krisen, denen die Mitglieder der Eurozone seit 2009 ausgesetzt sind und die weder als nationale noch als globale, sondern als Eurokrisen zu verzeichnen sind.

Betrachten wir den Krisenfaktor »Außenwirtschaft« deshalb näher, und zwar zusammen mit dem Euro. Eine gemeinsame Betrachtung bietet sich an, weil der Euro seinen Mitgliedsstaaten feste, unabänderliche Wechselkurse bringt; wie alsbald zu erkennen sein wird, können feste Wechselkurse aber nur bei annähernd ausgeglichenem Außenhandel dauerhaft bestehen. Euro und Außenwirtschaft sind deshalb auf das Engste miteinander verbunden.

Der Wechselkurs als automatischer Stabilisator

Eine Währungsunion – und sei es auch nur eine unvollkommene wie die der Euroländer[7] – kann nur gelingen, wenn die teilnehmenden Länder die Entwicklung ihrer *Lohnstückkosten und Preise synchronisieren.* Eine gegenseitige zeitliche und sachliche Abstimmung ist zwingend notwendig, weil mit den Wechselkursen in der Währungsunion genau jenes Instrument abgeschafft ist, welches mit Hilfe von Auf- und Abwertungen dafür sorgt, dass auseinandergelaufene nationale Löhne und Preise im Austausch zwischen den Nationen wieder ausgeglichen werden.

Wenn – zum Beispiel – Deutschland im Zuge seiner Agenda 2010 seine Lohnstückkosten erheblich senkt, während in Griechenland beispielsweise relativ hohe Lohnzuwächse durchgesetzt werden, dann werden deutsche Waren für Griechen billiger und griechische Waren für Deutsche teurer. Infolgedessen werden deutsche Waren von Griechen vermehrt, griechische Waren von Deutschen nur noch vermindert gekauft (deutsche Touristen in Griechenland wirken wie griechische Exporte nach Deutschland). Demgemäß nehmen die deutschen Exporte nach Griechenland zu, griechische Exporte nach Deutschland ab. Ebenso die Beschäftigung: Sie nimmt in Deutschland zu und in Griechenland ab. Kurz:

In Deutschland:
Löhne ↘, Preise ↘, Exporte ↗, Importe ↘, Produktion/Beschäftigung ↗.
In Griechenland:
Löhne ↗, Preise ↗, Exporte ↘, Importe ↗, Produktion/Beschäftigung ↘.
Kurz: *Der Warenexport gibt Arbeit, der Import nimmt sie.*[8]
Entscheidend sind die Überschüsse bzw. Defizite:
Den überschüssigen Teil des Warenaustauschs erhält Griechenland ohne eigene Arbeit, sprich arbeitslos.
Wer Waren arbeitslos bekommt, bekommt Arbeitslose:
Der überschüssige Teil fördert *Arbeitslosigkeit* in Griechenland und zerstört *produktive Kapazitäten* des Landes.
Außerdem müssen die Überschüsse bzw. Defizite *finanziert* werden, d. h. Deutschland muss Kredite ver*geben*, Griechenland muss Kredite auf*nehmen*, das Verhältnis der Länder sinkt ab *von Ebenbürtigkeit auf Gläubiger-Schuldner-Niveau.*[9]

Solch brisante, spiegelbildlich streng gegenläufige Entwicklungen konnten jedoch bis zur Einführung einer gemeinsamen Währung durch Aufwertung der D-Mark und/oder Abwertung der Drachme eingefangen werden, sodass die Handelsbilanzen der beiden Länder trotz asynchroner, auseinanderlaufender Lohn- und Preisentwicklung auf Dauer ausgeglichen wurden.

Eine Aufwertung der D-Mark nämlich verteuert die deutschen Waren für die Griechen, während sie griechischen Waren für Deutsche billiger macht. D. h. die Aufwertung der D-Mark gleicht die Preissenkung deutscher Waren in Griechenland genauso wieder aus wie die Preiserhöhung griechischer Waren in Deutschland: Aus Preise ↗ wird Preise → mit der Folge, dass Exporte, Importe und Beschäftigung bleiben können, wo sie waren: →. (Eine Abwertung der Drachme wirkt entsprechend, d.h. sie gleicht die Preissteigerung griechischer Waren in Deutschland wieder aus: →.)

Im Ergebnis können die Handelsungleichgewichte wieder ausgeglichen werden, sodass das in Paragraf 1 Stabilitätsgesetz vorgegebene Ziel eines »außenwirtschaftlichen Gleichgewichts« auch bei asynchroner Entwicklung erreichbar bleibt.[10] Übrigens – das wird regelmäßig übersehen – verlangt sogar das Grundgesetz in Artikel 109 Absatz 2, 2. Halbsatz staatliche Anstrengungen zur Sicherung des gesamtwirtschaftlichen Gleichgewichts.[11] Der Wechselkurs ist dafür ein gutes Instrument; er wirkt als automatischer Stabilisator.[12]

Das Ende der Wechselkurse und seine Folgen

In einer Währungsunion sind derartige Anpassungen jedoch nicht mehr möglich, weil die gemeinsame Währung Wechselkursanpassungen ausschließt. Ohne Wechselkursanpassungen aber führen die unterschiedlichen nationalen Lohn- und Preisentwicklungen im Laufe der Zeit zu erheblichen Überschüssen und Defiziten in den Leistungsbilanzen. Dabei gilt in jeder Abrechnungsperiode, sprich in jedem Jahr:

Leistungsbilanzüberschüsse = Leistungsbilanzdefizite,
die Überschüsse des einen sind die Defizite des anderen.[13]

Eine dauerhaft ungleichgewichtige Entwicklung ist *für beide Seiten von Übel*: Das Defizitland verschuldet sich immer mehr, verliert beständig an Produktionskraft und wird auf Dauer zahlungs-, folglich handlungsunfähig (→*Basic 4*), während das Überschussland Waren an einen absehbar Zahlungsunfähigen liefert, also Waren insoweit letztlich verschenkt: »Geliefert, aber nie bezahlt« bzw. »geliefert, aber mit letztlich faulem Kredit bezahlt«, müsste es heißen.

Zwar haben die deutschen Unternehmen, welche die Handelsüberschüsse geliefert haben, ihre Lieferungen vertragsgemäß mit gutem Geld vergütet bekommen – für sie war der Außenhandel ein Geschäft. Wirklich bezahlt wird das Geschäft indes ein paar Jahre später, nämlich dann, wenn die andauernde Verschuldung in den Defizitländern plötzlich, wie zuvor erörtert[14], als Überschuldung wahrgenommen wird und die nicht mehr bedienbaren Kredite aus öffentlichen Haushaltsmitteln ausgelöst werden müssen. (Die deutschen Lieferanten werden zu diesen Mitteln übrigens nur einen kleinen Teil beisteuern, also auch nur geringfügig nachträglich belastet, denn sie, die Exporteure, gehören nicht zu den vornehmlichen Steuerlastträger, wie bereits dargestellt: →*Basics 5–11*).

Hans-Werner Sinn bringt es trefflich auf eine kurze Formel: »Wir haben ihnen Porsche geliefert, und sie haben uns mit Lehman-Zertifikaten bezahlt.«[15] Dabei hat schon Walter Eucken festgestellt: *»Jeder Export, der nicht die Einfuhr mindestens gleichwertiger Güter ermöglicht, schädigt die Güterversorgung.«*[16] Die Sache ist banal: *Wenn mehr rausgeht als reinkommt, wird's drinnen weniger.*

Diese güter- bzw. realwirtschaftliche Betrachtung ist in Hinblick auf den allgemeinen »Wohlstand der Nationen« (Adam Smith) die alleinentscheidende. Sie ist logische Konsequenz der Grunddefinition des Wirtschaftens überhaupt als eines rationellen Einsatzes begrenzt verfügbarer Mittel (letztlich Arbeit und Natur) zur bestmöglichen Befriedigung menschlicher Bedürfnisse durch die Erstellung von Gütern und Leistungen. Forderungen bzw. Geld erfüllen diese Aufgabe nicht; »Geld kann man nicht essen«, wie es in einer den Cree-Indianern angedichteten Weisheit heißt. Demgemäß gilt es festzuhalten, *dass man nur konsumieren kann, was man a) für das Inland produziert sowie b) ins Land importiert.* (Bezahlt wird dieser Konsum mit den Erlösen aus der Produktion a) für das Inland und b) für das Ausland, sprich dem Export.[17])

Dass Walter Eucken sich zu seiner banalen Feststellung genötigt sieht, liegt an dem auch von ihm beklagten, elenden Zustand der ökonomischen Wissenschaft, liegt daran, dass »die wesentlichen konkreten Fragen nicht in ihrem Blickfeld liegen.«[18] In diesem vernichtenden Urteil ist sich der Begründer des Ordo-Liberalismus mit seinem Widerpart, dem großen Keynes, einig; Keynes kritisierte am Ende des Vorworts zur deutschen Ausgabe seiner Allgemeinen Theorie bekanntlich nichts weniger als »Deutschlands wirtschaftlichen Agnostizismus«, seine Unbelehrbarkeit – und benannte mit dem wirtschaftlichem Agnostizismus eine nationale Konstante.[19] Das jedoch nur am Rande (mehr dazu →*Exkurs 17*).

Aus Euckens banaler Feststellung folgt ebenso banal: A*uf Zeiten, in denen aus Deutschland mehr rausgeht als reinkommt, müssen Zeiten folgen, in denen* *mehr reinkommt als rausgeht.* Denn sonst lohnt sich der Handel güterwirtschaftlich nicht – Deutschland verliert und das Ausland gewinnt sonst ständig Güterwerte. Erschwerend kommt hinzu, dass der Gütergewinn des Auslands die dortige Produktion und Beschäftigung, sprich: die dortigen produktiven Kapazitäten verkleinert. *Beide Seiten verlieren also, wenn es nicht zu gegebener Zeit zu einer Schubumkehr kommt.*

Bedingungen für eine Umkehr der Außenhandelsverhältnisse in Euroländern

Damit es *ohne Wechselkursanpassungen* zu dieser Umkehr kommt, müssen zwei Bedingungen erfüllt sein:

- Deutschland muss bereit sein, jahrelang Außenhandels-*Defizite* hinzunehmen,
- seine Handelspartner müssen fähig sein, zu gegebener Zeit jahrelang Außenhandels-*Überschüsse* zu erwirtschaften.

Beide Bedingungen, die zudem noch fest miteinander verknüpft sind, sind jedoch keineswegs banal. Denn sie sind fast unerfüllbar:

- Deutsche Exporteure und deutsche Gewerkschaften werden die deutschen Überschüsse gemeinsam mit Händen und Füßen verteidigen – die einen der Gewinne aus den Exportgeschäften wegen, die anderen wegen der Arbeitsplätze und der überdurchschnittlich hohen Löhne in der exportorientierten Wirtschaft. Dass beide, um die *Im*porte zu fördern, sich sogar im Inland zurückhalten (am besten mit der wohlwollenden, wirtschaftspolitischen Unterstützung einer Bundesregierung, die dafür erhöhte Arbeitslosigkeit in Kauf nimmt) – das ist arg viel verlangt, um nicht zu sagen: Das ist fantasievoll. VW soll den eigenen Absatz im In- und Ausland zurückfahren, namentlich qua Verteuerung erschweren, um den von Fiat und General Motors zu fördern? Mit Auf- und Abwertungen dagegen geht's wie von »unsichtbarer Hand«: Der Golf wird gleichsam automatisch teurer, Fiat Pandas und Chevrolets billiger. Das funktioniert.[20]
- Nicht weniger wahrscheinlich ist, dass die bisherigen Defizitländer jene Waren der Art, der Menge, der Qualität und der Beschaffenheit nach zu liefern imstande sein werden, die es ihnen gestatten, nunmehr die Überschussposition einzunehmen und den bisherigen Außenhandels-Überschüssler zum Außenhandels-Defizitler zu wandeln. Schließlich ist die Wirtschaft der bisherigen Defizitländer im Gefolge der vorangegangenen

jahrelangen, voluminösen Importüberschüsse laufend geschwächt worden: Importe mindern, wie gesagt, nicht nur die Beschäftigung, sondern auch die Produktion und die produktiven Kapazitäten im Importland: Importüberschüsse ↗, produktive Fähigkeiten ↘, wie gesagt.

Unversehens wurden mit den obigen Bedingungen übrigens schon entscheidende Elemente der inneren Umwertung beschrieben. Darauf wird noch zurückzukommen sein. Hier soll der Augenmerk jedoch zunächst lediglich darauf gerichtet werden, dass die wirtschaftliche Entwicklung mit bzw. nach Auf- und Abwertungen gleichsam wie von selbst in Richtung Handelsausgleich strebt.[21] Weil Auf- und Abwertungen jedoch im Eurosystem ausgeschlossen sind, wird die Entwicklung deshalb darauf hinauslaufen, dass Deutschland dank seiner ständigen Exportüberschüsse *dauerhaft weniger zu konsumieren hat, die Defizitländer dagegen dauerhaft weniger produzieren und produktive Kapazitäten verlieren* – das Gegenteil einer Win-Win-Situation. In seinem Artikel »Export macht auch Deutsche ärmer« quantifiziert Stefan Kaufmann die Verluste, die deutsche Haushalte aus derlei Geschäften trotz hoher Wirtschaftsleistung erleiden.[22]

Die stille, buchhalterische Lösung: Abschreibungen wegen erwiesener Uneinbringlichkeit

Die Lösung erfolgt in der Buchführung, und zwar still und unbemerkt. Dementsprechend verschwinden derzeit eine Billion Euro aus der deutschen Vermögensbilanz, ohne dass jemand Notiz davon nimmt. Man erkennt den Schwund nur, wenn man zwei Statistiken miteinander vergleicht: die Statistik der deutschen Exportüberschüsse und die Statistik der deutschen Auslandsvermögen. Während sich die Exportüberschüsse seit 1999 auf 2,654 Billionen Euro aufaddiert haben, liegt das Netto-Auslandsvermögen um mehr als eine Billion unter diesem Wert.[23]

Warum? Dafür gibt es mehrere Gründe, einer davon lautet: Weil sich Forderungen gegen die ausländischen Kreditnehmer als faul erwiesen haben und ausgetragen (»abgeschrieben«) werden mussten. Da diese Werte jedoch eh nur als Zahlen auf entlegenen Papieren/Dateien erscheinen, bleibt die partielle Entwertung unbemerkt. Sie berührt den Kontostand, nicht das Leben. Dieser aus dem Privatbereich bereits bekannte Sachverhalt (→*Basic 2*) gilt offensichtlich auch im Außenwirtschaftsgeschäft. Jedenfalls beschreiben die schönen Zahlen auf den Außenwirtschaftskonten nicht nur deutsche Guthaben, sondern auch noch anstehende »Abschreibungen wg. erwiesener Uneinbringlichkeit«, wie es in der nüchternen Sprache der Buchhalter und ihrer Kontenpläne heißt.[24]

Halten wir fest, dass ein erheblicher Teil der deutschen Überschüsse also gerade nicht »im sicheren Hafen« Deutschland aufbewahrt und angelegt wird, sondern in diversen ausländischen, oft ziemlich unsicheren. Das reduziert relative Sicherheit auf Hoffnung, nämlich auf die Hoffnung, dass man die Überschüsse irgendwann zurückholen kann im Zuge langanhaltender und umfangreicher *Einfuhr*-Überschüsse.

Diese Politik ähnelt der *Vorsorge der Eichhörnchen:* Nüsse sammeln und vergraben, um sie im Winter zu suchen und wieder auszugraben – viele bleiben unauffindbar im Boden. Die Eichhörnchen merken das vermutlich nicht, weil die verlorenen Nüsse unsichtbar in der Erde vergraben sind und dort allmählich verrotten. Die deutschen Exportüberschuss-Weltmeister merken es wohl deshalb nicht, weil die verlorenen Erlöse in den Statistiken vergraben sind, wo sie zu gegebener Zeit von Buchhaltern per Abschreibung ausgebucht werden. Generell dürfte es nicht sonderlich klug sein, weiterhin Gläubiger zu werden, wenn sich alle Welt ringsum an eine neue Überschuldung heranarbeitet.[25]

Und das ist noch nicht alles: Zusätzlich zum verliehenen Geld verliert Deutschland, das Gläubigerland, auch den Absatzmarkt seines defizitären Schuldners.[26] Denn mit seinen dauernd überschießenden Waren und Leistungen exportiert Deutschland – und das wird sehr wohl schmerzlich, ja verbittert wahrgenommen – ja nicht nur Waren, sondern auch Arbeitslosigkeit in beschenkte Defizitländer wie Griechenland. Dadurch gerät der jeweilige, eh schon defizitäre Handels-»partner« in noch größere Schwierigkeiten, während das deutsche Überschussland seine eigenen Arbeitskräfte mit der Herstellung von Geschenken für fremde Länder mit defizitären Leistungssalden künstlich in Arbeit hält. Das ist, um bis auf PAUL A. SAMUELSON, den authentischen Keynesianer der ersten Generation, zurückzugehen, klassische »beggar-my-neigbour-policy«[27]. Das Geschenk erweist sich – Ironie der Geschichte – als ein Danaer-Geschenk.[28] Allerdings nicht einmal als ein klassisches, denn dieses Danaer-Geschenk schädigt nicht nur die Beschenkten, sondern auch die Schenkenden selber.

Wachstum und Ausmaß des außenwirtschaftlichen Ungleichgewichts

Plötzlich in Erscheinung trat die Eurokrise in dem Moment, in dem »Griechenland sein Außenhandels- und Staatsdefizit nicht länger finanzieren konnte – beziehungsweise, konkreter gesagt, dadurch, dass die Gläubiger ihre Kredite an Griechenland nicht verlängern wollten.«[29] In Erscheinung trat die Krise also, mit anderen Worten, völlig regelgerecht[30], nämlich plötzlich und unerwartet.

Im Laufe der Zeit bringt eine derartige Entwicklung jede Währungsunion nicht nur in wachsende wirtschaftliche Schwierigkeiten, sondern auch in zunehmende politische Turbulenzen. Und die Partnerländer bringt sie gegeneinander in Stellung.[31] Wolfgang Streeck bereits im Jahre 2012: »So wird sich die zukünftige Innenpolitik der EWU [d. h. der Europäischen Wirtschaftsunion –AS] im Wesentlichen um die Achse Geld gegen Kontrolle drehen und dabei vielfältige Möglichkeiten für nationalistisch-demagogische Mobilisierung auf allen beteiligten Seiten eröffnen.« Im Ergebnis hat der Euro »Europa nicht geeinigt, sondern eher gespalten. Die neuen Spaltungslinien verlaufen zwischen Mitgliedern und Nichtmitgliedern der EWU; innerhalb der EWU zwischen traditionellen Hart- und Weichwährungsländern; sowie innerhalb der Mitgliedsländer zwischen Gegnern und Befürwortern der EWU.« Sowie zwischen Gläubigern und Schuldnern, einem seit jeher hochbrisanten, alles andere als partnerschaftlichem Verhältnis. Obendrein haben überall »›anti-europäische‹ Parteien, oft auch als Sammelbecken für xenophobe oder rechtsradikale Strömungen, in vorher unvorstellbarem Ausmaße an Stärke gewonnen.«[32]

Geschwindigkeit und Ausmaß, in dem sich die deutschen Leistungsbilanzüberschüsse seit Einführung des Euro angehäuft haben, zeigt die nachfolgende Abbildung 18.

Leistungsbilanzsaldo Deutschlands seit Einführung des Euro,
in Prozent des Bruttoinlandproduktes

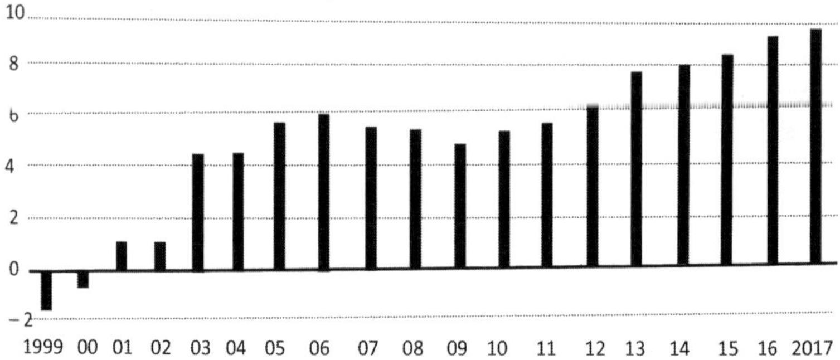

Solange ein wirtschaftlich so bedeutendes Land wie Deutschland sich seiner Verantwortung im internationalen Handels- und Währungssystem entziehen kann, bleibt der internationale Handel ein Element der Krise.

Quellen: Deutsche Bundesbank, Commerzbank Research, 2017: IFO-Insitut

Abb. 18: Leistungsbilanzsaldo Deutschlands

Der Wert des letzten dargestellten Jahres, rund neun Prozent des Bruttoinlandsprodukts, entspricht circa 290 Mrd. Euro an entgangenen Waren und Dienstleistungen. Das ist der absolut und relativ höchste Überschuss weltweit, er übertrifft sogar denjenigen, den die 1,3 Milliarden Chinesen erwirtschaften. China ist Weltmeister der Exporte, Deutschland ist Weltmeister der Export*überschüsse.* Während der erste Titel eine enorme ökonomische Leistung benennt, ist der zweite mit unlauteren Mitteln erworben, nämlich mit Hilfe des beschriebenen Euro-Schutzschildes, der Deutschland vor der an sich gebotenen Aufwertung bewahrt; für alle Beteiligten ist er mit schädlichen Effekten verbunden.

In diesem Punkt hat sogar ein Donald Trump Recht. Seine »Motive […] sind ebenso falsch wie seine Mittel […] Das ändert aber nichts daran, dass es […] prinzipiell richtig ist, Druck […] auf Berlin auszuüben […] Die Ungleichgewichte im Warenaustausch der USA mit […] Deutschland sind mittlerweile so gewaltig, dass sie die Stabilität des Weltwirtschaftssystems bedrohen. Das haben […] Deutsche in Dutzenden Gipfel-Kommuniqués selbst unterschrieben, ohne je Konsequenzen daraus zu ziehen.«[33] Auch Ökonomen wie Maurice Obstfeld, der Chefvolkswirt des IWF, bescheinigen der Bundesregierung, mit ihren Exportüberschüssen erheblich zum wachsenden Protektionismus beizutragen.[34]

Am Rande vermerkt: Die andauernden deutschen Überschüsse verzerren auch die inländische Produktions- und Preisstruktur: Die deutsche Exportwirtschaft wird zu groß, die Importwirtschaft zu klein; eine wohlstandsmindernde Ressourcenfehlallokation mit entsprechenden Verzerrungen der relativen inländischen Preise (übermäßige Exportorientierung, d. h. übermäßige Produktion von übermäßig günstigen Exportgütern zu Lasten von Inlandsgütern, die sich deshalb relativ verteuern, zusammen mit einer eingeschränkten Versorgung mit günstigen Importgütern) ist die Folge. Damit schließt sich der Kreis zu WALTER EUCKEN und seiner einleitenden, grundlegenden Feststellung, dass jeder Güterexport, der nicht durch die Einfuhr gleichwertiger Güter ausgeglichen wird, den Wohlstand im Inland schädigt.

Folgen

Als Großmeister der Überschüsse ist Deutschland dabei, hinter der *wechselkursfesten Schutzmauer des Euro* seine Europartner wenn nicht gleich in Grund und Boden zu konkurrieren, so doch erheblich zu beeinträchtigen: Wohin sie sich auch begeben, und seien sie schnell wie die Hasen, der deutsche Igel ist ihnen immer voraus. Und das nicht, weil er unbedingt schneller ist. Sondern bloß billiger, und zwar wechselkursbedingt. Wenn die Qualität stimmt, kauft alle Welt gerne billig ein: Als eine Art unterbewertete D-Mark bringt der Euro *der deutschen Exportwirtschaft*, kurzfristig betrachtet, einen unschlagbaren währungstechnischen Vorteil, und zwar sowohl innerhalb als auch außerhalb des Euroraumes.[35] *Das ist ein permanentes, schrilles, aber stilles »Deutschland zuerst!«* Für die große Mehrheit der einheimischen Bevölkerung ist dieser Vorteil allerdings von Nachteil:

- Waren gehen ins Ausland (jedenfalls mehr, als reinkommen),
- Gewinne gehen ins Ausland (weil sich die deutsche Exportwirtschaft überwiegend in ausländischem Eigentum befindet[36]),
- im bzw. dem Land bleibt die Arbeit (sowie eine unterbewertete Währung, folglich auch eine geminderte Kaufkraft).

Im Ergebnis lebt die Mehrheit der deutschen Bevölkerung *unter* ihren ökonomischen Verhältnissen. Zugleich zieht speziell die im Lande durch Exportüberschüsse gesicherte bzw. geschaffene Arbeit konkurrierende Arbeitssuchende aus aller Herren Länder an (sowie, logischerweise, aus ihren Herkunftsstaaten ab, und zwar die besonders Aktiven, Flexiblen, Tatkräftigen, Jungen, vorwiegend männlichen Geschlechts).

Dieser Prozess schafft erhebliche Probleme hier wie dort, in Deutschland wie in den Herkunftsländern, zumal sich die neue inländische Konkurrenz nicht auf Arbeitsplätze (dabei übrigens vornehmlich auf solche mit eher geringen Qualifikationsprofilen) beschränkt, sondern auch Wohnungen, Verkehr, Schule, Ausbildung, Sprache, Kultur, Religion, Lebensauffassung, Menschenbild und manches mehr umfasst. *Vielerorts wird's nicht nur sehr bunt, sondern auch sehr eng.*

Allerdings wird es bevorzugt am langen, unteren Ende der Einkommens- und Vermögensskala merklich enger. Die einheimischen »Eliten« merken das nicht, denn sie leben in ihrer eigenen, abgeschirmten Welt; die »Entscheidungsträger« am steilen, anderen Skalenende notieren gegebenenfalls erfreut einen Anstieg ihrer Mieteinnahmen sowie eine stellenweise gebremste Lohnentwicklung infolge zusätzlicher, zudem kaum organisierter, zugewanderter Arbeitskräfte.

Der gebremste Lohnanstieg seinerseits fördert sodann der Tendenz nach selbst wieder eine seiner eigenen Ursachen, die deutschen Exportüberschüsse. Im Ergebnis werden Folgen zu Ursachen, die ihrerseits neue Ursachen als Folgen produzieren: Man kann zusehen, wie sich ein neuer, regelrechter kumulativer, zerstörerischer Rückkopplungseffekt herauszubilden beginnt. (Mehr zu kumulativen Rückkopplungen im nachfolgenden →*Basic 15*, mehr zum Arbeitskräfte-Import in →*Abschnitt D*.)

Dass die deutschen Exportüberschüsse außerdem den Boden für Handelskonflikte mit potenten Wirtschaftspartnern bereiten, liegt in der Natur der Sache; Donald Trump jedenfalls hat die Herausforderung dankend angenommen und das Kriegsbeil ausgegraben: »Wenn ein Land viele Milliarden Dollar im Handel mit quasi jedem Land verliert, mit dem es Geschäfte macht, sind Handelskriege gut sowie einfach zu gewinnen«.[37] EU-Ratspräsident Donald Tusk sieht sich genötigt, mit eindringlichen Worten warnend daran zu erinnern, dass Handelskriege sich schon »oft in der Geschichte in heiße Konfliktherde verwandelt haben«[38]. Der Euro ist eher wohl doch *kein* Friedensprojekt.

Um es nochmals hervorzuheben: Der Einwand, die deutschen Überschüsse seien nicht ausschließlich in der Eurozone erzielt worden, trifft zu. Dennoch schwächen auch die außerhalb der Eurozone erzielten deutschen Überschüsse die globalen Exportmöglichkeiten seiner Euro- bzw. EU-Partner. Denn wer verschuldet ist, z. B. gegenüber Deutschland, kann seine Auslandsverbindlichkeiten nur durch Exportüberschüsse abbauen. Genau diesen Ausweg aber versperrt ihnen ihr deutscher EU-Partner. Auch deshalb, so JOSEPH STIGLITZ, »können Überschussländer – und insbesondere Deutschland – sogar als die eigentlichen Verursacher der Haushalts- und Außenhandelsdefizite und der langfristig untragbaren Kreditausweitung in anderen Ländern der Eurozone angesehen werden.«[39]

HARTMUT ELSENHANS ergänzt: »Die deutsche Austeritätspolitik hat das europäische Projekt massiv gefährdet. Sie hat in den betroffenen Staaten zu massiver Staatsverschuldung, dem Abbau von Arbeitsrechten und sozialen Sicherungssystemen, zu Jugendarbeitslosigkeit geführt, und nicht zuletzt eine populistische Destabilisierung der Politik befeuert[…] Deutschland hat die Länder des südlichen Europas instrumentalisiert und zu einer ausgebeuteten Peripherie gemacht, die der deutschen Exportindustrie zuarbeitet. Es entsteht eine gespaltene EU zwischen hochproduktivem Exportweltmeister und stagnierendem EU-Süden. Kein konservativer Wirtschaftswissenschaftler bestreitet ernsthaft, dass permanente deutsche Exportüberschüsse zur Aufwertung, und damit zur Verteuerung deutscher Arbeitskräfte auf dem Weltarbeitsmarkt führen müssten.«[40]

Betrachten wir Italien z. B. beim Eintritt in die Eurozone, so lag Italiens Pro-Kopf-Einkommen bei 92 % des deutschen Niveaus, 2018 ist es dann auf 72 % gesunken. Die Begeisterung der wählenden Italiener für EU und Euro hält sich deshalb in zunehmend enger werdenden Grenzen. Und überhaupt: Während sich die großen Vier bis zur Einführung des Euro im Jahre 1999 weitgehend im Gleichschritt entwickelt hatten, geht die Entwicklung seitdem deutlich auseinander; Italien ist auf dem Abstellgleis gelandet (s. Abb. 19); gemäß Eurostat weist es Ende 2017 folgende Daten auf: Arbeitslosigkeit 11,6 %, Jugendarbeitslosigkeit 34,7 %, Unterbeschäftigung 26,7 %.

Wirtschaftsentwicklung der vier größten EU-Staaten vor und nach der Einführung des Euro im Jahre 1999 [41]

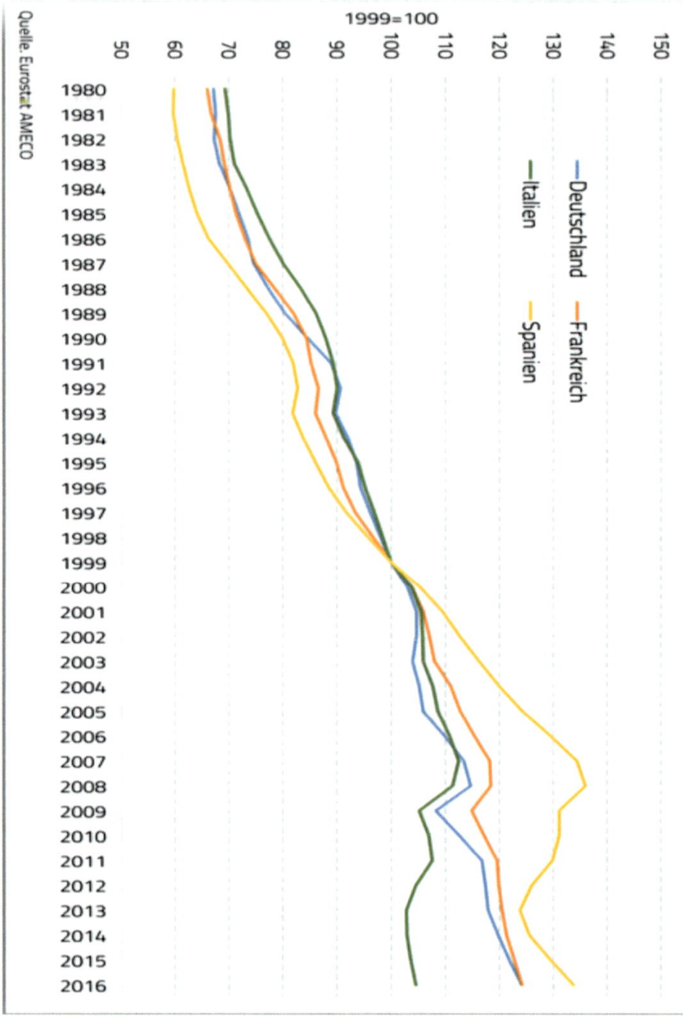

Abb. 19: Wirtschaftsentwicklung der vier größten EU-Staaten

Die nachfolgende Tabelle zeigt die Entwicklung der Euro-Zone im internationalen Vergleich. Hier ist es die Euro-Zone, die Italiens Rolle als Trägerin der roten Laterne übernommen hat.

Währungszone	***2008***	***2012***	***2016***
USA	100	102	112
UK	100	98	108
Japan	100	102	106
Euro-Zone	100	96	100

Abb. 20: Entwicklung der Binnennachfrage in ausgewählten Währungszonen

Quelle: Eurostat/AMECO, nach Jörg Bibow/Heiner Flassbeck, Das Euro-Desaster, in: Makroskop, 5.3.2018.

Innere Umwertungen als Ersatzlösung?

Unterbleibt die zwingend notwendige Synchronisation der Lohn- und Preisentwicklung zwischen den Mitgliedern einer Währungsunion, so könnten die verschwundenen Möglichkeiten zu Währungsauf- bzw. -abwertung durch sogenannte *innere Auf- und Abwertungen* ersetzt werden, soll heißen: durch Erhöhungen bzw. Absenkungen der Lohnstückkosten und Preise in den Überschuss- bzw. Defizitländern. Theoretisch stellen innere Anpassungen eine vollwertige Alternative zur Anpassung durch Wechselkursänderungen dar.

Allerdings nur theoretisch. Denn praktisch müssten, wie eingangs bereits skizziert, die Unternehmer in den *Überschussländern* ihren Beschäftigten zu diesem Zweck jahrelang saftige Lohnerhöhungen gewähren sowie ihre Stellung auf den Weltmärkten durch Preiserhöhungen eigenhändig absichtsvoll schwächen – dazu werden die Unternehmer wohl kaum bereit sein; Gewerkschaften, die sie ersatzweise dazu zwingen wollten, geschweige denn zwingen könnten, sind weit und breit nicht in Sicht – schon aus Gründen des ureigenen Gewerkschaftsziels der Arbeitsplatzsicherung.[42] Und dass eine Regierung die Renten erhöht, damit die Rentner mehr Importwaren kaufen und dadurch zum Abbau der Leistungsbilanzüberschüsse beitragen können, ist ebenfalls noch nie beobachtet worden.

Der in Maastricht vereinbarte, extrasanfte Wert von sechs Prozent des BIP als maximal akzeptabler Leistungsbilanzüberschuss wird deshalb überschritten, ohne dass die deutsche Regierung irgendwie gegensteuert oder sich auch nur einer Schuld bewusst zeigt. Vielmehr gibt sie sich seit Jahren alle erdenkliche Mühe, das im Grundgesetz, Artikel 109, sowie im deutschen Stabilitätsgesetz, Paragraf 1 – immerhin beide geltendes Recht! –, vorgeschriebene Ziel des außenwirtschaftlichen Gleichgewichts zu *verfehlen*.

Stattdessen zeigt die Bundesregierung mit ausgestrecktem Zeigefinger auf die Defizitländer, die ihrerseits übrigens schon bei der Hälfte, nämlich schon bei drei Prozent gemaßregelt werden, und verlangt von ihnen mehr Anstrengungen zur Verbesserung ihrer »Wettbewerbsfähigkeit«. Dabei vergisst sie glatt, dass Überschüsse für alle schon aus Gründen der Logik ausgeschlossen sind, weil Überschüsse nun mal äquivalente, d. h. gleich große Defizite zur Voraussetzung haben: Überschüsse = Defizite. Exemplarisch für diesen Unverstand Wolfgang Schäuble als deutscher Finanzminister: »Das Problem ist die Schwäche der anderen Staaten, nicht die Stärke Deutschlands.«[43]

Noch unrealistischer ist die Erwartung, dass die Aufgaben jemals erledigt werden, welche die *Defizitländer* zum Zwecke der inneren Abwertung zu bewältigen haben, als da sind: kräftige Lohnkürzungen in Verbindung mit »anreizkompatiblem« Abbau von Sozialleistungen, längeren Arbeitszeiten sowie »Flexibilisierungen der Arbeitsverhältnisse«, sprich: Abbau von Arbeitsschutzrechten aller Art. Es ist eine Variante des schon aus →*Basic 14* bekannten, frivolen Konzeptes der kontraktiven oder auch absterbenden Belebung.

Solche »Roßkur aus Sozialabbau, Arbeitsmarktliberalisierung, Sparpolitik und gezielter Schwächung der Gewerkschaften [...] ist für jede Regierung, und sei sie noch so neoliberal, [...] ein Selbstmordprogramm gegenüber den Wählern«.[44] Den Griechen wurde sie von außen aufgezwungen, ihre Regierung wurde faktisch entmachtet (→*Basic 4*), der oktroyierte, austeritäre Weg aus der Krise (→*Basic 13*) wurde mit bislang achtjähriger Rezession besonders langwierig sowie mit Einkommenseinbußen von bis zu 40 % sowie dem Export großer Teile ihrer jungen Bildungselite extrem schmerzhaft (→*Basic 13, Anm. 26*).

Wie oft sich solch ein Vorgang wiederholen lässt, ist fraglich.[45] Denn all diese Vorgänge fördern bedrohliche nationalistische Tendenzen in allen betroffenen Ländern, von den »Echten Finnen« hoch im Norden bis zur »Goldenen Morgenröte« tief im Süden Eurolands. Martin Höpner: »Weder im Normal- noch im Krisenfall ist zu erwarten, dass die politischen Systeme der Euro-Teilnehmerländer jene Ergebnisse hervorbringen, die das feste Wechselkursregime erfordert.«[46]

Hinzu kommen die Probleme der inneren Abwertung im Detail: »Vielleicht sinken die Löhne nicht, die Lohnsenkungen führen vielleicht nicht zu sinkenden Preisen für Exportgüter – oder jedenfalls nicht in ausreichendem Maße; und die sinkenden Preise bewirken vielleicht keinen Anstieg der Exporte – jedenfalls keinen ausreichenden.«[47]

Außerdem der riesige Dienstleistungssektor – in Deutschland umfasst er rund zwei Drittel der Volkswirtschaft – mit seinen vielen ortsgebundenen, nicht international handelbaren Leistungen wie Pflegediensten aller Art, Handwerkern vom Installateur bis zum Friseur, dem Handel sowie dem gesamten Öffentliche Dienst: Was, wenn Nachfrage und Leistungserstellung in diesem Sektor schneller sinken, als der Import anzieht? Obendrein würde eine innere Abwertung, wenn sie denn funktionierte, »den Verschuldungsgrad, also das Verhältnis der Verbindlichkeiten von Haushalten, Unternehmen und auch der öffentlichen Hand zu ihrem (nominalen) Einkommen [...] erhöhen.«[48]

Joseph Stiglitz resümiert: »Marktmechanismen (innere Abwertung) sind kein angemessener Ersatz für den Verlust der Fähigkeit, Leitzinsen und Wechselkurse anzupassen«, daher kurz & bündig: »Innere Abwertungen funktionieren nicht.«[49]

Der Kern des Problems

Worin also besteht das Problem im Kern? Darin, dass eine supranationale Währung, der Euro, eingeführt wurde, ohne dass sich die Währungsteilnehmer zuvor auf jene gemeinsamen Institutionen geeinigt und diese mit den erforderlichen Mitteln ausgestattet hatten, die eine Gemeinschaftswährung zwingend erfordert – zumal für so außerordentlich heterogene Staaten wie die Euroländer. *Es fehlt,* mit anderen Worten, *die kompetente und potente demokratische Steuerungsinstanz auf europäischer Ebene, ausgestattet mit demokratischer Legitimation sowie mit übernationalem, nämlich europäischem Ziel.* Die Vorstellung, der Euro sei ein bloßes Appendix des EU-Binnenmarktes, ist genauso naiv wie die gegenteilige (gleichwohl oft gleichzeitig vertretene) Auffassung, der Euro stelle das Zentrum des europäischen Projektes dar.[50]

Nachträglich jedoch lässt sich das Fehlende kaum noch installieren, weil die Gemeinschaft inzwischen leidlich zerstritten ist. Es ist wie in der GmbH: Was im Gesellschaftsvertrag nicht geregelt wurde, lässt sich, wenn die Gesellschafter bereits miteinander zerstritten sind, kaum noch außergerichtlich nachträglich einbauen. Dumm nur, dass es für die Euroländer kein mit Vollzugskraft ausgestattetes Gericht gibt wie für die GmbHs.

Als Ersatz für die fällige Korrektur werden einzelne, schwächere Euro-Mitgliedsländer mehr oder weniger hart gemaßregelt sowie regelmäßig ziemlich erfolglos sanktioniert – Misserfolg wird konsolidiert, Streit breitet sich flächendeckend aus. Von »Durchregieren« keine Spur. Es gibt in der EU kein wirklich gemeinsames Handeln. Stattdessen vielstimmige Disharmonie, anschwellender Bocksgesang, immer mühsamer zu unterdrückende Kakophonie. Deshalb Joseph Stiglitz: »Die wirtschaftliche Integration sollte niemals der politischen Integration vorauseilen. Man sollte jedem misstrauen, der behauptet, der wirtschaftlichen Integration folge zwangsläufig die politische. Insbesondere sollte man jedem misstrauen, der eine Währungsunion vorschlägt, obwohl noch keine hinreichende politische Integration erreicht wurde.«[51] Inzwischen kann im Grunde jeder sehen, dass man den Wagen vors Pferd gespannt hat. Fraglich ist allenfalls, ob er auch sagt, was er sieht.[52]

Fragen der Reihenfolge können es in sich haben. Das bestätigen einem nicht zuletzt die Fallschirmspringer. Peinlich genau halten sie sich an die Schrittfolge: »Erst Fallschirm anschnallen, dann springen«. Wer die Reihenfolge umkehrt, wird mit dem Tode bestraft.

Der Einwand, unter den gegebenen Verhältnissen in der Europäischen Union sei es nicht möglich gewesen, vorab die erforderlichen Institutionen zu schaffen und sie mit den erforderlichen Einsichten, demokratischen Legitimationen und regulatorischen Kompetenzen namentlich zur Synchronisation von Löhnen und Preisen auszustatten, um auf diese Weise den Verlust an nationalen währungs- und zinspolitischen Instrumenten auszugleichen: Dieser Einwand trifft zu. Aber daraus folgt nicht, dass man in diesem Fall ruhig auch schon mal ohne Fallschirm springen sollte.

Sondern daraus folgt, dass die Zeit für eine Gemeinschaftswährung der Europäischen Union, und mag sie auch noch so heiß ersehnt sein, noch nicht gekommen ist. Es gibt keine europäische Identität, die auch nur annähernd mit derjenigen der US-Bürger vergleichbar ist; im Kampf um nationale Exportanteile und Arbeitsplätze verbünden sich, wie gesagt, die heimischen Unternehmer mit den heimischen Gewerkschaften gegen den Rest der Welt;[53] jede Nation handelt für sich – *Konkurrenz statt Gemeinschaft.* So wurde es in Maastricht, auf der Höhe der neoliberalen Welle, beschlossen, vertraglich fixiert sowie im Beistandsverbot ausdrücklich kodifiziert.

Dabei blieb unbeachtet, dass ein Mitglied einer Währungsunion ohne den Beistand der anderen aus eigener Kraft eine schwere Schuldenkrise nur extrem schwer überwinden kann, wenn ihm die Möglichkeiten von Wechselkursänderung, Währungsreform und Schuldenschnitt genommen sind: Wer nicht mehr über seine Währung entscheidet, kann im verflochtenen Euroland eine Krise kaum noch alleine durchstehen. Das nachgerade verfassungsrechtlich verankerte Beistandsverbot verlangt jedoch genau dies.

Dabei ist die Solidarität sogar *innerhalb der deutschen Landesgrenzen* schon immer prekär gewesen, und die Solidarität nimmt aktuell weiter ab: In Zeiten, in denen Regionen wie Bayern und das Saarland, Zuffenhausen und Eisenhüttenstadt, aber auch Untertürkheim und Wanne-Eickel immer weiter auseinanderdriften, *wird der deutsche Länderfinanzausgleich auf Betreiben sowie zum kurzsichtigen Vorteil der Nettoeinzahler weitgehend durch Bundeszuweisungen ersetzt.* Hierarchische Zuweisungen von oben ersetzen also einen ewig umstrittenen, konsensual zu koordinierenden Ausgleich unter Gleichrangigen. In den Euroländern aber soll und muss es in diesen Zeiten zunehmender regionaler Beschränktheiten sowie ohne eine vergleichbare Zentralmacht genau anders herum laufen? Wo, bitte, geht's zum Traumarchiv?[54]

Letztlich gilt: Die Euro-Teilnehmer sind (noch?) zu heterogen, zu national geprägt – wirtschaftlich und sozial, rechtlich und mental, verfassungsmäßig-institutionell, sprachlich-kulturell, geschichtlich-traditionell –, um sich vermittels einer gemeinsamen Währung ein Einheitsmodell von Wirtschaft und Gesellschaft über den Kopf stülpen zu lassen.

Noch nicht einmal die verbreitete, ebenso naheliegende wie hoch problematische, deshalb im Übrigen kaum je offen ausgesprochene, euro-nationalistische Perspektive, Europa besitze das Potenzial zur Weltmacht und müsse deshalb die Stelle besetzen, welche die ehemaligen europäischen Großmächte alleine nicht mehr ausfüllen können: nicht einmal diese selbst so problematische großnationalistische Sichtweise auf die europäische Einigung reicht aus, um das Gefäß der EU mit dem Geist einer europäischen Identität zu füllen und in Tagespolitik umzumünzen. Und *das* ist sogar erfreulich. Kurz: Die Europäer empfinden, denken und handeln über weite Strecken anders; ihre mannigfaltigen Unterschiede definieren divergierende Interessen. Sie führen Berge von Geschichte, Erfahrungen und Mentalitäten mit sich. Die lassen sich nicht einfach beiseiteschieben. Vielmehr reproduzieren sie sich durchaus beständig im Laufe der Zeit.

Wer zu spät kommt, den bestraft das Leben. Das wissen wir spätestens seit Michail Gorbatschow. Für diejenigen, die zu früh kommen, gilt jedoch dasselbe. Für die richtige Zeit hatten die alten Griechen ein eigenes Wort: kairós. Diese rechte, reife Zeit unterschieden sie streng von der laufenden Zeit, die sie »chrónos« nannten. Aber auch die Bibel betont die entscheidende

Bedeutung der reifen Zeit, wenn sie berichtet, wie sich dort kein Geringerer als JESUS, der Wundertätige, des Allmächtigen Sohn, zum Abwarten genötigt sah. Seiner Mutter Bitte, er möge Wasser in Wein wandeln, wies Er ziemlich ungnädig, wenn nicht gar unwirsch zurück: »Weib, meine Stunde ist noch nicht gekommen.«[55]

Doch zurück zum Euro und zur Ausgangsfrage.

One for all? Einheitsgröße und Formenvielfalt

Unter den Bedingungen des Euro enthält die Außenwirtschaft noch viele weitere Probleme. Ausdrücklich seien in Stichworten genannt: Ein einziger, gemeinsamer Wechselkurs gegenüber Drittländern, eine einzige Geldpolitik, ein einziger Zinssatz für alle gemäß dem Motto »One size fits all«, obwohl offensichtlich ist, dass die jeweilige Einheitsgröße tatsächlich niemandem passt – was auch immer als gewichteter und deshalb vermeintlich optimaler Durchschnittswert ermittelt wird, ist für Deutschland, zum Beispiel, zu niedrig bzw. zu hoch und für Griechenland, zum Beispiel, viel zu hoch bzw. viel zu niedrig.[56] Die notwendigen, aber nicht durchführbaren Abwertungen namentlich des griechischen und italienischen Euros führen dazu, dass dank der Geldpolitik der EZB stattdessen der Euro insgesamt gezielt unterbewertet wird (gerne um mehr als 20 %). Das verschiebt einen Teil der Probleme ins Globale.

Des Weiteren: Keine gemeinsame Finanz-, Steuer-, Sozial-, Renten-, Gesundheits- und Arbeitsmarktpolitik, um ein paar zu nennen. Gemeinsame Politik auf all diesen und weiteren Feldern aber ist von Nöten, wenn eine Währungsgemeinschaft funktionieren soll. Stattdessen: auseinandergehende Inflationsraten und Preisniveaus in den Mitgliedsländern,[57] schlichtweg inkompatible Sozialsysteme, und zwar quantitativ und qualitativ…

Sodann das Verhältnis von Euroland zum EU-Restland, den EU-Mitgliedern mit eigenen Währungen: voller ungelöster Probleme; derzeit stimmen auch die Nichteuroländer über Eurofragen ab. Ein Länderfinanzausgleich und die gemeinsame Haftung für die gemeinsame Währung? Vertraglich und politisch ausgeschlossen, genauso wie manches andere Unerlässliche auch.

Gelungen ist bisher fast ausschließlich eine »negative Integration« (FRITZ SCHARF): Handelsschranken wurden abgebaut, ebenso Grenzen, Zölle, Tarife, Sozialgesetze, Wechselkurse. Der Aufbau neuer, überstaatlicher, zumal demokratischer Strukturen ist demgegenüber meilenweit zurückgeblieben.

»Mehr Europa« bedeutet deshalb unter den gegebenen Verhältnissen lediglich mehr Kontrolle, Überwachung sowie im Falle Griechenlands: Gängelung und Unterwerfung (→*Basic 4, Anm. 12*). Dass das ganze Projekt dadurch zunehmend in Misskredit gerät, liegt auf der Hand.[58]

Fazit

Der Export schafft Beschäftigung, der Import nimmt sie. Zugleich nimmt der Export dem inländischen Konsum Waren weg, während der Import welche hinzugibt. Außenhandelsüberschüsse und -defizite können den Entwicklungslauf der heimischen Wirtschaft deshalb erheblich beeinflussen; inländische Konjunkturen und Krisen werden auch durch die unabhängige, weitgehend exogene wirtschaftliche Entwicklung der Außenhandelspartner sowie die internationalen Wirtschaftsentwicklungen bestimmt.[59] Die Wechselkurse stellen in diesem Zusammenhang einen entscheidenden Ausgleichsmechanismus; sie sind ein eingebauter Stabilisator.

Mit der Einführung des Euro wird dieser Stabilisator jedoch für die Euroländer ausgebaut und verschrottet. Weil namentlich die Wirtschafts- und Sozialpolitik der Eurozonenländer aber auf unabsehbare Zeit unabgestimmt, ja sogar, wie vertraglich ausdrücklich vereinbart, konkurrierend bleibt, müsste ein Regime der inneren Auf- und Abwertungen die abgeschafften Wechselkurse ersetzen.

Dieses Regime funktioniert jedoch nicht. Aus diesem Grund bleibt zu gegebener Zeit nur die Krise als Regelungsinstanz, d. h. Außenhandelsdefizite werden in der Eurozone dadurch beseitigt, dass Überschussländer ihre defizitären Europartnerländer in die Depression treiben; das senkt die Importe der Defizitländer, folglich auch deren Außenhandelsdefizite, in der Folge allerdings auch die Überschüsse der Überschussländer, die insoweit ihre Absatzmärkte einschließlich der verliehenen Kredite zumindest vorübergehend verlieren. Eine hochgradig unausgewogene Wirtschaftsentwicklung ist zum Markenzeichen von Euroland geworden. Es ist die *Krise*, die wieder für angemessenere Verhältnisse sorgen muss.

Stabilisierung durch Krise ist jedoch eine denkbar schlechte, für die Bevölkerungsmehrheit ganz und gar unattraktive Alternative zur Stabilisierung durch Wechselkurse. Unter den gegebenen Verhältnissen stellt der Euro deshalb keine Lösung dar, sondern ein bedeutendes, zusätzliches Krisenmoment: *Der Euro schuf die Eurokrise*; jedenfalls zu einem erheblichen Teil.

Dass Krisen zeitweilig, d. h. periodisch überwunden erscheinen, bevor sie erneut an anderer Stelle in gewandelter Gestalt in Erscheinung treten, gehört zur zyklisch-periodischen Erscheinung und damit zum Wesen ökonomischer Krisen: Die Erscheinung ist wesentlich; das Wesen muss erscheinen. Dass sie zeitweilig überwunden erscheint, gehört also auch zur Eurokrise.

Vorsicht, Einsturzgefahr! Ein Nachtrag

Die beschriebene, austeritäre Therapie durch Krise ist schlimmer als die Krankheit; der Euro wirkt deshalb nicht, wie erhofft, als Bindemittel, sondern er besitzt das Potenzial, das ganze Projekt der Europäischen Union auszuhöhlen und zum Einsturz zu bringen.

Die anfängliche Hoffnung, der Wohlstand werde sich wie von Zauberhand gleichmäßig über Euroland verteilen und nach einem noch unbekannten, dem physikalischen Gesetz der kommunizierenden Röhren vergleichbaren ökonomischen Prozess von oben nach unten durchsickern, hat sich in Luft aufgelöst – trickle down, das Durchsickern des Wohlstandes der reichen Länder in die armen, ist komplett ausgefallen.

Auch wenn zeitweise – vor allem wegen der unkonventionellen und höchst umstrittenen Geldpolitik der EZB – Ruhe herrschen mag: Das Krisenpotential strukturell divergierender Mitgliedswirtschaften bedroht die Währungsunion. Außerdem müssen erste Bruchstellen nicht unbedingt im Währungsbereich zutage treten; sie können durchaus auch an unvermuteten, abseitigen Stellen in Erscheinung treten. Der Umstand, dass Regelungen mit klarem EU-Bezug wieder vermehrt über zweiseitige Abkommen (»intergouvernemental«) statt über Brüssel vereinbart werden, ist ein Zeichen an der Wand. Auch die Entwicklung in der EU vollzieht sich nämlich in der Einheit von Zufall und Notwendigkeit (mehr dazu: →*Basic 16*).

Man kennt so etwas aus dem Leben, dem eigenen und dem seiner Freunde und Bekannten: Die Ruhe im Kinderzimmer kann trügerisch sein; hinter Problemen, die erkannt, ver- bzw. behandelt werden, können sich die wirklichen, ganz anderen verstecken; das, was zutage tritt, muss nicht die Ursache sein, da, wo es zutage tritt, muss nicht der Ursprung liegen, und der Zeitpunkt, zu dem das Problem zutage tritt, wird nicht der Zeitpunkt seines Entstehens sein. Wenn Wesentliches dauerhaft gestört ist, kann der Bruch daher durchaus über scheinbare oder tatsächliche Nebensächlichkeiten zustande kommen.

Eine ruhige Zeit an der Währungsfront als Einladung zum Weiterwursteln zu begreifen, ist daher ein kapitaler Fehler, ein Ausdruck von Rat- & Hilflosigkeit. *Das ist* trügerische Ruhe. JOSEPH STIGLITZ: »Die Schöpfer des Euro haben eine Währungsordnung geschaffen, die nicht Konvergenz, sondern Divergenz befördert und [... in der] Krisenbewältigung zum Dauerzustand wird.«[60]

Man kann es darum drehen und wenden, wie man will; am Ende kommt man immer wieder zum Ausgangspunkt zurück, der da heißt: Eine gemeinsame Währung funktioniert nicht auf der Basis konkurrierender Wirtschafts-und Sozialpolitiken außerordentlich heterogener Staaten. Sie ist vielmehr angewiesen auf die Bereitschaft, auch füreinander einzustehen, z. B. in Form eines Euroländerfinanzausgleichs, einer gemeinsamen Arbeitslosenversicherung, einer Haftungsunion für Bankeinlagen. All das und noch mehr setzt eine gemeinsame Währung voraus.

Das unterscheidet eine gemeinsame Währung von einer gemeinsamen Außenpolitik. Letztere kann z. B. durchaus bei unterschiedlichen Ansichten in manchen Fragen aufgrund aktueller, gleichgerichteter nationaler Interessenslagen je aktuell formuliert, verfolgt sowie bei anderen Fragen auch wieder aufgegeben werden, ohne dass dadurch das ganze Europa-Projekt gefährdet ist. Dass es noch nicht einmal weit her ist mit einer gemeinsamen EU-Außenpolitik, zeigt nur, wie gefährdet das viel weitergehende, wesentlich anspruchsvollere, das »ganzheitliche« Euro-Projekt ist; unter den gegebenen Verhältnissen stellt der Euro deshalb eine gefährliche *Überdehnung des Europagedankens dar.* Dass eine Rücknahme des Euro gerade *keine* Rücknahme des Europa-Projektes beinhaltet, übersteigt erfahrungsgemäß jedoch die Vorstellungskraft vieler europafreundlicher Zeitgenossen.

Das Kosten-Nutzen-Verhältnis des Euro liegt jedoch eindeutig im negativen Bereich – ökonomisch, sozial und politisch; das Verhältnis von autonomen Handelspartnern und einander wohlgesonnenen, solidarischen EU-Mitgliedern hat er im Gefolge der Handelsdefizite und -überschüsse über weite Strecken in das höchst konfliktträchtige, von gegenseitigen Vorhaltungen bestimmte Verhältnis von Gebern und Nehmern, von harten Gläubigern und säumigen, wenn nicht gar tilgungsunfähigen Schuldnern verwandelt. Das Ganze funktioniert nicht, weder ökonomisch noch politisch.

Aus diesem Grund sind demokratische Wahlen seit Einführung des Euros zu einer ständig wachsenden Gefahrenquelle für den Zusammenhalt der EU geworden. Dabei ist noch nicht einmal die Rede von Abstimmungen zu dezidiert europapolitischen Fragen wie Euro-Einführung, EU-Verfassung oder zur Mitgliedschaft selber (so in Dänemark, Frankreich, Irland, Großbritannien). Vielmehr dokumentieren schon nationale Parlamentswahlen durchweg alarmierende Zunahmen der Zentrifugalkräfte (so in Spanien, Polen, Tschechien, Ungarn, Italien, Deutschland bzw. Bayern). Kurz: Demokratische Wahlen haben sich in der EU zu regelmäßigen europapolitischen Zitterpartien entwickelt. Keine Frage, dass daran nicht nur der Euro schuld ist. Aber er ist daran maßgeblich beteiligt. Deshalb: *EUROpa ist weder ein demokratisches noch ein Friedensprojekt. Und der Euro ist kein Kitt. Eher Dynamit.*

Ein System mit Auf- und Abwertungen dagegen ermöglicht ein autonomieschonendes, behutsam koordiniertes Neben- und Miteinander der Staaten, eine »flexible Integration« (Peter Wahl). Jenen 60 Ökonomen (darunter Karl Schiller als ehemaliger Wirtschaftsminister und letzter Wirtschaftsprofessor in diesem Amt), die 1992 das Manifest »Die EG-Währungsunion führt zur Zerreißprobe« verfasst hatten, sowie jenen 155 Wirtschaftswissenschaftlern, die 1998 warnten, »[d]er Euro kommt zu früh«, muss man – was nicht alltäglich ist in der wirtschaftswissenschaftlichen Disziplin – verständige Hellsichtigkeit bescheinigen.

Ein geordneter Rückzug, mindestens ein Neustart, ist daher geboten, um die EU zu erhalten; für Umweltschutz und Migration, Steuer- und Verkehrspolitik, eine digitale europäische Infrastruktur und manches mehr ist eine europäische Union schwer zu ersetzen.

Zu diesem Zweck muss der Euro nicht komplett abgeschafft werden. Sondern er kann, so Wolfgang Streeck, »als denationalisierte Leit- und Ankerwährung neben den nationalen Währungen weiterbestehen, in der Rolle der von Keynes vorgeschlagenen, Bancor genannten Kunstwährung, die die Vereinigten Staaten am Ende nicht akzeptieren wollten, weil sie die für sie vorgesehene Funktion für ihren Dollar beanspruchten.«[61] Der Bancor des hellsichtigen Keynes nämlich vermied genau jene Fehler, die das System von Bretton Woods letztlich zerstört haben: Die Kopplung der Währung an etwas Fremdes (Dollar, Gold, hier: eine supranationale EZB) sowie die rein nationale Verantwortung für Außenhandelsüberschüsse, für die Keynes übrigens eine Lösung bereithielt, die nach allem, was in den vorangehenden Basics ausgeführt wurde, nicht mehr überraschen kann: Mit Steuern gegensteuern – Keynes wollte Strafsteuern auf Überschüsse erheben.

Auch Joseph Stiglitz, z. B., hat Möglichkeiten zur Umwandlung des Euro beschrieben.[62] Er sei ein letztes Mal zitiert: »Viele in Europa werden den Tod des Euro betrauern. Aber das ist nicht das Ende der Welt: Währungen kommen und gehen. Der Euro ist lediglich ein schlecht durchdachtes, 17 Jahre dauerndes Experiment, das aufgrund von Konstruktionsfehlern scheiterte. Das europäische Projekt, die Vision eines geeinten Europas, geht weit über eine Gemeinschaftswährung hinaus. Die Währung sollte Solidarität fördern sowie Einigung und Wohlstand bringen. Nichts davon hat der Euro erreicht: So, wie er konstruiert ist, ist er zu einem Hindernis für die Verwirklichung all dieser Ziele geworden.«[63]

Allerdings hatte wohl schon Clausewitz bemerkt, dass der geordnete Rückzug die schwierigste aller Bewegung ist. Das gilt genauso im Kopf wie auf dem Felde.

Weiterführende Bemerkungen und Belege zu Basic 14

1 Stand Ende 2016; im Detail: Zu diesem Zeitpunkt liegt die Arbeitslosenquote für Jugendliche in Griechenland bei 50 %, in Spanien bei 44 %, in Italien bei 37 %, in Portugal bei 28 %, in Frankreich bei 23 %. Nach einer Bertelsmann-Studie fühlen sich europaweit fast 30 % aller Unter-18-Jährigen von Armut und Ausgrenzung bedroht. In Spanien, Irland, Italien hat sich der Anstieg der Armut verdoppelt. In Rumänien litten 2013 28 % der Bevölkerung an materieller Deprivation, in Ungarn und Lettland über 26 %.

2 »In Deutschland lebt und arbeitet jede achte Erwerbsperson dauerhaft unter prekären Bedingungen. Der Job ist schlecht bezahlt, ein Kündigungsschutz fehlt, sparen geht nicht, der Wohnraum ist beengt, die Ausbildung schlecht. Es kommt einiges zusammen für das vielzitierte Prekariat, wie eine Studie der Hans-Böckler-Stifung verdeutlicht« Millionenfach gelingt es »selbst bei anhaltender Erwerbstätigkeit nicht, die Familie sicher zu versorgen« – um von den Arbeitslosen erst gar nicht zu reden. (Stefan Kaufmann, Für immer ganz unten, in: Berliner Zeitung vom 25.9.2018)

3 Weitere, erschreckende Zahlen im reichen Deutschland: 1969 wuchs jedes 73. Kind in einem Sozialhilfehaushalt auf, 1994 war es jedes elfte, 2016 jedes siebte. (Quelle: Stern-Autor Arno Luik, Die Totengräber Europas, in: Kontext-Wochenzeitung vom 3.8.2016) Speziell für die deutsche Hauptstadt gilt: »Jedes dritte Kind lebt in Armut [Maßstab: Es ist auf Hartz IV angewiesen, AS]. Und bei vielen von ihnen wird sich daran auch in den nächsten Jahren nichts ändern.« (Berliner Zeitung vom 24.10.2017)
Im reichsten Land der EU, in Luxemburg, lebt jedes vierte Kind laut Unicef in Armut; bei Familien mit mehr als zwei Kindern liegt das Armutsrisiko nach

Angaben der Caritas bei über 32 % (Armes Reiches Land – Luxemburg jenseits glänzender Fassaden, in: Gesichter Europas, Deutschlandfunk am 6.5.2017).

4 »Die verhältnismäßige Größe der industriellen Reservearmee wächst also mit den Potenzen des Reichtums.« (Karl Marx, Das Kapital, Band 1, MEW 23, Berlin 1970, S. 673) Die Zahl der Studien, die diesen Sachverhalt weltweit bestätigen, wächst zurzeit beständig.

5 »Es beschämt, dass etwa 1,3 Millionen Haushalte aus den 77 deutschen Großstädten nach der Mietzahlung nur über ein Resteinkommen unter den Regelsätzen der sozialen Transferleistungen [sprich: Hartz IV –AS] verfügen.« (Reiner Wild, Geschäftsführer der Berliner Mietervereins, in: Berliner Zeitung vom 13.9.2017). Neun Prozent der EU-Bürger fehlt das Geld zum Heizen (Das Parlament vom 26.2.2018, S. 5).

Wer sich einmal bei der Bahnhofsmission in die Schlange zur Ausgabe des Mittagessens gestellt hat, wird erschrecken: »Fast jeder dritte Bundesbürger im Alter ab 16 Jahren ist […] von materieller Entbehrung betroffen. Demnach konnten sich im Jahr 2016 gut 31 Prozent dieser Altersgruppe in Deutschland keine unerwarteten Ausgaben in Höhe von 985 Euro leisten. Das waren 21,3 Millionen Menschen.« (Frankfurter Allgemeine Zeitung vom 23.4.2018).

6 In Deutschland von rund zehn auf inzwischen knapp 20 % der Bevölkerung, speziell bei Alleinerziehenden auf über 40 %.

7 Die Währungsunion ist alleine schon deshalb unvollkommen, weil dem Euro die gemeinschaftliche Haftung fehlt. Tatsächlich sind im Euro 20 Staaten vereinigt, die ihre Anleihen jeweils mit unterschiedlichen Risikoaufschlägen ausgeben und bewirtschaften. Während für den Dollar die USA und für die Rupie die Indische Union haften, steht für den italienischen Euro, z. B., die Republik Italien und für den belgischen Euro das Königreich Belgien ein – jedoch nun ohne eigene, zur Geldschöpfung fähige Zentralbank!

Mit diesen also nach wie vor ländereigenen Verschuldungen bleibt jedes Land einzeln dem Urteil der vermögenden Anleger ausgesetzt – und ihrem Herdentrieb (→*Basics 4, 15*). Schwächere Länder mit wirtschaftlichen Schwierigkeiten bekommen ein doppeltes Problem: Die Zinssätze ihrer Anleihen steigen; die Preise ihrer bereits ausgegebenen Anleihen fallen. Letzteres trifft ihre Gläubiger. Und das sind zumeist Banken in ihren Ländern. Über das länderübergreifende Bankengeflecht wächst das Problem der schwächeren Mitglieder leicht zu einem Problem der gesamten Währungsunion aus. So in der Eurokrise von 2009 ff.

De facto hat Mario Draghi, der Chef der Europäischen Zentralbank (EZB), diesen völlig unhaltbaren Zustand mit einem Machtwort vorübergehend *überbrückt*, als er am 26.6.2012 auf dem Höhepunkt der Euro-Krise die Bereitschaft der EZB verkündete, im Bedarfsfall alle Schulden aller Mitgliedsstaaten bedingungslos aufzukaufen – »whatever it takes/koste es, was es wolle«.

An diesem Tag hat sich die EZB kraft ihrer Fähigkeit, in unbegrenztem Umfang Geld zu schöpfen, gegen die vereinbarten Regeln der Gemeinschaft sowie ohne jegliche demokratische Legitimation, ja sogar gegen den Willen verschiedener Regierungen und Parlamente von Eurozonen-Mitgliedsstaaten zur letzten Finanzierungsinstanz der Staatsanleihen aller Mitgliedsstaaten gemacht, zum faktischen »lender of last resort«, wie es im neuen, für gewöhnliche Bürger unverständlichen, denglisch-neudeutschen Fachchinesisch heißt. Fakt ist mithin, dass die EZB das wankende System stabilisiert und den Euro vom Geburtsmakel der unvollendeten Gemeinschaftlichkeit befreit hat – allerdings nur für die Dauer ihres bedingungslosen Stützungsprogramms. Dafür aber musste und muss sich die EZB auf einen geldpolitischen Drahtseilakt einlassen, bei dem ein rettendes Gegenüber weder erkennbar ist noch allmählich erkennbar zu werden verspricht.

Soviel am Rande vorweg, denn schon an dieser Stelle zeichnet sich deutlich ab: Der Euro muss entweder vervollkommnet oder rückgeführt, entweder fort- oder abgewickelt werden. Da, wo er ist, auf halber Strecke, kann er auf Dauer nicht bleiben: *Endlos weiterwursteln wie bisher geht nicht.*

Problem ist nur, dass es für die Fortentwicklung des Eurosystems einer allgemeinen Bereitschaft zum euro-weiten Wirtschafts- und Finanzausgleich bedarf – eines Ausgleichs, der schon auf nationaler Ebene seit eh und je umstritten ist. Der Kampf um den Länderfinanzausgleich in Deutschland spricht dazu Bände.

8 Dasselbe in den aus →*Basics 13 und 14* bekannten Begriffen: Im Exportland entfalten Exportüberschüsse einen Einkommenseffekt ohne Produkteffekt, im Importland dagegen einen Produkteffekt ohne Einkommenseffekt; damit verlagern Exportüberschüsse Arbeitsplätze aus den Importländern in das Exportüberschussland.

9 Mit einer gewissen Berechtigung kann man deshalb in den Überschussländern die eigentlichen Verursacher der Probleme sehen: Sie erzeugen mit ihren Überschüssen Defizite bei ihren Handelspartnern; diese Defizite müssen finanziert werden; das führt auf Dauer zu untragbaren Verschuldungen und politischen Verwerfungen. Die Sichtweise von den Überschussländern als den eigentlichen Schuldigen ist auch deshalb naheliegend, weil es grundsätzlich einfacher ist, einen Außenhandelsüberschuss als ein Außenhandelsdefizit abzubauen.

10 Das Gesetz zur Förderung der Stabilität und des Wachstums der Wirtschaft (StabG) aus dem Jahre 1967 verlangt, dass die Summe aller Außenwirtschaftsbeiträge ausgeglichen sei; Abweichungen einzelner Länder-Beiträge sind daher zulässig, sofern sie durch andere Länder-Beiträge kompensiert werden. In der öffentlichen Diskussion wird allerdings nicht nur das Stabilitätsgesetz, obwohl geltendes Recht, wie selbstverständlich ignoriert.

Sondern es wird zusätzlich verdrängt, »dass Deutschland in allen Währungsarrangements der Nachkriegszeit schon immer ein ›Aufwertungsland‹ gewesen ist und die Exportindustrie seit Bretton-Woods und danach die kumulierten DM-Aufwertungen von mehr als 200 Prozent nicht nur verkraftet, sondern stets als herausfordernde ›Produktivitätspeitsche‹ in erhöhte Wettbewerbsfähigkeit transformiert hat.« (Wolf Schäfer, Das China der Eurozone, in: Wirtschaftliche Freiheit – Das ordnungspolitische Journal vom 30.11.2012, S. 1)

Systematischer Hintergrund: Einfluss auf die Wechselkurse haben die wirtschaftlichen Fundamentaldaten der jeweiligen Währungsgebiete und ihr Niederschlag in Angebot und Nachfrage, außerdem die jeweiligen Zinsniveaus, Staatsverschuldungen, Inflationsraten, Spekulation sowie die gezielten An- und Verkäufe der Zentralbanken.

11 »Über die an Bund und Länder gerichtete Verpflichtung, den Erfordernissen des gesamtwirtschaftlichen Gleichgewichts Rechnung zu tragen, nimmt Art. 109 Abs. 2, 2. HS GG [Artikel 109, Absatz 2, zweiter Halbsatz, des Grundgesetztes, AS] als eines von vier darunter gefassten Teilzielen auch das außenwirtschaftliche Gleichgewicht, also eine ausgeglichene Leistungsbilanz in den Blick.« (Deutscher Bundestag, Wissenschaftlicher Dienst, Gutachten vom 31.5.2015, S. 7.)

12 »In Ländern mit flexiblen Wechselkursen kann der Wechselkurs als automatischer Stabilisator wirken; in einem Land mit schwächelnder Wirtschaft sinkt der Wechselkurs, was die Ausfuhren fördert und die Einfuhren verringert, sodass das Volkseinkommen steigt.« So z. B. Joseph Stiglitz, Europa spart sich kaputt – Warum die Krisenpolitik gescheitert ist und der Euro einen Neustart braucht, München 2016, S. 305.

13 Kleines Glossar: Warenbilanzsaldo = Warenexporte – Warenimporte; Dienstleistungsbilanzsaldo = Dienstleistungsexporte – Dienstleistungsimporte; Außenhandelssaldo = Exporte (Waren und Dienstleistungen) – Importe (W. u. DL); Leistungsbilanzsaldo = Außenhandelssaldo + Einkommenssaldo + Transfersaldo (z. B. Entwicklungshilfe).
Ein deutscher Leistungsbilanzüberschuss von 290 Mrd. Euro z. B. bedeutet, dass Deutsche (natürliche und juristische Personen) im Berichtszeitraum gegenüber Ausländern (nat. u. jur. Pers.) ein Guthaben in Höhe von 290 Mrd. Euro erworben (bzw. dass Ausländer sich gegenüber Deutschen mit 290 Mrd. Euro verschuldet) haben.
Ob dieses Guthaben jemals in Anspruch genommen werden kann bzw., was dasselbe ist, ob diese Schulden jemals beglichen werden können, ist zweifelhaft. Fakt ist, dass gerade im »sicheren Hafen« Deutschland Jahr für Jahr per Saldo mehr Vermögen das Land verlässt als hereinfließt. Das liegt u. a. daran, dass sich die deutschen juristischen Personen, die hohen Guthaben erwirtschaften, zu einem erheblichen Teil in ausländischem Eigentum befinden mit der Folge, dass auch gesicherte bzw. liquidierte Guthaben ins Ausland abfließen (Details: s. u. Anm. 36)

14 S. →*Basic 12*, Zwischenüberschrift »Zum Kreditzyklus oder wie der Boom unversehens in Krise umschlägt«.

15 So Hans-Werner Sinn höchst anschaulich recht bald nach Ausbruch der Krise von 2008 ff. (hier zitiert nach Josef Urschitz, Trump, Merkel und ihre ökonomischen Kollateralschäden, in: Die Presse vom 10.3.2017). – Trotzdem ist – so sei sicherheitshalber wiederholt – der Export für das einzelne Unternehmen rational, weil einträglich, rentierlich. Denn das exportierende Unternehmen erhält die Kreditsumme bei Lieferung ausgezahlt; wenn sich der Kredit später als uneinbringlich erweist, ist der Zahlungsausfall nicht mehr sein Problem, sondern das Problem von Banken, Ausfallversicherungen, Hermes-Bürgschaften u. ä., letztlich das Problem der Gesellschaft, vertreten durch die Gemeinschaft der inländischen Steuerzahler als dem letzten Gewährsträger.

16 Walter Eucken, Grundsätze der Wirtschaftspolitik, gekürzte Ausgabe, 8. Aufl., Reinbek 1967 [1952], S. 12.

17 An dieser Stelle ist übrigens schon zu erkennen: Die Summe der Exporter-

löse kauft die Summe der Warenimporte, und zwar grundsätzlich unabhängig davon, ob die Erlöse aufgrund von Exportüberschüssen hoch oder infolge von Exportdefiziten niedrig ausfallen. Falls hohe Erlöse in einer Periode nicht vollständig zum Erwerb der Importe derselben Periode verausgabt, sondern angespart werden, so verschiebt sich der Sachverhalt kumulierend in spätere Perioden; in diesem Fall begründen die kumulierten geldwerten Forderungen zwischenzeitlich eine *Wertillusion*, die sich zu gegebener Zeit in Relation zu den verfügbaren Importwerten als krisenhafte *Entwertung* zu erkennen geben wird: s. nachfolgend.

18 Walter Eucken, Grundsätze..., S. 12.

19 John Maynard Keynes, Allgemeine Theorie der Beschäftigung, des Geldes und des Zinses, Berlin 1966³ [1936], S. IX. Um die unverminderte Aktualität genau dieser Keynes'schen Kritik festzustellen, genügt ein Blick in die Jahresgutachten des Sachverständigenrates zur Begutachtung der gesamtwirtschaftlichen Entwicklung, z. B. das Jahresgutachten 2013/14, Ziffer 618, aus dem weiter hinten zitiert wird (→*Exkurs 17*).
Es genügen womöglich aber auch schon die Worte seines langjährigen Vorsitzenden, Christoph Schmidt, der 2009 in der Krise behauptete: »Die Exportlastigkeit hat uns sehr gut getan, der Wohlstand ist beständig gewachsen. Es besteht kein Anlass, das deutsche Geschäftsmodell zu ändern.« (Christoph Schmidt, Die deutschen Löhne sind sehr hoch, in: Focus online vom 17.6.2009).

20 Ähnlich können einseitige Zölle wirken. Da sie aber kaum je einseitig bleiben, sondern Gegenzölle hervorrufen, wirken sie eher als besondere Verbrauchsteuern (→*Basic* 6) denn als Instrument des außenwirtschaftlichen Ausgleichs.
Für Entwicklungsländer gilt diese Feststellung nur bedingt; für sie können Einfuhrzölle sehr wohl ein entscheidendes Element der wirtschaftlichen Entwicklung sein, ähnlich wie es die »Erziehungszölle« (Friedrich List) für das deutsche Kaiserreich in seinem Aufholprozess gegenüber der englischen Industrie waren (für viele Industriestaaten im Anschluss an den Zweiten Weltkrieg galt dasselbe). Das ist jedoch ein Kapitel für sich.

21 Dass dieses selbstläufige Streben durch kurzsichtige politische (wie z. B. durch einen Abwertungswettlauf) sowie durch spekulative Maßnahmen behindert werden kann, wird nicht übersehen, soll hier aber ausgeklammert bleiben. S. dazu nachfolgend Anm. 49.

22 »Laut Gemeinschaftsdiagnose der Wirtschaftsforschungsinstitute konnten die deutschen Kapitalgesellschaften (außerhalb des Finanzsektors) ihren Anteil am verfügbaren Einkommen der Gesamtwirtschaft deutlich steigern«, und zwar etwa um das Fünffache.
Des einen Freud ist hier aber des anderen Leid: »Gesunken ist jedoch der Anteil der privaten Haushalte [...] Folglich schrumpft der Anteil des privaten Konsums an den gesamtwirtschaftlichen Ausgaben – vor 20 Jahren lag er noch bei 57 Prozent des Bruttoinlandsproduktes, heute ist er auf 53,3 Prozent gesunken.« (Stefan Kaufmann, Export macht auch Deutsche ärmer – Haushalte profitieren nicht von hoher Wirtschaftsleistung, in: Berliner Zeitung vom 10.6.2017)
Deutschlands renommiertester Ökonom, Hans-Werner Sinn, tut recht, wenn er die simple Weisheit ausspricht: »So wie eine Firma zu billig oder zu teuer sein

kann, kann es auch eine ganze Volkswirtschaft sein. Wenn man zu teuer ist, laufen die Kunden weg. Wenn man zu billig ist, macht man durch den Verkauf keine Gewinne […] Wir sind zu billig. Wir haben viel zu große Exporte, viel zu große Exportüberschüsse. Und einen viel zu niedrigen Lebensstandard relativ zu dem, was wir leisten. Zum Risiko wird das dann, wenn aus dem Aufschwung eine Blase wird, die anschließend platzt.« (Hans-Werner Sinn, »Flüchtlinge kosten 150 Milliarden Euro!«, in: The European – Das Debatten-Magazin vom 4.11.2017, http://www.theeuropean.de/hans-werner-sinn/13034-professor-hans-werner-sinn-warnt-eindringlich…, zuletzt aufgerufen am 7.10.2018.)
Der Einbezug von *Kapitalexporten* verlängert die Gedankenkette übrigens lediglich um ein weiteres Glied, ohne letztlich das Ergebnis zu verändern. Denn die durch Kapitalexport erworbenen ausländischen Rechts- bzw. Finanztitel (sei es aus dauerhaften Beteiligungen an ausländischen Unternehmen bzw. Immobilien, sei es aus dem Kauf ausländischer Wertpapiere, sei es aus der Kreditgewährung an Ausländer) werden für die inländische Güterversorgung nur dann zur Bereicherung, wenn sie sich beizeiten in realwirtschaftliche Importüberschüsse ummünzen lassen.
Die dargestellten Zusammenhänge werden, beiläufig bemerkt, auch in Publikationen für aufgeklärte Wirtschaftspraktiker wie dem »manager magazin« unverblümt zur Sprache gebracht: S. z. B. Henrik Müller, Der Fluch des guten Geldes, in: manager magazin vom 18.6.2014, http://www.manager-magazin.de/politik/deutschland/deutschland-ist-weltmeister-im-kapitalexport-a-906217.html, sowie Daniel Stelter, Deutschland wirtschaftet wie die Eichhörnchen, in: Ebd. vom 7.9.2016,http://www.manager-magazin.de/unternehmen/artikel/deutscher-aussenhandelsueberschuss-ist-kapitalexport-und-schadet-d-a-1111265.html, beide zuletzt aufgerufen am 7.10.2018.

23 Dem Makronom – Online-Magazin für Wirtschaftspolitik vom 11.9. 2017, Grafik »Kumulierte Leistungsbilanz & Nettoauslandsposition«, sind folgende Zahlen für 2016 zu entnehmen (jeweils in Mrd. Euro): Deutsches Netto-Auslandsvermögen: 1.586,49, kumulierter Leistungsbilanzsaldo 2.330,20. Das macht nach Adam Riese eine unliebsame Differenz von 743,76.

24 Um Missverständnisse zu vermeiden: Eine Abschreibung wg. erwiesener Uneinbringlichkeit beinhaltet nicht regelmäßig einen Totalausfall. Sondern sie beinhaltet lediglich die Ausbuchung des erwiesenermaßen uneinbringlich gewordenen Teils. Sie stellt also eine Abschreibung auf den Betrag dar, der weiterhin bei kaufmännisch-vorsichtiger Einschätzung erhältlich ist.
Ein weiteres, verschärfendes Problem besteht darin, dass Deutschland seine Außenhandelsüberschüsse gegenüber Euroländern seit 2008 fast ausschließlich in Form von *Target-Salden der Bundesbank* vergütet worden sind. »Man ließ im Eurosystem anschreiben, anstatt echte Gegenwerte in Form von marktfähigen Vermögenswerten zu liefern, wobei der Kaufmann – hier die deutschen Steuerzahler, vertreten durch die Bundesbank – nicht einmal die Möglichkeit hatte, seine Forderung fällig zu stellen und sich zudem noch mit einem Zins nahe null zufrieden geben musste, ganz abgesehen davon, dass nicht klar ist, was mit den Target-Forderungen passieren würde, sollten Teile der Bankensysteme der Euroländer insolvent werden. Immerhin sind diese Forderungen ja indirekte

Forderungen aus Refinanzierungskrediten, die den Banken der Defizitländer gewährt wurden.« (HANS-WERNER SINN, Der Euro – Von der Friedensidee zum Zankapfel, München 2015, S. 314 f.; ausführlich: HANS-WERNER SINN, Die Target-Falle – Gefahren für unser Geld und unsere Kinder, München 2012, s. a. ALBERT FUNK, Billionen-Risiko oder Panikmache? Das Euro-Zahlungssystem Target 2 ist aus der Balance geraten, in: Der Tagesspiegel vom 11.9.2018, S. 17.) Zu den in Frage stehenden Volumina: »Die Verbindlichkeiten Italiens im Target-System stiegen seit Mai [d. h. innerhalb eines Monats, AS] um 40 Milliarden auf 465 Milliarden Euro. Die Forderungen der Deutschen Bundesbank gegen das Eurosystem belaufen sich inzwischen auf 956 Milliarden Euro.« (Das Parlament vom 18.6.2018, S. 10). Das entspricht in etwa den Verbindlichkeiten der italienischen und der spanischen Zentralbanken von 471 und 403 Milliarden Euro.

25 Die Gesamtverschuldung, d. h. die summierte Verschuldung der Staaten, Unternehmen und privaten Haushalte wächst seit Jahren weltweit. Hier der aktuelle Tabellenstand in der ersten Liga (Punktzahl jeweils in Prozent des Bruttoinlandsproduktes):

Staatsschuldner, 1. Liga (Welt)
(Tabellenstand in Prozent des Bruttoinlandsproduktes)

1. Japan	447,1	5. Schweden	329,4	9. Spanien	306,9	13. Deutschland	215,9
2. Portugal	401,4	6. Frankreich	327,5	10. Schweiz	281,1	14. Ungarn	214,7
3. Belgien	366,4	7. Griechenland	320,1	11. Finnland	209,9	15. Russland	213,1
4. Großbrit.	348,8	8. USA	310,1	12. China	237,7	16. Türkei	191, 3

Quelle: Der Tagesspiegel vom 28.5.20018, S. 2.

Tabellenführer Japan, Abonnementmeister seit 1993, erfreut sich übrigens einer besonders hohen einheimischen Verschuldungsquote, d. h. die Gläubiger des japanischen Staates sind überwiegend Japaner. Anstatt sie entsprechend zu besteuern, hat der japanische Staat sich also die benötigten Mittel von seinen vermögenden Bürgern geborgt. Eine anhaltende wirtschaftliche Stagnation ist die Folge dieses Verfahrens.

26 So auch GUSTAV HORN, Ungesunder Überschuss, in: Böckler Impuls, Nr. 18 (2016), S. 3: »Am Ende muss das Gläubigerland nicht nur das verliehene Geld abschreiben, sondern es verliert auch seinen Absatzmarkt.«

27 S. PAUL A. SAMUELSON, Volkswirtschaftslehre – Eine Einführung, Band 2, Köln 1965³, S. 392 ff.

28 HOMER nannte die Griechen Danaer; listig hinterließen sie in Troja als vermeintliches Götteropfer ein hölzernes Pferd, mit dessen Hilfe ihnen die Eroberung Trojas am Ende doch noch gelang.

29 JOSEPH STIGLITZ, Europa spart sich kaputt – Warum die Krisenpolitik gescheitert ist und der Euro einen Neustart braucht, München 2016, S. 346.

30 Ausführlich zur Beziehung zwischen Regel und Zufall: →*Basic 16*.

31 In Details habe ich die wachsenden Unverträglichkeiten und Spannungen zwischen den Euroländern an anderer Stelle dargelegt: s. AXEL STOMMEL, Die Reichen…, S. 15–59. S. hierzu vor allem aber WOLFGANG STREECK, Gekaufte

Zeit – Die vertagte Krise des demokratischen Kapitalismus, erweiterte Ausgabe, Frankfurt/M. 2015, bes. S. 279–332.

32 Wolfgang Streeck, Gekaufte Zeit…., S. 325 und 41.

33 Claus Hulverscheidt, US-Handelspolitik: Im Ergebnis gut, in: Süddeutsche Zeitung vom 19.4.2018.

34 Im Tagesspiegel vom 2.8.2018, S. 15.

35 »Beim heutigen Euro Wechselkurs haben Frankreich, Italien und Spanien kein Wettbewerbsproblem gegenüber dem Rest der Welt. Sie vereint, dass sie ein Wettbewerbsproblem gegenüber Deutschland haben. Nicht sie und die anderen Eurokrisenländer sind dabei das Problem, sondern Deutschland.« (Heiner Flassbeck/Jörg Bibow, Das Euro-Desaster - Wie deutsche Wirtschaftspolitik die Eurozone in den Abgrund treibt, Frankfurt/M. 2018, S. 204)

36 Deutschland ist zwar Weltmeister der Exportüberschüsse, aber die führenden Exportunternehmen mitsamt ihrer Gewinne gehören anderen: Von den Top-30-Dax-Unternehmen beispielsweise befinden sich nur zwei in überwiegend inländischem Eigentum. Im Detail: »Ende 2017 hielten Ausländer 53,7 Prozent der Anteilsscheine, rechnet jetzt die Unternehmensberatung Ernst & Young vor. Ein Jahr zuvor waren es noch 52,4 Prozent. Durch ihre klare Mehrheit kassieren ausländische Investoren eben auch den größten Teil der Dividenden. Das sind in diesem Jahr 19,4 Milliarden Euro und damit 18 Prozent mehr als 2017 – ein Rekord. Deutschen Anlegern bleiben dagegen nur 12,9 Milliarden Euro, was aber immerhin auch ein Plus von neun Prozent bedeutet […] Nur bei zwei Unternehmen sind deutsche Investoren deutlich in der Mehrheit: bei Henkel und Covestro.« (Der Tagesspiegel vom 26.4.2018, S. 20)
Eine äußerst besorgniserregende Rolle spielen in diesem Zusammenhang US-amerikanische Kapitalsammelstellen bzw. Schattenbanken wie Blackrock, Vanguard, State Street; mit Kapitalanteilen von zwar »nur« unter zehn Prozent, dafür aber in nahezu allen wichtigeren deutschen Unternehmen steuert Blackrock die Unternehmenspolitiken kaum merklich, aber höchst effektiv und schaltet den Wettbewerb schrittweise aus. In den anderen, größeren EU-Staaten ist übrigens dasselbe Spiel zu beobachten. Weltweit ist Blackrock an rund 17.000 Unternehmen beteiligt und stellt damit einen einflussreichen Aktionär in fast allen börsennotierten Weltkonzernen in den USA und Europa.
Für Einzelheiten s. z. B. Harald Schumann/Elisa Simanke, Ein Geldkonzern auf dem Weg zur globalen Vorherrschaft, in: Tagesspiegel online, eingestellt am 8.5.2018, https://www.tagesspiegel.de/weltspiegel/sonntag/blackrock-ein-geldkonzern-auf-dem-weg-zur-globalen-vorherrschaft/21246966-all.html, zuletzt aufgerufen am 7.10.2018). Auf das Problem aufmerksam gemacht, »hat bislang keine Regierung eines EU-Staates den Mut gehabt, gegen die Oligarchie der Geldverwalter vorzugehen. Das Bundeswirtschaftsministerium kniff 2017 gleich ganz«, konstatiert Der Tagesspiegel am 6.5.2018 unter der Überschrift »Gefährliche Geldverwalter«. Zusätzlich sei vorgreifend auf die verhängnisvolle Rolle hingewiesen, welche private Altersvorsorge in diesem Zusammenhang spielt: →*Abschnitt D.*

37 So der Tweet des US-Präsidenten vom 2.3.2018 (Übersetzung AS).

38 So wird der EU-Ratspräsident in der Berliner Zeitung vom 17.7.2018 zitiert.

39 Joseph Stiglitz, Europa…, S. 311.

40 Hartmut Elsenhans, »Schmeißt Deutschland aus dem Euro« – Wenn sich die deutsche Politik nicht ändert, könnte dies bald eine ernsthafte Forderung sein, in: IPG vom 4.4.2018. Vor sinkender Wettbewerbsfähigkeit als Folge steigender Löhne braucht man in Deutschland, darauf weist der Autor ebenfalls hin, keine Angst zu haben. Denn die Empfänger niedriger Löhne stehen nicht im internationalen Wettbewerb, weil sie keine exportfähigen Waren und Leistungen erstellen. In den exportintensiven Branchen dagegen werden hohe Löhne erzielt, ohne dass dies die Wettbewerbsfähigkeit beschädigt: Dafür sorgt der Euro in seiner derzeitigen Gestalt.

41 Entnommen: Jörg Bibow/Heiner Flassbeck, Das Euro-Desaster, httys://makroskop.eu/2018/03/das-euro-desaster/, zuletzt aufgerufen am 3.4.2018.

42 Zu dieser Darstellung bildet China die einzige Ausnahme weltweit, denn China hat dank einer planmäßigen, kräftigen Erhöhung des Lohnniveaus in Verbindung mit regionaler Produktion die Wandlung vom Exportüberschuss- zum Exportweltmeister tatsächlich praktisch vollzogen. Allerdings hat dieser einzigartige chinesische Akt ein spezielles Verhältnis von Wirtschaft, Staat und einer Partei zur Voraussetzung, »welche«, so Xi Jinping, der chinesische Staats- und Parteichef, »die ultimative Führung jeden Aspekts des sozialen Lebens beansprucht.« (Zitat: Süddeutsche Zeitung vom 20.3.2018) China bildet mithin noch nicht einmal eine jener Ausnahmen, welche die Regel bestätigen, sondern es gehört in eine andere Fallgruppe.

43 In: Süddeutsche Zeitung vom 13.1.2017.

44 Martin Höpner, Der integrationistische Fehlschluss, in: Leviathan, Nr. 1/2015, S. 4.

45 Acht Jahre lang wurden alte Schulden gegen neue Schulden ausgetauscht, wobei jede neue Tranche an die Erfüllung von »Strukturreformen« vorwiegend im Lohn- und Rentenbereich geknüpft wurde (teils haarsträubende Einzelheiten schildert Joseph Stiglitz, Europa…, a.a.O., S. 225–266).
Die auch vom IWF festgestellte, unzureichende Schuldentragfähigkeit wurde durch extreme, bis zu 60 Jahre währende Laufzeitverlängerungen der »Hilfskredite« in Verbindung mit ihrer vorhersehbaren Tilgung durch Inflation verschleiert, bis dann endlich verkündet werden konnte, jetzt wachse die Wirtschaft wieder und Griechenland sei nunmehr in der Lage, »an die Märkte zurückzukehren«, sprich sich erneut selbstständig, ohne fremde Hilfe, Geld von vermögenden, zinssuchenden Anlegern zu borgen.
Zu den Sonderbedingungen des Falles Griechenland gehört, dass die Griechen sich ihrer randständigen Lage in Europa historisch bewusst sind und deshalb auf alle Fälle »in Europa«, soll heißen: in der EU und dem Euro bleiben wollen – vor einer »Balkanisierung« bzw. »Orientalisierung« graut ihnen aufgrund ihrer kollektiven Erfahrungen ähnlich wie den Deutschen vor Krieg und Inflation. Das macht die Griechen in Hinsicht auf EU, Euro und Austeritätspolitik außergewöhnlich leidensfähig und lässt sie Einkommensverluste von bis zu 40 % mitsamt der Auswanderung ihrer überdurchschnittlich gut ausgebildeten und besonders dynamischen Töchter und Söhne im Gefolge einer »von Brüssel und Berlin« verordneten austeritären EU-Euro-Krisen-Politik erdulden.

(S. hierzu auch →*Basic 13, Anm. 17, 26*).
Von den baltischen Staaten mit ihren ebenfalls besonderen, lagebedingten Erfahrungen abgesehen, dürfte eine derartige Leidensbereitschaft in den Euroländern wohl außerordentlich sein.

46 Ebd., S. 5.

47 Joseph Stiglitz, Europa ..., S. 135.

48 Ebd., S. 138 f., ähnlich auch S. 495.

49 Ebd., S. 162, 147.
Aber die Währungsspekulation!? Wird hier nicht übersehen, dass Währungsspekulanten die stabile Funktionsfähigkeit der Wechselkursanpassungen verschiedentlich stark beeinträchtigt haben?
Für Details ist hier kein Platz, deshalb nur drei kurze Bemerkungen.
(1) Die Mittel zum Betrieb von Währungsspekulation entstammen dem Finanzsektor; dieser Sektor muss auf jeden Fall eng eingegrenzt werden (→*Basic 15*); entsprechende Maßnahmen wirken deshalb immer gleich doppelt segensreich: finanzwirtschaftlich *und* außenwirtschaftlich.
(2) Wer Währungsspekulantentum als Datum nimmt und auf internationale wirtschaftspolitische Synchronisation, hilfsweise auf innere Ab- und Aufwertungen ausweicht, sollte nachweisen können, dass seine Mittel leichter erhältlich und effektiver sind, und zwar ökonomisch, sozial und politisch. Dieser Nachweis ist bisher noch nirgends erbracht.
(3) Außerhalb der Eurozone existieren Wechselkurse wie gehabt, also auch weiterhin die Gefahren aus Währungsspekulantentum sowie die unverändert daraus erwachsende Notwendigkeit seiner Bekämpfung. Und innerhalb der Eurozone ist die Gefahr der Währungsspekulation keineswegs gebannt; weil die Euro-Staaten am Kapitalmarkt einzeln operieren, wie schon oben (→*Anm. 7*) beschrieben, sind höher verschuldete Euroländer nach wie vor dieser Gefahr ausgesetzt – s. Griechenland.
Nachtrag zu (2): Klaus Busch etwa und seine namhaften Mitautoren aus Politik und Gewerkschaften, namentlich Gesine Schwan, Axel Troost und Frank Bsirske, bestreiten den Vorzug von Wechselkursanpassungen gegenüber inneren Abwertungen (s. Klaus Busch u. a., Europa geht auch solidarisch! Streitschrift für eine andere Europäische Union, Hamburg 2017). Verschiedene Autoren widersprechen dieser Einlassung mit überzeugenden theoretischen und empirischen Argumenten, darunter auch mit Verweis gerade auf die isländischen Erfahrungen in erfolgreicher Krisenbewältigung mit Hilfe von Abwertung (Island nämlich weist alle Kriterien auf, die eine erfolgreiche Abwertungspolitik *erschweren*; eins davon: Das Gebiet der eigenen, isländischen Währung umfasst etwa so viele Einwohner wie die Stadt Bielefeld in Ostwestfalen. Selbst das hat noch gereicht.) Einzelheiten können hier aber nicht erörtert werden.

50 Die erstgenannte Naivität dürfte zu einem erheblichen Teil von der Theorie des optimalen Wirtschaftsraumes befördert worden sein. Robert Mundell war dafür im Euro-Einführungsjahr 1999 der Ökonomie-Nobelpreis überreicht worden. Seine Theorie erklärt – man höre und staune! – starke Handelsverflechtungen zum entscheidenden Kriterium eines optimalen Wirtschaftsraumes; die institutionelle und politische Ausgestaltung sowie die politische Homogenität und

Akzeptanz einer Währungsunion übersieht diese Theorie darüber dummerweise, und zwar genauso, wie es im Maastricht-Vertrag zur selben Zeit umgesetzt wurde: eine Gemeinschaftswährung unter höchst ungleichen Lebensstandards, ohne demokratische Gesetzgebung und Regierung, eine Fehlkonstruktion aus 20 Staaten ohne Zentralbank und einer Zentralbank ohne Staat. (S. ROBERT A. MUNDELL, A Theory of Optimum Currency Areas, in: The American Economic Review, Nr. 51 (4)/1961, S. 657–665, sowie ders., Uncommon Arguments for Common Currencies, in: HARRY G. JOHNSON/ALEXANDER K. SWOBODA, Hrsg., The Economics of Common Currencies, London 1973, S. 114–132).
In der Frankfurter Allgemeinen Sonntagszeitung vom 4.9.2011, auf dem Höhepunkt der Eurokrise, meldete sich übrigens MUNDELL, der nobel Geehrte, mit folgendem ernstgemeinten Rat in der Eurokrise zu Wort: Griechenland »soll ein Pfand bereitstellen. Griechenland ist sehr wertvoll, über Korfu würden sich die Deutschen sicher freuen.« So wie die Griechen sich sicherlich über die deutschen Pfandnehmer sowie über MUNDELL freuen, ihren ungefragten, nobel-gepriesenen Ratgeber.

51 JOSEPH STIGLITZ, Europa…, S. 385.

52 Selber sage ich es übrigens seit den neunziger Jahren des vorigen Jahrhunderts, gerne mit Rückgriff auf das Bild vom Wagen, der vor's Pferd gespannt wird: S. z. B. AXEL STOMMEL/MARGOT STOMMEL, Vom Lehren in Zeiten der Leere, Band 2, Darmstadt 1998, S. 30.

53 Speziell die deutschen Gewerkschaften verzichten jahrelang »bewusst auf reale Lohnerhöhungen, um über diesen Verzicht Arbeitsplätze zu erhalten. International war [und ist –AS] diese gewerkschaftliche Strategie wohl einzigartig.« So PETER BOFINGER, der auf Vorschlag des Deutschen Gewerkschaftsbundes in den Sachverständigenrat zur Begutachtung der gesamtwirtschaftlichen Entwicklung Berufene, in der Berliner Zeitung vom 12.8.2017, S. 6.
Der Europäische Gewerkschaftsbund ist praktisch bedeutungslos, weil und solange der DGB im Allgemeinen und die IG Metall im Besonderen ihr Ziel darin sehen *und sehen müssen*, ihre Mitglieder in der deutschen Exportwirtschaft zu schützen.
In dieser Hinsicht sind die Unternehmer wieder einmal deutlich weiter; ihr European Round Table of Industries funktioniert prächtig und stellt eine Macht, um nicht zu sagen: *die* Macht in Brüssel dar.

54 Ausführlicher: »Mit den jüngsten Änderungen der Finanzverfassung im Zuge der Föderalismusreform 2017 entsolidarisieren sich die Länder untereinander […] Mit dem neuen System wechseln wir von einem brüderlichen Finanzausgleich, bei dem die Länder füreinander eintreten, hin zu einem väterlichen Finanzausgleich, in dem vor allem der Bund dafür sorgt, dass auch die finanzkraftschwachen Länder über eine angemessene Finanzausstattung verfügen. Die Stellung des Bundes wird deutlich ausgebaut […] Allerdings begibt sich die Länderebene als Ganzes auch in eine viel stärkere finanzielle Abhängigkeit von Bundesmitteln, die das entstehende Solidaritätsvakuum füllen.«
Außerdem: »Die finanzkraftstarken Länder haben pro Kopf noch mehr Geld zur Verfügung als bisher, weil ihre Belastungen im bundesstaatlichen Finanzausgleich sinken. Wenn sie mit diesen zusätzlichen Einnahmespielräumen zielgerichtet umgehen und es etwa in die Förderung der Wirtschaft investieren,

wird ihr Niveauvorsprung vor den anderen Ländern größer werden. Das unterstützt nicht den Aufholprozess der finanzschwachen Länder und folglich nicht die ›Gleichwertigkeit der Lebensverhältnisse‹, die ja eigentlich Verfassungsrang besitzen. Die jetzigen Zahlerländer sind die eigentlichen Gewinner [...] Reiche Länder werden belohnt, arme bestraft [...][D]ie strukturschwachen Gebiete in Ost und West und Stadtstaaten wie Berlin [sind] die großen Verlierer.« (Thomas Lenk im Gespräch mit Markus Sievers, in: Berliner Zeitung vom 5.6.2018, S. 6)
Eigentlich nichts Besonderes und deshalb eigentlich kaum erwähnenswert, dass die Reichen belohnt und die Armen bestraft werden. Nur: Warum soll im ungleich stärker heterogenen, noch nicht einmal durch das Band der Nation verbundenen Euroland eben das alles genau anders herum ablaufen? Obendrein ohne effektive Bundeszentrale, wie gesagt? Polen und Portugiesen z. B. besitzen keineswegs mehr Gemeinschaftsgefühl füreinander als die Bayern für die Berliner. Sondern weniger; ihre stärkste Gemeinsamkeit besitzen sie, überspitzt gesagt, in ihren Anfangssilben!

55 Johannes 2.4.

56 Dass eine Politik, die alles über einen Kamm scheren und Ungleiches gleich behandeln muss, nicht erfolgreich sein kann, ist durchgängiges, zentrales Thema von Joseph Stiglitz, Die Schatten der Globalisierung, München 2002.

57 Die Inflationsraten für den Zeitraum 1993 bis 2017 betrugen z. B. in Deutschland und Frankreich 31 bzw. 33 Prozent, in Spanien und Luxemburg 50 bzw. 52 Prozent. (Quelle: Eurostat, ECB staff calculations 2017 Q4)

58 Weitere, politische Aspekte: »Die EU ist ein Elitenprojekt – doch der Konsens der Eliten ist zerbrochen, und die Bürger machen nicht mehr mit [...]Die EU ist nicht lernfähig – sie kehrt nicht einmal um, wenn sie gegen die Wand fährt oder abgewählt wird. Das hat die Eurokrise gezeigt, aber auch die Wahl in Griechenland, Spanien, Portugal [...]Die EU ist nicht stark genug – sie ist finanziell und politisch viel zu schwach, um sich durchzusetzen. Dafür liefert die Flüchtlingskrise das frappierendste Beispiel, Brüssel ist machtlos und wird irrelevant.« (Eric Bonse, Lost in EUrope, 27.4.2016)
Für zusätzliche Ausführungen zum Euro-Komplex s. auch Axel Stommel, Die Reichen ..., S. 16–36.

59 In diesem Sachverhalt liegt übrigens jenes Körnchen Wahrheit, welches die Standardökonomie, wie ausgeführt (→*Basic 12*), zu ihrer Lehre von den durchweg exogenen Krisenursachen aufbläht.

60 Joseph Stiglitz, Europa..., S. 290. In diesem Sinne auch Mervyn King, der langjährige Chef der englischen Notenbank: »Ökonomisch betrachtet ist es [i. e. das Ende des Euro] der Weg, der am wenigsten Kosten verursacht.« (Mervyn King im Gespräch mit Dennis Kremer, in: Frankfurter Allgemeine Sonntagszeitung vom 11.6.2017, S. 31).

61 Wolfgang Streeck, Gekaufte Zeit..., S. 295.

62 S. Joseph Stiglitz, Europa..., S. 293–389.

63 Ebd., S. 356.

BASIC 15
Finanzwirtschaft: eine Welt von eigener Art
Welche Sonderregeln herrschen im Finanzsektor? Was macht den Sektor so ungeheuer attraktiv und destruktiv zugleich?

Der finanzwirtschaftliche Sektor besorgt Überlassungs-, Überweisungs-, Verwahr-, Anlage-, Versicherungs- und ähnliche Dienstleistungen, Geldschöpfung sowie Wetten verschiedenster Art, und zwar sowohl für andere als auch im »Eigenhandel«, d. h. auf bankeigene Rechnung. Güter und realwirtschaftliche Leistungen erstellt er nicht. Trotzdem ist der Finanzsektor unverzichtbar für die entwickelte, geldgeregelte und kreditgetriebene produktive Realwirtschaft. Aber das heißt weder, dass der Sektor in all seinen Teilen noch in seinem gegenwärtigen Umfang unverzichtbar ist. Soviel vorab.

Wie konnte der Finanzsektor überhaupt sein derzeitiges Volumen erreichen? Was begründet seine Attraktivität? Diesen Fragen soll zunächst nachgegangen werden.

Ausweichsektor Finanzwirtschaft: attraktiv und destruktiv

Realwirtschaftliche Investitionen besitzen einen *Produkteffekt*, d. h. sie führen mit einem produktionstechnisch bedingten, zeitlichen Abstand zu einem erhöhten Produktionsausstoß. Jeder realistisch kalkulierende Unternehmer wird sich deshalb im Laufe der Zeit Sorgen darum machen müssen, ob sich die zusätzlichen Waren und Dienstleistungen, die im Gefolge der ständig erweiterten Investitionen in seinem Wirtschaftszweig erstellt werden, noch gewinnbringend verkaufen lassen; er wird, mit anderen Worten, Zweifel an der Markträumungsfähigkeit der Einkommen entwickeln und Absatzschwierigkeiten für seine Waren befürchten.

Sobald er befürchten muss, dass sich weitere Investitionen nicht mehr lohnen, weil seine Märkte, gemessen an der verfügbaren Kaufkraft, gesättigt sind bzw. sobald er, anders gesagt, damit rechnen muss, dass seine Akkumulation in Überakkumulation umschlägt, wird er von weiteren Investitionen in seinem Wirtschaftszweig Abstand nehmen. Er wird sich diese Investitionen vielmehr entweder *sparen* oder er wird sie in andere Wirtschaftsbereiche *umleiten*. So hatte es in →*Basic 12* geheißen.

Sofern er nicht eine aktuelle oder sich abzeichnende Marktlücke entdeckt haben sollte, bietet sich dem Unternehmer der Finanzsektor als einträgliche Alternative für seine uneinträglich gewordenen realwirtschaftlichen Investitionen an (übrigens genauso wie für direkte, erstmalige Anlagen neu hinzukommender Investoren).[1] Denn im Finanzsektor wird ja nichts produziert; folglich besitzen finanzwirtschaftliche Investitionen gerade nicht den gefürchteten Produkteffekt mit all seinen Gefahren für Preise, Erlöse und Gewinne (→*Basic 12*)[2]. Bei Anlagen in Aktien, Staats- und Privatanleihen, Immobilien, Währungen, Derivate und andere Wertpapiere sind zunehmende Absatzschwierigkeiten aufgrund investitionsbedingt gewachsener Warenmengen genauso unbekannt wie kostspielige, produktive Überkapazitäten. Kurz: *Hier wirtschaftet man frei von der lästigen Produktion.*

In der Finanzwirtschaft werden vielmehr gegebenenfalls genau dieselben Aktien, Anleihen, Derivate unverändert wieder verkauft, in die zuvor »investiert« wurde. D. h.: In der Finanzwirtschaft sind Investitionen kein Mittel zur Erzeugung von Handelsobjekten in Gestalt von Waren und Dienstleistungen. Sondern hier werden die Investitionen selber zur Handelsware. Damit degenerieren Investitionen im Finanzsektor zu »Investitionen«, meint: zu bloßen Geldanlagen.[3] Diese Besonderheit *macht den Finanzsektor zu einer ebenso schönen wie gefährlichen, anderen Welt mit eigenen Regeln und Bedingungen.* Im Übrigen kann, wie gesagt, vorhandenes, freies, anlagesuchendes Kapital selbstverständlich auch von vornherein in die Finanzwirtschaft gelenkt werden, wenn sie sich denn schon einmal herausgebildet hat.

Von einem durch Investitionen ausgelösten Preisdruck kann in der Finanzwirtschaft deshalb keine Rede sein. Das Gegenteil trifft zu; grundsätzlich gelten die Regeln des *Schneeballsystems*: »Investitionen« in Finanzpapiere steigern den Preis der Papiere. Wenn die Papiere teurer werden, erscheinen sie wert- bzw. verheißungsvoller, und es wird verstärkt in sie »investiert«, sprich: es werden verstärkt Papiere gekauft; zusätzliche Geld- und Kreditmengen werden zu diesem Zweck teils mobilisiert, teils ausdrücklich neu geschöpft, strömen hinzu und treiben den Prozess weiter an.

Steigende Preise fördern also die Attraktivität der Papiere und der Unternehmen, die sie begeben, und die bloße Erwartung weiter steigender Preise steigert Nachfrage und Preise weiter. Das heißt: *In der Finanzwirtschaft treibt der Preis die Nachfrage, und die Nachfrage treibt ihrerseits den Preis* – im Finanzsektor herrscht kumulative, sich wechselseitig verstärkende Rückkoppelung. Kumulative Rückkoppelung aber bedeutet unbegrenztes Wachstum und wirkt daher selbstzerstörerisch.[4] *In der Finanzwirtschaft gibt es deshalb von vornherein einzig und alleine die Krise als Stabilisator.*

In der Realwirtschaft geht es dagegen über weite Strecken anders zu, hier beherrschen zunächst bzw. über lange Phasen hinweg die kompensatorischen, sich wechselseitig begrenzenden, negativen Rückkoppelungen das Feld: Wenn der Aal teurer wird, wird weniger Aal gekauft, und es kommt mehr Billigfisch auf den Tisch.

An dieser Stelle schon ist klar erkennbar: Der Finanzsektor kann sich nicht selber regeln, denn selber regelt er sich kumulativ, d. h. selbstzerstörerisch bis zur Krise als dem Punkt, an dem die vergebenen Kredite für den Kauf der immer teurer gewordenen Immobilien, Aktien, Anleihen und sonstigen Papiere nicht mehr bedient werden können und neue Kredite nicht mehr vergeben werden. *Dann platzt die Blase.*

Der Finanzsektor muss deshalb von Anfang an von außen geregelt, muss streng reglementiert werden. Sonst endet er immer wieder in der eigenen, kumulativen Gigantomanie, wird ausschließlich durch den äußeren Zwang der Krise zur Umkehr gezwungen (s. u.), obendrein nicht ohne zuvor die Realwirtschaft in Anspruch zu nehmen und mit in den Abgrund zu ziehen, sei es durch Wertetransfers, sei es durch plötzliche, nicht realwirtschaftlich begründete und insofern sachwidrige Kreditverknappung.

Aktuell heißt es, das Weltfinanzvolumen betrage das 35- bis 70-fache der realen, weltweiten Wertschöpfung; alleine im Derivatebuch der Deutschen Bank liegen Finanzpapiere zum schier unglaublichen Betrag von 48.000 Milliarden Euro.[5] Alle Schätzwerte reichen für die Erkenntnis aus, dass, wer die Krise nicht mutwillig füttern will, den Finanzsektor nicht sich selbst überlassen darf. Für seine unerlässliche Reglementierung kommt nach Lage der Dinge niemand in Frage außer dem Staat.

Das ist bedauerlich, zumal es gerade der Staat war, der das elefantöse Wachstum des Finanzsektors in Gang gesetzt hat, und zwar *zum einen* dadurch, dass er jene Regulierungen, die er als Lehre aus der Weltwirtschaftskrise von 1929 ff. ins System eingebaut hatte, Zug um Zug wieder ausgebaut hat. Joseph Stiglitz: »Etwa 1980 begann das Land [i. e. die USA, AS] mit einem gewagten Experiment, als die Regierung den Spitzensteuersatz senkte – angeblich, um Anreize zu verbessern – und durch Deregulierung ›die Wirtschaft befreite‹, insbesondere den Finanzsektor. Die Ergebnisse sind mittlerweile bekannt: Die

Einkommen von 90 Prozent der Einkommensbezieher stagnierten, ein hoher Prozentsatz verzeichnete sogar Einkommenseinbußen – nur die Topverdiener haben zugelegt. Und die Wirtschaft insgesamt entwickelte sich schlechter und wächst schwächer als in den Jahrzehnten nach dem Zweiten Weltkrieg.«[6]

Zum anderen hat der Staat das elefantöse Wachstum des Finanzsektors dadurch gefördert, dass er jene übermäßigen Vermögenszuwächse teils untätig hingenommen, teils auf unterschiedliche Weise, nicht zuletzt durch den Abbau von Einkommen-, Vermögen- und Erbschaftsteuer selber befördert hat (→*Basics 7–11*), sodass die begünstigten Vermögenden sich seit den 1980er Jahren zunehmend veranlasst, wenn nicht gar gezwungen sahen, ihre unablässig wachsenden Vermögen außerhalb der Realwirtschaft anzulegen – in der Finanzwirtschaft eben.

Aus dem einen folgt dasselbe wie aus dem anderen: *Der Staat hat's gegeben, der Staat muss es wieder nehmen.*

Erste Zusammenfassung: Real- und Finanzwirtschaft unterscheiden sich grundlegend.

In der *Realwirtschaft* gilt:
Preise ↗, Nachfrage ↘ und umgekehrt: Preise ↘, Nachfrage ↗,
in der *Finanzwirtschaft* gilt:
Preise ↗, Nachfrage ↗ und umgekehrt: Preise ↘, Nachfrage ↘.
Dabei indizieren – »↗ ↘« relative Stabilität (»kompensatorische bzw. negative Rückkoppelung«),
– »↗ ↗«prinzipielle Instabilität (»kumulative bzw. positive Rückkoppelung«).

Damit fehlen dem Finanzsektor die eigenen Ausgleichsmechanismen, die »eingebauten Stabilisatoren« in Gestalt »negativer Rückkoppelungen«, die das System über weite Strecken stabil, »im Gleichgewicht« halten, so dass die Krise, wie zuvor dargestellt, nur dann einspringen muss, wenn die Preis-Ausgleichsmechanismen aufgrund der deflatorischen Lücke periodisch über die Grenze ihrer Leistungsfähigkeit hinaus getrieben werden (→*Basics 12 f.*).

Der Finanzsektor dagegen ist von Anfang an sowie durchgängig durch wechselseitige Verstärkungsmechanismen (»positive Rückkopplungen«) geprägt, welche die herrschende Lehre gerne unspezifisch, dafür aber in urkeynesianischer Tradition verständnisvoll psychologisierend als »Übertreibungen«, »Herdentrieb«, »irrationalen Überschwang« (Robert Shiller) u. ä. erfasst.[7]

Ausweichsektor Finanzwirtschaft: flüchtig und bindungsarm

Außerdem herrscht im Finanzsektor hohe Unverbindlichkeit. Das erhöht sowohl seine Attraktivität für Anleger als auch seine Krisenanfälligkeit zusätzlich.

Die Bindung nämlich, die von finanzwirtschaftlichen Anlagen auf den Anleger ausgeht, ist wesentlich geringer als die Bindungswirkung echter, d. h. realwirtschaftlicher Investitionen. Finanztitel sind in der Regel täglich handelbar sowie ohne größeren Aufwand übertragbar; der Ausstieg ist deshalb gewöhnlich genauso einfach wie der Einstieg. Kursgewinne z. B. können im Allgemeinen kurzfristig realisiert, d. h. durch Verkauf des betreffenden Wertpapieres zu Geld gemacht werden.

Also erscheint der Einstieg in jeweilige Finanzgeschäfte rational, und zwar ungeachtet der letztlich zerstörerischen Tendenz ihrer schneeballähnlichen, kumulativen Dynamik. Auch diese Leichtigkeit des Engagements unterscheidet die Finanzwirtschaft grundlegend von der Realwirtschaft mit ihren teilweise hohen Eintrittsschranken und Austrittshürden. Das verstärkt den Reiz zusätzlich, wirtschaftliche Aktivität von der Real- in die Finanzwirtschaft zu verlagern bzw. sich gleich von vornherein in die Finanzwirtschaft zu begeben, wenn sie denn schon erreichbar ist.[8]

Als Vermittler, aber auch als im »Eigenhandel« auf eigene Rechnung Tätige stehen die Banken (und Schattenbanken[9]) in den Finanzmärkten von Natur aus im Zentrum des Geschehens. Durch ihre Fähigkeit, Kredite zu vergeben und neues Geld unter einzelwirtschaftlicher Zielsetzung zu erschaffen, treiben sie die beschriebene Entwicklung zusätzlich kräftig voran.

Der finanzwirtschaftliche Weg in die Krise

Dass dieses Spiel nicht endlos fortgesetzt werden kann, ist evident; schließlich kommt jeder Schneeball irgendwann im Tal an und schmilzt, während jede Blase – um ein anderes, geläufiges Bild zu gebrauchen – platzt, wenn sie ständig weiter aufgepumpt wird. Im Grundsätzlichen gilt, dass Kredite, welche die Produktivität nicht erhöhen, gleichwohl weitere Zins- und Rückzahlverpflichtungen schaffen; sie verteilen also unweigerlich hin zum Kreditgeber und weg vom Schuldner, dessen Rückzahlfähigkeit parallel dazu abnimmt. Wenn die erwarteten Gewinnraten auf Finanzanlagen auf Dauer höher erscheinen als die erwarteten Gewinnraten auf reale Investitionen, dann wird der Finanzsektor zum dominierenden, die Realwirtschaft erwürgenden Sektor der Wirtschaft. Denn er entzieht der Realwirtschaft die produktiven Investitionen, verwandelt sie in finanzwirtschaftliche »Investitionen«, sprich in unproduktive Anlagen. Sein Übergewicht treibt den Wirtschaftskreislauf allmählich, aber sicher in den Kollaps. Sobald daher im Laufe der Entwicklung

- die Banken ihre Kredite wieder zunehmend lax vergeben,
- die Aktienkurse ein Vielfaches des Eigenkapitals der Unternehmen erreichen,
- massenhaft erfolgreiche Börsengänge von Unternehmen zu verzeichnen sind, die noch niemals Gewinne erzielt haben,
- die Immobilienpreise durch Mieteinnahmen bzw. die Einkommen breiter, kaufinteressierter Bevölkerungskreise nicht mehr hereinzuholen sind,
- die Konsumentenkredite die Jahreseinkommen weit hinter sich lassen,
- ganze Wirtschaftszweige und Staaten überschuldet sind,
- die von den Banken ausgereichten Kredite auf breiter Front nicht mehr bedient werden können,
- Finanz-Versicherungen Leistungen erbringen müssen, die ihre Mittel weit überfordern,

dann ist es alsbald plötzlich und unversehens wieder einmal soweit: Die Beteiligten reiben sich die Augen und erkennen, anfangs vereinzelt, alsdann auf breiter Front, dass riesige Finanzvermögen vorhanden sind, denen keine realen Werte gegenüberstehen – bloße Zahlen ohne realwirtschaftliche Deckung. Die aus den Fugen geratenen Verhältnisse müssen durch Entwertung, sprich Krise, zurechtgestutzt und eingerenkt, angemessene Proportionen zwischen Real- und Finanzwirtschaft müssen wiederhergestellt werden (→*Basic 13*). Schlagartig kehrt sich die Entwicklung im Finanzsektor um in eine kumulative Kettenreaktion nach unten: Sinkende Preise lassen die Nachfrage zusammenbrechen, das senkt die Preise und so weiter.

Genau diese Situation war 2007 wieder einmal erreicht. Auslöser war das besagte Platzen der Immobilienblase in den USA; von dort breiteten sich die über Nacht zutage getretenen, finanzwirtschaftlichen Verwertungsprobleme in Windeseile über die Kontinente aus. Dass europäische Banken zuvor massenhaft verbriefte US-Hypothekenpapiere gekauft hatten (»the idiots from Dusseldorf«, wie man an der Wallstreet spottete), machte die Überquerung des Atlantiks zum Katzensprung: Die Krise der Finanzwirtschaft trat global zutage, allen voran als Krise der Banken, besonders der großen, international tätigen (die kommunalen Sparkassen und die genossenschaftlichen Volksbanken waren so gut wie nicht betroffen). Über eingefrorene Kreditvergabe drang die Krise schnell in die Realwirtschaft ein. Da die Krise zudem in kürzester Zeit in den führenden Wirtschaftsregionen gleichzeitig in Erscheinung trat, konnte auch der Export nirgendwo einen entscheidenden Ausgleichsbeitrag erbringen und die plötzlich zutage tretende Lücke auffüllen. So wurde die Krise zu einer globalen.[10]

Wieder aus der Krise heraus: der Staat als Retter und Sündenbock zugleich

Wie eingangs festgestellt, sind bestimmte Bankleistungen aber unverzichtbar für das Funktionieren einer Geldwirtschaft; speziell die großen Banken sind zu groß, zu komplex, zu stark untereinander sowie mit der übrigen Wirtschaft verwoben, als dass ein Staat sie untergehen lassen könnte. Sie sind, mit einem Wort, »systemrelevant«.

Gerade unter den taumelnden Banken befanden sie sich vorneweg, die großen Banken, diejenigen, die »too big to fall« sind. Folglich sahen sich die Staaten gezwungen, »ihre« großen Banken zu retten.[11] Ohne Zögern übernahmen sie die Sanierungskosten.[12] »Ökonomen beziffern die Kosten nur für den Bundeshaushalt allein in den ersten zwei Jahren auf 200 Milliarden Euro oder 2500 Euro pro Bürger.«[13] Eine groteske Umverteilung; viele Staaten haben dadurch eine drückende Schuldenlast auf sich genommen.

Die laufenden, unumgänglichen Entwertungen wurden also umgeleitet, und zwar weg von den Banken, ihren Eigentümern, Gläubigern und Schuldnern, hin zum Staat als neuem Schuldner und Lastträger. Für Vermögende besitzt eine derartige Umleitung vier unschätzbare Vorteile:

1. Die Betroffenen geben den Schwarzen Peter der Entwertung weiter an den Staat, schonen also ihr Vermögen und ihren guten Ruf zu Lasten erhöhter staatlicher Verschuldung. (Zur Erinnerung: Vermögen = Schulden, →*Basic 4*.)
2. Ihr gerettetes Vermögen können die Betroffenen postwendend dem im Zuge seiner Rettungsaktion verstärkt kreditbedürftig gewordenen Staat leihweise zur Verfügung stellen, obendrein in der Regel mit Zinsanspruch; sie schaffen sich also mit ihren finanzwirtschaftlichen Aktivitäten eigenhändig jenen hinreichend potenten Schuldner, den sie immer schon gesucht haben (→*Basic 1*); der Schuldenstaat seinerseits gerät dabei

in die beschriebene, immer größere Abhängigkeit von den Vermögenden (→*Basic 4*). Im Ergebnis verdienen die Vermögenden sogar an der Krise.

3. Die Krise selber erscheint jetzt als eine Staatsschuldenkrise, d. h. als Krisenverursacher gilt wieder einmal der über seine Verhältnisse wirtschaftende Staat (so der durchgängige Tenor in Wirtschaftswissenschaften, Politik & Medien, s. a. →*Basic 1*) – er wird auf klassische Weise zum *»Sündenbock«*[14].
4. Die Finanzspekulanten dagegen sind dank der Staatsintervention aus dem Blickfeld verschwunden. Infolgedessen erscheint nicht die Austrocknung des Finanzsektors als Gebot der Stunde, sondern ein als »Strukturreformen« verkleideter Sozialabbau und Anspruchsverzicht des Kleinen Mannes, der »seinem« Staat wieder aus der Verschuldung heraushelfen muss. Es ist die Zeit der HUDSON'schen Regeländerungen (→*Basic 4*).

Nie zuvor ist es gelungen, dass Staaten eine derartige Vermögensumverteilung von Arm nach Reich (insgesamt werden Beträge von bis zu 4 500 Milliarden US-Dollar genannt) unter allgemeiner Zustimmung organisieren konnten. Ein grandioser Coup! Und eine großartige, mustergültige *Externalisierung*, um schon einmal jenen Begriff einzuführen, der in →*Abschnitt B* eine tragende Rolle spielen wird.

Andererseits bleibt diese Entwicklung nicht ohne Spuren: Im kollektiven Gedächtnis hat sich die Erfahrung eingegraben, dass über Nacht Abermilliarden Euro zur Rettung von Banken ausgegeben werden,[15] und zwar von Banken, die sich in ihrer Gier verzockt, wenn nicht gar auf schlichtweg kriminelle Machenschaften eingelassen haben, während für die nötigsten Sozialausgaben jeder Euro dreimal umgedreht wird – jetzt sogar, unter Hinweis auf die enorme Verschuldung, erst recht. Der eine oder andere Bürger denkt dabei ziemlich konkret, denkt z. B. an die 7.800 Schadenersatz- und Strafprozesse, die sich die Deutsche Bank bei der Verfolgung ihres berühmt-berüchtigten Renditeziels von 25 % eingehandelt hat[16], einerseits, sowie an die Behandlung von Kindern aus Hartz IV-Familien etwa bei Schulessen und Schulausflügen, andererseits.

WOLFGANG STREECK hat die Gefahren, die aus dieser Entwicklung erwachsen, benannt: »Wenn Vernunft heißt, dass die Forderungen der ›Märkte‹ an die Gesellschaft erfüllt werden müssen, und zwar auf Kosten ebenjener Mehrheit der Gesellschaft, der nach Jahrzehnten neoliberaler Marktexpansion nichts bleibt außer Verluste, dann könnte in der Tat das Unvernünftige das einzig Vernünftige sein.«[17] Hier wurden der Brexit sowie manch andere, verstörende Wahlergebnisse beidseits des Atlantiks vorhergesagt!

Ganz anders übrigens EUGENE FAMA. Dafür, dass er mit einer »Effizienzmarkthypothese« alles wegredet, was hier dargestellt wurde, um dem Finanzsektor stattdessen eine höchste, dreifach gestufte Rationalität und Effizienz (nämlich die des Anlegers, des Marktes und – ja doch – der Spekulation) zuzuschreiben: Dafür ist EUGENE FAMA im Jahre 2013 der Nobel-Preis für Ökonomie überreicht worden – gleich so, als hätte es die Krise von 2008 ff. und ihre Vorgänger, die Dot.com-Krise von 2000, das Rentenmarktdebakel von 1994 u. a. nie gegeben. Die Wirtschaftswissenschaften, dies sei vorweggenommen, nehmen eine extreme Sonderstellung in der Welt der Wissenschaften ein (mehr dazu: →*Exkurs 17*).

Was zu tun ist

Viel, sehr viel sogar. Hier lediglich besonders Dringliches im Überblick: Es gilt

- dem völlig überdimensionierten Finanzsektor wieder zu angemessener Größe zu verhelfen, seine Komplexität zu reduzieren und die »too big to fall«-Strukturen aufzubrechen,
- die Eigenkapitalanforderungen an Banken und, noch wichtiger: Versicherungen kräftig zu erhöhen[18], Schattenbanken der allgemeinen Bankenregulierung zu unterwerfen, das Trennbankensystem zu (re-)installieren[19],
- die Finanzwirtschaft wieder streng an der Realwirtschaft und deren Investitionsförderung auszurichten, Versicherungen wieder auf die Absicherung realwirtschaftlicher, nicht: finanzwirtschaftlicher Risiken zu orientieren,
- Ratingagenturen, Wirtschaftsprüfer und Buchführungsstandards zu reformieren, die Regeln der Finanzwirtschaft zu straffen, um sie überhaupt wieder handhabbar zu machen,
- das Entlohnungs- und Anreizsystem der Finanzmarktagenten streng zu reglementieren,
- einen »Finanz-TÜV« einzuführen, der die diversen Derivate, Zertifikate, Optionen, Genussscheine, Wandelanleihen, geschlossene Immobilien- und Schifffonds, ETC, ETF, Bonitätsanleihen, Differenzkontrakte und was sonst noch so alles auf die Finanzmärkte gebracht

worden ist, auf ihren gesamtwirtschaftlichen Nutzen zu überprüfen sowie gegebenenfalls – nach dem Muster der übermäßig gekrümmten Gurken – vom Handelsverkehr auszuschließen,[20]

- Leerverkäufe und Kreditausfallversicherungen schlicht und einfach zu verbieten;
- vor allem aber muss die Ungleichheit in der Verteilung von Einkommen und Vermögen schrittweise auf ein Maß zurückgeführt werden, welches als Anreiz für wirtschaftliches Handeln dienlich ist (→*Basic 10*). Denn diese Maßnahme begrenzt zugleich den Zufluss zu den Finanzmärkten automatisch. *Auf mittlere und lange Frist gesehen, ist dies in ihrer ganzen Beiläufigkeit sogar die entscheidende Tat.*

Ein Bündel von Maßnahmen also, dabei jede, für sich genommen, eine Herkules-Aufgabe, weil nur gegen massiven, hinhaltenden Widerstand mächtiger, geldwerter Interessen durchsetzbar. Außerdem müssen dazu auf internationaler Ebene koordinierte, korrespondierende Maßnahmen vereinbart *und durchgeführt* (!) werden.

Theoretisch sind die Maßnahmen kaum umstritten. Aber praktisch geht es so gut wie nicht voran. Und wo doch, da nicht selten in die falsche Richtung. Hermann Schulte-Mattler hat das Regulierungsdickicht untersucht, das im Gefolge der Finanzkrise in der EU entstanden ist, und ist auf 34.019 Seiten gestoßen.[21] Nicolaus Cusanus hätte darin wahrscheinlich so etwas wie ein Zusammenfallen der Gegensätze, seine »coincidentia oppositorum«, erkannt: Viel zu viel = Nichts; Nebensächliches wird bis ins Detail geregelt, höchst Wesentliches bleibt unberührt und wird darüber »vergessen« (exemplarisch: die »Finanztransaktionssteuer«, d. h. die Beendigung der Umsatzsteuerbefreiung des Finanzsektors: s. u.).[22]

Jede Maßnahme rechtfertigt eine eigene Abhandlung. Dafür ist hier nicht der Ort. Exemplarisch sei verwiesen auf Sven Giegold u. a.[23] Hier soll lediglich auf einen Punkt näher eingegangen werden, der, obwohl grundlegend, im Allgemeinen entweder geflissentlich übersehen oder elegant übergangen wird. Gemeint sind einmal mehr die Steuern, genauer: die enge, negative Korrelation zwischen »Steuern für Vermögende« (→*Basic 8*) einerseits und der Übergröße des Finanzsektors andererseits.

Die euphorische Erfolgsmeldung in Das Parlament vom 24.7.2017, nämlich: die »Banken haben ausgezockt«, ist deshalb nicht nur reichlich verfrüht, sondern schlicht irreführend. Ganz im Gegenteil ist zu diagnostizieren, dass das deutsche, das Euro- und das globale Finanzsystem – anders als im Anschluss an die Krise von 1929 ff. – bestenfalls in Randbereichen reguliert ist.[24] Deshalb ist es wohl eher KLAUS REGLING, der Chef des Euro-Rettungsfonds ESM, der den Ernst der Lage erfasst: »Lassen Sie mich hier ausdrücklich vor der Gefahr der politischen Untätigkeit warnen.«[25]

Vermögen und Schulden in der Finanzwirtschaft, mit Steuern steuern

Fakt ist: Das adipöse Wachstum der Finanzwirtschaft seit den siebziger Jahren des vergangenen Jahrhunderts fiel »mit der fiskalischen Krise der reichen Demokratien zusammen«.[26] Betrug das Volumen der weltweiten Finanztransaktionen 1970 das einfache, 1990 das 15-fache, so war es vor Ausbruch der Weltfinanzkrise 2007 auf das – so nunmehr GIEGOLD u. a.[27] – 74-fache der gesamten Weltwirtschaftsleistung angewachsen.

Mit zunehmender, globaler, insbesondere öffentlicher Verschuldung entstand für den Finanzsektor jene Basis, auf der sich im Laufe der Jahre der gewaltige, gegenwärtige Überbau auftürmen ließ. Denn wenn die reichen Staaten ihre fehlenden Steuereinnahmen durch Kredite ersetzen, dann treiben sie bekanntlich die Finanzgeschäfte auf *beiden* Seiten des Marktes voran:

- Auf der einen Seite erhöhen sie den Umfang des anlagesuchenden Kapitals der geschonten Vermögenden;
- auf der anderen Seite bieten sie diesem Kapital in ein und demselben Akt eine außerordentlich sichere Anlagemöglichkeit beim Staat, dem immer noch sichersten Schuldner weit und breit (→*Basics 2–4*).

Damit entschärfen sie das ewige Engpassproblem an den Kreditmärkten, nämlich den Mangel an *kreditwürdigen Schuldnern*, und festigen und verbreitern die Basis des Finanzsektors. Die Vermögenden nämlich sind darauf angewiesen, »zur Absicherung ihrer Portfolios mindestens einen Teil ihres Kapitals in Staatsanleihen anlegen zu können«[28], »[d]ie Anleihen über 34 Billionen Dollar, welche die Industriestaaten ausgegeben haben, bilden quasi das Fundament, auf dem die Finanzmärkte stehen.«[29]

Freilich macht sich der Staat, obwohl *beidseitiger Treiber und fundamentaler Festiger* des Finanzmarktgeschehens in einem, auf diesem Weg selber zum Getriebenen.

Denn auf den Finanzmärkten tritt er ausschließlich als Kreditnehmer auf; sein Förderprogramm für Kreditgeber wirkt außerhalb des Finanzsektors auf dem Feld der Steuerpolitik, indem er nämlich auf eine leistungsfähigkeitsgerechte Besteuerung der Vermögenden verzichtet. Seine Fördererfolge kommen jedoch nicht ihm, dem Staat, zugute. Sondern ihnen, den Vermögenden. Denn sie sind es, die sich den Staat auf diesem Wege dienstbar machen (→*Basic 4*).

Wenn der Staat sich dagegen benötigte Mittel bei den Vermögenden leistungsfähigkeits- und sachgerecht als Steuern statt als Darlehen besorgt, entzieht er diese Mittel den unproduktiven Kreisläufen der Finanzspekulation und führt sie zurück in den Kreislauf der produktiven, realen Wirtschaft. Denn der Staat wird die Steuermittel umgehend wieder ausgeben, und zwar vorzugsweise zur Erstellung bzw. zum Erwerb öffentlicher Güter und Leistungen. Der Staat investiert seine Einnahmen wirklich, real: in der Realwirtschaft. Das KAMPPETER-Kunststück ist vollbracht (→*Basic 3*).[30]

Die Rolle der EZB: Geldschwemme und Niedrig-Zinsen

Wenn der Staat sich jedoch stattdessen weiter verschuldet, braucht er zu allem Überfluss von einem bestimmten Punkt an geldpolitische Hilfe, um die Zinshöhe erträglich zu halten. Er benötigt, mit anderen Worten, eine Flutung der Finanzmärkte. Die Geldschwemme nämlich drückt die Zinsen.

Aber: Sie bläht die Vermögenswerte aus Wertpapieren und Immobilien auf, ersetzt den Vermögenden die schwindenden Zinseinnahmen durch erhöhte Verkaufserlöse und Dividenden, während die Geldschwemme die Sicherheiten der einfachen Bürger in Gestalt von Lebensversicherungen, Rentenfonds und Sparrücklagen angreift sowie die Mieten in die Höhe treibt.[31] Außerdem führt die Geldschwemme zur Abwertung bzw. zur Unterbewertung der jeweiligen Währung. Eben dadurch fördert sie Absatz und Gewinne der exportierenden Wirtschaft, während sie die Importwaren für die konsumierende Bevölkerung verteuert (→*Basic 14*). Wenn die Geldschwemme in den realwirtschaftlichen Sektor überschwappt, wirkt sie inflationär – und manches mehr.

Die Tagespresse meldet: »Glatte 40 Prozent des Vermögenszuwachses binnen Quartalsfrist gingen auf Bewertungsgewinne an den Börsen zurück. Denn deren Kurse sind wegen der EZB-Geldpolitik in die Höhe geschossen. Und man muss nicht einmal auf spektakuläre Kursgewinne zielen. Allein die Dividenden der deutschen börsennotierten Firmen stiegen auf Rekordniveau. Aber nur jeder achte Deutsche hat Geld in Aktien oder Aktienfonds angelegt.« Blättert man die Seite um, so trifft man auf MARCEL FRATZSCHER, den Präsidenten des Deutschen Instituts für Wirtschaftsforschung, der dort zu Protokoll gibt: »Fast jeder zweite Deutsche hat heute einen geringeren Reallohn als noch vor 15 Jahren.«[32]

Der Verzicht auf Steuerung der wirtschaftlichen Entwicklung durch ausreichende Besteuerung (→*Basics 1–4*) macht also höchst riskante Operationen auf verschiedenen, anfälligen Gebieten mit gefährlichen Langzeitfolgen unumgänglich. Nicht zuletzt laufen sie Teilen der keynesianischen Krisentherapie zuwider; KEYNES wollte unter anderem durch den »sanften Tod des Rentiers« finanzwirtschaftliche Renditen in die Realwirtschaft transferieren, um die Rentabilität des realwirtschaftlichen Kapitals anzuheben. Hier dagegen fließen die Werte in die umgekehrte, die verkehrte Richtung.

Außerdem kann eine lockere Geldpolitik der EZB schon deshalb nicht die gepriesene, dauerhafte Lösung darstellen, weil es nicht der Mangel an Liquidität ist, der die Wirtschaft behindert, in die Krise führt und dort festhält. Sondern es ist, wie zuvor im Einzelnen dargelegt (→*Basics 12 f.*), der Mangel an Nachfrage sowie – in ihrem Gefolge – an gewinnträchtigen Investitionsmöglichkeiten in der Realwirtschaft, der die Probleme schafft.

Die Steuer auf Finanzumsätze als leuchtendes Beispiel

Eine herausragende, positive Rolle spielt in diesem Zusammenhang die »Finanztransaktionssteuer«, d. h. die *Beendigung des Bankenprivilegs auf umsatzsteuerbefreiten Geschäftsbetrieb* (zur Umsatzsteuer →*Basic 6*). Zu diesem Zweck genügt es, die beiden vorhandenen Umsatzsteuersätze um einen dritten Satz von 0,1 % für Aktienumsätze bzw. 0,01 % für Derivate zu ergänzen. Diese extrem niedrigen Sätze würden Jahr für Jahr hohe Einnahmen in die Steuerkassen spülen (es wird alleine für Deutschland gemäß einer DIW-Schätzung mit bis zu 44 Mrd. Euro jährlich gerechnet).

Bedeutender als ihre fiskalische Potenz ist jedoch die Lenkungswirkung einer verallgemeinerten, entprivilegierten Umsatzsteuer.[33] Sie würde nämlich die Finanzmärkte beruhigen. Dem Hochfrequenzhandel, der davon lebt, geringste Kursdifferenzen rein EDV-maschinengesteuert weltweit in Bruchteilen von Sekunden auszunutzen, bringt die Einbeziehung der Finanzwirtschaft in die Umsatzsteuer sogar das verdiente Aus[34] – der Musterfall einer Lenkungssteuer (→*Basic 2 ff., bes. 9*).

In der Finanzkrise von 2008 ff. haben viele Verantwortliche in der EU ihre Absicht verkündet, die durch nichts gerechtfertigte Privilegierung der Finanzumsätze durch Einführung der »Finanztransaktionssteuer« umgehend zu beenden. Leider wartet die Welt bis heute noch darauf, dass der Ankündigung die Tat folgt. Und so wird es denn wohl auch bleiben: Luxemburg *droht* Deutschland *und* Frankreich, sie mögen diese Steuer gerne einführen; Luxemburg werde das niemals tun; stattdessen werde Luxemburg gerne einspringen und die deutschen und die französischen Finanzgeschäfte übernehmen.[35] So sind die Steuer-Verhältnisse in der EU: Der Zwerg droht den beiden Goliaths! Das ganze Projekt »Finanzwende – den nächsten Crash verhindern« wirkt wie eingeschläfert: *Reform der Währungsunion*? In Arbeit. *Echte Bankenunion*? Beschlossene Sache. *Abgestimmte Unternehmensbesteuerung*? Seit 2011 in Planung. »*Transaktions*«*-Steuer*? Siehe oben.

Es wird geredet, nicht gehandelt bzw.: Es wird geredet, um nicht zu handeln. Währenddessen wachsen die Handelsvolumina, die Akteure sind dieselben wie zuvor, außerdem sind sie eher größer geworden als geschrumpft. Ja, es droht sogar ein neuerlicher Deregulierungswettlauf. Dabei wären alleine »für die Abwicklung eines Instituts wie der Deutschen Bank ab 500 Milliarden Euro aufwärts erforderlich« – so Das Parlament (vom 17.12.2018).

Dank der keynesianisch inspirierten, kurzfristig relativ erfolgreichen EZB-Politik war die Finanzkrise offensichtlich nicht einschneidend genug, um zur Umkehr zu veranlassen; der relative, kurzzeitige Erfolg *verhindert Strukturreformen im Finanzsektor*, wie sie als ebenfalls durchweg keynesianische Lehre aus der Krise von 1928 ff. durchgesetzt worden waren und welche für mehr als eine halbes Jahrhundert eine beachtliche finanzwirtschaftliche Stabilität gesichert haben. Das Ganze ist ein Trauerspiel. Und beängstigend, denn, um an Sepp Herbergers berühmtes Diktum anzuknüpfen: *Nach der Blase ist vor der Blase.*

Doch zurück zur Umsatzsteuer. Die in →*Basic 10* mit deutlich mehr als 100 Milliarden Euro bezifferten jährlichen deutschen Steuerreserven sind einstweilen um die geschätzten Milliarden aus jährlich entgangener Steuer auf Finanzumsätze aufzustocken. Alle Probleme von Staatshaushalt und Infrastruktur werden damit auf einen Schlag lösbar.[36]

Zusammenfassung: Verklärende Worte versus klärende Begriffe

In der Finanzwirtschaft wird nichts produziert. Deshalb besitzen finanzwirtschaftliche »Investitionen« gerade nicht jenen Produkteffekt, der den Investoren in der Realwirtschaft aufgrund der deflatorischen Nachfragelücke das Leben schwer macht und weitere Investitionen verhindert (in marxistischer Terminologie: der den Akkumulationszwang des Kapitals periodisch oder säkular in Überakkumulation umschlagen lässt).

Diese Besonderheit begründet sowohl die besondere Attraktivität des Finanzsektors als auch die besonderen Regeln, nach denen dieser Sektor funktioniert, nämlich kumulativ; darüber hinaus begründet sie die besondere Gefahr, die ihm innewohnt, nämlich: Selbstzerstörung durch kumulative, ausschließlich durch den äußeren Zwang der Krise umkehrbare Rückkoppelungsprozesse – in der Finanzwirtschaft führen steigende Preise zu steigender Nachfrage, die wiederum die Preise steigen lässt usw.

Anstatt zu produzieren handelt die Finanzwirtschaft mit Ansprüchen und Verpflichtungen, die auf Papier (bzw. digital) dokumentiert werden. Das einzige Produkt, das in diesem Sektor eine Rolle spielt, ist bedrucktes Papier; *man handelt hier mit Papier.* Dabei erfolgt der Papierhandel selbstverständlich nicht um des Papierwertes willen, sondern lediglich seiner Dokumentationsfähigkeit wegen. Sobald das Dokumentierte uneinbringlich wird, werden die Papiere »toxisch«, auf Deutsch: giftig.

Die übliche Rede von der Finanz*industrie* und ihren Finanz*produkten* ist daher abwegig. Und zwar führt sie deshalb in die Irre, weil sie ihren zentralen Akteuren, allen voran den Banken bzw. den Bankern, ein Ansehen verschafft, welches ihnen nicht gebührt. Gewöhnlich unbedacht, von interessierter Seite allerdings durchweg mehr oder weniger bewusst ins Spiel gebracht, schmückt die Rede von der Finanzindustrie und ihren Produkten die Finanzmarktakteure mit den fremden Federn der Produktivität.

Damit verkehrt die unbedachte Rede das grundlegende Merkmal dieses Wirtschaftssektors in sein glattes Gegenteil. Die Rede trägt höchst wirkungsvoll bei zu einer verkehrten, verklärten Sicht auf die Welt der Banken, Schattenbanken und Finanzen. Effektive Maßnahmen zur dringend notwendigen Eindämmung dieses Sektors zu ergreifen wird dadurch auf subtile, unmerkliche Weise erschwert. Besonders erwähnt seien in diesem Zusammenhang jene bis in die amtliche Statistik vorgedrungenen Definitionen und Konventionen, die alles, was im Finanzsektor geschieht, als »produktive Leistungen«

erfassen.[37] An diesem Beispiel erweist sich besonders deutlich, wie hochpolitisch Sprachformung ist und wie man den Gegner aller Argumente beraubt, indem man ihn sprachlos macht: Wer kann denn so töricht sein, produktive Leistungen zu behindern? Nicht einzuschränken und zu bestrafen, zu fördern und zu belohnen sind die Finanzmarktakteure, die produktiven!

Geld produziert aber keine Werte. Dazu bedarf es des Menschen und der Natur. Die Finanzmarktakteure bzw. all jene, die ihnen verbunden sind in Wissenschaft, Politik & Medien, haben hart daran gearbeitet, die Vorstellung von einer eigenen, finanzwirtschaftlichen Produktivität zu verbreiten und als sprachliche, unbedachte Selbstverständlichkeit schon im Vorbewussten bei möglichst jedem fest zu verankern. Auf diese Weise hilft die unbedachte Rede den Beteiligten im Finanzsektor, ihre »Becher und Schüsseln auswendig reinlich zu halten, inwendig aber ist's voll Raubes und Fraßes!«, wie es im bildmächtigen Buch der Bücher heißt.[38]

Man kann deshalb gar nicht oft genug betonen, wie wichtig für das Verständnis der Welt der Gebrauch der richtigen *Be-griffe* ist und wie sehr falsche verhindern, dass richtige Maßnahmen *er-griffen* werden. Die handlungspraktische, erste und sofort anwendbare Lehre lautet deshalb schlicht und einfach: *Vermeide die Rede von »Finanzprodukten« etc. Die vermeintlichen Produkte sind bloße Konstrukte*, bestenfalls Finanzdienstleistungen; die vermeintliche Industrie ist ein Gewerbe, das Finanzgewerbe, bzw. ein Wirtschaftssektor, der Finanzsektor; die »Finanztransaktionssteuer« ist die altbekannte Umsatzsteuer, die jetzt endlich keinen Bogen mehr um den Finanzsektor mit seinen Spekulanten macht; für »Finanzinnovationen« gilt die Expertise des ehemaligen Präsidenten der US-Notenbank, Paul Volcker: »Die einzig sinnvolle Innovation der letzten Jahrzehnte war der Geldautomat.«[39] Finanz-»Investoren« schließlich sind, schlicht und einfach, vermögende *Anleger*, die institutionellen eingeschlossen.[40]

Die nachfolgende Abbildung 21 zeigt dasselbe als Konzentrat.

verklärender Finanzsprech	*(er-)klärender Begriff („Klartext")*
Finanzinvestor	(vermögender) Anleger
die (Finanz-)Märkte	vermögende Anleger/die vermögenden Anleger
Finanzindustrie	Finanzgewerbe/Finanzsektor
Finanzprodukt	Finanzkonstrukt; falls nützlich: Finanz-Dienstleistung
Finanztransaktionssteuer	Umsatzsteuer auf Finanzgeschäfte
Investmentbanking	Wertpapierhandel
ein Land zurück an die Märkte bringen bzw.	ein Land für vermögende Anleger wieder attraktiv/zinsträchtig machen bzw.
Rückkehr in die finanzielle Unabhängigkeit	Fähigkeit, sich wieder selbstständig an den Finanzmärkten zu verschulden (→*Basic 4*)
Finanzinnovation	Einführung von Geldautomaten, Handyzahlung u. Ä.

Grundsatz: »*Politik ist Benennungshandeln… Politik vollzieht sich in Sprache.*« *Wo schon die Worte nicht stimmen, da können die Werke nicht gelingen.*[41]

Abb. 21: Verklärender Finanzsprech und klare Sprache (Synopse)

Fazit

Der Finanzsektor ist Ausweichsektor für nicht mehr produktiv verwendete Vermögen. Im Gegensatz zur Realwirtschaft verfügt der Finanzsektor über keine eigenen, eingebauten Stabilisatoren in Form kompensatorischer Rückkoppelungen. Stattdessen wird seine Entwicklung von kumulativen Rückkopplungsprozessen bestimmt. Aus diesem Grunde ist der Finanzsektor von Grund auf instabil. Eine strenge und weitgehende staatliche Reglementierung muss diesen besonderen Mangel des Finanzsektors ausgleichen. Als Richtschnur dienen drei Worte: Verkleinern, verlangsamen, vereinfachen!

Dabei führt der einfachste, zielsicherste Weg über die Verteilung, und zwar sowohl über die sekundäre als auch über die primäre, konkret: über sach- und leistungsfähigkeitsgerechte Steuern für Vermögende (StV, →*Basic 8*) und/oder über hohe Löhne im Zuge einer produktivitätsgerechten, vollbeschäftigungsorientierten Arbeitszeitpolitik (→*Abschnitt C*, einschließlich umlagefinanzierter Renten in angemessener Höhe, →*Abschnitt D*). Denn wenn Gewinne bzw.

Vermögen erst gar nicht in übermäßigem Umfang anfallen, brauchen und können sie auch nicht mehr in den Finanzsektor ausweichen.

Der Weg zur Verkleinerung, Verlangsamung und Vereinfachung führt mithin geradewegs zu jenem Einfachen, das so schwer zu machen ist. Denn die Widerstände (sprachlich, politisch, ideologisch, letztlich auch physisch, sprich: gewalttätig) sind enorm.

Was im Gefolge der Krise von 2008 ff. bisher an punktuellen, durchweg detailversessenen Regulierungen installiert wurde, ist völlig unzureichend, wenn nicht gar abwegig, rückwärtsgerichtet.

Weiterführende Bemerkungen und Belege zu Basic 15

1 Wie kann man sich solch einen *Umstieg* aus der Real- in die Finanzwirtschaft praktisch vorstellen? Dazu drei Beispiele aus dem brodelnden Wirtschaftsleben.
1. *Umstieg*: Ernst-Herbert Pfleiderer ist bis 2010 »Aufsichtsratschef der Pfleiderer AG, eines der weltweit führenden Herstellers von Holzspanplatten, aus der Nähe von Nürnberg. Dann aber scheidet er aus. Sein Cousin Hans Theodor verkauft im selben Jahr Aktien des Unternehmens im Wert von 4,7 Millionen Euro. Nun stecken sie ihr Geld in Cum-Ex, d. h. in zirkuläre Aktiengeschäfte um Dividendenstichtage herum.« Dieses Geschäft zu Lasten der Steuerzahler erbrachte Eingeweihten jahrelang sichere, hohe Gewinne; realwirtschaftliche, obendrein immer von der deflatorischen Lücke und ihren periodischen, wechselhaften Erscheinungen bedrohte Geschäfte können da nicht mithalten. Außerdem sind sie viel anstrengender. Im November 2010 werden deshalb weitere 20 Millionen Euro aus dem Unternehmen entnommen und unter dem »›Betreff: Investment 2011‹« in Cum-Ex-Geschäfte angelegt. »Dem Unternehmen, das noch ihren Namen trägt, geht es allerdings schlecht, es schreibt rote Zahlen und kämpft nach einer verfehlten Expansionspolitik mit einem milliardenschweren Schuldenberg. Im März 2012 ist die Pfleiderer AG insolvent. In der Folge verlieren 2400 Mitarbeiter ihren Job.« (Die Zeit vom 8.6.2017, S. 21) Realwirtschaftler prangern an: »Siemens macht mit 377.000 Menschen, die hart und gut arbeiten, derzeit rund sechs Milliarden Euro Gewinn. Es gibt Hedgefonds, die den gleichen Profit mit 100 Leuten schaffen.« (Joe Kaeser im Handelsblatt vom 23.4.2018, S. 6; allgemein zu den Cum-Geschäften und ihrem Volumen: →*Basic 6, Anm. 12*)
Von den Mühen der Produktion befreit, verheißt der Finanzsektor das dolce vita.
2. *Vermischung*: Als eine seiner ersten Amtshandlungen hat US-Präsident Trump Unternehmenssteuern gesenkt. Dadurch standen die US-Konzerne von heute auf morgen vor großen, unerwarteten Extragewinnen. Was anfangen damit? Zu einem erheblichen Teil kauften sie damit eigene Aktien (im Februar 2018 summierten sich die Rückkaufankündigungen auf 154 Mrd. US-Dollar). Durch die unternehmenseigene Rückkäufe sinkt die Anzahl der handelbaren

Aktien an der Börse. Das treibt ihren Preis in die Höhe – ohne dass sich realwirtschaftlich irgendetwas ändert.
In diesem Fall liegt weniger ein Umstieg in die Finanzwirtschaft als vielmehr eine (weitere) Integration finanzwirtschaftlicher Aktivitäten in den Geschäftsbetrieb dar. Diese innerbetriebliche Bewegung ist trotz ihrer praktischen Bedeutung in der Regel von außen schwer zu erfassen und zu quantifizieren. Das Handelsblatt (vom 17.6.2015) schreibt zu diesem Trend: »Statt Produkte zu erfinden, üben sich US-Firmen im Zahlenjonglieren [...] Statt Wissenschaftler einzustellen, Forschungslabore einzuweihen oder neue Geschäftsfelder zu gründen, bauen US-Konzerne ihre Finanzabteilungen aus« – nicht zuletzt übrigens, um die Möglichkeiten auszuloten, in den Genuss von Zinsergänzungs- und -ersatzleistungen (→*Basic 4*) zu gelangen sowie um den internationalen Steuerwettbewerb (→*Basic 10*) auszunutzen und ihre Steuerpflichten zu umgehen.
3. *Erpressung*: Als Beleg dafür dient die Bankenrettung 2008 ff. Sie wird auf den folgenden Seiten näher beschrieben (unter der Zwischenüberschrift »Wieder aus der Krise heraus: der Staat als Retter und Sündenbock zugleich«, S. 269, und soll hier nicht vorweggenommen werden).

2 S. Unterkapitel »Investitionszyklus: Produkt- und Einkommenseffekt im Zeitablauf«. S. 200.

3 Karl Marx hat diesen Sachverhalt bekanntlich auf folgende, übersichtliche »allgemeine Formel des Kapitals« gebracht: Aus (dem realwirtschaftlichen) G – W – G' wird (das finanzwirtschaftliche) G – G', wobei G für Geld, W für Ware und G' für G + ΔG, also für mehr Geld stehen: s. Das Kapital, Band 1, 4. Kapitel.
In seiner derzeitigen Form hat der Finanzsektor zu Marxens Zeiten jedoch noch nicht existiert. Vielmehr ist er im Zuge der neoliberalen Wende in den 1970er Jahren entstanden, d.h. zu einer Zeit, als »die Investitionsrate in den wichtigsten kapitalistischen Staaten von ca. 24 % drastisch auf 17,5 % im Jahr 2010 gesunken, während die Gewinnrate im gleichen Zeitraum von 28,5 auf fast 36 % gestiegen ist. Es darf angenommen werden, dass die Differenz genau dem überschüssigem Kapital entspricht, das den Weg in den Finanzsektor eingeschlagen hat [...] Die weltweit sinkende Lohnquote im Kapitalismus nach dem Sieg des Neoliberalismus hat die Neigung der Unternehmer, statt in die Realwirtschaft in den Finanzsektor zu investieren, [...] zusätzlich gestärkt.« (Mohssen Massarrat, Braucht die Welt den Finanzsektor? Postkapitalistische Perspektiven, Hamburg 2017, S. 158 sowie 159 f.; s. hierzu auch →*Basic 1, Anm. 5*.)

4 Negative (kompensatorische) Rückkoppelung hält Systeme aus eigener Kraft stabil nach dem Muster des Heizungsthermostates: Mit zunehmender Wärme schaltet sich die Heizung aus, bei abnehmender Wärme schaltet sie sich wieder ein.
Positive (kumulative) Rückkoppelung dagegen wirkt durch unbegrenztes, sich wechselseitig stimulierendes Wachstum zerstörerisch: Mit zunehmender Wärme wird immer mehr Wärme zugeführt. Kumulative Rückkoppelungen müssen deshalb durch *äußere, fremde* Prozesse begrenzt werden, wenn Selbstzerstörung vermieden werden soll.
Zur fundamentalen Bedeutung der Regelungen auf diversen Gebieten von Natur und Gesellschaft, Wissenschaft und Technik s. Georg Klaus/Heinz

Liebscher, Stichwort »Rückkoppelung«, in: Georg Klaus/Manfred Buhr, Hrsg., Philosophisches Wörterbuch, Band 2, 8. Aufl., Leipzig 1971, S. 965 ff., bzw. ausführlich: Georg Klaus, Kybernetik und Gesellschaft, Berlin 1964.
Das Phänomen der negativen Rückkoppelungen in der Realwirtschaft ist übrigens sachliche Grundlage für die »unsichtbare Hand« des Adam Smith. Die dem Finanzsektor eigenen positiven Rückkoppelungen erfassen Wohlgesonnene als »irrationales Verhalten«, »emotionalen Überschwang« o. ä. (so z. B. Alan Greenspan, der US-Notenbanker, und Robert Shiller, der Ökonomie-Nobelpreisträger).

5 Diesen Betrag hat die EZB in einer Sonderprüfung ermittelt. (Quelle: Frankfurter Allgemeine Zeitung vom 17.4.2018).

6 Joseph Stiglitz, Europa spart sich kaputt – Warum die Krisenpolitik gescheitert ist und warum der Euro einen Neustart braucht, München 2016, S. 379.

7 Dabei ist es keineswegs so, dass alle Beteiligten blind gegenüber dieser einzigartigen Krisendynamik wären. Aber sie sind ihr ausgeliefert: »Wir wussten genau, dass der Markt für minderwertige Hypotheken zusammenbrechen würde. Wir wussten nur nicht genau, wann. Wir glaubten den Experten, die sagten, bis zum Absturz dauert es ein bis zwei Jahre […] Wer zu früh aussteigt, verliert seinen angestammten Platz. Wer zu spät aussteigt, viel Geld. Die Management-Entscheidung war: Wir müssen im Spiel bleiben.« So schildert es beispielhaft der Chef-Volkswirt der Deutschen Bank, David Folkerts-Landau (am 12.9.2018 im Handelsblatt, https://www.handelsblatt.com/finanzen/banken-versicherungen/tv-kritik-abrechnung-mit-Ackermann). Zu den Möglichkeiten der Wirtschaftsprognostik, insbesondere zur zeitgenauen, s. →*Basic 16*.

8 Schon zur Eröffnung einer simplen Gaststätte z. B. müssen Konzessionen und relativ kostspielige Einrichtungen beschafft sowie in der Regel ein langfristiger Mietvertrag abgeschlossen werden, der nicht gegebenenfalls von heute auf morgen wieder rechtswirksam gekündigt werden kann. Ein Einstieg in die Herstellung von Automobilen, Smartphones oder Betriebssystemen ist mit ungleich höherem Ein- und Ausstiegsaufwand (darunter: Abfindungen) verbunden und deshalb teilweise nur unter Inkaufnahme großer Verluste überhaupt noch möglich.
Zwischen Ein- und Ausstieg im Geschäftsbetrieb liegt in der Realwirtschaft erst recht viel Mühe & Gefahr. Elon Musk z. B., der gefeierte Gründer des Elektroauto-Unternehmens »Tesla«, weiß davon ein garstig Lied zu singen. Er spricht von nicht weniger als der »*Hölle der Produktion*«; sein Unternehmen hat in seiner 15-jährigen Geschichte als Elektro-Pionier noch keinen einzigen Dollar verdient. »Vielmehr hat Tesla Verluste von 5,4 Milliarden Dollar eingefahren. Experten erwarten, dass innerhalb eines Jahres weitere 1,3 Milliarden Dollar hinzukommen […] Zugleich verliert Tesla zusehends seinen Vorsprung gegenüber der Konkurrenz« in Gestalt der alteingesessenen Automobilbauer. (Zitate: Berliner Zeitung vom 14.6.2018, S. 7)
Die Moral von der Geschicht': Meide die Produktion, wenn eben möglich, geh lieber ins Schlaraffenland der reinen Finanzen, dorthin, wo gebratene Tauben in den Mund fliegen!

9 *Schattenbanken* sind gewissermaßen die Schwarzen Löcher im System. Von ih-

nen gehen größte Gefahren aus. Schattenbanken sind Finanzinstitute wie z. B. (Lebens-)Versicherungen und Fondsgesellschaften, Hedge-, Private Equity- und Geldmarktfonds, die Bankgeschäfte ohne Banklizenz betreiben, also insbesondere Kredite ausreichen und Einlagen zu festen Rückkaufwerten zurücknehmen, ohne aus formalen Gründen den Regelungen für Banken unterworfen zu sein. Schattenbanken verwalten ein Vermögen von fast 100 Billionen Dollar.

10 Zur Erinnerung noch einmal d*er damalige Krisenverlauf im Kurzabriss:* Zwischen 1998 und 2006 waren die Häuserpreise in den USA durchschnittlich um das 2,6-fache gestiegen. Wesentlich für diese Entwicklung war, dass der damalige US-Präsident George W. Bush die Unzufriedenheit der einfachen Menschen mit stagnierenden und sinkenden Löhnen durch lockere Vergabe von Immobilienkrediten an arme Familien auffangen wollte. Er ließ also, makroökonomisch gesehen, die deflatorische Lücke, sprich den systemeigenen Mangel an *Löhnen durch Kredite auffüllen*; die halbstaatlichen Hausfinanzierer Fanny Mae und Freddy Mac hielt er zu diesem Zweck ausdrücklich zu unverantwortlichen Kreditgewährungen an. 2006 platzte die Blase.

Die Folge dieses *Ersatzes von Löhnen durch vorübergehende Verschuldungsfähigkeit*: Immobilien, weil unverkäuflich, wurden als Kreditsicherung wertlos, Banken mussten Kredite massenhaft abschreiben. Angst verbreitete sich unter Anlegern, die Preise für verbriefte Kredite fielen ins Bodenlose. Daraufhin brach auch der Geldmarkt, also der Markt der Banken für Zentralbankgeld, zusammen; die Kreditvergabe an die Realwirtschaft wurde zurückgefahren. Das wiederum hatte zur Folge, dass reale Investitionen zurückgestellt werden mussten, was wiederum die Arbeitslosigkeit weltweit wachsen ließ.

Weil der also bis in die Realwirtschaft vorgedrungene Abschwung alle führenden Wirtschaftsregionen innerhalb kurzer Zeit erreichte, konnten Exportsteigerungen nirgendwo als Ausgleich für die schrumpfende Binnennachfrage einspringen, so dass sich die Finanzkrise flugs zur globalen Wirtschaftskrise fortentwickelte.

11 Die Ausnahme bildet Island; die Schulden der isländischen Banken waren zehnmal höher als das isländische Bruttoinlandsprodukt, überforderten also die isländische Leistungsfähigkeit total; deshalb stellte der zuständige Europäische Gerichtshof weise fest, die isländische Regierung müsse die ausländischen Gläubiger nicht befriedigen – der Anspruch auf eine unmögliche Leistung ist nichtig, braucht also im Grund erst gar nicht abgewiesen zu werden. So steht's im Übrigen, auf den gesunden Menschenverstand und die römische Rechtstradition zurückgreifend, im Bürgerlichen Gesetzbuch: »Der Anspruch auf Leistung ist ausgeschlossen, soweit diese für den Schuldner oder für jedermann unmöglich ist.« (§ 275, Abs. 1 BGB; mit ähnlichem Ergebnis die Lehre vom Wegfall der Geschäftsgrundlage: § 313, Abs. 3, S. 1 BGB).

12 Dabei waren drei Modelle gängig: a) die Vergabe staatlicher Kredite an Problembanken, b) die Voll- oder Teilübernahme vorhandener oder neuer Bankaktien, c) die Entlassung in die Insolvenz bei Übernahme insolvenzbedingter Ausfälle vorzugsweise in Gestalt neu gegründeter Abwicklungsinstitutionen (»bad banks«).

13 Alexander Hagelüken, Das gespaltene Land – Wie Ungleichheit unsere Gesellschaft zerstört und was die Politik ändern muss, München 2017, S. 126. In

der Berliner Zeitung vom 9.10.2017 war folgende Übersicht über die Kosten der Bankenrettung zu finden:

Abb. 22: Erhöhung des Anteils staatlicher Schulden und Kreditgarantien am jeweiligen Bruttoinlandsprodukt infolge der Finanzkrise (um ... % des BIP des Jahres 2010)

Irland	123,5	Österreich	10,4
Griechenland	26,7	Luxemburg	9,8
Belgien	21,0	Spanien	8,6
Zypern	17,0	Portugal	6,8
Deutschland	15,7	Frankreich	4,7
Niederlande	15,7	Italien	0,3
	Eurozone 11,4		

Quelle: IMK, Hans-Böckler-Stiftung

14 S. Drittes Buch Mose, 16,1–28.

15 Alleine in Deutschland waren es 392 Milliarden Euro Steuergelder, mit denen die Banken, genauer: ihre Aktionäre und Gläubiger sich hatten retten lassen, nachdem sich einige von ihnen kurz zuvor noch der legendären, 25-prozentigen Akkermann-Verzinsung (s. nachfolgende Anm. 16) hatten erfreuen können. (Beträge nach Sven Giegold u. a., Finanzwende ..., S. 76; dort auch weitere Details).

16 Im Februar 2005 hat der damalige Vorstandsvorsitzende der Deutschen Bank, Josef Ackermann, freudestrahlend eine Rendite von mindestens 25 % nach Steuern als dauerhaftes Unternehmensziel lauthals verkündet. Das war der Anfang vom Abstieg der führenden deutschen Bank zu einer kriminellen Wettorganisation. Zehn Jahre später hat das Flaggschiff des deutschen Bankwesens kein einträgliches Geschäftsmodell mehr, aber 7.800 Schadenersatz- und Strafprozesse auf beiden Seiten des Atlantiks am Hals und kämpft ums Überleben.

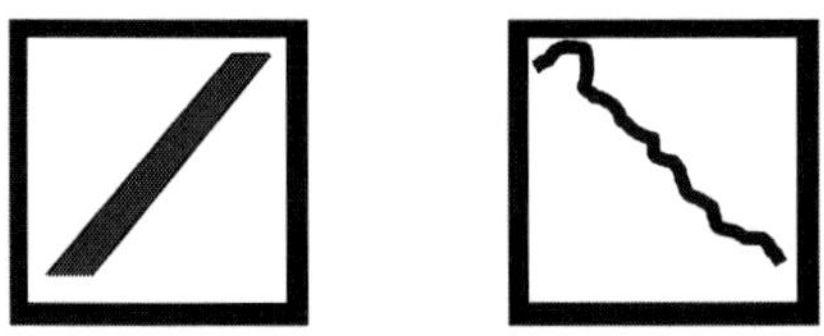

Firmenlogo

Wertentwicklung (Aktienkurs) im Gefolge von Ackermanns Renditeziel von 25 Prozent (Prinzipdarstellung)

Abb. 23: Entwicklung der Deutschen Bank 2004–2018: Das Logo bleibt konstant, die Wertentwicklung hat sich umgekehrt.

17 Wolfgang Streeck, Gekaufte Zeit – Die vertagte Krise des demokratischen Kapitalismus, erw. Ausg., Frankfurt/M. 2015 [2012], S. 260 f. Das Vernünftige wäre dann wohl das Hoffen auf »ein[en] Teil von jener Kraft, die stets das Böse will, das Gute schafft«, wie es im »Faust« heißt.
An anderer Stelle habe ich die Diagramme des Wachstums der privaten Vermögen einerseits und der Staatsverschuldung in Deutschland andererseits seit 1970

abgebildet; die Diagramme lassen sich nachgerade deckungsgleich übereinanderlegen; sie unterscheiden sich »nur« in der Skalierung der jeweiligen Euro- bzw. DM-Achsen (die privaten Vermögen sind beständig rund dreimal so hoch wie die Staatsschulden): s. Axel Stommel, Die Reichen, die Banken, die Schulden und wir, Bad Homburg 2012, S. 31. Genau an dieser Stelle liegt daher der Grund für die ebenfalls bereits erwähnte Feststellung der Boston Consult, die Probleme ließen sich durch eine 30-prozentige Vermögensabgabe aus dem Wege schaffen.

18 »Während Banken ihr Eigenkapital in Prozent messen [...], geben Versicherer ihr Eigenkapital [...] in Promille an – so unterkapitalisiert sind sie.« (Sven Giegold u. a., Finanzwende..., S. 132.)

19 Die Europäische Kommission hat im Herbst 2017 diese Aufgabe allerdings schon wieder aufgegeben; die seit Jahren diskutierte Richtlinie zur Bankenstrukturreform, in der die Einführung eines Trennbankensystems zentral war, wurde sang- und klanglos beerdigt – die Schock der Finanzkrise erschien den Kommissaren wohl inzwischen hinreichend verblasst, folglich auch ihre eigene Bereitschaft zur Regulierung von Großbanken: Es gilt weiterhin, ja angesichts der seitherigen Konzentrationsprozesse im Bankensektor sogar verstärkt »too big to fall«. Alles wie gehabt. Ein Schwarzer Tag, an dem diese Entscheidung fiel!

20 In Deutschland besonders dringlich: »In anderen Ländern müssen Finanzprodukte erst genehmigt werden. In Deutschland ist jedes Produkt [gemeint: jedes Konstrukt, AS] erlaubt, das nicht verboten wurde. So wuchs der Graumarkt, *lange gefördert durch Steuervorteile und laxe Gesetze*, in eine Dimension, die andernorts in Europa unbekannt ist.« (Süddeutsche Zeitung vom 24.3.2018, S. 24, Hervorhebung AS.)

21 In: Handelsblatt vom 10.11.2015.

22 Genau genommen ist viel zu viel hier sogar weniger als nichts. Denn diese Regelflut lädt geradezu ein zur interessierten, selektiven Nutzung bzw. Ausnutzung: Niemand überblickt alles, aber jeder, der sich sein Interesse leisten kann, findet irgendwo etwas Vorteilhaftes, Verwertbares, eine Spitzfindigkeit bzw. ein Schlupfloch, durch das er mit Gewinn hindurchschlüpfen kann.

23 Sven Giegold u. a., Finanzwende – Den nächsten Crash verhindern, Berlin 2016.

24 Zur Erinnerung: Als Lehre aus der Krise von 1929 ff. wurde in den USA z. B. das Trennbankensystem installiert, wodurch den Banken mit Kundeneinlagen der spekulative Handel untersagt war; die Wechselkurse zwischen den Hauptwährungen wurden fixiert, der Kapitalverkehr wurde auf die Finanzierung des internationalen Handels beschränkt – Keynes' Lehre, dass die freie Kapitalbewegung regulatorisch eingeschränkt werde müsse, wurde befolgt.
Nichts dergleichen 2008 ff.: Die Finanzwirtschaft kann sich weiterhin frei innerhalb und zwischen den Währungsräumen bewegen, und das Größenwachstum ihrer Akteure bleibt unangetastet.
Während die Ausgaben- und Geldpolitik durchaus wichtige Lehren aus der früheren Krise gelernt hat (s. hierzu exemplarisch →*Basic 13, Anm. 12*), gilt dies für die Behandlung des Finanzsektors gerade nicht – da waren die Altvorderen schon wesentlich weiter.

25 In: Süddeutsche Zeitung vom 13.4.2018, S. 16.

26 Wolfgang Streeck, Gekaufte Zeit..., S. 123.

27 Zahlen nach SVEN GIEGOLD u. a., Finanzwende…, S. 101.
28 Ebd., S. 171.
29 STEFAN KAUFMANN, Die Euro-Krise – ein Schnellkurs, in: Berliner Zeitung vom 15.7.2011. Zu den Proportionen: Rund ein Viertel aller weltweiten Schulden sind Staatsschulden.
30 Verwendung von Steuermitteln zur Schuldentilgung stellt jene geläufige Ausnahme dar, welche die Regel bestätigt.
31 Für den Mietanstieg genügt der Blick in die Tagespresse; die größte deutsche private Altersversorgungsanstalt, die BVV, hat ihre Leistungsversprechen für künftige Vertrage 2016 um 24 % gekürzt, sodass Versicherungswillige gezwungen sind, ihre Ansprüche entweder drastisch zu senken oder ihre Beiträge drastisch zu erhöhen.
32 Berliner Zeitung vom 18.4.2015, S. 9 und 10.
33 Zur Unterscheidung zwischen Lenkungs- und Fiskalsteuern s. →*Basic 9*.
34 Weil keine einzige dieser Zinsdifferenzen jemals über 0,01 % liegt, würde der ganze Handel zum Verlustgeschäft. (Zum Gewinngeschäft machen ihn nicht die Höhe der Zinsdifferenzen, sondern die gigantischen Volumina und die unerhörte Taktzahl der Umsätze.)
35 Macron – Mustereuropäer a. D., Bericht vom 12.7.2017 in SpiegelOnline.
36 Das Kapital sei ein scheues Reh: Diese Behauptung ist zuvor erörtert worden (→*Basic 10*).
Auch von der Umsatzsteuer auf Finanzgeschäfte wird – ganz im Rahmen des Bildes vom scheuen Reh – gerne behauptet, sie sei nicht praktikabel, weil leicht zu umgehen. Mit einer Kombination aus Residenzprinzip (Banken werden am Sitz ihrer Zentrale besteuert) und Ausgabeprinzip (der Handel mit deutschen Wertpapieren wird in Deutschland besteuert, die Banken müssen ihre Bücher offenlegen, wenn sie nicht zweimal zahlen wollen) lassen sich die Umgehungsstraßen ziemlich einfach und wirkungsvoll sperren.
Voraussetzung einmal mehr allerdings: Man muss es wollen.
37 Die entscheidende Bedeutung dieses sprachlichen Sachverhalts ist übrigens eines der Leitmotive in MICHAEL HUDSONS voluminösem, gelegentlich ausuferndem und mäanderndem Werk: Der Sektor – Warum die globale Finanzwirtschaft uns zerstört, Stuttgart 2016.
38 MATTHÄUS 23.25.
39 Zitiert nach Sven GIEGOLD u. a., Finanzwende…, S. 101. (VOLCKERS Ausspruch stammt aus dem Jahre 2009).
40 Speziell Pensionsfonds spielen auf den Finanzmärkten eine bedeutende Rolle und verweisen auf den Irrweg der vermeintlich kapitalgedeckten Rente (→*Abschnitt D*).
Auf Pensionsfonds und andere institutionelle Vereinigungen von Finanzanlegern wie Vermögensverwaltungen, Private-Equity-Firmen, Hedgefonds, Staatsfonds, Banken, Versicherungen und große Unternehmensvermögen trifft zu, was MARGARET THATCHER zu Unrecht von der ganzen Gesellschaft behauptet hat: »There is no such thing as society; there are individual men and women/So etwas wie Gesellschaft gibt es nicht; es gibt nur einzelne Männer und Frauen.« (MARGARET THATCHER am 23.9.1987 im Interview mit Woman's Own)

Bei Finanzanlegern dagegen wird THATCHER Recht haben: Dort gibt es keine Institutionen, sondern nur Menschen, die sich in Institutionen organisieren. Als Organisierte entfalten sie allerdings mehr Macht denn als Individuen. Ihre Macht sollte nicht obendrein sprachlich überhöht und gesalbt werden durch unbedachte, begriffliche Zuschreibung nicht vorhandener Investoren-Eigenschaften.

41 Das wörtlich Zitierte entspricht ERHARD EPPLERS schon einmal erwähnten Worten auf der Tagung der Evangelischen Akademie Bad Boll am 23.10.2009; das sinngemäß Wiedergegebene stammt, wie ebenfalls bereits erwähnt sowie dort in wortgetreuer Übersetzung aufgeführt (*→Basic 6, Anm. 9*), von KONFUZIUS. Außerdem im vorliegenden Zusammenhang von Bedeutung ist der Kurzsatz: »Am Anfang war das Wort.« (JOH. 1.1)

BASIC 16
Wirtschaftsprognosen: die ständige Versuchung
Was ist vorhersehbar am Konjunktur- und Krisenlauf? Warum ist Präzision reine Illusion – in der Wirtschaft wie beim Wetter?

Investitions- und Kreditzyklen der Privathaushalte, Unternehmen, Banken und Staaten besitzen eigene, uneinheitliche Amplituden, d. h. uneinheitliche Ausschlagstärken und -längen. Sie können deshalb zusammenfallen und sich wechselseitig verstärken, können sich aber auch zeitweilig überlagern und gegenseitig kompensieren.

Für die durch die Außen- und die Finanzwirtschaft bedingten Zyklen gilt dasselbe: Sowohl die Flucht in andauernde Exportüberschüsse als auch der Gang in die Finanzwirtschaft stellen Wege zur zeitweiligen Überbrückung der deflatorischen Lücke dar – im ersten Fall entgehen entscheidende Teile der nationalen Wirtschaft den krisenhaften Folgen mangelhafter Binnennachfrage, indem sie die Binnennachfrage durch ausländische Nachfrager ersetzen (wobei sie allerdings die ausländische Kundschaft oftmals selbst in erheblichem Umfang mit Krediten versorgen müssen); im zweiten Fall setzen sich große Teile der Realwirtschaft in den Finanzsektor mit seinen eigenen Regeln ab. Auch diese beiden Bewegungen besitzen je eigene sowie in hohem Maße politisch bestimmte Amplituden.

Mit diesen Worten lassen sich wichtige Ergebnisse der vorgehenden →*Krisenbasics 12–15* grob zusammenfassen. Welche Bedeutung besitzen diese Feststellungen für die Möglichkeiten, wirtschaftliche Entwicklungen vorherzusehen?

Eine Frage des Ortes und der Zeit: Periodizität und Prognostizierbarkeit oder: Warum der Münzwurf oft ein ebenbürtiges Prognose-Instrument ist

Wie ausgeführt, bewirken die verschiedenen Faktoren in ihrem je besonderen Zusammenspiel, dass der letzte Grund der Krisen, obwohl als deflatorische Lücke im privatwirtschaftlichen Produktionsprozess ständig angelegt, nur in unregelmäßigen Abständen und unterschiedlichen Gestalten in Erscheinung tritt. Keine Krise erscheint daher gleich wie die andere; ungeachtet ihres einheitlichen Grundes beruht jede Krise auf einer scheinbar zufällig zustande gekommen, eigenen Konstellation – mal stürzt die Börse ab, mal platzt dot. com, mal versinken asiatische Entwicklungsländer in Schulden, mal südamerikanische Schwellenländer, mal erscheint der US-Immobilienmarkt als Kern der Krise, dann wieder tritt die Krise als Euro-Staatsschuldenproblem in Erscheinung. Dabei gilt schon für simple Spekulationsblasen: Man erkennt sie erst, wenn sie geplatzt sind (so Alan Greenspan, der langjährige US-Notenbanker, aus leidvoller Erfahrung). All das ist es und noch viel mehr, was den Ökonomen das Leben so schwer macht.

Im Detail kalkulier- und damit prognostizierbar ist dieser hochkomplexe Vorgang nicht, denn er wird von unzähligen weitgehend spontanen, sich in unterschiedlichen Ausmaßen gegenseitig beeinflussenden, sich teils widersprechenden, teils verstärkenden menschlichen Entscheidungen und Reaktionen getragen. Im Einzelnen vollzieht sich der Gesamtvorgang daher *scheinbar zufällig*. Als ein scheinbar zufälliger ist er *jedoch notwendig und insofern zwangsläufig, also gesetzmäßig*. Dieser Eigenart des ökonomischen Erkenntnisgegenstandes ist geschuldet, was Josef Schumpeter in seinen letzten Schaffensjahren verstört beklagte, nämlich »daß der Boden der Nationalökonomie nicht trittfest« ist, sodass er manchmal das Gefühl hat, »sich in einer Sumpflandschaft [zu] bewege[n]«.[1]

Allgemein gilt in der wirtschaftlichen Wirklichkeit aus diesen und weiteren Gründen: *Das Exakte ist ungenau, das möglichst Genaue ist immer nur ungefähr – Präzision ist pure Illusion*. Präzise, zumal zeitlich und örtlich präzise Prognosen, die über einzelne, eng begrenzte Aspekte der wirtschaftlichen Wirklichkeit hinausgehen, sind reine Glückssache. »Oft ist der Münzwurf ein gleich gut geeignetes Prognoseinstrument«, lautet die bitter-ironische Klage von Ulrich Fritsche aus dem Institut für Makroökonomie und Konjunkturforschung.[2]

Selbst die sachlich und zeitlich eng begrenzten, punktuellen Prognosen bleiben äußerst fragil – man denke nur an die jährlichen Vorhersagen des amtlichen »Arbeitskreises Steuerschätzung«. Wie hoch werden die Steuereinnahmen in den nächsten Jahren ausfallen, lautet die vergleichsweise überschaubare, auf eine einzige Zahl bezogene Frage. Um sie zu beantworten, sind jedoch eine riesige Anzahl von Faktoren und Wechselwirkungen zu beachten, die das Geschehen überdies streckenweise spontan beeinflussen können. Von den ständigen, krassen Fehlprognosen der Troika in den Eurokrisenländern soll erst gar nicht die Rede sein; »[l]iest man sich die verschiedenen Vereinbarungsprotokolle (Memoranda of Agreement) zwischen Griechenland und der Troika durch, ist man perplex: Sie lagen in ihren Vorhersagen durchweg völlig daneben, trugen diese aber in der Überzeugung vor, Irrtümer seien ausgeschlossen.«[3]

Der Wirklichkeit enthoben: Die neoklassische Ökonomie als Glasperlenspiel

Solch rigorose Gleichgültigkeit gegenüber den tückischen Eigenheiten der ökonomischen Materie ist inzwischen zu einem Erkennungsmerkmal der herrschenden, neoklassischen Wirtschaftswissenschaft geworden; dementsprechend sieht sich beispielsweise der als »Die Fünf Wirtschaftsweisen« bekannte Sachverständigenrat zur Begutachtung der gesamtwirtschaftlichen Entwicklung genötigt, zu seinen eigenen, zurückliegenden Vorhersagen unverhohlen zu bemerken: Die »abgeleiteten Schlussfolgerungen für die Wirtschaftspolitik werden nicht schon dadurch hinfällig, dass sich die Prognose später nicht bestätigt hat.«[4] Im Klartext: Wirtschaftspolitisch haben wir in unserer Weisheit immer Recht; ob sich unsere Vorhersagen und Ratschläge als richtig oder falsch erweisen, tut nichts zur Sache.

Das heißt in letzter Konsequenz: Dieser Theorie ist die Realität nicht gewachsen; die Wirklichkeit kann ihr nichts anhaben, denn diese Wissenschaft steht über der Wirklichkeit. Wo immer die beiden, Theorie und Wirklichkeit, einander verfehlen, da liegt es an der Wirklichkeit, die sich in unverantwortlicher, undisziplinierter Weise nicht theoriekonform verhält – kurz: *Mag die Wirtschaft untergehen, die neoklassische Theorie bleibt bestehen.* Hier entscheidet die politische Überzeugung, nicht die ökonomische Realität. In dieser Haltung degeneriert die Theorie zu einem »Glasperlenspiel« (Hermann Hesse), d. h. zu einem hoch intellektuellen, strengen und komplizierten Regeln folgenden, durch und durch unkreativen Hantieren hochdotierter, abgeschotteter, elitärer Spezialisten mit ökonomischen Klischees.

Komplexität, Zufall und sich selbst erfüllende Prophezeiungen – zur strukturellen Verwandtschaft von Ökonomie und Meteorologie

Was in der wirtschaftlichen Entwicklung über Punktuelles hinaus erkannt werden kann, sind sozioökonomische Entwicklungslinien und -perspektiven etwa nach Art der folgenden: »Permanente, erhebliche Außenhandelsungleichgewichte schaffen solide Voraussetzungen für polit- und sozioökonomische Krisen, erst recht so deregulierte Finanzmärkte sowie eklatante Verteilungsungleichheiten.«

Das entspricht den Möglichkeiten der Wettervorhersage: »Die permanente, erhebliche Erwärmung des Klimas schafft solide Voraussetzungen für die weltweite Zunahme und die wachsende Heftigkeit von Unwettern, Ernteausfällen und Migration.« Die banale Frage dagegen, ob es an einem bestimmten Ort zu einem bestimmten Zeitpunkt regnen wird oder trocken bleibt, ist dagegen schon für den nächsten Tag nicht verlässlich zu beantworten: »Niederschlag ist einer der kompliziertesten Prozesse in der Atmosphäre.« (So Detlev Majewski, der Leiter der Abteilung Meteorologische Analyse und Modellierung beim Deutschen Wetterdienst.) Dasselbe lässt sich von der Krise sagen: Sie ist einer der kompliziertesten Prozesse in der Wirtschaft. Wann und wo genau sowie in welcher Form Krisen bzw. Unwetter auftreten werden, kann nicht vorausgesagt werden; im Detail kommt alles immer anders als erwartet.

Obwohl gleichermaßen höchst vage, sind Aussagen von Meteorologen über die zunehmende Unwetterneigung sowie Aussagen von Ökonomen über wachsende Krisenneigungen dennoch unbedingt beachtenswert – sie begründen Handlungen bzw. fordern dazu auf, mit einem Wort: sie sind *handlungsorientierend*. Trotz der durch Zufall respektive derzeitige Unkenntnisse bestimmten Unbestimmtheiten in der örtlichen und zeitlichen Konkretion ihrer Aussagen haben Meteorologen und Ökonomen infolgedessen ein gewichtiges Wort mitzureden, wenn es um die Zukunft unseres blauen Planeten geht.

Im Detail entscheidet jedoch das Unbekannte, das noch nicht Erfassbare bzw. der Zufall über den Lauf der Ereignisse, und sei es auch nur der scheinbare. In der Gesellschaft jedenfalls setzen sich Notwendigkeiten »hinter dem Rücken« der Akteure bzw. Agenten, wie Marx zu sagen pflegte, gerade auch über scheinbar zufällige Handlungen und Ereignisse durch.

Hinzu kommt – und hier endet die strukturelle Gleichartigkeit von Ökonomie und Meteorologie –, dass Wirtschaftsprognosen mit der prognostizierten sozio- bzw. politökonomischen Entwicklung rückgekoppelt sind. Sie können sich deshalb unter Umständen selber erfüllen bzw. selber zerstören. Yuval Noah Harari hat den klassischen Fall benannt: »Eine Revolution, die sich vorhersagen lässt, bricht erst gar nicht aus.« Es wirkt der sogenannte Ödipus-Effekt, im vorliegenden Fall in seiner negativen Variante als sich selbst zerstörende Prophezeiung.[5]

Die Natur dagegen kennt keine Ödipus-Effekte; Wetterereignisse, und zwar gewöhnliche sowohl als auch extreme, kümmern sich rein gar nicht darum, ob sie sich vorhersagen lassen oder nicht – sie finden statt oder sie lassen es. *Bewusstsein, Interessen und absichtsvolles, eingreifendes Handeln treten vielmehr alleine bei der prognostischen Erfassung sozioökonomischer Entwicklungen als zusätzliche, erschwerende Momente hinzu*: Menschen verhalten sich mit Absicht, interessengeleitet, bewusst sowie obendrein sporadisch anders als gewohnt bzw. als zu erwarten (große Feldherren wie ALEXANDER, HANNIBAL und NAPOLEON verdanken diesem Umstand ihre größten Siege). Dass am Ende ein- oder wechselseitig absichtsvoller Handlungen freilich oftmals, ja fast schon gewöhnlich Ergebnisse und Entwicklungen stehen, die niemand beabsichtigt hat, eben Entwicklungen »hinter dem Rücken« der Handelnden, macht der sozioökonomischen Prognostik das Leben zusätzlich schwer.

Außerhalb des Menschen kennt die Natur dagegen weder Absicht noch Interesse noch Bewusstsein. In den Naturwissenschaften spielt der Zufall deshalb eine andere, geringere Rolle; er steht, wenn überhaupt, für (noch) nicht wissen, (noch) nicht kennen, für (noch) nicht korrekt Erfassbares aufgrund übergroßer Komplexität. In den Sozialwissenschaften dagegen ist der Zufall, *darüber hinausgehend,* genuiner Ausdruck für Unberechenbarkeit aufgrund je individueller bzw. kollektiver, interessengeleiteter Spontaneität.[6]

Ihre jeweilige, überaus hohe Komplexität weist die Ökonomie und die Meteorologie also als Verwandte aus; die unterschiedliche Rolle, die der Zufall für ihre jeweiligen Entwicklungen spielt, darunter vor allem der Umstand, dass Prognosen alleine in der Gesellschaft Rückbezüglichkeiten entfalten, offenbart dagegen den Grad ihrer Verwandtschaft: Bei Ökonomie und Meteorologie handelt es sich wohl eher um Cousinen, jedenfalls nicht um Geschwister und schon gar nicht um Zwillinge. Und die Ökonomie ist die Schwierigere von beiden.[7] Speziell was den Bestimmtheitsgrad ihrer Orts- und Zeitangaben betrifft, liegt die sozio- bzw. politökonomische Prognostik aus den geschilderten Gründen strukturell näher bei PYTHIA und dem Orakel von Delphi als bei den Vertretern der modernen Astrophysik, wenn sie Orte und Zeiten künftiger Sonnenfinsternisse bekannt geben.

Der eingangs zitierte Stoßseufzer des ULRICH FRITSCHE vom Institut für Makroökonomie und Konjunkturforschung (»Oft ist der Münzwurf ein gleich gut geeignetes Prognoseinstrument«) ist in der Materie des Untersuchungsgegenstandes begründet, nicht in intellektuellen Mängeln der Wirtschaftsforscher.

Einschub zum ausgeprägten, positiven Interesse an schlechter, verklärender Wissenschaft

An dieser Stelle bietet es sich an, in aller Kürze vorab festzustellen, dass die absichtslose, unbewusste Natur auch kein Interesse daran entwickelt, ihre Daten und Gesetze dem wissenschaftlichen Zugriff zu entziehen oder dem Forscher absichtsvoll verfälscht zu übermitteln. Dieses Interesse ist vielmehr alleine im gesellschaftlichen Bereich weit verbreitet.

Demgemäß bildet sich speziell im sozioökonomischen Bereich unter bestimmten Umständen sogar notwendigerweise und insofern gesetzmäßig ein dezidiertes Interesse an schlechter, *ver*klärender Wissenschaft. Aus diesem Grund entsteht namentlich in der Ökonomie geradezu zwangsläufig ein selektiv begründetes Verlangen danach, bestimmte Erkenntnisse, z. B. über die Quellen von Gewinn, über Macht und Einfluss sowie, last not least und wie zuvor beschrieben (→*Basics 12 ff.*), über systemeigene, »endogene«[8] Wirtschaftskrisen weder zu gewinnen noch – und das erst recht nicht – zu verbreiten. Diese schlechte, verklärende Wissenschaft ist es gerade, die nach dem Muster der neoklassischen Wirtschaftslehre von interessierten Seiten ausgezeichnet, nach Kräften gefördert sowie als angeblich höchstentwickelte, nobelpreisdekorierte Wissenschaft verbreitet wird. Mehr dazu im →*Abschluss-Exkurs 17*.

In der Meteorologie dagegen gibt es ein dominantes, wenn auch nicht (mehr) vollständig ungebrochenes Interesse an guter, *er*klärender Wissenschaft, sprich an möglichst genauen, zutreffenden Erklärungen und Prognosen. In dem Maß, in dem auch die Meteorologie zu Aussagen gelangt, die geldwerte Sonderinteressen massiv in Frage stellen, wie etwa bestimmte Erkenntnisse über die Ursachen von Klimaschäden, gelangt allerdings auch die Meteorologie in den Sog der interessengeleiteten gesellschaftlichen Auseinandersetzung, ohne freilich in demselben Umfang von ihm erfasst zu werden wie die Sozio- bzw. Politökonomie – verbohrte, forschungsresistente Klimaleugner haben es schwerer als praxisresistente, theoriebesessene neoklassische Krisenleugner.

An dieser Stelle zeichnen sich übrigens schon Teile jener Sonderstellung ab, welche die Sozioökonomik im Kreise der Wissenschaften einnimmt; darauf wird ebenfalls im →*Abschluss-Exkurs 17* näher einzugehen sein.

Hier jedoch nun zurück zur Problematik der Wirtschaftsprognosen.

Sozioökonomische Bewegungsgesetze und prognostische Zufallstreffer

Ökonomie und Meteorologie haben also gemeinsam mit höchster Komplexität zu kämpfen, die Ökonomie darüber hinaus mit Zufällen und Rückkopplungen verschiedenster Art.

Das erschwert zeitlich und örtlich konkrete Wirtschaftsprognosen zusätzlich. Wer, beispielsweise, hatte damit gerechnet, dass die Finanzmarktkrise 2007 im US-Markt für ziemlich einfache Einfamilienhäuser in ziemlich einfachen bzw. ländlichen Wohngegenden ausbrechen würde? Noch nachdem die Immobilienblase in den USA geplatzt war, waren sich die finanzwirtschaftlichen Insider auf beiden Seiten des Atlantiks darin einig, dass sie von diesen »regionalen und sektoralen Problemen« allesamt nicht betroffen seien. Das Gros der Wirtschaftswissenschaftler, -journalisten und -politiker widersprach ihnen erst, als alle für jedermann erkennbar mitten in der Krise steckten.

Übrigens war die Queen damals über den Lauf der Dinge und das untätige Verhalten der Wirtschaftswissenschaftler not amused; bei passender Gelegenheit hatte sie namhafte Ökonomen gefragt, warum denn keiner von ihnen vor der Krise gewarnt hatte. Von den Antworten der hochrangigen Wirtschaftsexperten war die Queen, so heißt es, not satisfied.

Karl Marx dagegen – zwar gleich wie die Queen lange in London ansässig, aber anders als die Queen intensiv mit Hegels Geschichtsdialektik vertraut – hat die beschriebenen, strukturellen Gegebenheiten der wirtschaftlichen Wirklichkeit treffend wie folgt benannt: Die kapitalistische »Fortentwicklung« erscheint als »Sphäre der Konkurrenz, die, jeden einzelnen Fall betrachtet, vom Zufall beherrscht ist; wo also das innere Gesetz, das in diesen Zufällen sich durchsetzt und reguliert, nur sichtbar wird, sobald diese Zufälle in großen Massen zusammengefasst werden, wo es also den einzelnen Agenten der Produktion selbst unsichtbar und unverständlich bleibt.«[9] Zufälle aber sind nun mal ex definitione nicht prognostizierbar; deshalb ging es Marx immer nur darum, »das ökonomische Bewegungsgesetz der modernen Gesellschaft zu enthüllen«, wie es im Vorwort zur ersten Auflage des ersten Bandes des Kapitals heißt.[10] Die Bewegungen im Detail dagegen liegen »außerhalb unseres Plans«, wie er sicherheitshalber am Ende des dritten Bandes nochmals ausdrücklich klarstellt.[11]

Dass dort, wo heutzutage laufend sozioökonomische Prognosen in großer Zahl abgegeben werden, sich die eine oder andere als richtig erweisen wird, ist übrigens selbst wieder ein zwingendes Gesetz des Zufalls. Dummerweise weiß jedoch niemand vorher, welche Prognosen es sind, die sich zu gegebener Zeit als die zutreffenden erweisen werden.

Zur begrenzten strukturellen Isomorphie von Wirtschaft und Wetter sowie zum unbilligen Verlangen nach exakten Wirtschafts- und Gesellschaftsprognosen

Die Wissenschaft von der Wirtschaft und die Wissenschaft vom Wetter ähneln sich also hinsichtlich ihrer Prognosefähigkeit, wobei die erstgenannte obendrein mit den beschriebenen, zusätzlichen Erschwernissen zu kämpfen hat.

Schon der Meteorologie gelingt, wie allgemein bekannt und als selbstverständlich akzeptiert, im Detail keine verlässliche Prognose, die über die Wochenfrist hinausgeht – wenn denn überhaupt. Mehr geht beim besten Willen nicht, zumindest derzeit nicht: Mit seinen vielen Faktoren und Wechselbeziehungen ist das Wetter einfach zu launisch und zu komplex. Es »wird auch in absehbarer Zeit keine verlässliche 14-Tage-Wettervorhersage geben. Grob vereinfacht müsste nämlich die Computerkapazität exponentiell mit der Anzahl der Prognosetage wachsen – was irgendwann zu einem Rechner in Planetengröße führen würde«, wagt der Direktor des weltweit angesehenen Potsdam-Instituts für Klimafolgenforschung, Hans Joachim Schellnhuber, zu prognostizieren. Wichtig ist jedoch, was er hinzufügt: »Das bedeutet aber *nicht*, dass eine solide *Klima*vorhersage unmöglich wäre…«[12]

Was dem Wetter die vielen atmosphärisch-klimatischen Faktoren, Wechselbeziehungen und physikalischen Reaktionen sind, das sind der Wirtschaft die vielen wirtschaftlichen Akteure mit ihren wechselseitigen Beziehungen, Aktionen und sozio-ökonomischen Reaktionen, ist, allem voran, das über weite Strecken obendrein spontane Verhalten des Menschen: Die sozio-ökonomischen Verhältnisse beruhen auf dem Verhalten der sozio-ökonomischen Akteure, kürzer: Die Verhältnisse beruhen auf kanalisiertem Verhalten.

Es ist daher grob unbillig, den Analysten der sozio- bzw. politökonomischen Verhältnisse, den Wissenschaftlern der Wirtschaft, vorzuwerfen, was man den Analysten der physikalisch-atmosphärischen Verhältnisse, den Wissenschaftlern des Wetters, ohne weiteres zugesteht, nämlich ihre auf die Wochenfrist begrenzte sowie überdies auf Eintrittswahrscheinlichkeiten reduzierte, bescheidene konkrete Prognosefähigkeit. Zumal es die Ökonomen, um es ein letztes Mal zu betonen, weitaus schwieriger haben als die Meteorologen, die nicht obendrein mit spontanen, absichtsvollen, von teils widersprüchlichen, teils harmonisierenden, häufig wechselnden, interessengeleiteten und insofern bewussten, aber auch unbewussten Prozessen, darunter gar mit Launen zu kämpfen haben, die sich überdies unter nicht exakt definierbaren, in ihren Eventualitäten vorab nicht vollständig erfassbaren Umständen selbst erfüllen bzw. – genau anders herum – selbst zerstören können.

Genauso unbillig wäre es, der gesamten künstlerischen und wissenschaftlich-intellektuellen Elite der damaligen Zeit vorzuwerfen, dass sie noch ein Jahr vor dem Ausbruch des Ersten Weltkrieges rein gar nichts von der drohenden Katastrophe bemerkt hat (Florian Illies hat diesen Sachverhalt auf das Anschaulichste in seiner literarischen Sammlung »1913 – Der Sommer des Jahrhunderts«[13] eindrucksvoll dokumentiert). 1913/14 waren sogar die mittel- und unmittelbar Beteiligten allesamt »wie im Schlafwandel« (Christopher Clark)[14], d. h. in einer Verkettung von Inkonsequenz, Bequemlichkeit, Misstrauen und Selbstüberschätzung – letztere nicht zuletzt in den abgehobenen Vermögensstellungen mitsamt daraus erwachsenden Denkweisen und Einstellungen der damaligen Entscheidungsträger begründet – in einen Krieg hineingeschlittert, der sich obendrein selbst erst im Nachhinein als die Urkatastrophe des 20. Jahrhunderts zu erkennen gab. Bei der nur zehn Jahre nach Kriegsende einsetzenden Weltwirtschaftskrise und ihren politischen Folgen war es übrigens kaum besser um die Erkenntnis intellektuell führender, diesmal sogar durchweg von Grund auf kritisch eingestellter Zeitgenossen bestellt.[15]

Auch hierin erweist sich: Sozioökonomie und Meteorologie sind in Hinblick auf ihre Prognostizierbarkeit enge Verwandte. D. h. sie weisen große strukturelle Ähnlichkeiten auf bzw., um dasselbe beim wissenschaftlichen Fachausdruck zu nennen: *Sozioökonomie und Meteorologie sind über weite Strecken strukturell-isomorph* (auf Deutsch: von gleicher Struktur).[16]

Verwunderlich eigentlich, dass die strukturellen Gemeinsamkeiten zwischen Wirtschaft und Wetter einschließlich ihrer Grenzen sowie der zusätzlichen, der Sozioökonomie eigenen Faktoren bislang wohl kaum je ausdrücklich benannt bzw. öffentlichkeitswirksam wissenschaftlich bearbeitet worden sind.[17]

Das gesellschaftliche Interesse an zahlenmäßig erfassten, möglichst exakt quantifizierten Wirtschaftsdaten der Zukunft ist einfach zu groß – der Wunsch setzt sich über die Wirklichkeit hinweg.[18] Alleine in der Wirtschaftsjournalistik spricht und schreibt man des Öfteren vom »Börsenbarometer«, von »kurzfristigen Wettervorhersagen für die Wirtschaft«, vom »Aufzug dunkler Wolken am blauen Konjunkturhimmel« u. ä., ohne dabei jedoch die Ebene bloßer Sprachbilder zu verlassen.

Sind Ökonomen und ihre Rechenkünste demnach entbehrlich, als Wirtschaftsminister schlicht nicht zu gebrauchen?

All das sollte einmal gesagt werden, um die Ökonomie von der Last unerfüllbarer Erwartungen zu befreien und die Ehre der vielen, teilweise hochrangigen volkswirtschaftlichen Experten, Gremien und Forschungsinstitute zu retten. Ihre unzähligen, obendrein in die Exaktheit der Zahlen gefassten Voraussagen müssen sich nachgerade immer wieder als verfehlt erweisen. Das liegt in der Natur bzw. in der Struktur der Sache.

Bislang werden ihre ständigen Fehlprognosen jedoch als eine sprudelnde Quelle der Heiterkeit und des Spotts wahrgenommen. Die Fehlprognosen stellen vermutlich den Hauptgrund dafür, dass 80 % der Bundesbürger die Wissenschaft von der Ökonomie für komplett entbehrlich halten. Das jedenfalls berichtet Thomas Schmid, der langjährige Herausgeber der Tageszeitung Die Welt.[19]

Zu diesem Faktum passt, dass seit Karl Schillers Tagen kein durch universitäre Berufung, Forschung oder Lehre ausgewiesener Ökonom mehr zum Bundeswirtschaftsminister berufen wurde. Die Berufe der Bundeswirtschaftsminister des letzten Jahrzehnts lauten (in der Reihenfolge ihres Auf- bzw. Abtritts):

- Müllermeister (Michael Glos, CSU),
- Militär-Augenarzt (Phillip Rösler, FDP),
- Jurist mit erschwindeltem Doktorhut (Karl-Theodor zu Guttenberg, CSU),
- langjähriger Landesweinbauminister (Rainer Brüderle, FDP; er allerdings mit abgeschlossenem volkswirtschaftlichem Studium),
- Gymnasiallehrer für Deutsch und Geschichte (Sigmar Gabriel, SPD),
- Juristin mit unangefochtener Doktorwürde (Brigitte Zypries, SPD) sowie
- noch ein Jurist, diesmal ohne Doktorwürde (Peter Altmaier, CDU).

Offensichtlich wird in Sachen Wirtschaft parteiübergreifend allen möglichen Personen mehr zugetraut als originären Wirtschaftswissenschaftlern; wirtschaftswissenschaftliche Fachkenntnisse jedenfalls sind mitnichten Voraussetzung für die Leitung des Bundeswirtschaftsministeriums. Zum Vergleich: Lauter Justizminister ohne Jura-Studium? Undenkbar, gibt's nicht, weil: Geht nicht – Fachkompetenz muss sein.[20] Bei den Wirtschaftsministern dagegen geht's bevorzugt ohne.

Dabei sind den volkswirtschaftlichen Prognostikern jedoch weniger ihre ständigen Verfehlungen vorzuwerfen als ihre fehlende Einsicht in die strukturellen Grenzen ihrer Prognosefähigkeit. Allen ständigen Misserfolgen heroisch trotzend, glauben sie immer wieder von Neuem, die durch die Spontaneität menschlichen Verhaltens gesetzte Einheit von Zufall und Notwendigkeit in der wirtschaftlichen Entwicklung mit Hilfe hochkomplizierter, mathematischer Gleichungssysteme und computerisierter Auswertung überlisten und in Berechenbarkeit umwandeln zu können. Für ihre unbeirrten, ökonometrischen Glaubenshandlungen werden die Prognostiker der Ökonomie freilich gut entlohnt sowie gleich reihenweise mit Nobelpreisen geehrt; dies mag ihre Bereitschaft entschuldigen, alte Fehler immer wieder neu zu begehen.

Exemplarisch: Fichtners sozioökonomisches Strukturmodell

Als aufschlussreiches Beispiel für die Schwierigkeiten, gesellschaftliche Komplexität mit Hilfe mathematischer Instrumente zu erfassen, sei auf eine Untersuchung hingewiesen, welche die Friedrich-Ebert-Stiftung beim Deutschen Institut für Wirtschaftsforschung (DIW) in Auftrag gegeben hat. Die Untersuchung hat den Zusammenhang von Einkommensungleichheit und Wirtschaftswachstum zum Thema. In ihrer Ausarbeitung setzen sich die Verfasser der Studie, Ferdinand Fichtner und Kollegen, abschnittsweise das Ziel, die aufgegebene Frage präzise bis auf »einen halben Zehntel-Prozentpunkt« genau zu beantworten.[21] In der Studie geht es also noch nicht einmal vordringlich um Prognosen, sondern lediglich um die korrekte Erfassung und Zurechnung einzelner Aspekte der vorangegangenen und gegenwärtigen sozioökonomischen Entwicklung, um daraus alsdann inhärent prognostizierende, wirtschaftspolitische Handlungsempfehlungen abzuleiten.

Zu ihrem Zweck entwickeln Fichtner und Kollegen ein »makroökonomisches Strukturmodell« mit 23 teils hochkomplexen Diagrammen (eins davon enthält 43 beschriftete Kreise, zwischen denen mehr als 75 Wirkrichtungspfeile umherschwirren) sowie 21 ellenlangen, den Umfang von mehreren Zeilen in Anspruch nehmenden mathematischen Gebilden (für Einzelheiten s. den nachfolgenden →*Exkurs 16* mit den Abb. 24 und 25) – um letztlich festzustellen, dass »die Auswirkungen der Ungleichheit auf die gesamtwirtschaftliche Entwicklung unterschätzt werden« und dass die zunehmende Einkommensungleichheit »auch einen Anstieg des Außenhandelssaldos mit sich gebracht haben *dürfte*…«[22]

Ach ja? Im vorangehenden →*Basic 15* wurde dasselbe Ergebnis im Vorübergehen erzielt, zudem auf wesentlich kürzerem, weniger beschwerlichem Wege, insbesondere ohne höhere Mathematik, hochkomplexe Diagramme und sonstiges Methoden-Brimborium – obendrein sogar ohne das einschränkende, vermeintlich wissenschaftliche, tatsächlich immunisierende »dürfte« der DIW-Forscher, vielmehr als verlässliche, überprüfbare (»falsifizierbare«) Aussage, die von jedermann, der zum Denken bereit und fähig ist, nachvollzogen und beurteilt werden kann – höhere mathematische Kenntnisse waren nicht von Nöten.

Überhaupt reichen, nebenbei bemerkt, die Grundrechenarten plus Prozentrechnung als Rüstzeug für die Erfassung wesentlicher ökonomischer Sachverhalte in gut 99 von 100 Fällen völlig aus. Daran mangelt es jedoch; wie später noch zu bestaunen sein wird (→*Exkurs 16*), hat bisher beispielsweise noch kein Wissenschaftler der Ökonomie bzw. Ökonometrie jemals bemängelt, dass in der Sozialpolitik an zentraler Stelle unablässig gegen die einfachsten Regeln der Prozentrechnung verstoßen wird. Die These, dass es deshalb noch kein Wissenschaftler bemängelt hat, weil es noch kein Wissenschaftler bemerkt hat, entbehrt nicht einer gewissen Plausibilität.

Schlicht gemeingefährlich wird der unbändige Glaube an die Berechenbarkeit der ökonomischen Entwicklung durch Konjunkturen und Krisen hindurch, wenn maßgebliche Akteure der Finanzwirtschaft am Ende selber glauben, mit ihren hyperkomplizierten mathematischen, computergenerierten und daher mit geradezu unbegrenzter Rechenleistung animierten Modellen die Zukunft mit einer Sicherheit von über 99,5 % vorhersehen zu können.[23] Die Finanzkrise von 2008 ff. war zu einem guten Teil *auch* auf solcher Hybris aufgebaut.

Anders gesagt: *Die Spezifik der wirtschaftlichen Entwicklung findet in den Differentialgleichungen für mechanische Diffusionsprozesse u. ä. keine Entsprechung.* Auch dazu mehr im anschließenden →*Exkurs 16*.

Ausgesparte Faktoren der wirtschaftlichen Entwicklung

Auf zusätzliche, zumal weitgehend nichtzyklische Faktoren der wirtschaftlichen Entwicklung – ausdrücklich genannt seien die verschiedenen, von der neoklassischen Theorie einzig anerkannten und insofern verabsolutierten exogenen Schocks, außerdem sektorale und regionale Disproportionalitäten sowie die chronische Überlagerung der Periodizität durch staatliche Konjunktur- und Geldpolitik, Inflation und monopolistische Preisgestaltung: Auf solch zusätzliche, zumal weitgehend nichtzyklische Bestimmungsfaktoren der sozio-ökonomischen Entwicklung kann und soll im vorliegenden Zusammenhang von Krise und Prognostik nicht eingegangen werden. Das muss aber auch nicht sein, denn am Prinzip ändern diese Faktoren nichts. Sie machen nur alles noch komplexer, noch unübersichtlicher.

Im Übrigen hat bereits Oskar Morgenstern, der Begründer der mathematischen Spieltheorie, im unmittelbaren Gefolge der Weltwirtschaftskrise von 1929 ff. bemerkt, exakte ökonomische Prognostik sei aus technischen und logischen Gründen unmöglich.[24] Dass Wirtschaftsforscher und Wirtschaftsforschungsinstitute davon nichts wissen wollen, steht der Bedeutung seiner Bemerkung nicht im Wege. Denn, mit Upton Sinclairs Worten: »Es ist schwierig, jemanden dazu zu bringen, dass er etwas versteht, wenn sein Gehalt davon abhängt, dass er es nicht versteht.«[25]

Fazit

Sozioökonomische Entwicklungen vollziehen sich in der Einheit von Zufall und Notwendigkeit. Was erkannt und benannt werden kann, sind gegebene Zusammenhänge und daraus erwachsende, handlungsorientierende Erkenntnisse wie etwa die, dass ständige Außenhandelsüberschüsse Krisen fördern, dass ein elefantöser Finanzsektor die Realwirtschaft in die Krise treibt, dass der Staat grundsätzlich auf- bzw. ausgabenstimmte Steuern braucht, um nicht steuerlos dazustehen, sondern um seinen Aufgaben gerecht werden zu können, oder dass ökonomische Polarisierung politische Polarisierer hervorbringt.

Erkennbar werden also Widersprüche, Unverträglichkeiten und Gefahrenstellen, vorhersehbar sind entsprechende Entwicklungen. Offen bleiben jedoch in allen Fällen Ort, Zeit, Art und die näheren Umstände, unter denen die jeweiligen Notwendigkeiten in der Wirklichkeit erscheinen. Sie tun dies nämlich, indem sie sich scheinbar zufällig Geltung verschaffen. Aus diesem Grund gilt für die Erfassung von sozio- bzw. politökonomischen Prozessen aller Art: Präzision ist Illusion. Sicher vorhersehbar ist lediglich, dass es konkret anders kommen wird als gedacht bzw. berechnet – *gewiss ist der Zufall, Überraschungen sind sicher.*

Man tut mithin gut daran, die Weisheit der erfahrenen Propheten zu beherzigen. Sie lautet: Erfahrene Propheten warten die Ereignisse ab. Man nehme sich ANGUS DEATON zum Vorbild: »Es ist nicht ganz fair, mich nach Vorhersagen zu fragen«, kritisierte der altersweise Ökonomie-Nobelpreisträger seinen Interviewpartner, falsche Erwartungen souverän zurückweisend.[26]

Weiterführende Bemerkungen und Belege zu Basic 16

1 EDUARD MÄRZ, Josef Alois Schumpeter: Forscher, Lehrer, Politiker, München 1983, S. 18. MÄRZ war ein Schüler des späten SCHUMPETER. In seinen akribischen, mehrbändigen Business Cycles hat SCHUMPETER versucht, das auch Zufallsbestimmte exakt zu erfassen: s. JOSEF A. SCHUMPETER, Business Cycles – A Theoretical, Historical and Statistical Analysis of the Capitalist Process, New York 1939 (deutsch: Konjunkturzyklen – Eine theoretische, historische und statistische Analyse des kapitalistischen Prozesses, Tübingen 1961).

2 In: Handelsblatt vom 9.1.2017. Ein aktuelles Beispiel: Während der Verkehrsminister mit 500 Millionen Euro jährlicher Einnahmen aus der Ausländermaut rechnet, rechnet der ADAC mit Defiziten in Höhe von 71 Millionen im Jahr. Der Hintergrund bzw. die Lehre: Wenn die Zukunft zur ökonomischen Rechenaufgabe hinzutritt, verwandeln sich Zahlen in schiere Hoffnungswerte. (Die Zahlenangaben stammen aus der Berliner Zeitung vom 10.2.2017)
Aber sogar bei Vergangenem, Abgeschlossenem können die Zahlen weit auseinandergehen: Wie hoch ist zum Beispiel der Betrag, den Deutschland an seinen »Hilfskrediten für Griechenland« verdient hat? (Deutschland hat sich bekanntlich an den Finanzmärkten Geld zu niedrigen Zinsen geliehen, um es zu höheren Zinsen an das vorübergehend nicht mehr selber kreditwürdige Griechenland weiterzureichen.) In seiner Eigenschaft als Finanzstaatssekretär nennt JENS SPAHN 393 Millionen Euro, der grüne Haushaltspolitiker SVEN-CHRISTIAN KINDLER hat 1,34 Milliarden Euro errechnet (so Der Tagesspiegel vom 13.7.2017). Ein knappes Jahr später (am 22.6.2018) war ebendort zu lesen, Deutschland habe gemäß Auskunft der Bundesregierung seit dem Jahre 2010 2,9 Milliarden Euro an den griechischen Hilfskrediten verdient. Die Angaben bewegen sich also zwischen 393 und 2.900 (Millionen).

3 JOSEPH STIGLITZ, Europa spart sich kaputt – Warum die Krisenpolitik gescheitert ist und der Euro einen Neustart braucht, München 2016, S. 289. Bei den Vorhersagen der Troika schob sich *das Wunschdenken* als Gestaltungselement der Prognose selber, alles überlagernd, vor. Wo immer der Wunsch nicht bzw. nicht in vergleichbar starkem Maße in die Prognose eindringt, droht der Prognose eine andere, kaum minderschwere Gefahr: Das *Wegschauen/Weghören.*

4 Sachverständigenrat zur Begutachtung der gesamtwirtschaftlichen Entwicklung, Jahresgutachten 1994/1995, Den Aufschwung sichern – Arbeitsplätze schaffen, Ziffer 189.

5 Yuval Noah Harari, Eine kurze Geschichte der Menschheit, München 2013, S. 201. Beispiele für sich selbst zerstörende Prophezeiungen aus dem Bereich der Wirtschaft: Unter gewissen Nebenbedingungen kann die Vorhersage eines Bankensturms den Sturm auf die Banken auslösen; die Vorhersage einer Marktlücke kann ihre Entstehung verhindern.
Zum Namen des Effektes: Bei Ödipus' Geburt wurde dem königlichen Vater geweissagt, sein Sohn werde ihn töten und die Mutter heiraten. Daraufhin setzte der Vater das Neugeborene im Walde aus. Dort wuchs der Knabe in Unkenntnis seiner Herkunft auf. Zum Jüngling gereift, erschlug Ödipus aufgrund einer zufälligen Verkettung unglücklicher Umstände seinen ihm unbekannten Vater und ehelichte ahnungslos seine Mutter.
Als sich selbst erfüllende bzw. -zerstörende Prophezeiungen sind vergleichbare (»strukturell isomorphe«, s. u. Anm. 16, 23) Vorgänge in Sozioökonomie und Geschichte wohlbekannte Erscheinungen; namentlich Karl Popper hat sich intensiv mit diesem Phänomen befasst (so vor allem in: Das Elend des Historizismus, Tübingen 1965).
Dummerweise ist vor Eintritt der prognostizierten Folgen nicht zu erkennen, ob es sich im jeweiligen Fall um eine selbsterfüllende, eine selbstzerstörende oder einfach nur um eine – wiederum gänzlich oder teilweise – wirkungsfreie Fehlprognose handelt. Vorher gleichen sie sich nämlich allesamt wie eineiige Zwillinge im Matrosenanzug; erst mit Wirkungseintritt bzw. mit erwiesenermaßen verfehlter Voraussage offenbaren sie ihren wahren Charakter. Dann aber sind sie auch schon überholt, tot, denn mit Wirkungseintritt handelt es sich nicht mehr um Prognosen, sondern um Beschreibungen bzw. Analysen.
Unbeschadet der grundlegenden Unterschiede zwischen Natur und Gesellschaft gilt allerdings auch in der unbewussten Natur, dass veränderliche, sprich wachsende bzw. schrumpfende Quantitäten in neue Qualitäten umschlagen. *Ausnahmen etwa werden auf diese Weise plötzlich zu Regeln, Regeln kippen, verkehren sich* – unter Umständen mit weitreichenden Folgen. Aus diesem und weiteren Gründen können übrigens in der Natur im Allgemeinen sowie in der Klimaentwicklung im Besonderen auch wesentliche, nicht vorhersehbare Entwicklungen nicht ausgeschlossen werden.

6 In Fortführung der vorangehenden Anmerkung ein anderes Beispiel zur Verdeutlichung. Wenn sich der Golfstrom abschwächt, wird es kälter in Europa. Diese naheliegende Aussage mit prognostischem Gehalt ist seit einiger Zeit jedoch nicht mehr unumstritten. Seitdem mitbedacht wird, dass der Golfstrom auch immer Wasser in die Tiefe befördert, eine Transportleistung, mit deren Abschwächung dann ebenfalls zu rechnen sein dürfte, wird die Prognose zunehmend unsicher. Forscher des Potsdam Instituts für Klimafolgenforschung weisen ihrerseits einschränkend darauf hin, dass Umwälzungen jedoch in den relevanten Regionen seit jeher warmes Wasser an die Oberfläche befördert haben. Wer hat Recht? Und wie viel? Und was folgt daraus?
Nichts Genaues weiß man nicht. Zumindest derzeit nicht, und insofern ent-

halten zukünftige Ereignisse derzeit grundsätzlich auch Elemente des Unberechenbaren, Unvorhersehbaren: des Zufalls. Das ist jedoch eine andere Art von Zufall als jene prinzipielle Zufälligkeit, die komplexem Spontanverhalten geschuldet ist.

7 Am Rande sei auf das *Wechselverhältnis von Wetter und Wirtschaft selber* hingewiesen, darauf, dass das Wetter seit jeher selber eine Determinante von Wirtschaft und Gesellschaft ist, während Wirtschaft und Gesellschaft in jüngerer Zeit in wachsendem Ausmaß zurückwirken und ihrerseits immer stärkeren Einfluss auf das Wetter gewinnen.
In diesem Sinne berichtet Felix Firme aus dem alten Ägypten über »die gewaltsam eindringenden Flüchtlinge, die vor den ungünstigen [klimatischen] Bedingungen oder dem daraus folgenden Chaos aus ihrer Heimat flohen. Der ägyptische Herrscher Ramses III. konnte sie nur mit Mühe bezwingen, und siedelte einige von ihnen in der Levante an, die dort fortan als Philister bekannt waren. Die Paläste der mykenischen Kultur in Griechenland kamen weniger glimpflich davon und wurden zerstört.«
Aus neuerer Zeit – um des begrenzten Platzes wegen einen beherzten Sprung in die Neuzeit zu vollziehen – berichtet Firme, »dass die Erste Polnische Teilung auch vor dem Hintergrund einer dramatischen Hungerkrise betrachtet werden muss. Zwischen 1770 und 1772 wurde ganz Europa von verheerenden Missernten heimgesucht. Es war eine Zeit, in der sich die sogenannte kleine Eiszeit, eine globale Abkühlung vom 13. bis zum 18. Jahrhundert, noch einmal von ihrer harten Seite zeigte. Friedrich der Große nutzte die Krise, indem er den geschwächten Polen mit Hilfe seiner Truppen große Mengen Getreide abpresste. Mit diesen zusätzlichen Nahrungsmitteln für seine Armee in der Hinterhand trat er im Konflikt um Polen weitaus souveräner als seine Konkurrenten auf. So konnte er die lange geplante Annexion Westpreußens erzwingen und sich zugleich als fürsorglicher ›Brotkönig‹ inszenieren, indem er das beschlagnahmte Getreide teilweise an seine Untertanen weitergab.«
Firme resümiert: All das zeigt, »wie vielfältig Menschen auf extreme Naturereignisse, etwa einen Klimawandel, reagieren können. Des einen Krise ist des anderen Chance. Wie eine Gesellschaft auf eine Umweltveränderung reagiert, bestimmt diese also auch selbst. Hier wirken soziale, politische, wirtschaftliche, kulturelle, religiöse und andere Faktoren. Vom Menschen, der lediglich auf Umweltfaktoren reagiert, anstatt selbst Geschichte zu schreiben, kann also keine Rede sein.« Die Feststellung gilt insbesondere dann, wenn dieser Mensch – unbeabsichtigt und insofern zufällig – das Klima in einem Umfang wandelt, der in nichts Geringeres als eine neue Qualität der Welt hineinzuwachsen sich anschickt! (Felix Firme, Aufstieg und Fall, in: Berliner Zeitung vom 30.6.2018)
Bei dieser Gelegenheit: Hier wurde soeben die schmale, materielle Grundlage der hilflos ideologischen Sonnenflecken-Theorie (*→Basic 12, Anm. 13*) rezipiert.

8 »Endogene« Wirtschaftskrisen sind solche, deren Ursachen im Wirtschaftssystem selber liegen, nicht in äußeren Faktoren: S. *→Basic 12.*

9 Karl Marx, Das Kapital, Band 3, in: Marx-Engels-Werke, Band 25, Berlin 1970 [1894], S. 836, und viele weitere, über sein ganzes Oeuvre verstreute Stellen, darunter namentlich seine diversen Ausführungen zur Konkurrenz als dem

»Exekutor« des »ökonomischen Bewegungsgesetzes«, d.h. als der Instanz, welche den sozioökonomischen Notwendigkeiten »hinter dem Rücken der Beteiligten« Geltung verschafft.

10 Ebd., Band 1, in: Marx-Engels-Werke, Band 23, Berlin 1970 [1867], S. 15.

11 Ebd., Band 3 …, S. 839.

12 Hans Joachim Schellnhuber, Selbstverbrennung – Die fatale Dreiecksbeziehung zwischen Klima, Mensch und Kohlenstoff, München 2015, S. 23, Hervorhebungen im Original. Die doppelte Parallele zur Ökonomie ist offensichtlich: dass es keine verlässliche Vorhersage der wirtschaftlichen Entwicklung im Detail gibt, bedeutet nicht, dass eine Einschätzung allgemeiner Entwicklungstendenzen unmöglich ist.

13 Frankfurt/M. 2012.

14 So die Quintessenz von Christopher Clark, Die Schlafwandler - Wie Europa in den Ersten Weltkrieg zog, München 2013.

15 »Krise. Welche Krise? Im Register des ›Weltbühnen‹-Jahrgangs 1930 taucht der Begriff nicht auf. Stattdessen Stichworte wie ›Proteste gegen die Dreigroschenoper‹, ›Gandhi schreibt dem Vizekönig‹, ›Klage der Kölner Freudenmädchen‹ oder ›Youngplan‹. 1930 ist das Jahr, in dem die Weimarer Republik aufhört, eine Demokratie zu sein. Aber die Zeitgenossen kriegen es nicht richtig mit, nicht einmal die Autoren der klügsten, intellektuell ambitioniertesten Zeitschrift der Ära.« (Christian Schröder, Die Welt taumelt, in: Der Tagesspiegel vom 20.4.2018, S. 19).

16 »Die Isomorphierelation besitzt auch große Bedeutung für die allgemeine Methodologie der Wissenschaften. Beherrscht man die Beziehungen, Gesetzmäßigkeiten usw., die zwischen den Elementen einer Menge *M* bestehen, und gelingt es nachzuweisen, daß diese Menge im Hinblick auf ein bestimmtes System *S* von Beziehungen einer anderen Menge *M'*, die aus völlig anders gearteten Elementen besteht, isomorph ist, so übertragen sich die Gesetzmäßigkeiten des einen Bereichs auf den anderen. Man kann sich also für den zweiten Bereich die Entdeckung der entsprechenden Gesetze ersparen.« (Georg Klaus, Stichwort »Isomorphie«, in: Georg Klaus/Manfred Buhr, Hrsg., Philosophisches Wörterbuch, Band 1, 8. Aufl., Leipzig 1971, S. 542).

17 In diesem Zusammenhang ist neben Oskar Morgenstern (s. u. Anm. 24) allenfalls an John von Neumann, den Geistesverwandten von Albert Einstein, zu denken. Von John von Neumann heißt es, dass er, gegen Ende seines Forscherlebens gefragt, ob er noch etwas erforschen wolle, geantwortet habe, er wolle noch die Turbulenzen des Wetters und das menschliche Verhalten verstehen lernen. Das jedenfalls erzählt Hans Joachim Schellnhuber. Demnach hatte von Neumann Wetter und Verhalten wohl in einer Art Arbeitshypothese als enge, »strukturisomorphe« Verwandte angesehen.

18 Besonders offensichtlich tritt der Sieg des Wunsches über die Wirklichkeit bei der Börsenspekulation zutage. Vermögende geben weltweit Unsummen für Anlageberatung aus, obwohl sich in jahrzehntelangen Feldversuchen vor Ort an den Börsen dieser Welt immer wieder erwiesen hat, dass professionelle Anlageberater auf Dauer bzw. im Durchschnitt keine besseren Resultate erzielen als Laien, ja nicht einmal bessere als Affen, die man mit Wurfpfeilen zum

Zwecke der Auswahlentscheidung ausgestattet hatte. Mehr dazu u. a. bei GERD GIGERENZER, Bauchentscheidungen – Die Intelligenz des Unbewussten und die Macht der Intuition, München 2007, S. 35 ff.

19 In der vom Deutschen Bundestag herausgegebenen Wochenzeitung Das Parlament vom 19.12.2016, S. 14.

20 Dementsprechend heißt es in der Berliner Zeitung (vom 22.3.2018) über HEIKO MAAS, nachdem er wenige Tage zuvor Außenminister geworden ist: So »bringt man den außenpolitischen Novizen nicht aus der Fassung. Denn mit Recht und Gesetz kennt sich Maas als früherer Justizminister aus.« Wann wird man Vergleichbares über einen Bundesminister für Wirtschaft lesen können? Bislang erfährt man lediglich gelegentlich aus Kurznachrichten, in den Zeitungen gerne am Rand einer hinteren Seiten platziert, von aktuellen Drehtüreffekten, konkret: Man erfährt, in welche Top-Privatunternehmen ehemalige Amtsinhaber gewechselt sind, um ihre mannigfaltigen persönlichen Beziehungen zu Regierung und Parteien sowie ihr Insiderwissen gewinnbringend zu Markte zu tragen.

21 FERDINAND FICHTNER u. a., Zunehmende Ungleichheit verringert langfristig Wachstum – Analyse für Deutschland im Rahmen eines makroökonomischen Strukturmodells, hrsg. von der Friedrich-Ebert-Stiftung, Bonn 2017, Zitat: S. 5.

22 Ebd., S. 22; Hervorhebung AS.

23 Nochmals GEORG KLAUS, Isomorphie…, S. 542: »Die Abbildung eines Bereichs der Wirklichkeit auf Begriffe, Aussagen, Theorien ist letztlich nichts anderes als die Herstellung einer Isomorphierelation. Den Dingen des objektiv-realen Bereichs, der abgebildet werden soll, entsprechen Namen für diese Dinge. Den objektiv-realen Beziehungen zwischen den Dingen entsprechen logische Beziehungen zwischen den Namen. Vermöge einer solchen Isomorphierelation kann dann im Prozeß der Erkenntnis *u. U.* die praktisch-konkrete Bearbeitung und Handhabung der Dinge und ihrer Beziehungen durch das gedankliche Operieren mit den Namen der Dinge und ihren logischen Beziehungen ersetzt werden. *Im Idealfall* ist es möglich, objektiv-reale Bereiche isomorph auf mathematische Theorien abzubilden.«
Das Problem liegt in den nachträglich hervorgehobenen Worten »u. U.« und »Im Idealfall«: Die Herrschaft des Zufalls in »den Dingen des objektiv-realen Bereichs, der abgebildet werden soll«, stellt einen »Umstand« dar, der das Projekt vom »Idealfall« meilenweit entfernt. Dagegen hilft auch kein Einbau von Zufallsvariablen oder empirisch gewichteten Wahrscheinlichkeiten aus der Vergangenheit. Letztere stellen schließlich lediglich verfeinerte Extrapolationen, d.h. Fortschreibungen des Vergangenen in die Zukunft dar; zur Erfassung zufallsmitbestimmter zukünftiger Realität führen beide nicht, ganz abgesehen davon, dass sie schon das bloße Umschlagen wachsender Quantitäten in neue Qualitäten zu erfassen außer Stande sind. Statt zur Erfassung zufallsbestimmter künftiger Realität führen verfeinerte Extrapolationen mit zunehmender Entfernung von der Gegenwart eher zu erhöhter Zufälligkeit der ermittelten Ergebnisse als zu ihrer präziseren Vorhersage.

24 S. OSKAR MORGENSTERN, Vollkommene Voraussicht und wirtschaftliches Gleichgewicht, in: Zeitschrift für Nationalökonomie, Nr. 6/1935, S. 337–357.

25 Verbürgt unter: https://klimazwieback.wordpress.com/zitate/, zuletzt abgerufen am 7.10.2018.

26 In: Berliner Zeitung vom 11.2.2017. Noch einen Schritt weiter geht der IT-Guru Joel Spolsky:»Ich habe noch nicht einmal verstanden, was in der Vergangenheit passiert ist. Deshalb gehen Sie mal davon aus, dass ich Ihnen nicht sagen kann, was in der Zukunft passieren wird.« (»Wir schwimmen in der Software-Suppe« – Joel Spolsky im Gespräch, in: Berliner Zeitung vom 24.3.2018).

EXKURS 16
Ökonomie und Mathematik – eine problematische Beziehung. Wie viel Mathematik braucht der Volkswirt/ die Betriebswirtin? Und was macht das Wirtschaftsstudium zum Martyrium?

Gegen Ende des vorangehenden Basics war kurz von jenem makroökonomischen Strukturmodell die Rede, welches Ferdinand Fichtner und Kollegen am Deutschen Institut für Wirtschaftsforschung (DIW) entwickelt haben und welches die der SPD nahestehende Friedrich-Ebert-Stiftung in Auftrag sowie herausgegeben hat.[1] Mit Hilfe des Modells soll, wie ebenfalls bereits erwähnt, der Zusammenhang von sozialer Ungleichheit und Wirtschaftswachstum qualitativ und quantitativ exakt erfasst werden.

Das DIW-Modell ist mathematisch höchst anspruchsvoll; in ihm treten methodische Grundfragen der Ökonomie *gebündelt, konkret und anschaulich* zutage, allem voran die Frage nach dem Sinn bzw. Unsinn der Mathematisierung der Wirtschaftswissenschaften einschließlich ihrer quälenden Folgen für die Studierenden der Volks- und Betriebswirtschaftslehre.

Das Modell verdient daher eine nähere, exemplarische Betrachtung.

Viel Aufwand, wenig Ertrag – es kreißte der Berg und gebar eine Maus

Ihr Strukturmodell gründen seine Schöpfer auf 22 Rechnungen und 23 grafisch dargestellte Korrelationskomplexe. Hier zwei Ausschnitte aus der Studie:

1. Von den wahrhaft furchterregenden Rechnungen gleichen mehrere einander rein äußerlich wie ein Ei dem anderen; das nachfolgende Exemplar, per copy and paste übertragen, steht demgemäß stellvertretend für viele.[2]

$$\Delta I_t^{EQUIP} - \underset{(-2.77)}{-0.0079} + \underset{(0.27)}{0.026} \cdot \Delta I_{t-1}^{EQUIP} + \underset{(7.97)}{2.63} \cdot \Delta Y_t + \underset{(2.09)}{0.98} \cdot \Delta Y_{t-1} - \underset{(-0.92)}{0.0042} \cdot \Delta r_t^{LONG}$$
$$- \underset{(-1.87)}{0.071} \left[\ln(I_t^{EQUIP}) - \left(- \underset{(-7.64)}{7.39} + \underset{(11.35)}{1.72} \cdot \ln(Y_{t-1}) \right) \right]$$

Abb. 24: Ausschnitt aus der DIW-Rechnung zur Erfassung der Beziehung zwischensozialer Ungleichheit und Wirtschaftswachstum

2. Die 23 Korrelationsdarstellungen des Modells sehen weniger einheitlich aus; die nachfolgend reproduzierte Grafik stellt nach dem Urteil des Verf. die anmutigste dar.[3]

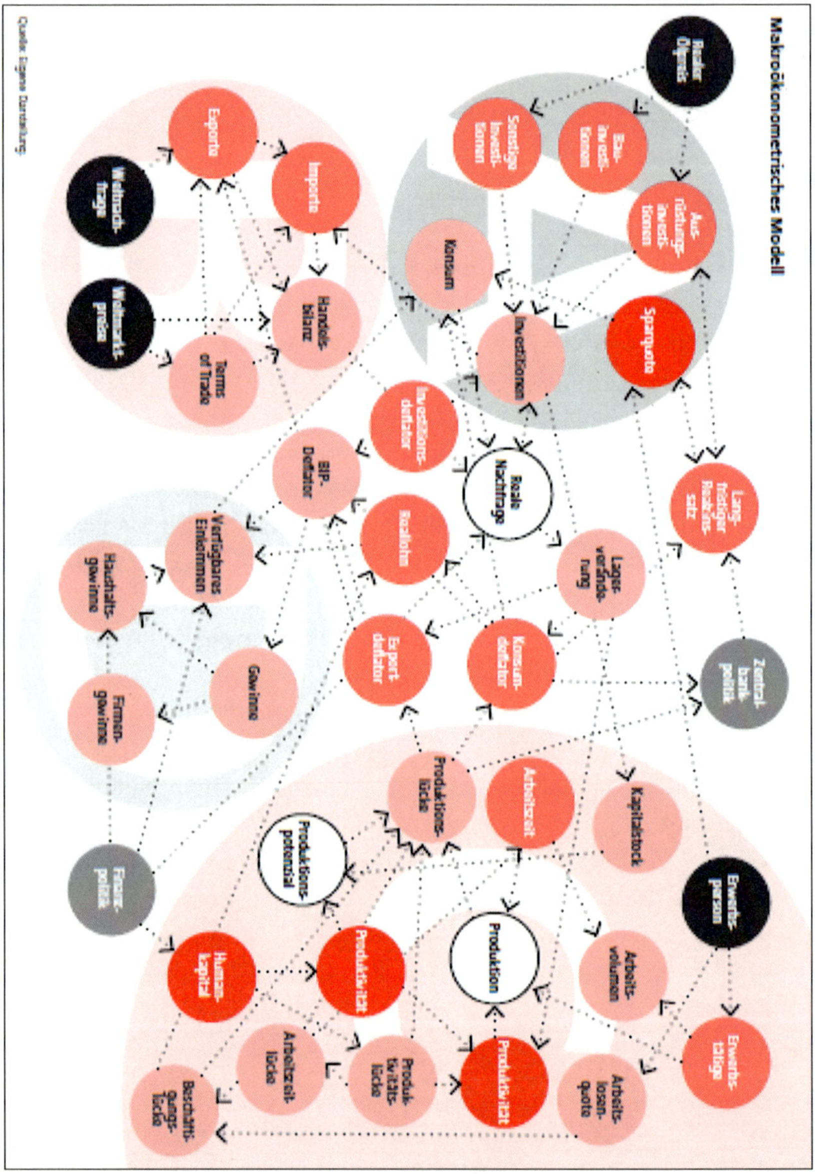

Abb. 25: Beispielgrafik aus derselben DIW-Studie

In Verbindung mit deutschen Wirtschafts- und Sozialdaten aus den Jahren 1991–2015 gelangen die Forscher mit Hilfe ihrer mathematischen Ungetüme und Wimmelgrafiken u. a. zu dem aus →*Basic 14* bereits bekannten Ergebnis, dass die Auswirkungen der herrschenden Einkommens- und Vermögensungleichheit in Deutschland unterschätzt werden und dass die Ungleichheit einen Anstieg des deutschen Außenhandelssaldos verursacht haben »*dürfte*«[4].

Das ist arg viel Aufwand für wenig Ertrag – um nicht zu sagen: Das ist *sehr unwirtschaftlich, diese wirtschaftswissenschaftliche Forschungsarbeit.* Allerdings vermittelt sie unbedarften Zeitgenossen – und wer gehört nicht zu den ökonomisch Unbedarften, Schule hin, Universitäten her? – den Anschein einer hochentwickelten, exakten Wissenschaft. Dieses Bedürfnis befriedigt ihre Arbeit zwar auf beeindruckende Weise, aber zu Unrecht.

Einschub zum Verhältnis von Theorie und Empirie

Um Missverständnissen vorzubeugen: Zweifellos sind empirische Überprüfungen und Fundierungen von Theorien jedweder Art sinnvoll, ja sogar geboten, wo immer sie mit vertretbarem Aufwand möglich sind. Jedoch sollte Klarheit über die Verhältnisse und die Beweislage herrschen: Die Theorie entstammt nicht ihrem empirischen Prüfvorgang (wobei die Frage, ob es sich bei der DIW-Studie trotz ihrer dem Sozio-oekonomischen Panel entnommenen und verarbeiteten Daten überhaupt um eine empirische Arbeit handelt, dahingestellt sein mag); die »hier vorgelegten Ergebnisse zeigen« (so FICHTNER u. a.): *nichts*, wenn denn »zeigen« im Sinne von »lehren«, »beweisen« gemeint sein sollte.

Warum? Weil eine empirische Überprüfung eine anderweitig sowie vorausläufig begründete Theorie bestenfalls unterstützen, erhärten kann, und zwar dadurch, dass sie die Theorie nicht widerlegt (KARL POPPER und die Kritischen Rationalisten sagen dazu: »falsifiziert«; in Bezug auf die Feststellung, dass aus der Wissenschaft auszuscheiden hat, was widerlegt ist, kann man ihnen wohl schwerlich widersprechen[5]). Also, wohlgemerkt: Theorien lassen sich empirisch *bestenfalls erhärten, nicht beweisen.*

Dabei darf jedoch auf keinen Fall übersehen werden, dass jede empirische Überprüfung *selber theorie- und interessengeleitet* ist. Denn der Empiriker wählt aus der unendlichen Fülle der Sachverhalte diejenigen aus, die er für seine Prüfzwecke und -ziele für beachtlich und geeignet erachtet. REINHARDT/ROGOFF beispielsweise haben in ihrer schon kurz erwähnten (→*Basic 3*) Studie zur Beziehung zwischen Staatsschuld und Wirtschaftsentwicklung[6] nachgerade mustergültig demonstriert, wie man mit empirisch vorfindlichen Daten umgeht, die nicht in die vorgefasst Lehre passen: *Man lässt sie weg.*

Demgemäß berichtet die Frankfurter Allgemeine Zeitung in ihrem Wirtschaftsblog, »dass RR [i. e. REINHARDT/ROGOFF, AS] Ende 2009, als sie ihre Analyse erstellten, an manchen Länderdaten Zweifel hatten und diese lieber wegließen – ohne das klar zu kommunizieren.«[7]

Zu berücksichtigen ist folglich, mit anderen Worten, *»daß die einfachste Aufzählung, die theorieloseste Aneinanderreihung von ›Tatsachen‹ bereits eine Interpretation ist: daß schon hier die Tatsachen von einer Theorie, einer Methode aus erfaßt [...] und in den Zusammenhang einer Theorie eingefügt worden sind.«* So GEORG LUKÁCS vor knapp hundert Jahren.[8]

Fazit: Auf nichts ist letztendlich Verlass, auch nicht auf empirische Erhärtungen, sofern sie denn gelungen erscheinen. Tatsächlich handelt es sich auch bei erhärteten Theorien um Interpretationen. Für Falsifikationen gilt übrigens dasselbe: womöglich sind sie voreilig, beruhen auf fehlerhaften Interpretationen, unsachgemäßen Erfassungen, unwesentlichen oder verkannten, bloß scheinbaren Tatsachen *oder sie dienen einseitigen, vorzugsweise geldwerten Interessen* und mancherlei mehr.

Der Mensch, das unbekannte Wesen in Rechnung und Modell

Andererseits, um auch etwas Positives über das Strukturmodell zu sagen: Speziell das Wimmelbild eignet sich bestens dafür, die Elemente der Unberechenbarkeit in der sozioökonomischer Entwicklung sinnfällig zu veranschaulichen.

Denn jeder Pfeil in der Grafik muss eingeschätzt, d. h. platziert, gerichtet, gewichtet und bewertet werden. Alsdann können zwar Entwicklungslinien und -resultate im Modell mathematisch korrekt ermittelt werden. Nur: Es sind die Resultate der eingegebenen Einschätzungen, Bewertungen und Modellierungen. Mit anderen Worten: Man bekommt aus der Rechenmaschine die rechnerisch korrekte Verarbeitung dessen heraus, was man hineingesteckt hat. *In dieser Hinsicht* ähnelt der Computer dem Fleischwolf, ist ihm »strukturell isomorph« (→*Basic 16*).

Dabei bleibt unberücksichtigt, dass sozioökonomische Wirkkräfte laufend und spontan ihre Stärken ändern, u. U. auch ihre Richtungen, dass sie erlahmen, sich wandeln, verdrängt werden, zurücktreten zugunsten neu aufkommender usw.

Die sozioökonomischen Wirkkräfte (im Bild: die Pfeile) sind nämlich nichts anderes als: Menschen – und zwar Menschen mit ihren je eigenen, teils bewussten, teils unbewussten, spontanen, scheinbar oder tatsächlich zufallsgetriebenen Handlungen, die sich wechselseitig in unterschiedlichen Zeiträumen unterschiedlich zueinander verhalten, und zwar

- oft indifferent, d. h. sie lassen sich gegenseitig in Ruhe, ignorieren einander,
- oft kompensatorisch, d. h. sie behindern/bekämpfen einander, sei es total oder partiell, sei es mit Absicht oder ohne (»negative Rückkopplung«),
- mitunter kumulativ, d. h. sie verstärken sich wechselseitig, und zwar wiederum unbeabsichtigt oder mit Absicht, wobei absichtsvolle Handlungen zudem oft andere als die beabsichtigten Wirkungen erzielen (»positive Rückkopplung«; *→Basic 15, Anm. 4*).

Alle drei Reaktionen, die indifferente, die kompensatorische und die kumulative, sind gleichzeitig nebeneinander anzutreffen, aber in jeweils unterschiedlichen spezifischen Größenverhältnissen bzw. relativen Gewichten, die obendrein im Zeitablauf variieren. Im seltenen Fall eindeutiger kumulativer Dominanz in gesellschaftlichen Schlüsselbereichen zeitigt das gesellschaftliche Verhalten der Menschen gravierende, unter Umständen sogar umstürzlerische, grundlegend verändernde (»revolutionäre«) Auswirkungen auf die gesellschaftlichen Verhältnisse.[9] Dessen ungeachtet, gilt für bzw. in allen Fällen: *Die Verhältnisse beruhen auf Verhalten. Also auch die wirtschaftlichen, sozialen und politischen Verhältnisse.*

All das wird in Struktur- und Rechenmodellen wie dem hier exemplarisch betrachteten systematisch ausgeblendet. Trotzdem dürften die makroökonomischen Strukturmodelle, wie bereits erörtert, einen noch höheren Komplexitätsgrad aufweisen als naturwissenschaftliche im Allgemeinen sowie die selbst schon hochkomplexen Klimamodelle im Besonderen (*→Basic 16*).

Aufgepfropfte Ergebnisse: Rechnung falsch, Ergebnis bleibt

Außerdem: Wie kommt man eigentlich vom jeweiligen Rechenergebnis zur verbalen Schlussfolgerung? Welche Beziehung besteht zwischen den Zahlen und den Worten?

Um es kurz zu fassen: Eine ziemlich lockere, opportunitätsbedingte. Die Schlussfolgerungen, im vorliegenden Fall über den Zusammenhang zwischen Verteilungsungleichheit und Außenhandelssaldo, werden letztlich außerhalb der Rechnung entwickelt und lediglich nachträglich auf die Rechnung aufgepfropft, um sie alsdann als aus der Rechnung erwachsen darzustellen, d. h. erscheinen zu lassen.

Den schlagenden Beweis dafür, dass Aufpfropfen the state of the art, d. h. die in der mathematisierten Standardökonomie gängige, anerkannte wissenschaftliche Methode darstellt, haben die beiden »Star-Ökonomen« Carmen Reinhardt und Kenneth Rogoff erbracht – wenn auch unfreiwillig. Wie bereits im Vorspann von →*Basic 3* dargestellt, hat Carmen Reinhardt ihre zusammen mit Kenneth Rogoff vertretenen, neoliberalen Prinzipien staatlicher Haushaltsführung sowohl einer in Wirtschaftsfragen unbedarften Öffentlichkeit als auch ihren Fachkollegen als Quintessenz all ihrer Rechnungen präsentiert: »Unsere Daten zeigen, dass der Weg mit Sparprogrammen schneller aus der Rezession führt.«[10]

Ihre Rechnungen erwiesen sich jedoch als zu kompliziert, jedenfalls als zu kompliziert für die beiden international hoch gelobten Ökonomen. Dummerweise hat einer ihrer Studenten nachgerechnet und gravierende Rechenfehler aufgedeckt. Diese waren so eindeutig – von mathematischer Eindeutigkeit eben –, dass Reinhardt und Rogoff nicht umhinkamen, sie kleinlaut einzugestehen. Das hat sie aber nicht davon abgehalten, an ihren austeritären Schlussfolgerungen zur staatlichen Haushaltsführung unverändert festzuhalten – Rechnung hin, Rechnung her.[11] Also: *Begründung weg, die geschlussfolgerte Lehre bleibt, wie und wo sie ist!* (Oder muss es »Leere« heißen? Die nicht passend erscheinenden Daten sind ja ebenfalls schon weg. Was bleibt da noch außer hohl tönender Leere?)

Diese Methode der Fehlerkorrektur lässt nur einen Schluss zu. Er lautet: Die angeblich mathematisch erschlossene Lehre ist in Wirklichkeit *außerhalb* der Rechnung erstellt, *vor* ihr entstanden, ganz wie Georg Lukácz es zuvor beschrieben hat. Als Ausgangspunkt und Begründung präsentiert, dient die Berechnung tatsächlich lediglich der Ablenkung und der erleichterten Glaubhaftmachung.

Die Gaukler auf den Jahrmärkten arbeiten seit jeher ebenfalls mit dem Trick, Ablenkendes, wunderlich-geheimnisvoll Anmutendes vorzuschieben, um die Aufmerksamkeit abzulenken und an Nebensächlichkeiten zu binden.

Bei den Gauklern erfüllen glitzernd bunte Tücher in Verbindung mit unverständlichem Hokuspokus-Gemurmel diese Aufgabe; in der Standardökonomie ist es, wie bereits festgestellt, die Mathematik, der diese Aufgabe zufällt.

Der peinliche Fehler der »Star-Ökonomen« ging durch die Weltpresse. Dort wurde er allerdings auch fast wieder so schnell vergessen bzw. von neuen Meldungen und Berichten aus den öffentlichen Wahrnehmungsspeichern verdrängt, wie er aufgetaucht war. Für Details dieser Story s. z. B. den Bericht »Excel-Panne von Kenneth Rogoff: ›Das war ein Massaker‹«.[12]

Mathe war ihr Schicksal: »Wer braucht noch solche Betriebswirte?«

Die vorangegangenen Ausführungen sind gut geeignet, all jene zu beruhigen, die ein Erkenntnisinteresse an der Wirtschaft entwickelt haben oder zu entwickeln gedenken: Sie benötigen keine Kenntnisse der höheren Mathematik, um ökonomische Erkenntnisse zu gewinnen und Wirtschaftszusammenhänge zu verstehen. Zu bedauern sind jedoch die Studierenden der Wirtschaftswissenschaften. *Sie müssen's mathematisch machen.*

Christian Mayer berichtet mit der Anschaulichkeit des repräsentativen, konkreten Einzelnen aus dem universitären Alltag: Ein Studienkollege besprach mit seinem Dozenten das Thema seiner Abschlussarbeit; er »wollte ein Entscheidungsmodell entwickeln, das erklären sollte, wie Unternehmen die für sie besten Mitarbeiter finden können. Motiviert und mit vielen Ideen ging er ins Gespräch. Dessen Quintessenz war ernüchternd. Viele Punkte ließen sich nicht realisieren, da der Dozent verlangte, das Modell müsse mathematisch konstruiert werden. Auf den Einwand des Kommilitonen [d. h. des Studienkollegen, AS], er könne dann aber nicht alle wichtigen Facetten ins Modell integrieren, bekam er die Antwort, dass dies dann eben so sei. *Er müsse endlich anfangen, wissenschaftlich zu denken und zu arbeiten.*«[13]

Kein Wunder, dass die »Wirtschaftswoche«, wie bereits im →*Vorwort* berichtet, sich in Anbetracht solch haarsträubender Zustände große Sorgen macht um die Zukunft der Betriebswirtschaftslehre und ihrer Absolventen. »Wer braucht noch BWLer?«, fragt sie in ihrer Titelstory. Die Zeitschrift diagnostiziert eine tiefe »Sinnkrise« der Betriebswirtschaftslehre und untersucht, »warum Gründer, Manager und Unternehmen am beliebtesten Studienfach der Deutschen zweifeln«. Der Bericht gipfelt in der besagten Feststellung: »Was Betriebswirte heute lernen, können Maschinen bald besser.«[14]

Das Studium als mathematisches Martyrium: Von den Qualen der Volkswirte

Den Volkswirten geht es nicht besser, ganz im Gegenteil. Bei ihnen werden schon die Individuen modelliert, und zwar zum Einheitstyp des homo oeconomicus. Einsam wie Robinson Crusoe, bewegt sich dieses neoklassische Theorie-Geschöpf in Angebots-Nachfrage-Modellen, in denen für wirkliche Menschen und Institutionen kein Platz ist: Dort gibt es keine Informationsmängel, keine Herrschaftsverhältnisse, keine Armen, keine Reichen, im Allgemeinen gibt es weder Zentralbanken noch Finanzmärkte; Staat und Gewerkschaften tauchen bestenfalls als ärgerliche Störgrößen auf, als notorische, ewige, freilich seltsam stumme Störenfriede. In der Welt der Standardökonomie gibt es auch keine Umwelt, keine begrenzten Ressourcen und natürliche Schranken. Und allgemeine Wirtschaftskrisen schon gar nicht. Ganz und gar nicht sogar, um genau zu sein: Krisen sind, SAY sei Dank, schlicht und einfach ausgeschlossen, wie in →*Basic 12* im Detail ausgeführt.

Stattdessen gibt es Präferenzen nach Art der folgenden: »x_1 wird x_2 vorgezogen oder x_2 wird x_1 vorgezogen oder der Akteur ist x_1 und x_2 gegenüber indifferent, vorausgesetzt, die Zustände x_1 und x_2 sind Zustände von X.« Mit solchen Setzungen wird die Fülle des menschlichen Handelns von vornherein strikt auf drei rationale Optionen eines einzigen, blutleeren »Akteurs« begrenzt (bzw. eines einzigen »Marktteilnehmers«, wie der Akteur in hölzern-ungelenker Konkretion auch gerne geheißen wird).

Aus solchen Sätzen von bestechender, unbezweifelbarer Logik werden alsdann formal ausgereifte, elegante Modelle höherer Komplexität geschmiedet; sodann wird immer mehr Mathematik zugeführt, um noch höhere Komplexitätsstufen zu erklimmen, bis am Ende – etwa analog zum oben präsentierten makroökonomischen Strukturmodell von FERDINAND FICHTNER u. a. – die höchsten Stufen der Komplexität in Gestalt Dynamisch-Stochastischer Gleichgewichtsmodelle mit atemberaubenden mathematischen Gebilden erreicht werden. Zusätzliche Garnierungen etwa mit Pfeilen, Vektoren, Komplexgrafiken u. a. gehören nach dem Muster der obigen Abbildung 25 zur ausgefeilten, hochentwickelten Technik des Modellbaus an Lehrstühlen und Wirtschaftsforschungsinstituten. Und das alles, obwohl eine wirtschaftswissenschaftliche Institution wie HANS-WERNER SINN schon überfordert ist, wenn er zwei Entwicklungen gleichzeitig erfassen muss.[15]

Wirtschaft erforschen, verstehen und lehren lässt sich auf diese Weise zwar nicht. Aber die Methode hat einen bemerkenswerten Nebeneffekt: *Sie macht das Studium zum Martyrium.* Die Studierenden fallen hier nicht etwa deshalb durch die Prüfung, weil sie wirtschaftlichen Zusammenhängen verständnislos gegenüberstehen – die sind kaum je Thema. Sondern sie fallen durch die Prüfung, »weil sie nicht in der Lage sind, die Konsistenz einer mathematischen Funktion zu beweisen oder eine Integralrechnung zu lösen«, wie es Christian Mayer, knapp und präzise wie ein Mathematiker, auf den Punkt bringt.[16]

Dumm nur, dass man nicht so recht weiß, wozu das alles gut sein soll. Zu was sind Volkswirte, die leidensfähigen, die all diese Qualen überstanden haben, zu gebrauchen, von der Rekrutierung des Nachwuchses für Hochschullehrer und Wirtschaftsforschungsinstitute einmal abgesehen? Die Armen: Ökonomie hat sie interessiert, Ökonomie haben sie gewählt und Mathematik haben sie bekommen. So auch der eingangs erwähnte Ricardo M., Diplom Ökonom, der sein Studium rückblickend denkbar knapp zusammenfasst: »Ganz viel Mathematik, wenig Wirtschaft.« Wer das durchhält, muss ein Harter sein. Aber zugleich auch geschmeidig, anpassungsfähig an unsachliche Bedingungen, bereit zu sinnlosen Gedankengängen!

Das Publikum in den Rängen allerdings hat's durchschaut – wie sonst sind jene schon mehrfach erwähnten[17] 80 % der Bundesbürger zu erklären, die, wenn man denn Thomas Schmidt Glauben schenken darf, Wirtschaftswissenschaften für komplett überflüssig halten?

Fakt ist, dass derartige Verhältnisse in keiner anderen wissenschaftlichen Disziplin anzutreffen sind; solche Zustände gibt's wohl nur in den Wirtschaftswissenschaften. Um dieses Alleinstellungsmerkmal der Ökonomie empathisch zu begreifen, tut man gut daran, sich zu vergegenwärtigen, dass die Wandlung der Ökonomie zu einer mathematisierenden Ökonometrie auch ein Kind der Weltwirtschaftskrise von 1929 ff. ist, unter erbarmungswürdigen Umständen auf der Flucht vor der wirtschaftlichen und wirtschaftswissenschaftlichen Krise geboren, nämlich unter der interessierten Unfähigkeit der etablierten ökonomischen Theorie, die Realität der Wirtschaftskrisen zu erkennen und anzuerkennen.[18] Der Geburtsmakel der Ökonometrie prägt die gesamte mathematisierte Standardökonomie, solange sie lebt. (Mehr zur einzigartigen Stellung der Ökonomie im Reich der Wissenschaften s. →*Abschluss-Exkurs.*)

Der Protest wächst

Es kann daher nicht überraschen, dass die Klagen über den »Elfenbeinturm der Wirtschaftswissenschaft« und die »defizitäre wirtschaftswissenschaftliche Ausbildung« an den Universitäten laut und lauter werden; Studierende der Ökonomie protestieren diesseits und jenseits des Atlantiks seit Jahren wie in keinem anderen Hochschulbereich gegen die unkritische, realitätsferne Lehre, die ihnen als ökonomische Theorie vorgesetzt wird.[19]

In den USA beispielsweise verließen am 7.11.2011 etwa 70 Studierende unter lautem Protest den Einführungskurs »The Principles of Economics« des Harvard-Professors GREGORY MANKIW. Bei MANKIW handelt es sich bekanntlich nicht um irgendeinen Hochschullehrer. Sondern um

- den Wirtschaftsberater des US-Präsidenten GEORGE W. BUSH,
- den Verfasser des derzeit wohl weltweit meist verbreiteten, einführenden Lehrbuchs »The Principles of Economics«, der schon im Titel seines Lehrwerks den Anspruch erhebt, nicht nur – wie in der vorliegenden Schrift – Prinzipien respektive *Basics der Ökonomie* freizulegen, sondern *die* Prinzipien der Ökonomie, also restlos alle; außerdem handelt es sich bei MANKIW um
- jemanden, der sich konfliktbereit damit brüstet, seine kostbare Zeit ausschließlich der Beschäftigung mit der neoklassischen Theorie zu widmen; namentlich KEYNES ist ihm keine Minute der Beschäftigung wert.[20]

Aus der Vorlesung dieser Koryphäe der Kategorie 1A verabschiedeten sich die Protestierenden mit der lautstark repetierten Feststellung: »It's time for economic theory to evolve! / Es ist an der Zeit, die Volkswirtschaftslehre weiterzuentwickeln!«

Ihr Protest und ihre Forderung finden weltweite Zustimmung; von über 70 Studentengruppen in mehr als 30 Ländern ist inzwischen berichtet worden, dass sie gegen diese Leere aufbegehren.[21] Hinzu kommt die Dunkelziffer. Sie dürfte beachtlich sein.

Fazit

In der Lehre von der Ökonomie braucht's grundsätzlich kaum je Rechenleistungen, die über die vier Grundrechenarten plus Prozentrechnung hinausgehen.

Speziell für die Makro- und Mikroökonomie (sowie für das Rechnungswesen, gleich ob betrieblich oder öffentlich[22]) gilt vielmehr: Die Verwendung diffiziler mathematischer Instrumente und Modelle ist geeignet, den Verdacht mangelhafter wissenschaftlicher Seriosität zu begründen – um den unschönen Ausdruck »wissenschaftliche Scharlatanerie« zu vermeiden.

In der Betriebswirtschaftslehre mit ihren Ablauf- und Kapazitätsauslastungsplanungen, ihrem Risikomanagement, Controlling etc. sieht es zwar streckenweise anders aus. Aber hier ist es die IT-Maschinerie, die sich, wie schon an so vielen anderen Stellen in Wirtschaft und Gesellschaft zuvor, bereit und breit macht, die entsprechenden Aufgaben kostengünstig zu übernehmen.

In beiden Zweigen der Wirtschaftswissenschaften ist es demnach die Mathematisierung, die das Studium einerseits zur *Qual* macht, während sie es andererseits krisenhaft *entwertet.*

Nachträglicher Hinweis
auf beständige, geldwerte Rechenfehler in der Alltagsökonomie

Tagein, tagaus wird bei der Berechnung der Beitragssätze zur Sozialversicherung seit eh und je *gegen elementare Regeln der Prozentrechnung verstoßen*, und zwar mit andauernden, geldwerten Folgen.

Es wäre ein grob fahrlässiges Versäumnis, an dieser Stelle nicht erneut darauf hinzuweisen, dass noch niemals ein Mitglied aus dem erlauchten Kreis der mathematisierenden Wirtschaftsforscher und Hochschullehrer auf diesen Fehler hingewiesen hat. Wahrscheinlich hat allerdings auch noch niemand den Fehler bemerkt – d*ie wissenschaftliche Ökonomie kümmert sich um solch profane Fragen nie.*

Wer immer für einen derart vorwurfsvollen Hinweis den exakten Nachweis sehen möchte, findet nachfolgend den mathematischen, besser: den rechnerischen Beweis.

Die unbeherrschte Prozentrechnung – teure Rechenfehler in der Ökonomie des Alltags

Hier also für alle, die es interessiert, der in Rede stehende Rechenfehler und seine Folgen, und zwar in umgekehrter Reihenfolge.

Dass der Fehler, obwohl bares Geld wert (*nachfolgend a*), seit über hundert Jahren unentdeckt geblieben ist, liegt *auch* an seiner etwas abseitigen, versteckten Lage.

Ihn aufzuspüren bedarf deshalb eines etwas längeren Weges (*b*).

Einmal angekommen, wird man jedoch in der Lage sein, Ähnliches sofort mit einem Blick zu erkennen (*c*).

Zwei alternative, gut gemeinte, aber verfehlte Versuche, den ewig unentdeckten Fehler zu erklären, schließen die Analyse ab (*d*).

a) Die geldwerten Folgen einer überhöhten Beitragsangabe

Die Summe der Sozialausgaben soll aus politischen Gründen unbedingt unter der Schwelle von 40 % der Bruttolöhne gehalten werden, speziell die Rentenversicherungsbeiträge, ihr größter Bestandteil, unter 22 %. In diesem Sinn äußerte sich z. B. jüngst noch der frisch gebackene Wirtschaftsminister PETER ALTMAIER, gleich in einem seiner ersten Interviews: »Die Parteien der Großen Koalition sowie die Grünen und die FDP sollten sich dazu verpflichten, dauerhaft einen ausgeglichenen Bundeshaushalt vorzulegen, auf Steuererhöhungen zu verzichten und *die Sozialabgaben unter 40 Prozent der Bruttolöhne zu halten.*«[23]

Wenn die Beiträge überhöht ausgewiesen werden, stoßen sie früher an die ihnen gesetzte Grenze von 40 %. Die Sozialabgaben werden in diesem Fall *zu früh*, nämlich bereits *vor* Erreichen der besagten 40-%-Schwelle, *gedeckelt*. Das erspart den Beitragszahlern, den Unternehmern und den Beschäftigten, Sozialabgaben, und zwar jedem der beiden den halben Einsparbetrag.

Das Eingesparte hat allerdings *entsprechende Einsparungen* bei den Versicherungsleistungen zur Folge. Von *diesen* Einsparungen sind jedoch ausschließlich die *Empfänger* der Sozialversicherungsleistungen betroffen, also ausschließlich die Beschäftigten. Infolge der hälftigen Beitragsteilung zwischen Unternehmen und Beschäftigten *ist die Beitragsersparnis der Beschäftigten folglich exakt halb so groß wie ihre Leistungseinbußen* – ein ausgesprochen schlechtes Geschäft für die Beschäftigten.

Die Unternehmer dagegen haben Grund zur reinen Freude, denn sie können eine völlig unbelastete, reine Ersparnis verbuchen. Als uneingeschränkt Begünstigte bleiben also wieder einmal die Unternehmenseigner bzw. Aktieninhaber übrig, d. h. in aller Regel Vermögende (ausführlich: →*Abschnitt D*). Eigentlich nichts Besonderes, nur dass die einseitige Begünstigung im vorliegenden Fall an einer Stelle erscheint, an der man sie wohl nicht unbedingt vermutet hätte.

Es lohnt sich also, die Rechnung zu überprüfen: Wieso werden die Beiträge zur Sozialversicherung zu hoch ausgewiesen?

b) Der Rechenfehler

Bekanntlich arbeitet die Prozentrechnung mit vier Werten, dem Grundwert (GW), dem Prozentwert (PW), dem Prozentsatz (PS) und dem Ergebnis, dem vermehrten bzw. verminderten Grundwert (GW_{plus} bzw. GW_{min}).

Solange der Prozentsatz PS nicht über 100 liegt, ist der Prozentwert PW im dazugehörigen Grundwert GW demnach vollständig enthalten, ist dessen Teil. Und der Grundwert ist der gemeinsame Ausgangspunkt für die Berechnung *des prozentualen und des absoluten* Anteils. So ist es sinngemäß in jedem Schulbuch nachzulesen.[24]

Demgemäß rechnet man beispielsweise wie folgt:

40 % von 4.000 = 1.600 *(bzw. allgemein: $PS \cdot GW = PW$)*

sowie

4.000 - 1.600 = 2.400 *(bzw. allgemein: $GW - PW = GW_{min}$).*

Gewährt ein Händler einem Kunden auf einen Warenpreis von 4.000 € einen Preisnachlass von 40 % (etwa weil die Ware beschädigt ist), so kalkuliert er:

(1)	Auszeichnungspreis	4.000,- €	*(Grundwert GW, entspricht 100)*
	– Nachlass 40 %	1.600,- €	*(Prozentwert PW, also 40 % vom GW bzw. 40 v.H.)*
	verminderter Preis	2.400,- €	*(verminderter Grundwert GW_{min}, entspricht 60 v.H.)*

So ist es richtig: Ein und derselbe Grundwert ist Ausgangspunkt für beide Rechenoperationen, die Ermittlung des Prozentwertes in Gestalt des Nachlasses und die Ermittlung des verminderten Grundwertes in Gestalt des verminderten, neuen Preises; $GW - PW = GW_{min}$.

Überträgt man diese Rechenweise auf eine Gehaltsabrechnung, so kommt man jedoch zu einem falschen Ergebnis. Wenn das Bruttogehalt von Eva May 4.000 € und der Beitragssatz zur Sozialversicherung 40 % beträgt, so müsste man eigentlich rechnen:

(2)	Bruttogehalt	4.000,- €	*(GW, entspricht 100)*
	– SV-Beitrag 40 %	1.600,- €	*(PW, nämlich 40 % vom GW bzw. 40 v.H.)*
	Nettogehalt/vermind. Auszahlungsbetrag	2.400,-- €	*(GW_{min}, entspricht 60 v.H.)*

Tatsächlich erhält Eva May jedoch 4.000 € – 800 € = 3.200 € ausgezahlt. Denn von ihrem Bruttogehalt wird nur ein halber Sozialversicherungsbeitrag abgezogen, der sogenannte Arbeitnehmer-Anteil. Der Arbeitgeber-Anteil gilt als Draufgabe, um nicht zu sagen: als allmonatliches Geschenk ihres Arbeitgebers.

Würde der Händler aus (1) genauso verfahren und 3.200 € für seine Ware verlangen, so würde man ihn einen Gauner schimpfen und darauf hinweisen, er habe lediglich 800 € bzw. 20 % Nachlass gewährt, nicht die vereinbarten 40 %.

Würde der Händler darauf entgegnen, 1.600 € seien sehr wohl 40 % von 4.000 €; diese 40 % habe er von 4.800 € abgezogen und verlange deshalb 3.200 €, so würde man ihn entgeistert fragen, ob er einen für dumm verkaufen wolle: Der Nachlass sei selbstverständlich von demselben Betrag abzuziehen, von dem er zu berechnen sei. Man würde also darauf bestehen, dass der Prozentwert, der Nachlass, vom Auszeichnungspreis als dem Grundwert der Kalkulation zu berechnen *und* abzuziehen ist. Alles andere sei falsch, würde man zu Recht aufgebracht entgegnen und notfalls mit dem Kadi drohen.

Bei der Gehaltsabrechnung wird dagegen nach dem Muster des betrügerischen Händlers verfahren. Hier wie dort wird nämlich von zwei verschiedenen Werten ausgegangen. Denn es sind 3.200 €, die Eva May als Nettogehalt auf ihr Konto überwiesen bekommt (GW_{min}), und es sind 1.600 €, die als Beitrag an die Träger ihrer Sozialversicherung abgeführt werden (PW).

Folglich lautet dann der Grundwert ihrer Gehaltsabrechnung 4.800 € ($GW_{min} + PW = GW$, als Folge von $GW - PW = GW_{min}$). Dieser Betrag entspricht den Personalkosten des Betriebes, also der Summe aus Bruttogehalt und Arbeitgeber-Anteil zur Sozialversicherung bzw. der Summe aus dem frei verfügbaren und dem gesetzlich verfügungsgebundenen Gehalt von Eva May. Die Abrechnung lautet demgemäß:

(3)	Personalkosten (Bruttogeh. + AG-Anteil)	4.800,- €	*(GW, entspricht 100)*
	– SV-Beitrag	1.600,- €	*(PW, aber **nicht** 40 v.H.)*
	Nettogehalt/verminderter Auszahlungsbetrag	3.200,- €	*(GW_{min})*

Die 1.600 € Sozialversicherungsbeitrag stellen jedoch nicht 40 % von 4.800 € dar, dem Grundwert der Rechnung, sondern 40 % von 4.000 €, dem Bruttogehalt. Genauso wie bei dem betrügerischen Händler wird der Prozentwert (beim Händler: der Preisnachlass, hier: der Sozialversicherungsbeitrag) in der Gehaltsabrechnung also nicht von ein und demselben Wert, dem Grundwert, berechnet und abgezogen. Das ist hier genauso unzulässig wie dort. Von 4.800 €, dem Grundwert der Rechnung, machen 1.600 € aber nur 33,33 % aus.

Die Aussagekraft der Prozentrechnung insgesamt beruht darauf, dass der Prozentsatz als Teil des Grundwertes ausgewiesen wird, als »Anzahl der Hundertstel«. Sonst verliert der Prozentsatz seinen Wert als Vergleichskennziffer. Deshalb muss der Grundwert, in Prozenten ausgedrückt, immer 100 betragen.

Dann aber ist festzustellen: Von diesen 100 entfallen 33,33 Teile auf den Beitrag zur Sozialversicherung, nicht 40. Der Beitragssatz beträgt mithin 33,33 v.H. bzw. 33,33 %, nicht 40 %.

Erst mit dem korrigierten Prozentsatz wird die Gesamtabrechnung des Gehalts von Eva May endlich vollständig und regelgerecht:

(4)	Personalkosten/Gesamtgehalt	4.800,- €	*(GW, entspricht 100)*
	– SV-Beitrag	1.600,- €	*(PW, **nämlich 33,33 v.H.**)*
	Nettogehalt/verminderter Auszahlungsbetrag	3.200,- €	*(GW_{min}, entspricht 66,67 %).*

Schlussfolgerung: Es bleibt noch Spielraum bis zur selbst wieder willkürlich gesetzten 40-Prozent-Grenze (und zwar 16,67 % der gesamten zugebilligten sozialpolitischen Verfügungsmasse bzw. 6,67 Prozentpunkte, um genau zu sein).[25] Einzuräumen ist, dass mehrere Gedankengänge verfolgen muss, wer den Rechenfehler erkennen will. Deshalb auch die längeren Ausführungen. Aber ist das zu viel verlangt von unseren führenden Ökonomen, Politikern und Journalisten angesichts der Milliardenbeträge, um die es geht?

c) Derselbe Fehler ganz kurz

In ihrer Ausgabe vom 14.7.2018 meldet die Berliner Zeitung auf Seite 1, Bundesarbeitsminister Hubertus Heil habe ein Rentenpaket mit einer »doppelten Haltelinie« geschnürt. Dadurch soll garantiert werden, dass das Rentenniveau bis zum Jahre 2025 »nicht unter 48 Prozent sinkt und der Beitragssatz nicht über 22 Prozent steigt«. Dabei, so ist zu lesen, bilde der Wert von 48 % »ab, wie jemand im Vergleich zur Arbeitsbevölkerung versorgt ist.«

Falsch! Falscher Grundwert! Der Grundwert der Rechnung ist nicht der ehemalige Durchschnittsverdienst der Rentenempfänger, sondern der »Standardrentner«. Das sind Personen, die nach 45 anrechnungsfähigen Arbeitsjahren mit beständigem Durchschnittsverdienst Rente beziehen. Diese Spezies stirbt jedoch allmählich aus, degeneriert zur rentenrechtlichen Fiktion – der Standardrentner wird zum Extremrentner.

Wenn für die Gattung der Extremrentner Bezüge in Höhe von 48 % des durchschnittlichen Einkommens der aktuellen »Arbeitsbevölkerung« angestrebt werden, so bedeutet das, dass es für Durchschnittsrentner weniger, für Geringverdiener mit gebrochenen Erwerbsbiographien sogar erheblich weniger als 48 % des Durchschnittsverdienstes werden – wie viel genau, ist nur für jeden Fall einzeln zu ermitteln; allgemein gilt: »Nichts Genaues weiß man nicht«. Im Übrigen verlangt das immer noch gültige Äquivalenzprinzip der Rentenversicherung Leistungen, die an die individuelle Einzahlung gekoppelt sind. Die *Renten*versicherung ähnelt deshalb eher einer Sparkasse als einer Versicherung. Daraus folgt:

1.) Die besagten 48 % sagen herzlich wenig darüber aus, »wie jemand im Vergleich zur Arbeitsbevölkerung versorgt ist…« Sie sagen lediglich: *Im besten Fall* mit 48 %. Dabei bleibt unklar, wie viel beste Fälle es gibt bzw. geben *wird*. Klar ist lediglich, dass mit dem Standardrentner die *Ausnahme zur Regel erklärt* wird.
2.) Der monatliche Durchschnittsverdienst beträgt derzeit 3.771 Euro brutto, der tatsächlich ausgezahlte Altersrentenbetrag durchschnittlich 848 Euro/Monat (Stand: Dez. 2016). Die tatsächliche Durchschnittsrente entspricht mithin nicht 48, sondern 22,49 % des Durchschnittsverdienstes. Für Durchschnittsrentner wird der Lebensabend kein Feierabend. Sondern eine ständige Probe der Überlebenskunst.
3.) Bei der Rentenversicherung wird auf *beiden* Seiten der »doppelten Haltelinie« falsch gerechnet – und zwar namentlich von beiden zuständigen Bundesministern.

Bitte, verpflichtende Grundkurse in Prozentrechnen und Alltagsstatistik für alle Ökonomen, Politiker und Journalisten! Und immer die Basisregel beachten: Wer Prozent sagt, muss sagen, wovon bzw. für wen! Wer oder was, bitte schön, stellt den Grund-, wer oder was den Prozentwert der jeweiligen Rechnung?

d) Zwei gut gemeinte Erklärungen für den ewigen Fehler

Dafür, dass der erstgenannte, versteckte Rechenfehler seit Einführung der Sozialversicherung im Kaiserreich unter Reichskanzler Bismarck unentdeckt geblieben ist, gibt es übrigens auch zwei versöhnliche, gutmeinende Erklärungen.
Die eine lautet:

- Was so alt ist, wird schon stimmen.

So zu denken ist oft gerechtfertigt. Nicht so jedoch im vorliegenden Fall.

Die andere lautet:

- Mathematiker sind Menschen, die nicht gerne rechnen.

Aber Obacht: Im vorliegenden Fall sind mathematisierende Ökonomen am Werk, nicht ökonomisierende Mathematiker!

Weiterführende Bemerkungen und Belege zum Exkurs 16

1 Ferdinand Fichtner u. a., Zunehmende Ungleichheit verringert langfristig Wachstum – Analyse für Deutschland im Rahmen eines makroökonomischen Strukturmodells, hrsg. von der Friedrich-Ebert-Stiftung, Bonn 2017. Fichtner ist Leiter der Abteilung Konjunkturpolitik im Deutschen Institut für Wirtschaftsforschung. Die Studie steht auch im Netz: https://www.fes.de/e/ungleichheit-bremst-wirtschaftswachstum-in-deutschland/

2 Ebd., S. 26 ff., Zitat: S. 26.

3 Ebd., S. 25.

4 »Die hier vorgelegten Ergebnisse zeigen zudem, dass die in Deutschland beobachtete Änderung der Einkommensverteilung auch einen Anstieg des Außenhandelssaldos mit sich gebracht haben dürfte; insbesondere dürften die Importe wegen der durch die Ungleichheit geringeren Inlandsnachfrage gedämpft worden sein.« (Ebd., S. 5).

5 Kritikwürdig ist das aus diesem Sachverhalt entwickelte Wissenschaftsprogramm der Kritischen Rationalisten, nämlich ihre unablässige Suche nach Falsifikationen. Neue bzw. fortschreitende Theorie entsteht auf diesem Wege nicht. Außerdem können sich Falsifikationen unter Umständen als weniger eindeutig erweisen als zunächst angenommen, beispielsweise weil sich falsifizierende Tatsachen als bloß vermeintliche oder unwesentliche erweisen können. Aus diesen und weiteren Gründen sind die Kritischen Rationalisten inzwischen aus der wissenschaftstheoretischen bzw. methodologischen Debatte verdrängt. Popper selbst sah sich übrigens konsequenterweise gezwungen, jedweder Unterscheidung zwischen wesentlich und unwesentlich den totalen Krieg zu erklären, indem er ihr nämlich jede Wissenschaftlichkeit rundweg absprach Zur Problematik der »Tatsachen« s. auch die nachfolgenden Ausführungen von Georg Lukács, unten Anm. 8.

6 S. unten Anm. 10.

7 Der Streit um Reinhardt/Rogoff in Grafiken, http://blogs.faz.net/fazit/2013/06/02/der-streit-um-reinhartrogoff-in-grafiken-1953/, abgerufen am 22.3.2016.

8 Georg Lukács, Frühschriften I, in: Werke, Band 2, Berlin 1923, S. 18, Hervorhebung AS.

9 In struktureller Betrachtung handelt es sich um dieselben Vorgänge, die bei der Analyse des Finanzsektors als negative/kompensierende bzw. als positive/kumulative Rückkoppelung erfasst wurden: s. →*Basic 15, bes. Anm. 4.*

10 »Die Wahl besteht zwischen zwei Formen der Verdammnis: Sparen und Rezession oder Zahlungsunfähigkeit und Rezession. Unsere Daten zeigen, dass der Weg mit Sparprogrammen schneller aus der Rezession führt.«

(Carmen Reinhart vom Peterson Institute for International Studies, das Ergebnis ihrer zusammen mit Kenneth Rogoff durchgeführten, umfangreichen Studien zusammenfassend, in: Berliner Zeitung vom 27.2.2011; Kenneth Rogoff war zeitweise Chefökonom des Internationalen Währungsfonds. S. a. →*Basic 3*, wo diese Passage als Ausgangspunkt anderer Überlegungen herangezogen wurde).

11 Wie gesagt: »Rogoff war über seine eigene Schwelle gestolpert [...] Vom Kern [seiner Aussage, AS] rückte er nicht ab.« So z. B. Karl Gaulhofer, Studie: Die verflixte Schwelle der Schulden, in: Die Presse vom 12.9.2015, auch im Netz abrufbar unter https://diepresse.com/home/wirtschaft/economist/4819491/Studie_Die-verflixte-Schwelle-der-Schulden, zuletzt abgerufen am 7.10.2018.

12 In: Der Spiegel vom 22.10.2013, außerdem z. B. im faz-wirtschaftsblog http://blogs.faz.net/fazit/2013/10/22/kenneth-rogoff-ueber-excel-fehler-hexenjagd-2818/, zuletzt abgerufen am 7.10.2018.

13 Christian Mayer, Rettet die Wirtschaft ... vor sich selbst! Faszinierende Reise ans Ende des neoklassischen Universums, Marburg 2018, S. 10, Hervorhebung AS. Übrigens zeigt sich an diesem Fall deutlich, dass die von dieser Wissenschaft geforderte Mathematisierung von Inhalten, die außerhalb der Mathematik gewonnen wurden, keine weiteren *inhaltlichen* Aspekte und Dimensionen eröffnet, sondern lediglich eine abstrakte, schwer zu handhabende, obendrein inhaltlich einengende, problemeliminierende *Form*.
Die Mathematisierung des Ökonomiestudiums geht inzwischen so weit, dass Studienanfänger als Erstes mit umfangreichen Sammlungen mathematischer Formeln als dem angeblich grundlegende Handwerkszeug eines Ökonomen eingedeckt, um nicht zusagen: zugeschüttet werden, so z. B. mit der inzwischen in 15. Auflage erschienenen »Formelsammlung der Wirtschaftswissenschaften« von René M. Schröder. Schon der Titel der vierteiligen Reihe (der VWL, BWL, Mathematik und Statistik sind je eigene, kleine Hefte gewidmet) müsste eigentlich als Zumutung erkannt werden.
Die Reihe ist allerdings wenigstens handlich und kompakt. Das hebt sie vorteilhaft ab von Lehrbüchern wie z. B. demjenigen von Michael Merz/Mario von Wüthrich, Mathematik für Wirtschaftswissenschaftler – *Die* Einführung mit vielen ökonomischen Beispielen, München 2013. Hervorhebung im marktschreierischen Untertitel AS.
Diese »Einführung« mit ihrem anmaßenden Alleinvertretungsanspruch umfasst 887 (!) ordentlich großformatige Seiten auf einem – so ein Rezensent – »dem Hochschulniveau angemessenen Formalismus«. Absurd!

14 Wirtschaftswoche Nr. 43/2017, Titelgeschichte.

15 Erinnert sei an →*Exkurs 4*, in dem dargestellt wurde, wie sich Hans-Werner Sinn außer Stande zeigte, die spiegelbildliche Bewegung von Belastungen und Begünstigungen als zusammengehörig zu erfassen.

16 Christian Meyer, Rettet die Wirtschaft..., S. 149.

17 S. →*Vorwort* sowie *Basic 16, Anm. 19*.

18 Und zwar war es Joseph Schumpeter, der im Januar 1933 infolge der tiefen Verunsicherung, welche die Weltwirtschaftskrise von 1929 ff. bei Konjunktur- und Entwicklungstheoretikern bewirkt hatte, die Econometric Society gegrün-

det hat und damit seiner Wissenschaft über eine weitestgehend sinnfreie Mathematisierung einen Weg aus der für sie schlicht unerklärlichen Realität der Weltwirtschaftskrise heraus geebnet hat.
Damit wurde SCHUMPETER selbst zum »schöpferischen Zerstörer«. Demgemäß verfasste er eine Insolvenzerklärung der ökonomischen Zunft bei gleichzeitiger Neugründung der Ökonomik nun *nicht mehr als Wissenschaft, sondern als Glaubensgemeinschaft*: »Wir verlangen kein Glaubensbekenntnis wissenschaftlicher oder sonstiger Art, und wir teilen kein gemeinsames Kredo außer dem, dass erstens Ökonomie eine Wissenschaft ist [!, wer nichts weiß, muss glauben – selbst das Wissen um die Wissenschaftlichkeit der eigenen Disziplin konvertiert zum Glauben, AS] und dass zweitens diese Wissenschaft einen sehr wichtigen quantitativen Aspekt besitzt. Wir sind keine Sekte. Wir sind auch keine ›Schule‹ […] In bestimmter Hinsicht sind die Wirtschaftswissenschaften die quantitativste nicht nur unter den Sozial- oder Moral-, sondern unter allen Wissenschaften einschließlich der Physik [!].« (JOSEF SCHUMPETER, The Common Sense of Econometrics, in: Econometrica, Vol. 1, Issue 1, January 1933, S. 5 – Übersetzung AS).
KEYNES, der damals gegenüber SCHUMPETER noch weltweit als der weniger bedeutende Ökonom gegolten hatte, gelang es angesichts solch verzweifelter, unpraktischer, methodisch verbrämter Ratlosigkeit mit seiner ganz und gar wirtschaftspolitisch-praktischen, auf die Besonderheiten der damaligen Krisenlage zugeschnittenen und insofern höchst besonderen »Allgemeinen Theorie«, die akademische Welt im Sturm zu erobern und SCHUMPETER weit hinter sich zu lassen (was diesen wiederum jahrelang in eine depressive Stimmung versetzte – so schildert es jedenfalls ANNETTE SCHÄFER, Die Kraft der schöpferischen Zerstörung – Joseph A. Schumpeter: Die Biografie, Frankfurt/New York 2008, Kapitel 6, »Das Pech, ein Zeitgenosse Keynes' zu sein«, S. 144 ff.).

19 S. z. B. den Bericht von CARLA COBURGER/PATRICK KLÖSEL, Wider das Einheitsdenken – Plädoyer für Pluralismus in der Wirtschaftswissenschaft, in: Blätter für deutsche und internationale Politik, Nr. 7/2017, S. 99–104.

20 So ist es verbürgt durch PAUL DAVIDSON, What Revolution? The Legacy of Keynes, in: Journal of Post Keynesian Economics, Londen 1996, S. 47.

21 S. International Student Initiative for Pluralism in Economics, Hg., Internationaler studentischer Aufruf für eine Plurale Ökonomik, http://www.isipe.net/home-de/, zuletzt abgerufen am 7.10.2018.

22 Die fundamentalen Besonderheiten der Zahlen des Rechnungswesens bzw. der Buchführung wurden bereits an anderer Stelle zur Sprache gebracht: *→Basic 4, Anm. 9, 3. Absatz.*

23 In: Der Spiegel vom 4.4.2018, Hervorhebung AS; in der Sache gleichlautend übrigens der frisch gebackene Sozialminister, HUBERTUS HEIL, z. B. in Der Tagesspiegel vom 22.5.2018.

24 Exemplarisch: WALTERMANN, ALOYS/SPETH, HERMANN, Rechnungswesen Bürokaufmann/Bürokauffrau, 20. Auflage, Rinteln 2010, S. 35 ff.

25 Für weitere Details s. AXEL STOMMEL, Richtig rechnen! Warum der Beitragssatz zur Sozialversicherung systematisch zu hoch ausgewiesen wird – und was daraus folgt, in: Wirtschaft und Erziehung, Nr. 6/2014, S. 225–232.

BASIC 17
Produktion und Verteilung: eine Zusammenfassung. Wieso bestimmen sich die beiden gegenseitig? Und wie kann, wie sollte der Staat die Verhältnisse steuern?

Mit Station 17 wird das Ende von *Abschnitt A. Wirtschaftspolitik, Staat und Steuern* erreicht. Die aktuelle Position bietet nebenbei Gelegenheiten zur Rückschau auf den bisher zurückgelegten Abschnitt A.

Auf Augenhöhe – zur Beziehung zwischen Produktion und Verteilung

Aus der Feststellung, dass man nur verteilen kann, was man zuvor erwirtschaftet hat, folgt, dass die Produktion die Verteilung bestimmt, und zwar sowohl dem Umfang als auch der Art nach:

Produktion → *Verteilung* (P → V).

Diese Feststellung ist ein Gemeinplatz; sie drückt eine nicht hinterfragbare, unmittelbar einsichtige Tatsache aus. Einerseits. Andererseits ist die Aussage unvollständig, denn sie blendet all jene Wirkungen aus, welche die Verteilung ihrerseits auf die Produktion ausübt:

Produktion ← *Verteilung* (P ← V).

An den vorangegangenen Stationen sind diese Wirkungen zwar des Öfteren schon zu sehen gewesen, aber gewöhnlich nur im Vorübergehen. Sie werden deshalb nachfolgend, systematisch geordnet, in Erinnerung gerufen. Im Ergebnis wird festzustellen sein, dass sich Produktion und Verteilung maßgeblich wechselseitig beeinflussen, so dass sie sich im Ergebnis ebenbürtig gegenüberstehen:

Produktion ⇔ *Verteilung* (P ⇔ V).

Zuvor jedoch soll ein Einwand betrachtet werden, der aus höchsten wirtschaftswissenschaftlichen Kreisen stammt. Der Einwand bejaht die nachfolgende Frage leidenschaftlich; die Frage lautet:

Ist die Behandlung von Verteilungsfragen »reines Gift« für eine solide Wirtschaftstheorie und -politik?

Tatsächlich ist die Feststellung, dass die Produktion der Verteilung vorangeht und diese mitbestimmt, P → V, im gesellschaftlichen Raum geradezu ausnahmslos *ohne* ihr Pendant, die Bestimmung der Produktion durch die Verteilung, P ← V, anzutreffen. Dort gilt also ausschließlich P → V.

Für sich allein genommen, ist die Feststellung von der bestimmenden Rolle der Produktion, P → V, aber nicht einfach nur ergänzungsbedürftig. Sondern sie führt, allein gestellt, sogar geradewegs in die Irre. Dieses Schicksal teilt sie mit Halbwahrheiten aller Art (→*Exkurs 4*).

Überhaupt sind gesellschaftliche *Irr*lehren, an denen Halbwahrheiten einen großen Anteil stellen, niemals einfach nur falsch. Wären sie das, so könnten sie sich nicht als gesellschaftliche *Lehren* behaupten. Gesellschaftliche Irrlehren erkennt man vielmehr daran, dass sie Zufälliges als notwendig, Unwesentliches als wesentlich oder, wie im hier erörterten Satz von der bestimmenden Rolle der Produktion, ein Teil als Ganzes ausgeben – um es bei den drei häufigsten Erkennungsmerkmalen zu belassen.

In seiner Einseitigkeit verleitet der hier betrachtete Satz von der bestimmenden Rolle der Produktion nämlich, wie gesagt, dazu, Verteilungsfragen als bestenfalls zweitrangig anzusehen, naheliegend sogar schlicht als quantité négligeable, als zu vernachlässigende Größe, weder der Rede noch eines Gedankens wert. Dadurch werden Verteilungsfragen aller Art, darunter übrigens auch die ständige staatsschuldenfinanzierte Umverteilung von unten nach oben (→*Basic 4/Exkurs 4*), der kritischen Betrachtung wie selbstverständlich entzogen.

Und zwar mit größtem Erfolg. Robert Lucas, als Ökonomie-Nobelpreisträger in Wirtschaftsfragen mit gleichsam päpstlicher Autorität ausgestattet, hat das standardökonomische Kredo sogar in eine kanonische Fassung gebracht. Die bloße Beschäftigung mit Fragen der Verteilung brandmarkt er als die schlimmste aller häretischen Verirrungen und belegt sie mit dem Bann: *»Von allen Ausrichtungen, die einer soliden Wirtschaftstheorie schaden, ist die verführerischste und meines Erachtens giftigste [the most poisonous] die auf Verteilungsfragen.«*[1]

Mit diesen Worten gelingt Lucas die hohe Kunst, die jahrelangen Predigten seiner über die Welt verbreiteten neoliberalen, standardökonomischen Kollegen – darunter besonders erwähnenswert: die als »die fünf Wirtschaftsweisen« aus dem deutschen Abendland bekannten regierungsamtlichen Sachverständigen zur Begutachtung der gesamtwirtschaftlichen Entwicklung – in ihrem tiefsten Sinn zu erfassen sowie in einem einzigen Satz zu konzentrieren.

Im Gefolge der Finanzkrise von 2008 ff. und ihrer politischen Auswirkungen ist die weltumspannende, jahrzehntelange Verteufelung, mehr noch: die jahrzehntelange wortlose Tabuisierung von Verteilungsfragen inzwischen jedoch erschüttert, ja sie ist über weite Strecken abgelöst worden von einer anschwellenden Sensibilisierung für Fragen und Probleme der Verteilung.

Dementsprechend kann inzwischen jeder, der es wissen will, in Erfahrung bringen, dass die Unvermögenden in den entwickelten Ländern in den letzten 30 bis 40 Jahren real nichts hinzugewonnen haben, wenn sich denn ihre materielle Lage in dieser Zeit nicht sogar verschlechtert hat. »Heute gilt in den meisten Ländern weltweit Ungleichheit als eine der größten Bedrohungen für den zukünftigen Wohlstand. In Davos, wo sich alljährlich die globale Wirtschaftselite trifft, haben aktuelle Erhebungen über globale Risiken durchgehend Ungleichheit an die erste Stelle oder zumindest weit oben auf die Liste gesetzt.«[2]

Ja sogar die Europäische Kommission klagt und warnt: »Im Zeitraum 2008–2014 hat die deutsche Politik in hohem Maße zur Vergrößerung der Armut beigetragen«[3], »Deutschland ist heute so ungleich wie vor hundert Jahren«[4], »Deutschland ist europaweit eindeutiger Spitzenreiter beim Anstieg der Erwerbsarmut.«[5] 2018 hat, ein weiteres, klares Zeichen, der fat-cat-day Eingang in die Medien gefunden. Dabei handelt es sich um den Tag, an dem ein Topmanager brutto so viel verdient wie ein durchschnittlicher Angestellter im ganzen Jahr (in England, wo dieser Tag geschaffen wurde, ist dies am 4. Januar der Fall, in Deutschland einen halben Tag später: »Heute Mittag schlägt die Stunde der ›fetten Katzen‹«, vermeldet Die Welt am 5.1.2018[6]).

Seit etwa 2014 wird die Antwort auf die Frage, ob die Beschäftigung mit Verteilungsproblemen reines Gift sei für die ökonomische Wissenschaft und die von ihr erfasste Wirklichkeit, verneint, und zwar zunehmend deutlich für jeden, der es hören will. Dass allerdings niemals alle diese Nachricht verstehen wollen, liegt auf der Hand: »Es ist schwierig, jemanden dazu zu bringen, dass er etwas versteht, wenn sein Gehalt [bzw. sein Vermögen, AS] davon abhängt, dass er es nicht versteht.«(Upton Sinclair, wie erinnerlich.)

Gesellen wir uns zu den Verständigen und schauen nüchtern sowie mit gehörigem Abstand auf wesentliche Aspekte der jahrzehntelang ausgeblendeten bzw. verdunkelten Seite im wechselseitigen Verhältnis von Produktion und Verteilung zurück.

Im Rückspiegel: Wie die Verteilung die Produktion bestimmt (V → P)

In einer Gesellschaft, in der Einkommen und Vermögen höchst ungleich verteilt sind, wird insgesamt *weniger konsumiert*: Die Armen wollen mehr konsumieren, aber können nicht; die Reichen können, aber wollen nicht. Keynes hat dasselbe, wenn auch wohl mit Bedacht in akademischer Unanschaulichkeit, als »abnehmende Grenzneigung zum Konsum« begriffen (→*Basics 2–4*).[7]

Da besonders attraktiv, legen die Vermögenden ihre überreichlich vorhandenen »Ersparnisse« in zunehmendem Maß ohne Produkteffekt, also unproduktiv in der Finanzwirtschaft an, deren Umfang deshalb übermäßig zunimmt (→*Basic 15*). Adipöses Wachstum der Finanzwirtschaft ist mithin unmittelbare Folge einer zunehmend unangemessenen, disparaten Verteilung. Pensionsfonds u. ä. kommen hinzu (mehr dazu: →*Abschnitt D*).

Ohne Nachfrage nach ihren Waren investieren Unternehmen aber nicht. Fällt der Konsum somit zurück, so denken die Unternehmen des produktiven Sektors nicht an *Investitionen, erst recht nicht in Forschung, Entwicklung und Personal,* während sich die unvermögenden Bevölkerungsschichten erzwungenermaßen Ausgaben in Bildung und Gesundheit »sparen«.

Ausbleibende bzw. ersparte Investitionen nähren Krisen; die im Kapitalverhältnis angelegte Unterkonsumtion verlangt ersatzweise Investitionen, erhält sie in dieser Situation aber nicht bzw. nicht im erforderlichen Ausmaß: Erste Krisenerscheinungen treten zunächst scheinbar zufällig in einzelnen Wirtschaftsbereichen zutage. Gerät ein Wirtschaftsbereich in die Krise, so wirkt seine Krise auch auf andere Bereiche. Einmal in Gang gekommen, verschlechtern Kettenreaktionen die gesamtwirtschaftliche Lage, sofern nicht aktuell wirksame Gegentendenzen für einen Ausgleich sorgen (→*Basics 12–15*).

Bricht die Nachfrage nach ihren Erzeugnissen weg, so kämpfen die krisengeschüttelten Unternehmen ums Überleben; erfreuen sie sich einer hohen Eigenkapitalausstattung, so verfügen sie zwar über ein gewisses Polster, aber selbst das gewährt ihnen immer nur einen begrenzten zeitlichen Spielraum.

Indem sie in ihrer Krisenlage die Produktion zurückfahren sowie von langfristigen Investitionen in Personal, Forschung und Entwicklung Abstand nehmen, Erweiterungsinvestitionen stornieren, Modernisierungs- und Ersatzinvestitionen hinausschieben, senken die Unternehmen jedoch nicht nur ihre eigene (sowie in der Summe: die gesamtwirtschaftliche) Produktion, wie sie auf der Grundlage des aktuellen Standes von Wissenschaft und Technik stattfindet. Sondern sie schädigen darüber hinaus ihre – sowie in der Summe die gesamtwirtschaftliche – *Innovationsfähigkeit.* Außerdem beschneiden sie die *Einsatzmöglichkeiten* neuer, bereits entwickelter innovativer Produktionstechniken auf breiter Front.

Damit bremsen Unternehmen, wenn sie in eine Krise geraten sind, weit über die aktuelle Produktion hinaus gesamtwirtschaftliche Produktivitätspotenziale und vernichten sozioökonomische Entwicklungskräfte. Diese Verluste, die aufgrund der deflatorischen oder auch Nachfragelücke *im Gefolge sowie im Ausmaß hoher Ungleichverteilung* verstärkt entstehen, können nicht mehr aufgeholt werden – die unfreiwillig »ersparten« Konsum- und Investitions-, Gesundheits- und Bildungsausgaben führen zu *Verlusten mit Ewigkeitscharakter.*

Des Weiteren mindert hohe Einkommensungleichheit die *Effektivität der einzelnen Arbeitskräfte*: Es ist »eine gut fundierte Tatsache, dass Lohnkürzungen die Produktivität von Arbeitnehmern senken.«[8] Dabei beschränkt sich der Zusammenhang zwischen Lohn und abnehmender Arbeitsproduktivität nicht nur auf rezessionsbedingte Lohnkürzungen. Sondern der Zusammenhang gilt ganz allgemein für Entlohnungen, die als ungerecht empfunden werden. Um das festzustellen, braucht man nicht einmal bis zur Inneren Kündigung vorzudringen. Keineswegs nur Prämien und managerhafte Supergehälter, sondern bereits angemessene, als (sach-)gerecht wahrgenommene Löhne – dies ist eine alte Erfahrung – stimulieren Einsatzbereitschaft und *persönliche Produktivität* der arbeitenden Menschen, folglich auch die Produktivität der Wirtschaft und der Gesellschaft, in der sie arbeiten; als ungerecht wahrgenommene Löhne lähmen sie.[9]

Maja Brankovic hat die neuesten, empirischen Forschungsergebnisse aus den USA zusammengefasst: »Erhöht eine als ungerecht empfundene Bezahlung wirklich die Gefahr, im Laufe des Lebens am Herzen zu erkranken? Aber ja, sagen die Forscher. Ihre Erkenntnisse [...] deckten sich mit den Befunden, die sie aus dem Datenmeer der größten sozioökonomischen Langzeiterhebung für Deutschland, dem Sozio-oekonomischen Panel (Soep), zogen [...] Hinzu kommt der Effekt auf die Arbeitsmoral: Wer sich ständig abmüht und finanziell nichts davon hat, der stellt seine Bemühungen irgendwann ein [...] Eine als ungerecht empfundene Bezahlung sei deshalb nicht nur ein Problem für die

Betroffenen, schreiben die Forscher. Auch gesamtwirtschaftlich seien die Folgen immens.«[10] (Mehr dazu: →*Abschnitt C*). Eigentlich weiß man es aus dem Alltag, spätestens als Erstklässler hat man's erlebt: Anstrengung, Belohnung und Erfolg sind eng verknüpft.

Die verteilungspolitische Schlüsselstellung des Staates

Dem Staat fällt im gesellschaftlichen Verteilungsprozess eine Schlüsselrolle zu. Seine Aufgabe nämlich besteht darin, das komplexe sozioökonomische System dort zu steuern, wo es sich als unfähig zur selbstläufigen Steuerung über die selbstläufigen Regelungsmechanismen (»den Zwang«) der Konkurrenz erweist. Um seine Aufgabe wahrnehmen zu können, darf der Staat nicht mittellos, nicht steuerlos dastehen; zum Steuern bedarf er vor allem ausreichender Steuern (→*Basics 1–4*).

Tatsächlich ersetzt der gegenwärtige Staat jedoch zu einem erheblichen Teil Steuern durch Kredite, organisiert dadurch eine ständige und beständige, in ihrem konkreten Vollzug weitestgehend unbemerkte Umverteilung von unten nach oben; zugleich macht er sich dabei abhängig von seinen Kreditgebern, wird zum Gesteuerten. Statt sicherzustellen, dass der Geldstrom in erforderlichem Ausmaß von oben nach unten fließt, wie es sich gehört in einer an sozialen Normen ausgerichteten und an einem stabilen, stetigen Wirtschaftskreislauf interessierten Gesellschaft, organisiert der Schuldenstaat ständig und beständig einen sozioökonomisch dysfunktionalen, kreislaufgefährdenden Wertstrom von unten nach oben (→*Basic 4/Exkurs 4*).

Damit stellt sich hier die Frage: »Kann es sein, dass der Kampf um Steuern – um Verteilung unter den Bedingungen zunehmend schrumpfenden Wachstums zu organisieren – sozusagen die Front der Zukunft ist?« (MATHIAS GREFFRATH, →*Basic 3, Anm. 14*). Die Antwort lautet schlicht und einfach: Ja, der Kampf um Steuern ist eine, wenn nicht gar *die* wirtschaftspolitische »Front der Zukunft«; außerdem auch schon der Gegenwart (→*Basics 5 ff.*).

Diese Feststellung gilt sogar verstärkt, wenn man berücksichtigt, dass die Primärverteilung, also die Einkommensverteilung gemäß Tarif- bzw. Arbeitsverträgen, sich in absehbarer Zeit immer weniger imstande zeigen wird, im Alleingang gesamtwirtschaftlich angemessene sowie sozial verträgliche Ergebnisse hervorzubringen: Die fortschreitende Erosion gewerkschaftlicher Macht namentlich im Gefolge von Digitalisierung und Robotisierung[11] sowie globaler Konkurrenz einschließlich weltumspannender Arbeitsmigration wird, alleine gelassen, weitere, tiefe Bremsspuren auf dem Gebiet der Löhne und Gehälter hinterlassen (→*Basic 12, bes. Anm. 25*). Der Druck wachsender Bevölkerungen in bzw. aus den Ländern des globalen Südens verstärkt diese Entwicklung zusätzlich.

Zusammen mit einem angemessenen, gesetzlichen Mindestlohn ist die Sekundärverteilung in Gestalt staatlicher Umverteilung deshalb zunehmend *verpflichtet*, ergänzend und entlastend zur Primärverteilung hinzuzutreten, wenn nicht sogar die Führung zu übernehmen wie beim Mindestlohn. Diese Verpflichtung beruht noch nicht einmal primär auf sozialen, politischen Gründen. Sondern sie beruht zuvorderst auf dem schlichten ökonomischen Zwang, den Unternehmen eine ausreichende Nachfrage nach den mit Robotern und Digitaltechnik geschaffenen Waren und Dienstleistungen zu beschaffen und zu sichern.[12]

Falls es dem Staat nicht gelingt, die aktuelle Fließrichtung seiner hinlänglich beschriebenen, von Verschuldung und Einnahmeverzicht getriebenen Umverteilungsprozesse von unten nach oben in einen kreislaufstärkenden Fluss von oben nach unten umzukehren und den unvermögenden Mitgliedern der Gesellschaft eine angemessene Grundversorgung aus Abgaben auf die diversen Rentierseinkommen und Vermögen zu sichern, dann stehen Wirtschaft und Gesellschaft Schwarze Zeiten bevor, nämlich Zeiten, in denen es

- der Wirtschaft an Nachfrage und
- der Gesellschaft an Akzeptanz

in einem Ausmaß fehlt, das sie unmöglich dauerhaft wird verkraften können.

In diesem Zusammenhang muss der Staat übrigens auch den Zufluss zu den Finanzmärkten dadurch begrenzen, dass er die Ungleichheit in der Verteilung von Einkommen und Vermögen schrittweise auf ein Maß zurücksteuert, welches als Anreiz für wirtschaftliches Handeln dienlich ist (→*Basic 9*). Um den Finanzsektor wieder auf ein systemdienliches Maß zurückzuführen und in den Dienst der Realwirtschaft zu stellen, ist keine Maßnahme besser geeignet als diese; ein Wust von komplizierten Einzelregelungen (→*Basic 15*) erübrig sich dadurch.[13]

Zum Zusammenhang von Umverteilung und stabiler soziökonomischer Entwicklung

Dabei ist wichtig zu verstehen, dass die staatlich generierten, initiierten oder gesicherten Verteilungsbeträge nicht unbedingt auf direktem Wege von den Vermögenden zu den Unvermögenden geleitet werden müssen.

Vielmehr können sie auch in erheblichem Umfang zunächst zum Staat fließen, damit der Staat die Transfers systematisch sowohl gemäß den je individuellen als auch an den sozioökonomischen Erfordernissen aussteuert und zurück in die Gesellschaft leitet, und zwar auf dem Wege über die weiter unten aufgeführten wirtschafts- und sozialpolitische Maßnahmen, darunter auch über eine Grundsicherung, deren nähere Ausgestaltung hier aber nicht zur Debatte steht. Es kann also auch diese Form von Sekundärverteilung sein; sie ist übrigens keineswegs lediglich von sekundärer Bedeutung. Der naheliegende Schluss von der zeitlichen Abfolge auf die Bedeutung ist verfehlt: Wer oder was später eintrifft, muss nicht von nachrangigem (»sekündärem«) Gewicht sein; der spät eintreffende Gast kann der liebste sein.

Damit der Staat im beschriebenen Sinne direkt und indirekt umverteilen kann, muss er sich, wie gesagt, entsprechende Einnahmen verschaffen. Jede Steuer ist zugleich Fiskal- und Lenkungssteuer (→*Basic 9*). Sobald der Staat sein Steuersystem einerseits fiskalisch konsequent an der wirtschaftlichen Leistungsfähigkeit seiner Bürger ausrichtet und es andererseits sachgerecht zur lenkenden und gestaltenden Umverteilung nutzt, kann er »Marktversagen korrigieren und so zwei Fliegen mit einer Klappe schlagen – *die Steuereinnahmen erhöhen und die Volkswirtschaft insgesamt effizienter machen.* [...] Wenn man eine Steuer einführt und die daraus resultierenden Einnahmen ausgibt, [...] wächst die Wirtschaft. Der konjunkturanregende (expansive) Effekt der Ausgaben ist größer als der konjunkturdämpfende (kontraktive) Effekt der Steuer [...] Bei hoher und wachsender Ungleichheit muss ein gutes Steuersystem die ›richtigen‹ Personen belasten, nämlich überproportional die Vermögenden, nicht die Armen [...] Eine Reihe von Steuern kann die Wirtschaft tatsächlich ankurbeln«, es gilt, »den Multiplikatoreffekt eines ausgeglichenen Haushalts« zu nutzen. So die Expertise des Joseph Stiglitz.[14]

Wenn immer der Staat diese ihm ureigene, verfassungsrechtlich verankerte Aufgabe wahrnimmt und diejenigen, die es zu tragen vermögen, sach- und personengerecht besteuert, verteilt der Staat folglich weder bloß um, was schon erwirtschaftet ist, noch unterstützt er damit lediglich die zuvor benannten, wirtschaftlichen und gesellschaftlichen Dynamiken (→*Basics 1, 5–11*). Vielmehr befähigt sich der Staat selber dazu,

- zum einen *Grundlegendes zum Funktionieren der Wirtschaft beizutragen,* nämlich durch ausreichende Investitionen in die ökonomische, technologische, Bildungs- und soziale Infrastruktur, die *Einbettung* der komplexen arbeitsteiligen Wirtschaft in die Gesellschaft immer wieder neu, *der jeweiligen Entwicklungsstufe entsprechend, zu organisieren, »Industriepolitik«*[15] *zu betreiben und dabei nebenher jene entscheidenden, grundlegenden Innovationen anzuregen,* welche MARIANA MAZZUCATO so eindrucksvoll beschrieben hat,[16] sowie

- zum anderen *die Entwicklung der gesamtwirtschaftlichen Nachfrage, daraus folgend auch die Entwicklung der Produktion, mit einem wichtigen eigenen Beitrag zu fördern,* nämlich *den Wirtschaftskreislauf* mit seinen Ausgaben *zu stabilisieren bzw. zu stimulieren,* und zwar namentlich im Bereich der Arbeitsmarkt-, Bildungs-, Forschungs-, Umwelt-, Energie-, Verkehrs-, Familien-, Gesundheits- und Pflege-, Sicherheits- und Rechtspolitik.

Gleichzeitig

- *be-* bzw. *verhindert* der Staat auf diesem Wege, dass die »abnehmende Grenzneigung zum Konsum« ihren depressiven, *deflatorischen Einfluss* auf die Produktion entfalten kann (→*Basics 12 f.*); zusätzlich
- baut der Staat mit leistungs- und anforderungsgerechter Besteuerung sowie mit umfassenden Sozialleistungen starke *automatische, zugleich ökonomische und soziale Stabilisatoren* in das Gesellschaftssystem ein (→*Basic 13*).

Wie ersichtlich, übt die finanzielle Ausstattung und die verteilende, steuernde Einflussnahme des Staates an mehreren, entscheidenden Stellen zugleich einen entscheidenden Einfluss auf die sozio-ökonomische Entwicklung und ihre Stabilität aus, *und zwar sowohl was den Umfang der gesamtwirtschaftlichen Produktion insgesamt angeht als auch was ihre Zusammensetzung im Detail betrifft,* also die Frage, welche Güter und Dienstleistungen den Konsumenten zum Kauferwerb angeboten werden bzw. als öffentliche Güter zur Verfügung stehen (→*Basic 2*).[17]

Zur Rolle der Zentralbank im Verteilungsprozess

Schließlich bedarf die Rolle, welche die Zentralbank als staatliche Institution in diesem Zusammenhang spielt, mindestens einer kurzen Erwähnung. Die geldpolitischen Entscheidungen der Europäischen Zentralbank (EZB) nämlich besitzen »weitreichende Verteilungswirkungen«, sie hatten bisher »zur Folge, dass jenes bisschen Wachstum, das es gab, auch noch überproportional den Vermögenden zugutekam. Die EZB hat also zur wachsenden Ungleichheit in Europa beigetragen.«[18]

Konkret: Es sind die Vermögenden, die massiv von der Null-Zins-Politik der EZB in Gestalt steigender Preise für Immobilien, Aktien und Betriebsvermögen gewissermaßen als Zinsersatzleistungen (→*Basic 4*) profitieren, während die Unvermögenden von dieser Politik mit steigenden Mieten, Arbeitslosigkeit bzw. unzureichenden, prekären Beschäftigungen, zurückbleibenden Löhnen, Altersarmut infolge entwerteter Lebensversicherungen[19] und ähnlichem Resultaten bedacht werden. STIGLITZ beschreibt diese Entwicklung als »Vereinnahmung der Zentralbank durch den Finanzsektor«.[20]

Auch diese Verteilungseffekte destabilisieren die Gesellschaft insgesamt und behindern die produktive Entwicklung der Wirtschaft im Besonderen. Politisch sind sie hochbrisant: »Um den politischen Polarisierern den Nährboden zu entziehen, müssen gemäßigte Politiker deshalb zuallererst die ökonomische Polarisierung der Gesellschaft bekämpfen.« Diese Einsicht ist der Frankfurter Allgemeinen Zeitung vom 28.11.2016 entnommen.

Fazit

Die Verteilung übt entscheidenden Einfluss auf die Produktion aus. Sie bestimmt die Produktion entscheidend mit, ganz so wie es die Produktion ihrerseits mit der Verteilung tut. *Wird schlecht produziert, so gibt es weniger zu verteilen; wird schlecht verteilt, so gibt es weniger zu produzieren:* P ⇔ V.

Fragen der Verteilung sind folglich genauso bedeutend wie Fragen der Produktion.[21] Die Ökonomie der Produktion bildet den Kernbereich der Betriebswirtschaftslehre; die Ökonomie der Verteilung liegt im Zentralbereich der Makroökonomie. Verteilungsfragen auszuklammern, erst recht sie für tabu zu erklären heißt, die (makro-)ökonomische Theorie eines ihrer zentralen Bereiche zu berauben.

Im Übrigen geht die Produktion der Verteilung weder zeitlich noch sachlich voraus. Die Frage, wer hier den Vorrang besitzt, ähnelt der Frage, wer zuerst da war: Henne oder Ei?

Tatsächlich handelt es sich um gleichrangige, einander bedingende Größen und Prozesse. Fragen der sachgerechten Verteilung gehören deshalb ins Zentrum von Wirtschaftstheorie und -politik – dieser Sachverhalt sollte eine pure Selbstverständlichkeit sein. Denn dazu zwingt der Druck der Probleme; es sei wiederholt: »Heute gilt in den meisten Ländern der Welt Ungleichheit als eine der größten Bedrohungen für den zukünftigen Wohlstand.«[22] In den Global Risk-Berichten des Weltwirtschaftforums in

Davos steht »hohe Einkommensungleichheit« seit 2012 wiederholt an erster Stelle.[23]

Mit seinen Steuern, Subventionen und Transferzahlungen besitzt der (nationale) Staat mächtige Hebel, um Einfluss auf die beiden entscheidenden makroökonomischen Größen, die Produktion und die Verteilung, zu nehmen; die Staaten und ihre Regierungen, ob sie es wollen oder nicht, sind und bleiben auf absehbare Zeit entscheidende sozioökonomische Weichensteller und Gestalter.

Weiterführende Bemerkungen und Belege zu Basic 17

1 Robert E. Lucas, The Industrial Revolution: Past and Future, in: Federal Reserve Bank of Minneapolis, Hg., The Region, Nr. 5/2004, S. 19 (Übersetzung AS). In der Laudatio für den Nobelpreisträger des Jahres 1995 wurde hervorgehoben, Lucas' Gedanken hätten seit 1970 »den größten Einfluss« auf die makroökonomische Theorie ausgeübt. Das ist leider wahr.

2 Joseph Stiglitz, Europa spart sich kaputt – Warum die Krisenpolitik gescheitert ist und warum der Euro einen Neustart braucht, München 2016, S. 199.

3 Europäische Kommission, Länderbericht Deutschland 2017 mit eingehender Überprüfung der Vermeidung und Korrektur makroökonomischer Ungleichgewichte, Brüssel, 22.2.2017 – Staff Working Document (2017) 71 final, S. 7. Der Wohlstand wächst – die Ungleichheit auch; bei den unteren 40 % kommt kaum etwas an: Dieser Erkenntnis kann sich mittlerweile nicht einmal mehr das Zentrum für Europäische Wirtschaftsforschung (ZEW) im Verein mit seinem Auftraggeber, der Bertelsmann-Stiftung, verschließen (s. Bericht in Der Tagesspiegel vom 29.8.2017).

4 Süddeutsche Zeitung vom 14.12.2017.

5 Wolfgang Lamb, Vom Aufschwung müssen alle profitieren, in: IPG-Journal vom 6.12.2017.

6 Ähnliche Berichte waren u. a. in der FAZ, der FR, der Berliner Zeitung sowie im Hörfunk erschienen. Bis in die Tagesschau des deutschen Fernsehens hat es der Tag der fetten Katzen in seinem ersten Anlauf bei uns auf dem Kontinent allerdings wohl noch nicht geschafft; die Furcht der Redaktion vor dem Programmbeirat war womöglich doch zu groß…

7 »Absichtsvoll unanschaulich«: Keynes richtete seine Erkenntnisse an ein belesenes Fachpublikum. Dabei vermied er es übrigens peinlich genau, irgendwelche Beziehungen zu Marx und seinem Werk herzustellen, vor allem keine terminologischen. Aus diesem Grunde schuf er sich wohl den besagten, eigenen Begriffsapparat (s. →*Basic 12, Anm. 19*); die »abnehmende Grenzneigung zum Konsum« gehört dazu.
Von Joan Robinson, die nach Keynes' Tod Zugang zu seiner Privatbibliothek hatte, ist bekannt, dass Marxens Werk dort sehr wohl einen – allerdings versteckten – Platz hoch oben im Regal hatte. So berichtet es jedenfalls Klaus Peter Kisker.

8 JOSEPH STIGLITZ, Europa …, S. 137.

9 Wachstum der Produktivität darf übrigens nicht mit Wachstum der Wirtschaft gleichgesetzt werden: Das Wachstum der Produktivität ist eine von mehreren, alternativen Voraussetzungen für das Wachstum der Wirtschaft. Aber Produktivitätswachstum kann durchaus auch anders genutzt werden, so vor allem zur Arbeitszeitverkürzung/Freizeitverlängerung: für ein besseres Leben. Diese Banalität ist im Anblick stetig drohender Arbeitsplatzverluste völlig aus dem öffentlichen Bewusstsein verschwunden. Mehr dazu in *→Abschnitten B und C.*

10 MAJA BRANKOVIC, Wenn der Lohn das Herz bricht, in: Frankfurter Allgemeine Sonntagszeitung vom 28.5.2017, S. 22. Die Autorin referiert die Forschungsergebnisse von A. FALK, F. KOSSE, J. MENRATH, P. E. VERDE; J. SIEGRIST, K. FLIESSBACH, B. WEBER, P. TRAUTNER, T. DOHMEN, U. SUNDE, C. E. ELGER und S. SCHNECK in den Fachzeitschriften Science, Management Science sowie Review of Behavioral Economics der Jahrgänge 2014–2017.

11 Ein paar Zahlen zur Dimension des Problems: Facebook beschäftigt 12.000 Festangestellte, Google und Apple jeweils rund 70.000, Uber, Airbnb und Twitter zwischen 5.000 und 10.000. Google, Apple und Co. träumen derweil sogar schon von der Fabrik, in der tausend Roboter von einem einzigen Menschen bedient werden. Die deutschen kmU, also die kleinen und mittleren Unternehmen, beschäftigen dagegen 25 Millionen Menschen; BMW, Daimler, Bosch, VW, IBM und Siemens jeweils Hundertausende.

12 Kleines Glossar: Primärverteilung = Verteilung des Bruttoinlandsproduktes zwischen Löhnen und Gewinnen gemäß den Marktergebnissen, also gemäß Tarif- und Arbeitsvertrag; Sekundärverteilung = Verteilung nach staatlichen Eingriffen, also nach Besteuerung, Sozialversicherungsabgaben und Transfers.

13 Der Einwand, der Anteil der Sozialausgaben am deutschen Bruttoinlandsprodukt sei aber doch erheblich, betrage, je nach Zählweise, bis zu einem Drittel, verkennt die Fließrichtung bzw. vermutet einen Abfluss nach unten, wo die Leistungen tatsächlich auf Mittelschichtniveau im Kreise fließen: Begünstigt und verschont werden die Vermögenden; die Mittelschichten werden belastet, aber hier und da durchaus auch begünstigt (durch Bildungsförderung und Kultureinrichtungen, Elterngeld, Baukindergeld, Mütterrente u. ä.), die Unvermögenden, Bedürftigen – und das ist offen sichtlich – bleiben, wo und wie sie sind: im Mangel; selbst bescheidene sozialpolitische Wohltaten werden Hartz-IV-Empfängern angerechnet, sprich abgezogen, also vorenthalten. An die Ausführungen in *→Basics 4/Exkurs 4, 6–11, bes. Basic 9, Anm. 17,* wird erinnert.

14 JOSEPH STIGLITZ, Europa …, S. 137, Hervorhebung AS; ebenso S. 238–244, 480, 262.

15 Der Begriff »Industriepolitik« wird in jüngerer Zeit gelegentlich für etwas verwendet, was man jenseits des Rheins »planification (francaise)« nennt und in französischer, zentralstaatlicher Tradition dem Modell einer primär konkurrenzwirtschaftlich gesteuerten Wirtschaft schon vor Jahrzehnten gegenübergestellt hat: eine vom Staat in Bezug auf zentrale Entwicklungslinien und -strukturen gelenkte, private Wirtschaft.

Im Schlepptau der sich allmählich immer stärker herausbildenden Systemkonkurrenz mit der chinesischen Volkswirtschaft wird die Forderung nach einer staatlichen »Industriepolitik«, die weit mehr als nur die Industrie betrifft und deshalb m.

E. treffender »Planifikation« genannt werden sollte, immer lauter, ohne dass freilich bislang überzeugende und konsensfähige Konzepte entwickelt worden sind.

16 S. MARIANA MAZZUCATO, Das Kapital des Staates – Die andere Geschichte von Innovation und Wachstum, München 2014.

17 So auch ANDRÄ GÄRBER/MARKUS SCHREYER, Zu kurz gedacht! »Erst wirtschaften, dann verteilen«, in: Friedrich-Ebert-Stiftung, Hrsg., Wiso Argumente 01/2017, bes. S. 2.

18 JOSEPH STIGLITZ, Europa…., S. 190, 195.

19 »Es besteht die Gefahr, dass die erwirtschafteten Erträge nicht mehr ausreichen, um den langfristigen Verpflichtungen nachzukommen«, heißt es demgemäß über die Lebensversicherungen im amtlichen Vierten Bericht zur Finanzstabilität in Deutschland; die Versicherer stellen das Neugeschäft ein, einzelne verkaufen bereits ihre Versicherungsbestände an ausländische Anleger von zweifelhafter Seriosität. Für Einzelheiten s. z. B. den Bericht »Altersarmut durch EZB« im amtlichen Das Parlament vom 30.4.2018, S. 8.

20 JOSEPH STIGLITZ, Europa…., S. 204 ff., Zitat: S. 206. Auf Seite 321 heißt es ergänzend: »Und die einseitige Ausrichtung auf die Geldpolitik führte zu noch größerer Ungleichheit: Die großen Gewinner sind die Reichen, die Aktien und andere Vermögensgegenstände besitzen, deren Wert infolge der niedrigen Zinsen und der Quantitativen Lockerung angestiegen ist; die großen Verlierer sind die älteren Menschen, die ihr Geld in Staatsanleihen [und Lebensversicherungen –AS] anlegten, nur um zu erleben, dass sich die Zinserträge praktisch in Luft auflösten.« (Mehr dazu in →*Abschnitt D*)
Bei GERHARD ILLING heißt es über »das Kernproblem«: Es »besteht darin, dass die Sorge um Finanzmarktstabilität den Spielraum für Geldpolitik dramatisch einengt […] Es muss sichergestellt werden, dass diejenigen, die die Risiken eingehen, auch die daraus anfallenden Verluste tragen müssen.« (GERHARD ILLING, Zentralbanken im Griff der Finanzmärkte – Expertise im Auftrag der Abteilung Wirtschafts- und Sozialpolitik der Friedrich-Ebert-Stiftung, Bonn 2011, S. 36.) S. hierzu umfassend →*Basic 15*.

21 Nebenbei: Die Lehre eines orthodoxen Marxismus vom Primat der Produktion über die Zirkulation passt grundsätzlich nicht zur Feststellung der wechselseitigen Bestimmung von Produktion und Verteilung. An diesem Punkt ist folglich durchaus eine kaum bemerkte, erstaunliche Übereinstimmung zwischen der neoklassischen Standardökonomie und ihrem tradierten, schärfsten Widersacher zu konstatieren.

22 Ebd., S. 199.

23 Hohe Ungleichheit der Vermögen bleibt allerdings weiterhin üblicherweise ungenannt.

EXKURS 17
Zur wissenschaftlichen Sonderstellung der Ökonomie: Was macht die Ökonomie zur Exotin im Kreis der Wissenschaften? Warum sind die Nobel-Preise für Ökonomie reiner Etikettenschwindel?

Vermögende und Unvermögende, unschuldige Schuldner und schuldige Gläubiger, überhaupt Schulden, Finanzmärkte und Krisen: Mehr oder weniger deutliche Anzeichen für eine graduelle Anerkennung tatsächlicher Probleme jener Wirtschaftswelt, in der wir leben, werden zur Zeit mitunter sogar in den etablierten Wirtschaftswissenschaften sichtbar; nicht zuletzt zählt dazu eine zunehmende Sensibilisierung für Fragen der Verteilung.

Es ist wohl THOMAS PIKETTYS historisches Verdienst, den locker gewordenen Stein ins Rollen gebracht und die »Rückkehr der Verteilungsfrage«[1] eingeleitet zu haben.[2] Einmal mehr sei CHRISTINE LAGARDE, die Chefin des Internationalen Währungsfonds (IWF), als Kronzeugin bemüht: »Exzessive Ungleichheit ist unvereinbar mit stabilem Wachstum [...] Langfristige Maßnahmen zur Umverteilung könnten erforderlich sein.«[3] Über ein zaghaft zweifelndes »könnten« kommt die Chefin des IWF zwar noch nicht hinaus, aber immerhin – sogar im IWF, der Institution, die den Ruf als Gralshüter der austeritären, neoklassisch-neoliberalen Lehre zu verteidigen hat, reagiert man auf das, was die Spatzen seit etwa 2012 im Gefolge der Finanzkrise vom Dach pfeifen: Die wirtschaftliche Entwicklung spaltet die Gesellschaft, und diese Spaltung gefährdet zunehmend die Stabilität der gesamten Verhältnisse. Unter der Überschrift »Wo Marx recht hat« warnt der Münchner Kardinal REINHARD MARX: »Auf der ganzen Erde nimmt die relative Armut zu [...] Die Gefahren für die politische und soziale Stabilität bei uns und weltweit sind unübersehbar.«[4] Noch nicht einmal vor dem jahrzehntelangen Tabu-Wort »Ungerechtigkeit« schreckt man deshalb inzwischen noch zurück.[5]

Nur die neoklassische Standardlehre verharrt im Allgemeinen weiterhin unbeweglich und unbelehrbar in ihren ausgetretenen Positionen.

Exemplarisch: LUCAS und der wirtschaftliche Agnostizismus der deutschen Wirtschaftsweisen

Allerdings ist der geordnete Rückzug eine der schwierigsten Bewegungen überhaupt. Der dazu passende Kommentar stammt von LUKAS, dem Evangelisten: »Im Himmel herrscht mehr Freude über einen einzigen Sünder, der umkehrt, als über 99 Gerechte, die der Buße nicht bedürfen.«[6] Ewige Wehklagen mögen dagegen erschallen über LUCAS, den Ökonomen, den mit dem Nobelpreis Gezeichneten, sowie über LAFFER und all jene Hohen Priester und Weisen der Wirtschaft, die weiterhin unbeirrt den bloßen Gedanken an eine wechselseitige Bestimmung von Produktion und Verteilung als Teufelszeug verurteilen und in die Hölle verbannen wollen.

Der US-Ökonom ARTHUR LAFFER etwa, Namensgeber der Laffer- Kurve und Berater von US-Präsident RONALD REAGAN, der mitsamt seiner Kurve in fast jedem wirtschaftswissenschaftlichen Lehrbuch vertreten ist, fordert sogar noch anno 2017 unverdrossen, der Staat möge die Vermögenden – und zwar nur diese – entlasten:

»*ZEIT*: Sie sagen: Es ist besser, die Reichen zu entlasten als die Armen?
LAFFER: So ist es, und so war es schon immer. Ich halte deshalb auch nichts von einem progressiven Steuersystem, bei dem die Steuersätze mit dem Einkommen steigen.«[7]

Genau genommen stellt LAFFER die Beziehung zwischen Produktion und Verteilung damit jedoch nicht in Frage, sondern er verkehrt (nur?) die Vorzeichen, stellt die Verhältnisse (bloß?) auf den Kopf; in LAFFERS verkehrter Welt gilt: Je ungleicher, desto besser.

So also klingen alternative Fakten aus dem Mund etablierter, lehrbuchgängiger Wissenschaft: »Irre, *irre.*« (RICHARD WAGNER[8])

Der deutsche *Sachverständigenrat zur Begutachtung der gesamtwirtschaftlichen Entwicklung*, im Volksmund in spöttischer Ehrfurcht »die fünf Wirtschaftsweisen« geheißen, hat sich in diesem Zusammenhang eine eigene, hervorgehobene Erwähnung in jahrzehntelanger Kleinarbeit redlich verdient; die Standhaftigkeit, mit der diese Weisen der Wirtschaft jenen wirtschaftlichen Agnostizismus fortführen, den schon KEYNES als deutsches Merkmal diagnostiziert hatte (→*Basic 14, Anm 19*), ist schier unerschütterlich. So verkünden die auserkorenen Weisen aus dem deutschen Abendland z. B. noch in ihrem Jahresgutachten 2013/14: »Wie die Vermögensteuer lässt sich eine Erhöhung des Einkommensteuertarifs weder mit dem Ziel höherer Steuereinnahmen noch einer stärkeren Umverteilung hinreichend rechtfertigen [...] Die Nachteile wären hingegen gravierend.«[9] Derlei krause, aber hochinteressierte, geldwerte Logik ist im Übrigen schon aus den vorangegangenen Jahresgutachten bekannt: Hohe Einkommensteuern, wie sie etwa zu Wirtschaftswunderzeiten erhoben wurden, also zu Zeiten, in denen die wirtschaftliche Entwicklung besonders dynamisch war, schädigen die Dynamik der Wirtschaft – der empirische Nachweis des Gegenteils wird »nicht mal ignoriert«.

Ökonomen aber, welche den Zusammenhang zwischen Verteilung und Produktion in Abrede stellen, ähneln Physikern, die bei H_2O den Zusammenhang zwischen der Temperatur und dem jeweiligen Aggregatzustand (als Eis, Wasser oder Dampf) leugnen. Nur: Solche Physiker trifft man nirgendwo auf der Welt. Solche Ökonomen schon; sie werden sogar mit höchsten Auszeichnungen geehrt und reichlich entlohnt. Ihr geballter, langfristig akkumulierter wirtschaftlicher Agnostizismus ist es, welcher der Standardökonomie jene extreme Sonderstellung unter den Wissenschaften sichert, welche sie seit langer Zeit unangefochten innehat.

Wirtschaftswissenschaft: Nur im Dreierpack verfügbar

Außerdem gibt es wohl keine weitere wissenschaftliche Disziplin, die sich fast schon über Jahrhunderte hinweg durchgängig als eine von Grund auf gespaltene am Leben hält.

Zwar sind Spaltungen innerhalb einer Wissenschaft nichts Ungewöhnliches. Aber sie werden üblicherweise in überschaubaren Zeiträumen überwunden – sei es dadurch, dass

- die verschiedenen Ansätze und Richtungen auf höherer Ebene zusammengeführt, »aufgehoben« (G. W. F. Hegel) werden,
- einzelne Richtungen absterben, weil sie widerlegt, »falsifiziert« (Karl Popper) werden,
- sich die wissenschaftliche Disziplin grundlegend neu ausrichtet, d. h. einen »Paradigmenwechsel« (Thomas S. Kuhn) vollzieht.[10]

Nichts davon in der Ökonomie; die Ökonomie besitzt nicht nur *eine* Orthodoxie, sondern drei. Von den Tagen ihrer jeweiligen Geburten an stehen sie unvereinbar nebeneinander, besser gesagt: kampfentschlossen gegeneinander – in toto ein kakophonisches Trio. Schon bei der Beantwortung der ersten Fragen dieser Wissenschaft wie etwa bei der Frage der Wertschöpfung ist Harmonie ausgeschlossen, um von Einstimmigkeit erst gar nicht zu reden (im Detail →*Abschnitt C*).

Als Wissenschaft gibt es die Ökonomie deshalb ausschließlich plural, im Dreierpack, genauer: in den miteinander unverträglichen, nicht mischbaren akademischen Ausführungen »klassisch/neoklassisch«[11], »marxistisch« und »keynesianisch«. Auch darin, in ihrer Dreifaltigkeit, steht die Ökonomie einzigartig da.[12] Damit stellt sie die Exotin im erlauchten Kreis der Wissenschaften.

Dass der neoklassische Mainstream in seinem absoluten Herrschaftsanspruch die Spaltung »seiner« Disziplin nicht wahrhaben will und die Pluralität der Ökonomik, wo immer möglich, mit einem an die Hallstein-Doktrin[13] erinnernden Alleinvertretungsanspruch übergeht, steht der vorangehenden Feststellung nicht entgegen. Auch nicht der Tatbestand, dass die keynesianischen und marxistischen Alternativen zeitweise nur als kümmerliche Randexistenzen anzutreffen sein mögen. Totzukriegen sind beide Alternativen nämlich nicht; dem neoklassischen Mainstream ist es bisher zu keinem Zeitpunkt gelungen, seine verfemten Konkurrenten auszumerzen und ihre geistigen Wurzeln zu schreddern.

Die Prognose sei gewagt: Das wird dem Mainstream auch künftig nicht gelingen, jedenfalls nicht in absehbarer Zeit; sämtliche Mitglieder des wirtschaftswissenschaftlichen Trios nämlich verfügen sowohl über ein je eigenes, festgefügtes Fundament robuster Interessen bzw. Interessenten als auch über je eigene, in langen Jahren ausgeformte sowie in unzähligen theoretischen Auseinandersetzungen gestählte, in sich stabile wissenschaftliche Paradigmata, fähig, fremde, äußere Angriffe mit der inneren Logik ihres jeweils eigenen Begriffsgefüges abzuwehren. In diesem Sinne verfügen alle drei über ein je eigenes, stabiles, fast schon unerschütterliches Paradigma:

- die (Neo-)Klassiker in Gestalt ihrer modellplatonistischen[14] Gleichgewichtssysteme, Grenzwertanalysen, ihrer, wenn überhaupt, subjektiven Wertlehre sowie ihrer prinzipiellen, mikroökonomischen Beschränktheit,
- die Marxisten in Gestalt ihrer – gewissermaßen mikroökonomisch fundierenden – Wertform- und Werttransformationsanalyse einschließlich Arbeitswertlehre sowie ihrer makroökonomischen, durchweg tief begründeten Kreislauf- und Krisenperspektive,
- die Keynesianer in Gestalt ihrer dezidiert makroökonomischen Sichtweise, ihrer eigenen Kreislaufanalysen, Psychologisierungen und dezidierten wirtschaftspolitischen Reparatur- bzw. Betriebsvorschläge.

Die Drei passen folglich einfach nicht zusammen, und sie lassen sich auch nicht passend machen. Schließlich sind Marxismus und Keynesianismus aus der Ablehnung der herrschenden klassischen Lehre entstanden; deren Fundamentalkritik gehört zu ihrer DNA. Dabei spricht jeder Paradigmeneigner für sich in einer eigenen Sprache bzw. Begrifflichkeit.

Auch gegenseitig finden Marxismus und Keynesianismus, obwohl sich beide diesseits der SAY'schen Scheidelinie bewegen (→*Basic 12*), zumindest in der Lehre nicht zueinander.[15] Der MARX'schen Lehre etwas entgegenzusetzen, war eine zwar nicht ausgesprochene, gleichwohl entscheidende Triebkraft des JOHN MAYNARD KEYNES bei der Ausarbeitung seiner Theorie, und dementsprechend bekämpfte er die Lehre des KARL MARX mit der schärfsten Waffe, die ihm zu Gebote stand: mit radikalem Beschweigen.[16]

Die gesellschaftliche Anerkennung der MARX'schen und der KEYNESianischen Lehren unterliegt, wie bereits gesagt, parallel verlaufenden zyklischen, konjunkturellen Schwankungen; insofern gleichen sie sowohl einander als auch ihrem gemeinsamen Erkenntnisgegenstand, der gegenwärtigen Ökonomie. Derzeit stoßen beide krisenbedingt wieder auf verstärktes Interesse. Dass die KEYNES'sche Lehre dagegen periodisch mehr oder weniger offen praktiziert wird, wenn und wo immer die Krise auftaucht, wurde bereits dargestellt; Keynesianismus ist wirtschafts*politisch* als eine situative ökonomische Variante auf breiter Front akzeptiert.[17] Auf der anderen Seite der SAY'schen Scheide läuft es genau umgekehrt: Erscheint die Wirtschaft krisenfrei, so steht es um das Ansehen der herrschendem neoklassischen Lehre gut; mit gespürter Krisenneigung sinkt ihr Ansehen, und sie muss sich wachsender Zweifel erwehren, während ihre alten Kontrahenten jenseits der Scheidelinie an Ansehen gewinnen bzw. altes Ansehen zurückgewinnen.

So auch derzeit; die Nennung des Namens »MARX« etwa ruft in Fachkreisen, jedenfalls sofern es sich nicht um direkt betroffene neoklassische Exponenten handelt, kaum noch das ehedem gesicherte, betretene Stirnrunzeln hervor. Sondern eher schon ein verhaltenes, tiefgründig-verständig anmutendes, aufmunterndes Nicken. »Ich bin sicher, dass wir eine Renaissance des Marxismus erleben.« Kein Berufenerer als REINHARD MARX, der Münchner Kardinal und päpstliche Ratgeber, war es, der diese frohe Botschaft von einer (Wieder-)Geburt am Heiligen Abend anno domini 2017 verkündete.[18] THE ECONOMIST aus der Londoner City, BLOOMBERG aus der Wall Street und die NEUE ZÜRCHER ZEITUNG aus den Schweizer Bergen: Wer sucht, findet deshalb bei ihnen allen – um es bei drei Beispielen für flexible Reaktionsfähigkeit zu belassen – derzeit immer häufiger ähnliche Einschätzungen.

Dass eine Wissenschaft mit drei Orthodoxien keine glückliche Wissenschaft ist, sondern eine geschlagene, versteht sich von selbst: Drei Erklärungen sind einer, und das heißt: sind *der* Erklärung unterlegen – in der Ökonomie ist Drei weniger als Eins; hier gilt nicht $3 > 1$, wie in der Mathematik, sondern hier gilt etwas ganz anderes: $3 < 1$.

Solche von Anbeginn und von Grund auf gespaltene Verhältnisse sind wohl in keiner anderen wissenschaftlichen Disziplin anzutreffen, die Medizin eingeschlossen.

»Nobel«-Preise für Unverstand – zum desolaten Zustand der herrschenden Theorie

Berufene, bestallte Wirtschaftswissenschaftler zählen freilich nur in Ausnahmefällen zu den aufgeklärten Fachkreisen mit den beschriebenen flexiblen Reaktionen; regelmäßig bedienen sie vielmehr das durchgängig zur Sprache gekommene, ausgeprägte, positive Interesse an *ver*klärender Wissenschaft (erinnert sei an den »Einschub zum ausgeprägten, positiven Interesse an schlechter, verklärender Wissenschaft« in →*Basic 16*).

Aus diesem Grund gehört es zu einer weiteren Einzigartigkeit der Wissenschaft von der Ökonomie, zu ihrer USP/ihrer unique selling position, dass dort und wohl nur dort die spröde erstarrten Lehrer von ausgemachten Abwegigkeiten und elementarem Unverstand mit »Nobel«-Preisen ausgezeichnet werden.

So, wie zwischen Investitionen und »Investitionen« unterschieden wurde (→*Basic 15*), so ist auch zwischen Nobelpreisen und »Nobel«-Preisen zu unterscheiden. Denn bei den Preisen, die an Ökonomen vergebenen werden, handelt es sich nicht um echte Nobelpreise. Ihre Preise wurden sogar ausdrücklich *nicht* von Alfred Nobel in ehrender Absicht gestiftet, sondern von der schwedischen Reichsbank mit wirtschaftspolitischem Hintersinn. D. h. es handelt sich um einen *klassischen Etikettenschwindel.*[19]

Trotzdem: Ist diese wenn auch höchst eigenartige, gleichwohl öffentlich anerkannte Auszeichnungspraxis noch mit bloßer, umfassender kollektiver kognitiver Dissonanz (ukkD), vulgo: mit dumpfem, ideologisch fundiertem, vermeintlich bloßem Denkversagen zu erklären? Oder sollten am Ende womöglich doch so etwas wie geldwerte Interessen im Spiele sein, wenn auch – selbstverständlich – nur verdeckt und indirekt?

Jedenfalls wird verständlich, wieso *Wirtschaftsfragen in ordentlichen Zeitungen nicht selten sachgerechter erörtert werden als in der zugehörigen wis-*

senschaftlichen Disziplin, der Wirtschaftstheorie mit ihren voluminösen Lehrbüchern und fachwissenschaftlichen Diskussionsforen – ebenfalls ein einzigartiges Phänomen in der Wissenschaftslandschaft. Für die Antwort auf die vermutlich inzwischen geläufige, im Vorwort bereits erwähnte Frage aus der wirtschaftspädagogischen Fachzeitschrift, woran es liegt, dass weder die Lehrer aus der ökonomischen Lehrbuchwissenschaft noch die Schüler aus ihren Schulbüchern irgendetwas darüber lernen können, wie die Wirtschaft wirklich funktioniert, dürfte inzwischen jedenfalls genügend Material zusammengetragen sein. Des Weiteren müsste mittlerweile nachvollziehbar sein, warum man seit Jahrzehnten keinen lehrenden Ökonomen mehr zum Wirtschaftsminister beruft und warum die übergroße Mehrheit der Bundesbürger Wirtschaftswissenschaft für komplett überflüssig hält (→*Basic 16/Exkurs 16*).

Zu guter Letzt sei an PAUL FEYERABEND und seine Einschätzung erinnert, dass Laien die Materie oftmals besser verstehen als die zuständigen Experten (→*Basic 4, Anhang*). In keiner anderen wissenschaftlichen Disziplin dürfte PAUL FEYERABEND so viel Bestätigung für seine provozierende These finden wie in der Ökonomie.

Warum eine wirklichkeitsferne Ökonomik brandgefährlich ist – und was hoffen lässt

Was das Ganze jedoch alarmierend machen müsste, ist der Umstand, dass »Expertisen« wie die von LUCAS, LAFFER und den fünf Wirtschaftsweisen nicht nur auf nachgerade groteske Weise falsch sind, sondern brandgefährlich. Grassierender Populismus hat seine Wurzeln in ausgeprägter sozialer Ungleichheit. Die ewigen Verlierer mögen sich zwar zunächst bloß politikverdrossen zurückziehen und »dem System« ihre Stimme verweigern, so dass manche schon von einer »asymmetrischen Demobilisierung«[20] schwärmen, während andere betreten feststellen: »Arm wählt nicht.«[21]

Von heute auf morgen können die Verdrossenen, die ständigen Verlierer vom mittleren Mittelstand an abwärts jedoch von Apathie auf Protest umschalten, zu Wutbürgern, ja zu politischen Amokläufern mutieren, andere mitreißen und, der für sie enttäuschenden Demokratie müde, das ganze System in Frage stellen. Schließlich darf man nicht vergessen, dass selbst JESUS DER HERR, der Sanftmütige, der allzeit Friedfertige, zu physischer Gewalt griff, als er die Händler in heiligem Zorn aus dem Tempel warf. Im amtlichen Bericht ist dazu vermerkt: »Das Geld der Wechsler schüttete er aus und ihre

Tische stieß er um.«[22] Es handelt sich um zutiefst menschliche, prinzipiell vorhersehbare Reaktionen.

Unter neuzeitlichen Verhältnissen stellt sich eine vergleichbare Entwicklung beispielsweise wie folgt dar: »Gewerkschaftsmitglieder und ungelernte Arbeiter werden früher oder später erkennen, dass das System sie im Stich gelassen hat, und einen starken Mann wählen, der ihnen bereitwillig verspricht, dass nach seiner Wahl die feinen Bürokraten, die raffinierten Anwälte, die überbezahlten Anlageberater und die postmodernistischen Professoren nicht mehr das Sagen haben werden.«[23]

Diese Aussage stammt von RICHARD RORTY; sie wurde 1997 veröffentlicht, genau 20 Jahre bevor das Ereignis stattfand und ein nationalistischer, vom Militärischen begeisterter, ungehobelter Immobilien-Mogul dazu auserwählt wurde, die größte Macht der Welt zu leiten – ein sprunghafter, cholerischer Mensch mit einer kindischen Vorliebe für Superlative, Deals und Victory, der kaum einen kohärenten Satz formulieren kann und stattdessen zu nächtlichen Stunden Tweets wie Salven aus einem Maschinengewehr abfeuert. Diesem Menschen ist die alleinige und vollständige Befehlsgewalt über 4.000 Atomsprengköpfe übertragen worden (wohlgemerkt: Für einen Einsatzbefehl benötigt ein US-Präsident nicht die Zustimmung einer einzigen weiteren Person bzw. Instanz).

Ist das nun eine Tragödie oder bloß eine jener Farcen, die der große Dialektiker, Philosoph und Ökonom aus Trier an der Mosel in seinem »18. Brumaire« so trefflich beschrieben hat? Jedenfalls ist wieder einmal einer »mittelmäßigen und grotesken Personage das Spiel der Heldenrolle«[24] auf der Bühne der Weltpolitik zugeteilt worden.

Vertrauen wir den Jecken des Karnevals, wenn sie sich – gut 200 Kilometer stromabwärts zu Köln am Rhein – rosenmontags im altehrwürdigen, festlich geschmückten Gürzenich versammeln und beim Schunkeln bierseelig feststellen: »Et hätt noch emmer jootjejange/Es ist noch immer gutgegangen.«

Mögen sie ewig Recht behalten. Auf ihrem Weg in den Festsaal sind sie an den Namen und Wappen jener alten Kölner Familien vorbeigegangen, die in die Eingangstüre des Gürzenichs eingraviert sind (darunter auch die des Verfassers der vorliegenden Schrift). Die Erinnerung daran, dass diese und unzählige andere Familien die Proben und Wirrnisse bewegter Jahrhunderte auf ihre jeweilige Art gemeistert haben, stimmt zuversichtlich.

Obwohl: Die Erfahrung lehrt, dass nicht immer alles gutgeht...

Weiterführende Bemerkungen und Belege zum Abschluss-Exkurs

1 So der Titel der Ausgabe 6/2016 der Zeitschrift Neue Gesellschaft/Frankfurter Hefte, die sich an ihre Gründungsjahre erinnert.

2 Mit seinem Le capital au XXIe siècle, Paris 2013 (englisch und deutsch jeweils 2014). Als Vorbereiter oder Verstärker seien besonders erwähnt: RICHARD WILKINSON/KATE PICKETT, Gleichheit ist Glück – Warum gerechte Gesellschaften für alle besser sind, Berlin 2003; JOSEPH STIGLITZ, Der Preis der Ungleichheit – Wie die Gestaltung der Wirtschaft unsere Zukunft bedroht, München 2012; OECD, In It Together – Why Less Inequality Benefits All, Paris 2015; ANTHONY ATKINSON, Ungleichheit – Was wir dagegen tun können, Stuttgart 2016, sowie ALEXANDER HAGELÜKEN, Das gespaltene Land – Wie Ungleichheit unsere Gesellschaft zerstört und was die Politik ändern muss, München 2017.

3 CHRISTINE LAGARDE in Das Parlament vom 18.4.2017. Im Entwurf seines Deutschlandberichts 2017 wird der IWF sogar wirklich konkret und rügt die hohe Abgabenlast der unteren Einkommen sowie die geringe Belastung der Vermögenden, außerdem mahnt er Steuern auf Eigentum sowie stärkere Lohnsteigerungen an.

4 REINHARD MARX, Wo Marx recht hat, in: Süddeutsche Zeitung vom 22.3.2018, S. 2.

5 »IWF beklagt Ungerechtigkeit in Deutschland«: So berichtet das Handelsblatt am 10.5.2017.

6 LUKAS 15.7.

7 Die Zeit vom 4.5.2017, S. 23. LAFFERS Kurve hat die Beziehung zwischen Steuersatz und Steuereinnahmen zum Gegenstand; die Form ähnelt einem umgedrehten U. (Das Interview steht im Netz: https://www.zeit.de/2017/19/steuerpolitik-deutschland-arthur-laffer-wirtschaftstheorie/seite-2, abgerufen am 15.10.2018.)

8 RICHARD WAGNER, Parzifal – Ein Bühnenweihfestspiel, 2. Aufzug, Hervorhebung im Original durch den Interpretationshinweis »Crescendo«.

9 Sachverständigenrat zur Begutachtung der gesamtwirtschaftlichen Entwicklung, Gegen eine rückwärtsgewandte Wirtschaftspolitik, Jahresgutachten 2013/14, Wiesbaden 2013, S. 345, Ziffer 618.

Zur Ursache der Finanzkrise von 2008 ff. äußern sich vier ihrer fünf Mitglieder in der Frankfurter Allgemeinen Sonntagszeitung vom 29.8.2017 wie folgt: Die Krise war »eine Konsequenz des staatlichen Schutzes vor den Folgen der Fehleinschätzungen«. Also kein Fehler im System – versteht sich – und schon gar nicht etwa die jahrzehntelange Deregulierung des Finanzsektors mit seinen kumulativen, selbstzerstörerischen Rückkoppelungen (→*Basic 15*). Nein, der Staat war's wieder mal, weil er, unbelehrbar wie er ist, in das freie Spiel der Märkte eingegriffen hat! Dass solch abwegige Ursachen-»analyse« trotzdem auch Gültiges reflektiert, insofern die Banken bis 2008 lediglich *erwarten* konnten, dass »ihre« Staaten sie gegebenenfalls umgehend mit öffentlichen Geldern retten würden, während die Banken es seitdem definitiv *wissen* und ihr künftiges Verhalten verlässlich darauf einstellen können, steht auf einem anderen Blatt.

Der Sachverhalt verdeutlicht schlaglichtartig dreierlei: *Erstens* die Komplexität und Widersprüchlichkeit der Ökonomie und ihrer theoretischen Erfassung (auch Grundfalsches kann, ja wird trotzdem auch Richtiges enthalten); er verdeutlicht *zweitens*, wieso die sachverständigen Verfasser solch abwegiger Ursachenzuschreibungen ihre Reputation als wissenschaftliche Ratgeber durchaus behaupten können, denn es ist ja auch »was dran« an dem, was sie sagen (sie haben halt nur wieder einmal Unwesentliches zu Wesentlichem gemacht); und er verdeutlicht *drittens*, wie sehr sich der Staat mitsamt Zentralbank im Griff der Banken befindet, wenn er die Dinge weiter treiben lässt anstatt sie zu regulieren.

10 Wissenschaftliche Paradigmata bezeichnen, kurz gesagt, »allgemein anerkannte wissenschaftliche Leistungen, die für eine gewisse Zeit einer Gemeinschaft von Fachleuten maßgebende Probleme und Lösungen liefern« (THOMAS S. KUHN, Die Struktur wissenschaftlicher Revolutionen, 2. Aufl., Frankfurt/M. 2009, S. 11). Revolutionäre wissenschaftliche Paradigmenwechsel erfolgen übrigens praktischerweise und deshalb auch tatsächlich eher evolutionär im Zuge eines allmählichen, generationsbedingten Austauschs führenden Fachwissenschaftler als in Form grundlegender Umstrukturierungen bei bestehendem Personal.

11 Die Richtung »ordo- bzw. neoliberal« ist in der Packung enthalten.

12 Ob sich die neue, weitere Richtung »pluralheterodox« als vierte Ausführung dauerhaft wird halten und entfalten können, bleibt abzuwarten.
Fest steht: Die Beiträge ihrer versprengten Angehörigen zur Kritik der herrschenden Lehre nennen Probleme beim Namen. Demgemäß kritisiert einer ihrer bekannteren Vertreter, HELGE PEUKERT, die Finanzkrise von 2008 habe die universitäre Lehre lediglich weiter verhärtet, es gebe eben gerade »keine Selbstkritik in den herrschenden Lehrbüchern, keine konzeptionellen Änderungen«; SILJA GRAUPE beispielsweise kritisiert ergänzend, im einschlägigen Lehrbuch »Microeconomics« von ROBERT PYNDICK/DANIEL RUBINFIELD z. B. komme das Wort »market« 2.876-mal, »state« dagegen schmächtige 362-mal vor – in der herrschenden Lehre werde mithin lediglich mit noch mehr Verve und Dringlichkeit gepredigt, was vor 2008 schon unablässig verkündet wurde, nämlich: staatliche Zurückhaltung, Lohnzurückhaltung, Liberalisierung, Flexibilität, mit einem Wort: Austerität.
Solch sich heterodox-plural verstehende Kritik lässt jedoch (noch?) keine verständige, wirkungsvolle Theorie erkennen. (S. hierzu den Bericht von SEBASTIAN MÜLLER über den Kongress »Reshaping Economics« des Netzwerkes Plurale Ökonomik, in: www.makroskop.eu, editiert am 14.5.2018; daher auch die obigen Zitate.) Der Mangel, namentlich die bescheidene Zahl von Interessenten bzw. Anhängern (zumindest außerhalb einer nach Aufklärung und Erkenntnis suchenden Studentenschaft) rät zur Vorsicht und dürfte das Fragezeichen hinter der Pluralheterodoxie als vierter ökonomischer Orthodoxie rechtfertigen. In ihrer heterodoxen Pluralität erscheinen sie derzeit vielmehr als eine Art Bahai der Ökonomie. (Bekanntlich sind die Bahai diejenigen, die GAUTAMA und ZARATHUSTRA, KRISCHNA und JESUS, MOHAMED u. a. in ihre insofern em- und sympathische Religion einbeziehen; die Reichweite dieser Religion bleibt indes sehr bescheiden.)

13 Die Hallstein-Doktrin, benannt nach WALTER HALLSTEIN, einem Staatssekretär im Auswärtigen Amt der Bundesrepublik Deutschland, verlangte von den Staaten dieser Erde, die Existenz der DDR zu ignorieren und ausschließlich die Bundesrepublik als deutschen Staat anzuerkennen. Sie war von 1955–1969 außenpolitische Richtschnur und wurde von der sozialliberalen Regierungskoalition

unter WILLY BRANDT ad acta gelegt; dieser überfällige Akt zur Anerkennung der Realität war der erste Schritt zum Erfolg der Doktrin, wie wir Heutigen wissen.

14 »Modellplatonismus!« Dieser schwere Vorwurf ist von HANS ALBERT im vorigen Jahrhundert im Namen des Kritischen Rationalismus gegen die etablierte Ökonomik erhoben worden.

Unter Modellplatonismus verstand ALBERT das besonders in der Volkswirtschaftslehre gängige Verfahren, logisch erschlossenen Theorien und Modellen empirischen Gehalt zuzuschreiben und sie zugleich in Hinblick auf empirische Überprüfung unangreifbar zu machen: »Modell-Platonismus der reinen Ökonomie«, so ALBERT, ist jenes durchgängige Verfahren der neoklassischen Wirtschaftstheorie, »in ganz merkwürdiger Weise soziologische Problemstellungen mit relativ soziologiefreien Problemlösungen zu verbinden« und »ökonomische Aussagen und Aussagenmengen (Modelle) durch Anwendung konventionalistischer Strategien gegen die Erfahrung zu immunisieren.« (S. HANS ALBERT, Modellplatonismus. Der neoklassische Stil des ökonomischen Denkens in kritischer Beleuchtung, in: Sozialwissenschaft und Gesellschaftsgestaltung. Festschrift für Georg Weisser, Berlin 1963, S. 45 ff., Zitate: S. 46 und 51).

Die seinerzeitige Standardökonomie hatte ALBERT mit seinem Vorwurf des Modellplatonismus zeitweise gehörig verunsichert, stellenweise sogar regelrecht in eine Sinnkrise gestürzt. Allerdings nur relativ kurzfristig; sein Vorwurf ist nie entkräftet, sondern nach einer Zeit anfangs heftiger, sich im Laufe der Zeit jedoch erschöpfender Auseinandersetzung letztlich lediglich stillschweigend ad acta gelegt worden, am Ende übrigens von ALBERT selber (er ließ sich, kurz gesagt, mit Grund davon überzeugen, dass sich Ökonomie nicht als eine spezielle Soziologie fassen lässt).

15 In wirtschaftspolitischer Praxis dagegen schon eher; dabei werden Marxisten gelegentlich zu Keynesianern, nicht umgekehrt. Das ist aber ein eigenes Thema.

16 Wohlgemerkt: Mit Beschweigen, nicht mit Nichtbeachtung: Es gibt deutliche Hinweise dafür, dass KEYNES sich sehr wohl mit MARX auseinandergesetzt hat: S. →*Basic 17, Anm. 7.*

17 S. in diesem Sinne z. B. die Ausführungen über die konvertierenden und praktizierenden Gelegenheitskeynesianer in →*Basic 13, Anm 12, 3. Absatz.*

18 »Dieses Kind ist der Bruder aller Menschen« – Interview mit Kardinal REINHARD MARX, in: Welt am Sonntag vom 24.12.2017.

19 Der Name »Alfred-Nobel-Gedächtnispreis für Wirtschaftswissenschaften« ist Etikettenschwindel. Den Preis gibt es nicht, wie die echten Nobelpreise, seit 1901, sondern erst seit 1968; er geht auch, wie gesagt, nicht auf ALFRED NOBEL zurück. Der nämlich schätze die Wirtschaftswissenschaften äußerst gering und hat ihnen deshalb ausdrücklich keinen Preis gestiftet.

Vielmehr wurde der Preis von der Schwedischen Reichsbank kreiert, um ihre Position gegenüber der schwedischen Regierung durch Berufung auf solche ökonomische Theorien zu stärken, die sie selbst auswählt, auszeichnet und denen sie dadurch zu erhöhtem Ansehen verhilft. Den irreführenden Namen hat die Bank gewählt, um den Glanz und die Anerkennung, der von den echten Nobelpreisen ausgeht, auf die von ihr ausgesuchten Theoretiker mitsamt ihrer ideologisch und politisch nutzbaren Theorien zu übertragen.

Alfred Nobels Nachfahren fordern seit längerem, den Preis in »Preis der Schwedischen Reichsbank« umzubenennen – bislang allerdings vergeblich. Die Rechnung der Reichsbank dagegen geht auf: Mit den von ihr Auserwählten verbreitet und verstärkt die Bank deren sozio- und politökonomische Ansichten weltweit – sie erscheinen dann durchweg wie erwiesene Theorien, nicht wie fragwürdige, höchst ideologische Gedankenkonstrukte. Dass die vermeintlich nicht mehr hinterfragbaren Theorien nicht selten an Absonderlichkeit/Banalität/Realitätsverlust kaum zu überbieten sind, fällt kaum jemandem auf, denn wer liest und versteht schon solch oftmals obendrein mathematisch stilisiertes Zeugs?

Die auf den vorangegangenen Seiten auftauchenden Namen Lucas, Sims, Fama, Mundell, auch Krugman u. a. stehen exemplarisch für diesen Sachverhalt (der Letztgenannte allerdings für den Sonderfall einer »einverleibten Opposition« [Herbert Marcuse] – Einzelheiten würden hier jedoch zu weit führen). Mehr zu diesem Thema bei Avner Offer/Gabriel Söderberg, The Nobel Factor – The Price in Economics, Social Democracy, and the Market, Princeton/Oxford 2016.

20 Zur »asymmetrischen Mobilisierung« vorzugsweise vermögender Wähler bzw. zur »asymmetrischen Demobilisierung« der ärmeren Wähler s. z. B. »Die neue Berliner Schlaftabletten-Politik«, in: The European – Das Debattenmagazin vom 18.7.2018 (im Netz abrufbar unter https://www.theeuropean.de/christian-ude/12492-merkels-asymmetrische-demobilisierung, zuletzt aufgerufen am 15.10.2018). Dort heißt es in der Besprechung der einschlägigen Monografie von Christian Ude: »Angela Merkel hat das Prinzip der ›asymmetrischen Demobilisierung‹ zu höchster Vollendung geführt. Es geht um eine Wahlkampfstrategie, bei der durch das Unterlassen einer Stellungnahme zu kontroversen Themen vermieden wird, die potenziellen Wähler des politischen Gegners zu mobilisieren.«

21 Zur Debatte um die Feststellung »Arm wählt nicht« s. z. B. http://www.denkfabrik.neuearbeit.de/index.php/veranstaltungen/arme-waehler-waehlen-nicht, zuletzt aufgerufen am 15.10.2018.

22 Johannes 2.15.

23 Richard Rorty, Stolz auf unser Land – Die amerikanische Linke und der Patriotismus, Frankfurt/M. 1999 [1997], zitiert nach Conor Friedersdorf, Roter Teppich für die Rechten, in: Internationale Politik und Gesellschaft vom 27.7.2017.

24 Karl Marx, Der 18. Brumaire des Louis Bonaparte, Vorwort zur 2. Ausgabe [1869], in: MEW 16, Berlin 1962, S. 359.

Vorausschau
Ein kurzer Ausblick auf die folgenden Streckenabschnitte

Mit der beiläufigen Zusammenfassung wesentlicher Teile von *Abschnitt A Wirtschaftspolitik, Staat und Steuern* in Basic 17 und dem anschließenden Abschluss-Exkurs zur Sonderstellung der Ökonomie ist das Ende des Abschnittes A erreicht; die »überaus wichtige makroökonomische Front« (JOSEPH STIGLITZ) wird hiernach für längere Zeit verlassen.

Mit *Abschnitt B Umwelt, Kostenwahrheit und Kalkulation* steht ein neuer thematischer Schwerpunkt an; in ihm werden vorwiegend betriebswirtschaftliche und ökologische Fragen behandelt, darunter namentlich Kalkulation und externe Kosten, Kostenwahrheit und das Verursacherprinzip. Der zentrale Bereich der Mikroökonomie und damit, nach (neo-)klassischem Verständnis, der Zentralbereich der Ökonomie, ja »die Königsdisziplin der Volkswirtschaftslehre« (HANS-WERNER SINN), wird übersichtlicher Gegenstand in *Abschnitt C Wachstum, Unternehmensziele und Preisbildung*, bevor in *Abschnitt D Gehalt, »Lohnnebenkosten« und soziale Sicherheit* mit Lohn- und Rentenfragen wieder makroökonomisches Gebiet betreten wird, sodass sich der Kreis der Untersuchung schließt.

Ökonomische Themen unter Einbezug ökologischer Fragen zu behandeln, ist (leider) nicht Stand der Wissenschaft, ist mithin keine Selbstverständlichkeit. Üblicherweise verhalten sich die Ökonomen vielmehr genauso wie die Ökologen mit ihrem durchweg naturwissenschaftlichen Hintergrund gemäß dem Motto »Schuster, bleib' bei deinem Leisten!« Demgemäß streben die einen ebenso beständig wie unbekümmert nach ewig währendem, möglichst hohem Wachstum, während die anderen genauso beständig Alarm rufen und sich um die Schäden und die elementaren, sprunghaft in die Breite und die Tiefe wachsenden Gefahren sorgen, die eben dieses Wachstum anrichtet.

Diese Arbeitsteilung ist zwar nicht abgesprochen, aber sie funktioniert fehlerfrei, dazu unauffällig, weil reibungs-, geruchs- und geräuschlos, eben durchweg beziehungs- und deshalb sprachlos. Genau das ist jedoch das Problem: Diese Aufgabenteilung können wir uns nicht mehr leisten. Des Schusters Motto ist überholt, das jeweils fremde Gebiet muss betreten und einbezogen werden – auch auf die Gefahr hin, sich leichter zu verirren, weil man in der Fremde nun mal nicht zu Hause ist.

Das nämlich versteht schon jedes Kind: dass unendliches Wachstum in einem endlichen Raum wie unserer Erde auf Dauer nicht möglich ist und dass *Wachstum deshalb zwingend durch intelligente Beschränkung und ausgleichende Verteilung ersetzt bzw. begrenzt werden muss.*

Nur die Ökonomen und die Politiker haben das immer noch nicht anerkannt – die Politiker in ihrer Mehrheit, die Ökonomen fast schon in ihrer Gesamtheit.

Dass die ökologische Herausforderung auch eine soziale ist, für deren Erfassung die vorangegangene Betrachtung von *Wirtschaftspolitik, Staat und Steuern* Grundlegendes beisteuert, wird schon bald zu erkennen sein.

Außerdem sei sicherheitshalber ausdrücklich festgehalten: Im Kernbereich der besagten, ökologisch erzwungenen, intelligenten Beschränkung liegt Arbeitsbeschränkung, sprich Verkürzung der Arbeitszeit, ergo Verlängerung der freien Zeit.

Aufgrund der wachsenden Arbeitsproduktivität ist vermehrte Freizeit inzwischen nämlich nicht mehr nur möglich, sondern nötig: Zur Lösung der unhaltbar gewordenen Verbindung zwischen Wachstum der Produktivität und Wachstum der Wirtschaft ist Arbeitszeitverkürzung das bestgeeignete Mittel.

Zugleich stellt vermehrte Freizeit/beschränkte Arbeitszeit ein wirksames Instrument im Streben nach Vollbeschäftigung und sozialen Ausgleich dar, wahrscheinlich sogar das wirksamte überhaupt. Zusammenfassend, kurz & bündig: »Ökonomie der Zeit, darein löst sich schließlich alle Ökonomie auf.« (Karl Marx, Grundrisse…, S. 89).

In diesem Punkt wird man dem autodidaktischen Paradigma-Gründer aus dem Linksrheinischen kaum widersprechen können; bescheinigt ihm doch, wie erinnerlich, sogar ein Hans-Werner Sinn, immer noch Deutschlands prominentester Ökonom und weit entfernt auf der anderen Seite der Wirtschaftswissenschaften beheimatet, lautstark über das gesamte Gelände hinweg »viele interessante Gedanken«, teilweise »hochaktuell«.

* * *

Verzeichnis der Abbildungen

Quellenverzeichnis

ALBERT, HANS, Modellplatonismus. Der neoklassische Stil des ökonomischen Denkens in kritischer Beleuchtung, in: Sozialwissenschaft und Gesellschaftsgestaltung. Festschrift für Georg Weisser, Berlin 1963

ALTVATER, ELMAR, Kapital und Anthropozän, in: MATHIAS GREFFRATH, Hg., Re: Das Kapital – Politische Ökonomie im 21. Jahrhundert, München 2017

ALY, GÖTZ, Schulden, Volk und Raubkrieg, in: Berliner Zeitung vom 1.9.2015

ATKINSON, ANTHONY, Ungleichheit – Was wir dagegen tun können, Stuttgart 2016

AUERBACH, ALAN/GORODNICHENKO, YURIY, Fiscal Stimulus and Fiscal Sustainability, Manuskript für die geldpolitische Tagung in Jackson Hole, August 2017, https://www.kansascityfed.org/-/media/files/publicat/sympos/2017/auerbach-gorodnichenko-paper.pdf

BARONE, GUGLIEMO/MOCETTI, SAURO, Intergenerational Mobiltiy in the very long run: Florence 1427–2011, https://ideas.repec.org/p/bdi/wptemi/td_1060_16.html

BECKERT, JENS, Neid oder soziale Gerechtigkeit? Die gesellschaftliche Umkämpftheit der Erbschaftssteuer, in: Aus Politik und Zeitgeschehen/Beilage zu Das Parlament, Nr. 23 -25/2017

BERGER, JENS, … Schwanengesang vom Auslaufmodell »Nationalstaat«…, https://www.nachdenkseiten.de/?p=44378

BERNAU, PATRICK, Der Sonntagsökonom – Schuldenmachen oder Sparen: Was hilft der Wirtschaft in der nächsten Krise wirklich?, in: Frankfurter Allgemeine Sonntagszeitung vom 22.10.2017

BIGALKE, SILKE, Vom Nilometer zum Bierdeckel – Eine Geschichte der Steuern, in: Süddeutsche Zeitung vom 18./19./20.5.2013

BLOM, PHILIPP, Jetzt gibt es Fehler, die wir nur einmal machen können, in: Berliner Zeitung vom 4.1.2018

BOHLE, DOROTHEE, Baltische Wege aus der Finanzkrise – Musterbeispiele für erfolgreiche Austeritätspolitik?, in: Aus Politik und Zeitgeschehen/Beilage zu Das Parlament, Nr. 8 /2017

BONSE, ERIC, Lost in EUrope, Ausgabe vom 27.4.2016

BORMANN, RENÉ, u. a., Gestaltende Finanzpolitik – Handlungsfähigkeit sichern, soziale Gerechtigkeit stärken, wirtschaftliche Leistungspotentiale fördern, in: Friedrich-Ebert-Stiftung, Hrsg., Reihe »Gute Gesellschaft – soziale Demokratie«, Bonn 2017

BRANKOVIC, MAJA, Wenn der Lohn das Herz bricht, in: Frankfurter Allgemeine Sonntagszeitung vom 28.5.2017

BUNDESRECHNUNGSHOF, Gutachten des Bundesbeauftragten für Wirtschaftlichkeit in der Verwaltung zu Organisationsformen und Finanzierungsvarianten für die Bundesfernstraßen vom 30.11.2016

BRECHT, BERTOLT, Die Dreigroschenoper, in: Stücke I, Berlin 1973

BUSCH, KLAUS, u. a., Europa geht auch solidarisch! Streitschrift für eine andere Europäische Union, Hamburg 2017

CARROLL, LEWIS, Alice hinter den Spiegeln, in: Das literarische Gesamtwerk, Buch 2: Misch & Masch, Frankfurt/M. 1998 [1893]

CHRISTIDES, GIORGIOS, Ist die Krise vorbei?, in: SPON, http://www.spiegel.de/wirtschaft/soziales/griechenland-warum-die-krise-nicht-vorbei-ist-kommentar-a-1214472.html

CLARK, CHRISTOPHER, Die Schlafwandler – Wie Europa in den Ersten Weltkrieg zog, München 2013

CLARK, GREGORY/CUMMINS, NEIL, Surnames and Social Mobility: England 1230-2012, https://econpapers.repec.org/RePEc:ehl:wpaper:54515

COBURGER, CARLA/KLÖSEL, PATRICK; Wider das Einheitsdenken – Plädoyer für Pluralismus in der Wirtschaftswissenschaft, in: Blätter für deutsche und internationale Politik, 62. Jahrgang, Nr. 7/2017

COLIN, SERGE, Redebeitrag, in: Cesi, Hg., Taxation in Europe – Zusammenfassung der Fachtagung vom 9./10.10.2014 in Brüssel, dt. Fassung

DEUTSCHE BUNDESREGIERUNG, Lebenslagen in Deutschland – Der Fünfte Armuts- und Reichtumsbericht der Bundesregierung, 2017

DEUTSCHER GEWERKSCHAFTSBUND, Hg., Schwarze Null: Investitionsbremse für Deutschland, in: klar-text 14/2015

DEUTSCHES INSTITUT FÜR WIRTSCHAFTSFORSCHUNG, Hochvermögende in Deutschland – DIW-Wochenbericht 42/2016

DAVIDSON, PAUL, What Revolution? The Legacy of Keynes, in: Journal of Post Keynesian Economics, London 1996

DOERFNER, ACHIM, Die Steuervermeider – Reichtum schützt vor Steuern, Hamburg 2014

DOMBRET, ANDREAS/MMINELE, DANIEL, Keine Angst vor Globalisierung und Freihandel, in: Handelsblatt vom 3.4.2017

ELSENHANS, HARTMUT, »Schmeißt Deutschland aus dem Euro« – Wenn sich die deutsche Politik nicht ändert, könnte dies bald eine ernsthafte Forderung sein, in: IPG vom 4.4.2018

ENGELHARDT, PETER, Woran liegt es, dass weder die Lehrer aus der ökonomischen Lehrbuchwissenschaft noch die Schüler aus ihren Schulbüchern etwas darüber lernen können, ‚wie die Wirtschaft wirklich funktioniert'? in: Wirtschaft und Erziehung, 68. Jahrgang, Nr. 6/2016

EUCKEN, WALTER, Grundsätze der Wirtschaftspolitik, gekürzte Ausgabe, 8. Auflage, Reinbek 1968 [1952]

EUROPÄISCHE KOMMISSION, Gemeinsame Konsolidierte Körperschaftsteuerbemessungsgrundlage (GKKB), Fassung vom 25.10.2016

EUROPÄISCHE KOMMISSION, Länderbericht Deutschland 2017 mit eingehender Überprüfung der Vermeidung und Korrektur makroökonomischer Ungleichgewichte, Brüssel, 22.2.2017 – Staff Working Document

FEYERABEND, PAUL, Wider den Methodenzwang, Frankfurt/M. 1986

FICHTNER, FERDINAND, u. a., Zunehmende Ungleichheit verringert langfristig Wachstum – Analyse für Deutschland im Rahmen eines makroökonomischen Strukturmodells, hrsg. von der Friedrich-Ebert-Stiftung, Bonn 2017

FLASSBECK, HEINER/BIBOW, JÖRG, Das Euro-Desaster – Wie deutsche Wirtschaftspolitik die Eurozone in den Abgrund treibt, Frankfurt/M. 2018

FLASSBECK, HEINER/BIBOW, JÖRG, Das Euro-Desaster, https://makroskop.eu/2018/03/das-euro-desaster/

FIRME, FELIX, Aufstieg und Fall, in: Berliner Zeitung vom 30.6.2018

FRATZSCHER, MARCEL, Öffentliche Geldverbrennung, in: Handelsblatt vom 10.1.2017

FREIE DEMOKRATISCHE PARTEI, Hg., Freiburger Thesen zur Gesellschaftspolitik der Freien Demokratischen Partei, beschlossen auf dem Bundesparteitag in Freiburg vom 25.–27.10.1971

FRIEDERSDORF, CONOR, Roter Teppich für die Rechten, in: IPG vom 27.7.2017

FRIEDRICHS, JULIA, Wir Erben – Was Geld aus Menschen macht, Berlin 2015

FUNK, ALBERT, Billionen-Risiko oder Panikmache? Das Euro-Zahlungssystem Target 2 ist aus der Balance geraten, in: Der Tagesspiegel vom 11.9.2018, S. 17

GÄRBER, ANDRÄ/SCHREYER, MARKUS, Zu kurz gedacht! »Erst wirtschaften, dann verteilen«, in: Friedrich-Ebert-Stiftung, Hrsg., Wiso Argumente 01/2017

GANẞMANN, HEINER, Lauter schwarze Nullen – Deutschlands fatale Rolle in der europäischen Schuldenkrise, in: Le Monde diplomatique, deutschsprachige Ausgabe, Nr. 3/2015

GAULHOFER, KARL, Studie: Die verflixte Schwelle der Schulden, in: Die Presse vom 12.9.2015, auch im Netz abrufbar unter https://diepresse.com/home/wirtschaft/economist/4819491/Studie_Die-verflixte-Schwelle-der-Schulden

GIEGOLD, SVEN, u. a., Finanzwende – Den nächsten Crash verhindern, Berlin 2016

GIGERENZER, GERD, Bauchentscheidungen – Die Intelligenz des Unbewussten und die Macht der Intuition, München 2007

GOLDBACH, ARNIM, European Public Sector Accounting Standards – EPSAS – Anspruch und Wirklichkeit, in: Wirtschaft und Erziehung, Nr. 5/2017

GRIMM, GEBRÜDER, Kinder- und Hausmärchen, große Ausgabe, Band 1, [1850]

HABERMAS, JÜRGEN, Unsere Selbsttäuschung – Ein Plädoyer gegen den Rückzug hinter nationale Grenzen, in: Blätter für deutsche und internationale Politik, Nr. 8/2018

HAGELÜKEN, ALEXANDER, Das gespaltene Land – Wie Ungleichheit unsere Gesellschaft zerstört und was die Politik ändern muss, München 2017

HAKELBERG, LUKAS/RIXEN, THOMAS, Das Ende der Steueroasen?, in: Aus Politik und Zeitgesche-hen/Beilage zu Das Parlament, Nr. 23–25/2017

HARARI, YUVAL NOAH, Eine kurze Geschichte der Menschheit, München 2013

HAUG, WOLFGANG FRITZ, Vorlesungen zur Einführung ins ‚Kapital', Köln 1974

HEINTZE, CORNELIA, Öffentlicher Dienst zwischen fortgesetzter Auszehrung und Renaissance, Manuskript 2017

HENGSBACH, FRIEDHELM, Teilen, nicht töten, Frankfurt/M. 2015

HENN, MARKUS. Steuerflucht – Die internationale und europäische Dimension, herausgegeben von der Friedrich-Ebert-Stiftung, Bonn 2017

HERRMANN, ULRIKE, Kein Kapitalismus ist auch keine Lösung, Frankfurt/M. 2016

HERSCHEL, DIERK, Die Reichen sollen zahlen, in: Süddeutsche Zeitung vom 27.5.2013

HESSE, HERMANN, Das Glasperlenspiel – Versuch einer Lebensbeschreibung des Magister Ludi Josef Knecht samt Knechts hinterlassenen Schriften, Frankfurt/M. 1972 [1943]

HÖFFE, OTFRIED, Politische Gerechtigkeit – Eine philosophische Einführung, 4. Aufl., München 2010

HÖPNER, MARTIN, Der integrationistische Fehlschluss, in: Leviathan, Nr. 1/2015

HORN, GUSTAV/VAN TREEK, TILL, Ungleichheit und außerwirtschaftliche Ungleichgewichte – Eine keynesianische Krisenerklärung, in: FRITZ HELMEDAG/JÜRGEN KROMPHARDT, Hrsg., Nachhaltige Wege aus der Finanz- und Wirtschaftskrise, Marburg 2011

HORN, GUSTAV, Ungesunder Überschuss, in: Böckler Impuls, Nr. 18 (2016)

HUDSON, MICHAEL, Die neue Schuldknechtschaft und der Siegeszug der Finanzoligarchie, in: Blätter für deutsche und internationale Politik, Nr. 11/2016

HULVERSCHEIDT, CLAUS, US-Handelspolitik: Im Ergebnis gut, in: Süddeutsche Zeitung vom 19.4.2018

ILLIES, FLORIAN, 1913 – Der Sommer des Jahrhunderts, Frankfurt/M. 2012

JAKOBS, HANS-JÜRGEN, Wem gehört die Welt? München 2016

INTERNATIONAL STUDENT INITIATIVE for Pluralism in Economics, Hg., Internationaler studentischer Aufruf für eine Plurale Ökonomik, http://www.isipe.net/home-de/

KAMPPETER, WERNER, Internationale Finanzkrisen im Vergleich, in: Friedrich-Ebert-Stiftung, Hrsg., Internationale Politikanalyse, Bonn 2011

KATSIOULIS, CHRISTOS, Operation gelungen, Patient komatös, in: Friedrich-Ebert-Stiftung, Hrsg., Journal Internationale Politik und Gesellschaft vom 16.6.2015

KAUFMANN, STEFAN, Trumps Luftschlösser, in: Berliner Zeitung vom 1.11.2016

KAUFMANN, STEFAN, Die Euro-Krise – ein Schnellkurs, in: Berliner Zeitung vom 15.7.2011

KAUFMANN, STEFAN, Export macht auch Deutsche ärmer – Haushalte profitieren nicht von hoher Wirtschaftsleistung, in: Berliner Zeitung vom 10.6.2017

KAUFMANN, STEFAN, Für immer ganz unten, in: Berliner Zeitung vom 25.9.2018

KEYNES, JOHN MAYNARD, The Means to Prosperity, London 1933

KEYNES, JOHN MAYNARD, Allgemeine Theorie der Beschäftigung, des Geldes und des Zinses, Berlin 1936

KILIAN, JÜRGEN, Krieg auf Kosten anderer – Das Reichsministerium der Finanzen und die wirtschaftliche Mobilisierung Europas für Hitlers Krieg, Berlin 2017

KING, MERVYN, im Gespräch mit DENNIS KREMER, in: Frankfurter Allgemeine Sonntagszeitung vom 11.6.2017

KLAUS, GEORG, Kybernetik und Gesellschaft, Berlin 1964

KLAUS, GEORG, Stichwort »Isomorphie«, in: GEORG KLAUS/MANFRED BUHR, Hrsg., Philosophisches Wörterbuch, Band 1, Leipzig 1978

KLAUS, GEORG/LIEBSCHER, HEINZ, Stichwort »Rückkoppelung«, in: GEORG KLAUS/MANFRED BUHR, Hrsg., Philosophisches Wörterbuch, Band 2, Leipzig 1978

KRAUß, SEBASTIAN, Besprechung des Kompromisstextes vom 19.11.2014 zum Vorschlag für eine Richtlinie zur GKKB, in: Internationales Steuerrecht 19/2015

KRUGMAN, PAUL, Vergeßt die Krise! Warum wir jetzt Geld ausgeben müssen, Frankfurt/New York 2012

KRUGMAN, PAUL, Debt is Good, in: New York Times vom 21.8.2015

KUHN, THOMAS S., Die Struktur wissenschaftlicher Revolutionen, 2. Aufl., Frankfurt/M. 2009

LAMB, WOLFGANG, Vom Aufschwung müssen alle profitieren, in: IPG-Journal vom 6.12.2017

LEITNER, SEBASTIAN, Vermögensungleichheit und die Bedeutung von Erbschaften und Schenkungen, in: Friedrich-Ebert-Stiftung, Hrsg., WiSo direkt, Juni 2015

LENK, THOMAS, Gespräch mit MARKUS SIEVERS, in: Berliner Zeitung vom 5.6.2018

LERNER, ABBA P., Economics of Employment, New York/Totonto/London 1951

LOBBYCONTROL, Die Tätigkeiten von Regierungsbeamten in der Wirtschaft, https://www.abgeordnetenwatch.de/blog/2018-05-02/siemens-daimler-volkswagen-die-tatigkeiten-von-regierungsbeamten-der-wirtschaft#pk_campaign=nl20180506, veröffentlicht am 2.5.2018

LUCAS, ROBERT E., Eröffnungsansprache auf der Jahrestagung der American Economic Association, dokumentiert in: American Economic Review, Nr. 1/2003

LUCAS, ROBERT E., The Industrial Revolution: Past and Future, in: Federal Reserve Bank of Minneapolis, Hg., The Region, Nr. 5/2004

LUKÁCS, GEORG, Frühschriften I 1, in: Werke, Band 2, Berlin 1923

LUIK, ARNO, Die Totengräber Europas, in: Kontext-Wochenzeitung vom 3.8.2016

MÄRZ, EDUARD, Josef Alois Schumpeter: Forscher, Lehrer, Politiker, München 1983

MARX, KARL, Grundrisse der Kritik der Politischen Ökonomie (Rohentwurf), Berlin 1953 [1857]

MARX, KARL, Der 18. Brumaire des Louis Bonaparte, in: MEW Band 16, Berlin 1962 [1869]

MARX, KARL, Das Kapital, Band 1, in: MEW, Band 23, Berlin 1970 [1867]

MARX, KARL, Das Kapital, Band 3, herausgegeben von FRIEDRICH ENGELS, MEW, Band 25, Berlin 1970 [1896]

MARX, REINHARD, Wo Marx recht hat, in: Süddeutsche Zeitung vom 22.3.2018

MARX, REINHARD, Dieses Kind ist der Bruder aller Menschen – Interview, in: Welt am Sonntag von 24.12.2017

MASON, PAUL, Postkapitalismus – Grundrisse einer kommenden Ökonomie, Berlin 2016

MASSARRAT, MOHSSEN, Braucht die Welt den Finanzsektor? Postkapitalistische Perspektiven, Hamburg 2017

MAU, STEFFEN/HEUER, JANOCKO, Wachsende Ungleichheit als Gefahr für nachhaltiges Wachstum – Wie die Bevölkerung über soziale Unterschiede denkt, herausgegeben von der Friedrich-Ebert-Stiftung, Bonn 2017

MAYER, CHRISTIAN, Der Wirtschaftslehrer als Dekonstrukteur – Von vernachlässigten Axiomen, Sonderfällen und Widersprüchlichkeiten bei der neoklassischen Angebotsfunktion, auf dem Arbeitsmarkt und bei den komparativen Kostenvorteilen, in: Wirtschaft und Erziehung, Nr. 3/2016

MAYER, CHRISTIAN, Rettet die Wirtschaft ... vor sich selbst! Faszinierende Reise ans Ende des neoklassischen Universums, Marburg 2018

MAZZUCATO, MARIANA, Das Kapital des Staates – Die andere Geschichte von Innovation und Wachstum, München 2014

MERZ, MICHAEL/ VON WÜTHRICH, MARIO, Mathematik für Wirtschaftswissenschaftler – Die Einführung mit vielen ökonomischen Beispielen, München 2013

MILL, JOHN STUART, Gesammelte Werke, Band 7: Grundsätze der Politischen Ökonomie, 3. Band, Leipzig 1869

MINSKY, HYMAN, Can »It« Happen Again – Essays on Instability and Finance, London 1982

MOLWES, GÜNTHER, Jenseits aller Vorstellungen, in: Frankfurter Rundschau vom 3.12.2014

MORGENSTERN, OSKAR, Vollkommene Voraussicht und wirtschaftliches Gleichgewicht, in: Zeitschrift für Nationalökonomie, Nr. 6/1935

MÜLLER, HENRIK, Der Fluch des guten Geldes, in: manager magazin vom 18.6.2014, http://www.manager-magazin.de/politik/deutschland/deutschland-ist-weltmeister-im-kapitalexport-a-906217.html

MÜLLER, SEBASTIAN, Reshaping Economics, in: www.makroskop.eu, editiert am 14.5.2018

MUNDELL, ROBERT A., A Theory of Optimum Currency Areas, in: The American Economic Review, Nr. 51 (4)/1961

MUNDELL, ROBERT A., Uncommon Arguments for Common Currencies, in: JOHNSON, HARRY G./SWOBODA, ALEXANDER K., Hrsg., The Economics of Common Currencies, London 1973

OECD, Harmful Tax Competition, Paris 1998

OECD, In It Together – Why Less Inequality Benefits All, Paris 2015

OELẞNER, FRED, Die Wirtschaftskrisen – Die Krisen im vormonopolistischen Kapitalismus, Berlin 1949

OFFER, AVNER/SÖDERBERG, GABRIEL, The Nobel Factor – The Price in Economics, Social Democracy, and the Market, Princeton/Oxford 2016.

OXFAM, The True Cost of Austerity and Inequality: Greece Case Study [https://www.oxfam.org/sites/www.oxfam.org./files/cs-true-cost-austerity-inequality-greece-120913-en.pdf]

PEICHL, ANDREAS, Notfalls allein gegen das Paradies, in: Zeit online, 10.11.2017

PEUCKERT, HELGE, Die große Finanzmarkt- und Staatsschuldenkrise – eine kritisch-heterodoxe Untersuchung, Marburg 2010

PIKETTY, THOMAS, Das Kapital im 21. Jahrhundert, München 2013

PLATON, Nomoi/Die Gesetze, Buch V, o.O., o. D. (Athen, um 352 vuZ)

POPPER, KARL R., Das Elend des Historizismus, Tübingen 1965

POPPER, KARL R., Prognose und Prophetie in den Sozialwissenschaften, in: Toptisch, Ernst, Logik der Sozialwissenschaften, 3. Aufl. Köln 1968

QUANTE, MICHAEL/SCHWEIKARD, DAVID, Hg., Marx-Handbuch: Leben, Werk, Wirkung, Stuttgart 2016

RAUSER, HEINRICH, u. a., Steuerlehre für Ausbildung und Beruf, 40. Aufl., Darmstadt 2013

REICH, ROBERT B., Land ohne Hoffnung? Die USA und der Teufelskreis aus Geld und Macht, in: Blätter für deutsche und internationale Politik, Nr. 9/2016

REINHARD, CARMEN/ROGOFF, KENNETH, Growth in a Time of Debt, in: American Economic Review, Mai 2010

REINHARDT, CARMEN, Sparprogramme führen schneller aus der Rezession, in: Berliner Zeitung vom 27.2.2011

ROSDOLSKI, ROMAN, Zur Entstehungsgeschichte des Marxschen »Kapitals«, Band 1, Frankfurt/M., 1969

SACHVERSTÄNDIGENRAT zur Begutachtung der gesamtwirtschaftlichen Entwicklung, Jahresgutachten 1994/1995, Den Aufschwung sichern – Arbeitsplätze schaffen

SAXER, MARC, Linke Heimat – Wie die Progressiven den Begriff Heimat für sich besetzen sollten, in: Internationale Politik und Gesellschaft vom 5.3.2018

SAMUELSON, PAUL A., Volkswirtschaftslehre – Eine Einführung, Band 1, Köln 1964, sowie Band 2, Köln 1965

SAY, JEAN-BAPTISTE, Traité d'economie politique, ou simple expoisition de la manière don't se forment, se distribuent et se consomment les richesse, Band 1, Paris 1876 [1803]

SCHÄFER, ANNETTE, Die Kraft der schöpferischen Zerstörung – Joseph A. Schumpeter: Die Biografie, Frankfurt/New York 2008

SCHELLNHUBER, HANS JOACHIM, Selbstverbrennung – Die fatale Dreiecksbeziehung zwischen Klima, Mensch und Kohlenstoff, München 2015

SCHMIDT, CHRISTOPH, Die deutschen Löhne sind sehr hoch, in: Focus online vom 17.6.2009

SCHRATZENSTALLER, MARGIT, Vom Steuerwettbewerb zur Steuerkoordinierung in der EU? in: WSI-Mitteilungen, Nr. 6/2011

SCHRÖDER, CHRISTIAN, Die Welt taumelt, in: Der Tagesspiegel vom 20.4.2018

SCHRÖDER, RENÉ M., Formelsammlung der Wirtschaftswissenschaften, 4 Bände, Hamburg, div. Aufl. seit 2004

SCHUMANN, HARALD, Die Herrschaft der Superreichen – Die Macht der Geldelite und die Kapitulation der Politik, in: Blätter für deutsche und internationale Politik, Nr. 12/2016

SCHUMANN, HARALD/SIMANKE, ELISA, Ein Geldkonzern auf dem Weg zur globalen Vorherrschaft, in: Der Tagesspiegel online, eingestellt am 8.5.2018, https://www.tagesspiegel.de/weltspiegel/ sonn-tag/blackrock-ein-geldkonzern-auf-dem-weg-zur-globalen-vorherrschaft/21246966-all.html

SCHUMPETER, JOSEF A., Theorie der wirtschaftlichen Entwicklung, Berlin 1912

SCHUMPETER, JOSEF A., The Common Sense of Econometrics, in: Econometrica, Vol. 1, Issue 1, January 1933

SCHUMPETER, JOSEF A., Business Cycles – A Theoretical, Historical and Statistical Analysis oft the Capitalist Process, New York 1939 (deutsch: Konjunkturzyklen – Eine theoretische, historische und statistische Analyse des kapitalistischen Prozesses, Tübingen 1961)

SINN, HANS-WERNER, Was uns Marx heute noch zu sagen hat, in: MATTHIAS GREFFRATH, Hg., Re: Das Kapital – Politische Ökonomie im 21. Jahrhundert, München 2017

SINN, HANS-WERNER, Der Euro – Von der Friedensidee zum Zankapfel, München 2015

SINN, HANS-WERNER, Die Target-Falle – Gefahren für unser Geld und unsere Kinder, München 2012

SINN, HANS-WERNER, »Flüchtlinge kosten 450 Milliarden Euro!«, in: The European – Das Debatten-Magazin vom 4.11.2017, http://www.theeuropean.de/hans-werner-sinn/13034-professor-hans-werner-sinn-warnt-eindringlich

SPOLSKY, JOEL, »Wir schwimmen in der Software-Suppe« – Joel Spolsky im Gespräch, in: Berliner Zeitung vom 24.3.2018

STELTER, DANIEL, Boston Consulting Group fordert Schuldenschnitt und Vermögensabgabe – Erklärung vom 20.4.2013, www.diapod.de/cms/?m=20130421

STELTER, DANIEL, Deutschland wirtschaftet wie die Eichhörnchen, in: manager-magazin vom 7.9.2016, http://www.manager-magazin.de/unternehmen/artikel/deutscher-aussenhandelsueberschuss-ist-kapitalexport-und-schadet-d-a-1111265.html

STIGLITZ, JOSEPH, Der Preis der Ungleichheit – Wie die Gestaltung der Wirtschaft unsere Zukunft bedroht, München 2012

STIGLITZ, JOSEPH, Europa spart sich kaputt – Warum die Krisenpolitik gescheitert ist und der Euro einen Neustart braucht, München 2016

STREECK, WOLFGANG, Gekaufte Zeit – Die vertagte Krise des demokratischen Kapitalismus, erweiterte Ausgabe, Frankfurt/M. 2015

STOMMEL, AXEL/STOMMEL, MARGOT, Betong oder die orthografische Standortsicherung – Deutschland, deine Rechtschreibung, Hamburg 1998

STOMMEL, AXEL/STOMMEL, MARGOT, Vom Lehren in Zeiten der Leere, 2 Bände, Winklers Verlag, Darmstadt, 1998

STOMMEL, AXEL, Aktuelles und Prinzipielles: Unternehmenssteuerreform, Abgeltungssteuer und die stille Liquidation des Rechnungswesens, in: Flügelstift, Nr. 2/2008, S. 15–23, sowie in: Wirtschaft und Erziehung, Nr. 6/2008, S. 178–188

STOMMEL, AXEL, Ökonomische Analphabeten – Unsere Schulabgänger müssen befähigt werden, grundlegende wirtschaftliche Sachverhalte zu beurteilen, in: Wirtschaft und Erziehung, Nr. 7–8/2010, S. 241–245

STOMMEL, AXEL, Wieso ist die Mehrwertsteuer eine Märchensteuer? Und für wen wird das Märchen wahr? in: Wirtschaft und Erziehung, Nr. 11/2012, S. 394–403

STOMMEL, AXEL, Die Reichen, die Banken, die Schulden und wir – Wirtschaft verstehen, Bad Homburg 2012

STOMMEL, AXEL, 4000 = 4000. Wieso sind die Arbeitgeberbeiträge zur Sozialversicherung reiner Etikettenschwindel? Fakten und Materialien zu einem gewöhnlich verkannten Thema der Wirtschaftslehre, in: Erziehungswissenschaft und Beruf, Nr. 1/2013, S. 99–106

STOMMEL, AXEL, Richtig rechnen! Warum der Beitragssatz zur Sozialversicherung systematisch zu hoch ausgewiesen wird – und was daraus folgt, in: Wirtschaft und Erziehung, Nr. 6/2014, S. 167–174

STOMMEL, AXEL, Bilanzmethode oder »Neues Rechnungswesen«: Welche Methode fördert das ökonomische Denken?, in: Wirtschaft und Erziehung, Nr. 4/2014, S. 148–154

STOMMEL, AXEL, Die schöne, neue Welt des »Neuen Rechnungswesens«, in: Erziehungswissenschaft und Beruf, Nr. 2/2014, S. 229–237

STOMMEL, AXEL, Die Attraktivität der Schwarzen Null: beständig und berechtigt – Zur Frage der »guten Staatsschulden« und ihrer angeblichen Alternativlosigkeit, in: Wirtschaft und Erziehung, Nr. 7/2015, S. 243–251

STORBECK, OLAF, Ökonomie. Leben in der Scheinwelt. www.handelsblatt.com/politik/oekonomie/wissenswert/leben-in-der-scheinwelt/3551402html

TIPKE, KLAUS/LANG, JOACHIM, Steuerrecht, 20. Auflage, Köln 2010

TSAKALATOS, EUKLID, Brief an den Vorsitzenden der Euro-Gruppe, Jeroen Dijsselbloem, vom 23.12.2016

VOGL, JOSEPH, Die Vergötzung des Marktes – Über das seltsame Überleben des Gottesbeweises in der Ökonomie, in: Blätter für deutsche und internationale Politik, Nr. 9/2017

WAGENKNECHT, SAHRA, Reichtum ohne Gier – Wie wir uns vor dem Kapitalismus retten, Frankfurt/New York 2016

WALTERMANN, ALOIS/SPETH, HERMANN, Rechnungswesen Bürokaufmann/Bürokauffrau, 20. Aufl., Rinteln 2010

WERNER, GÖTZ W., Ein Grund für die Zukunft: das Grundeinkommen: Interviews und Reaktionen, 4. Aufl., Stuttgart 2006

WILKINSON, RICHARD/PICKETT, KATE, Gleichheit ist Glück – Warum gerechte Gesellschaften für alle besser sind, Berlin 2003

WOLLSEIFER, HANS PETER, »Uns ist jeder willkommen, der sich engagieren möchte«, in: Berliner Zeitung vom 19.8.2017

ZELENÝ, JINDRICH, Die Wissenschaftslogik und Das Kapital, Frankfurt a.M./Wien 1973

Dank

Was leicht zu lesen ist, ist schwer zu schreiben. Beim Schreiben haben mich gute Freunde unterstützt. Ihnen gebührt mein Dank.

Allen voran ist Reinhard Th. Mayer zu nennen. Ihm schulde ich großen Dank für viele Anregungen, kritische Einwände sowie die nachdenkliche inhaltliche und formale Textdurchsicht.

Zu großem Dank bin ich auch Peter Costas und Jürgen Hegemann verpflichtet. Sie haben Texte kritisch geprüft und wichtige Verbesserungen auf den Weg gebracht. Christiane Landgrebe hat ihre eigene Autorentätigkeit unterbrochen, um sich in meinen Textentwurf mit der für sie ungewohnten Thematik einzulesen und mir wichtige Hinweise zu geben. Dafür danke ich ihr sehr. Des Weiteren bin ich Gerd Rudolphi für Anregungen, Korrekturen sowie vielfältige technische Hilfe zu Dank verpflichtet.

Peter-Josef Boek sowie dem Schriftleiter der Zeitschrift »Wirtschaft und Erziehung«, Detlef Sandmann, bin ich dafür dankbar, dass sie, jeder auf seine Art, durch beständige direkte bzw. indirekte Bestätigung und Ermutigung die Grundlage dafür gelegt haben, dass dieses Werk in Angriff genommen wurde.

Außerdem bedanke ich mich bei meinem Kollegen Peter Engelhardt. Sein Aufsatz über die Nutzlosigkeit der standardökonomischen Lehr- und Schulbücher hat als Initialzündung gewirkt und mich dazu bewegt, die ersten Zeilen der vorliegenden Schrift zu Papier zu bringen. Mein junger Kollege Christian Mayer hat mir die Gewissheit vermittelt, verstanden zu werden.

Dem Inhaber des VAS-Verlags, Karl-Heinz Balon, bin ich für die Genehmigung verbunden, Passagen aus meiner im Jahre 2012 bei VAS erschienenen Schrift »Die Reichen, die Banken, die Schulden und wir – Wirtschaft verstehen« in die Basics 1–3, 5 und 6 zu übernehmen. Tina Rache und Norman Rinkenberger danke ich herzlich für einfühlsame und akribische Lektoratsarbeit im Büchner-Verlag.

Last, but not least danke ich meiner Frau Margot. Ohne ihre laufende Unterstützung wäre das Werk nicht gelungen.